Frederic Vester:
Phänomen Streß
Wo liegt sein Ursprung,
warum ist er lebenswichtig,
wodurch ist er entartet?

Mit 140 Abbildungen

Deutscher
Taschenbuch
Verlag

Von Frederic Vester
sind im Deutschen Taschenbuch Verlag erschienen:
Krebs – fehlgesteuertes Leben (mit Gerhard Henschel; 1283)
Denken, Lernen, Vergessen (1327)
Ballungsgebiete in der Krise (10080)
Unsere Welt – ein vernetztes System (10118)

Die sechsteilige Fernsehserie ›Phänomen Streß‹ kann in
einer für Weiterbildungs- und Schulungszwecke
überarbeiteten Filmfassung über den Ernst Klett Verlag
(Rotebühlstraße 77, 7000 Stuttgart 1) sowie die
Imbild GmbH (Dietlindenstraße 18, 8000 München 40)
bezogen werden.

Ungekürzte, vom Autor überarbeitete Ausgabe
1. Auflage November 1978
5. Auflage September 1983: 65. bis 74. Tausend
Deutscher Taschenbuch Verlag GmbH & Co. KG,
München
© 1976 Deutsche Verlags-Anstalt, Stuttgart
ISBN 3-421-02683-1
Umschlaggestaltung: Celestino Piatti
Umschlagfoto: Streß sichtbar gemacht: Kunststoffwerkstück
unter Verspannung im Polarisationslicht; Studiengruppe für
Biologie und Umwelt, München
Gesamtherstellung: C. H. Beck'sche Buchdruckerei,
Nördlingen
Printed in Germany · ISBN 3-423-01396-6

Das Buch

Streß, ursprünglich eine sinnvolle, weil schützende, nach einem vorpro-
grammierten Alarmplan verlaufende Reaktion des menschlichen Körpers, befähigt uns, in Gefahrensituationen auf bestimmte Reize hin zu
sofortigen körperlichen Höchstleistungen. Solche Streßreize und ihre
Folgereaktion stellten vormals, beispielsweise beim Steinzeit-Jäger, Aus-
nahmesituationen dar – jeweils durch längere Erholungsphasen unterbrochen. In unserer hochtechnisierten Umwelt hingegen ist das Streßgeschehen in allen Lebensbereichen selbstverständlicher Begleiter des Alltags
geworden – ohne uns jedoch wie früher durch Flucht oder Angriff eine
lebensrettende Hilfe zu sein. Denn zivilisatorische Streßauslöser wie
Lärm, Straßenverkehr, Überforderung im Beruf etc. haben zwar laufend
an Stärke und Dauer zugenommen, aber sie warnen uns nur noch in
seltenen Fällen vor einer unmittelbaren Gefahr. Ständige Fehlalarme belasten somit durch ihre völlig unnötige Energiemobilisierung den
menschlichen Organismus, zumal auch die notwendige Abreaktion der
Alarmbereitschaft durch Bewegung zumeist unterbleibt. Schwerste körperliche Schäden und Erkrankungen können die Langzeitfolge dieses
durch Zivilisationseinflüsse gestörten Streßmechanismus sein. Frederic
Vesters faszinierendes und ebenso anschaulich wie leicht verständlich
geschriebenes Buch geht nicht nur an praktischen, aus dem täglichen
Leben gegriffenen Beispielen dem Phänomen Streß wissenschaftlich fun-
diert nach, sondern es zeigt auch durch ein tieferes Verständnis der in uns
ablaufenden Vorgänge neue Möglichkeiten, mit dem Streß fertig zu werden, mit oder trotz ihm zu leben.

Der Autor

Frederic Vester, geboren 1925, Biochemiker und Fachmann für Umweltfragen, ist Gründer und Leiter der Studiengruppe für Biologie und Umwelt in München. 1981 Berufung auf den Lehrstuhl ›Interdependenz von
technischem und sozialem Wandel‹ an der Bundeswehrhochschule München. Als Autor wurde er insbesondere durch allgemeinverständliche
Bücher zu aktuellen medizinischen und biologischen Fragen berühmt
sowie durch wissenschaftliche Fernsehreihen, zu deren erfolgreichsten
die mit dem Adolf-Grimme-Preis ausgezeichnete Serie ›Denken, Lernen,
Vergessen‹ gehört. Weitere Bücher von Frederic Vester: ›Bausteine der
Zukunft‹ (1968), ›Das Überlebensprogramm‹ (1972 und 1975), ›Krebs –
fehlgesteuertes Leben‹ (1973 und 1977), ›Das kybernetische Zeitalter‹
(1974), ›Denken, Lernen, Vergessen‹ (1975 und 1978), ›Ballungsgebiete in
der Krise‹ (1976 und 1983), ›Das Ei des Kolumbus‹ (1978), ›Unsere Welt –
ein vernetztes System‹ (1978 und 1983), ›Neuland des Denkens‹ (1980),
›Sensitivitätsmodell‹ (mit A. v. Hesler, 1980), ›Der Wert eines Vogels‹
(1983) sowie als kybernetisches Umweltspiel ›Ökolopoly‹ (1983).

Inhalt

Vorbemerkung

Ich darf an dieser Stelle den Mitarbeitern unserer Studiengruppe ganz herzlich dafür danken, daß sie den Streß auf sich nahmen, den die neben der laufenden Arbeit zu bewältigende Produktion von Buch und Filmserie für alle mit sich brachte. Das gilt besonders für meine engste Mitarbeiterin, Anne Vester, ohne deren Organisationstalent mit Sicherheit aus dem unumgänglichen Leistungsstreß für alle ein Konfliktstreß geworden wäre. Weitere Hilfe in dieser Richtung darf dem entstressenden Wesen unserer Sekretärin Margit Zugsbradl zugeschrieben werden, die die gewaltige Schreibarbeit von Drehbüchern und Manuskripten bewältigen mußte. Meinem Sohn Johannes, dessen taufrische Medizinkenntnisse ebenso wie seine Musik einen wesentlichen Beitrag zu diesem Projekt leisteten, und der auch das bisher fehlende Sachregister erstellte, danke ich für seine konstruktive Kritik und sein stets waches Interesse an der Sache. Ebenso dem engagierten Einsatz meines Neffen Christian und dem auflockernden Beistand von Madeleine Klivana, die ihren Vater als liebenswerte Assistentin durch die Sendungen begleitete.

Für spezielle fachliche Beratung, viele bereichernde Anregungen und dankenswerte Kritik bin ich vor allem Herrn Universitätsdozent Dr. K. H. Klein vom Wilhelminenspital in Wien verbunden, von dessen langjähriger Erfahrung in der Streßforschung ich schon bei der Grundkonzeption der Filmserie und dieses Buches profitieren konnte. Weiterhin danke ich folgenden Kollegen für viele Hinweise, Durchsicht und kritische Anmerkungen und zum Teil wertvolle Unterstützung unseres Streßprojektes: Prof. Dr. H. Begemann, Chefarzt Schwabinger Krankenhaus, München; J. Broy, Heilpraktikerfachschule, München; Dr. R. Engel, Neurologische Klinik, München; Prof. Dr. M. Halhuber, Chefarzt Klinik Höhenried; Prof. Dr. D. von Holst, Universität Bayreuth; Dr. E. Heftner, Leiter der Rehabilitation, Rehabilitations-Zentrum Hochegg/Wien; Prof. Dr. Dr. H. Kröger, Bundesgesundheitsamt Berlin; Dr. W. Lechler, Chefarzt Psychosomatische Klinik Bad Herrenalb; Dr. R. Lobo, Gesundheitspark München; Prof. Dr. H. Mislin, Zentrum für Interdisziplinäre Forschung, Carona/Schweiz; Prof. Dr. K. Pirlet, Zentrum für Innere Medizin, Frankfurt; Prof. Dr. H. Schaefer, Direktor des Instituts für Sozial- und Arbeitsmedizin, Heidelberg; Dipl.-Psych. J. vom Scheidt, München; Priv.-Doz. Dr. U. Stocksmeier, Institut für Sozialmedizinische Präventions- und Rehabilitationsforschung, Tutzing; G. Westermeyer, Max-Planck-Institut für Psychiatrie, München – und vielen anderen, ohne daß jedoch meine hier geäußerten Ansichten und Interpretationen notwendigerweise von diesen geteilt werden müßten oder daß sie gar für auch in diesem Buch sicher vorkommende Fehler mitverantwortlich wären.

Dem auf so viele Gebiete übergreifenden »Phänomen Streß« entsprach

wohl auch das von so unterschiedlicher Seite unseren Projekten entgegenge-
brachte Interesse und die wertvolle Unterstützung vor allem für die Durchführung der dem Buch vorausgehenden Filmarbeiten. In erster Linie wäre
hier das Design-Institut München (dim) zu nennen, von dem ich stellvertretend für alle Beteiligten Herrn R. Rau auf das herzlichste für das echte Enga-
gement danken möchte, mit dem das recht ungewöhnliche Anliegen unseres
Antistreß-Studios mit so großem Erfolg gemeistert wurde. Weiterhin sei der
Firma Siemens AG gedankt, die unter Beratung von Herrn R. Doerck in
großzügiger Weise die meisten medizinisch-technischen Geräte zur Verfügung stellte. Das gleiche gilt für die Meßgeräte der Firmen: Albrecht, München; Bucke, Göttingen; Tönnies, Freiburg; Beckmann Instruments, München, und für die Überlassung eines sanften Studio-Teppichbodens durch die
Remstaler Teppichfabriken, der zur Atmosphäre unseres Antistreß-Studios
beitrug.

Besonders hervorheben möchte ich noch die entspannende Zusammenarbeit mit unserem Fernsehteam – trotz der oft bis an die Leistungsgrenze
gehenden Strapazen, dem es gelang, die auszusagenden Erkenntnisse nicht
nur in die Filme, sondern auch gleich schon in unserer Studioatmosphäre
praktisch umzusetzen. Die sichere Hand unseres ZDF-Redakteurs K. J. Joe-
ressen bei den gelegentlichen Einwänden und Korrekturen wie auch die ein-
fühlsame und hilfreiche Unterstützung durch unseren Regisseur Uwe-Jens
Bruhn, deren beider Anregungen auch diesem Buch zugute kamen, seien
nicht zuletzt mit ganz besonderem Dank hervorgehoben.

Die verwendeten Abbildungen habe ich größtenteils dem umfangreichen
Fotomaterial zu verdanken, das Prinzessin Gabriele zu Oettingen-Spielberg
als unsere Standfotografin mit großer Liebe und Aufopferung zusammen-
stellte – oft gegen die Ungeduld der aufzunehmenden »Objekte«. Eine ganz
besondere Note haben auch die hervorragenden Modell- und Zeichentricks
von H. Roderjan und die mit großem Gespür für die vielen Seiten des Streßgeschehens entworfenen Cartoons von Uli Hoffmann dem Film- und Buch-
projekt gegeben, denen beiden für ihre allzeit bereitwillige Mitarbeit gedankt
werden soll.

Dem Zweiten Deutschen Fernsehen bin ich für die Unterstützung unseres
Vorhabens sehr verbunden, dieses Buch als Begleitbuch zur Filmserie heraus-
zugeben und beides für eine erweiterte Öffentlichkeitsarbeit auch nach der
Ausstrahlung der Sendungen verwenden zu dürfen.

Zum Schluß darf ich der Deutschen Verlags-Anstalt für ihren Einsatz und
die Anstrengung danken, die es gekostet hat, dieses Buch trotz aller Termin-
überschreitungen so sorgfältig und mit dem umfangreichen Bildmaterial noch
rechtzeitig als Begleitband zu der Filmserie fertiggestellt zu haben. Dem
Deutschen Taschenbuch Verlag gebührt Dank für die reibungslose Hilfe bei
der Überarbeitung.

Der Verfasser

Haben Sie sich schon einmal gefragt, wo Sie eigentlich aufhören, wo Ihre Grenzen sind? Ich meine nicht im übertragenen Sinne, sondern ganz konkret: Wo hören wir selbst auf, wo fängt »das andere« an? Die Frage klingt unsinnig. Denn auf den ersten Blick erscheint es selbstverständlich, daß wir – zumindest als biologisches Individuum – mit der uns umgebenden Haut zu Ende sind, sichtbar abgegrenzt gegen die Außenwelt. Eingehüllt in ein wasserdichtes Zellgewebe, scheinen wir jeder für sich als von der Umwelt abgetrennte biologische Einheiten zu existieren. Doch das Bild ist falsch.

Ganz abgesehen von Nahrungsaufnahme und Atmung, ist unser psychobiologischer Organismus auch körperlich keineswegs durch unsere Haut von der Umwelt abgeschlossen. Ebensowenig, wie sich zum Beispiel unsere Niere oder unser Herz dem Zusammenspiel mit den übrigen Körperfunktionen entziehen kann oder gar wie die Zellmembran eine einzelne Zelle von dem abtrennt, was in anderen Zellen passiert. Im Gegenteil, gerade so, wie die Körperzellen in ihren Organismus integriert sind, so sind auch wir einzelne Menschen in unsere Umwelt, ja in die gesamte Biosphäre dieser Erde biologisch eingebettet.

Ständig lösen die Vorgänge in dieser Umwelt – auch wenn wir körperlich damit gar nicht in Kontakt treten – über Wahrnehmungsimpulse handfeste materielle Vorgänge in unserem Innern aus, bringen Hormondrüsen zum Arbeiten, stoppen Enzymsynthesen, lösen Stoffwechselvorgänge aus und wirken über unsere so veränderte Psyche wieder zurück auf die Umwelt. Geringste Informationen, Gerüche, Berührungen oder Eindrücke über das Auge wie Licht, Schatten, Farben und Formen veranlassen uns wegzuspringen, zu schreien, freudig auf etwas zuzugehen oder auf etwas starken Appetit zu entwickeln. Schon bloße Schallwellen – in Form bestimmter Wörter – können uns zu Taten befeuern und in tiefste Depressionen versetzen, Angstzustände erzeugen und über das vegetative Nervensystem und seine Steuerfunktionen zu Magengeschwüren, Herzinfarkten und Impotenz führen. Es sind Impulse aus der Außenwelt, die uns dazu bringen, uns für ein bestimmtes Gesicht zu interessieren, die Sympathie und Antipathie bewirken und Einzelindividuen – selbst über weite Entfernungen – miteinander und mit der Umwelt verbinden.

Alles in allem also ein gewaltiges Gefüge von Wirkungen und Rückwirkungen, das uns im wahrsten Sinne des Wortes durch die Haut geht. Ein Kräftespiel von Energien, Geruchs- und Geschmacksstoffen, von Bewegungen, Handlungen, Schallwellen und elektrischen Wechselwirkungen, welches, wenn man es sichtbar machen könnte, eine dichte Vernetzung aller Lebewesen untereinander wie auch mit ihrer natürlichen und künstlichen

Umwelt aufzeigen würde. Ein schillerndes, da und dort kumulierendes Wogen und Weben vieler ineinander verschachtelter Systeme und Obersysteme, das unsere wahre Doppelfunktion – einmal als Individuum, zum anderen als Teilchen der Biosphäre – erkennen lassen würde.

Unser intellektuelles Streben hat über die Wissenschaften (wie Biochemie, Medizin, Verhaltensforschung, Neurologie und viele andere) in einem zähen Ringen – oft ohne den Stellenwert im Zusammenhang zu kennen – vielfach den Schleier dieser unsichtbaren, geschäftigen Wechselwirkungen zwischen dem Einzelwesen und seiner Umwelt gelüftet. Gewiß hat die menschliche Rasse diese intellektuellen Fähigkeiten nicht dazu entwickelt, daß die Ergebnisse in einer geistigen Onanie von Fachspezialisten und ihrer Spezialliteratur verkümmern, sondern wohl weit eher, um im Laufe der Evolution unseres Bewußtseins eine *Erkenntnishilfe* zur Verfügung zu haben, mit der wir unser weiteres Überleben sichern, sobald wir durch eben dieselben geistigen Fähigkeiten einmal mit unseren Techniken, unserer Umweltgestaltung und unserer Gesellschaftspolitik massiv in diese Wechselwirkungen eingreifen. Und dieser Zustand ist heute erreicht.

Lange Zeit konnten wir diese Wechselwirkungen zwischen Mensch und Umwelt nur ahnen und an ihren – oft dramatischen – Folgen spüren. Heute können wir sie auch messen, nachprüfen, analysieren, beurteilen und daraus Konsequenzen ziehen. Unter den verschiedenen Seiten jenes ständigen Pulsierens zwischen Mensch und Umwelt ist das *Streßgeschehen* eines der bedeutendsten und auch interessantesten Phänomene. Es hilft, rettet, beflügelt, macht aber auch krank, unglücklich, tötet sogar; es reguliert und stört, gleicht aus und verzerrt, so daß man nicht glaubt, jemals einen Sinn darin erkennen zu können. Und doch ist auch hier, wie bei so vielen biologischen Phänomenen, ein großartiger Plan dahinter versteckt – was nicht verwunderlich ist, da sich biologische Phänomene in einer einmalig ausgedehnten Versuchszeit von vielen Milliarden Jahren entwickeln konnten.

Das Funktionieren dieses Planes, die Frage, wo der Ursprung des Streßgeschehens liegt, warum es lebenswichtig ist und was es heute vielfach entarten läßt, aber auch, wie wir es sinnvoll nutzen können – das alles läßt sich in jedem Lebensbereich verfolgen. Und genau das soll in diesem Buch geschehen. Wir wollen aufzeigen, daß der Streß und seine Wirkung nicht nur unter den Lebensbedingungen des gehetzten Managers eine Rolle spielen, sondern genauso beim Facharbeiter, beim Schüler, in der Familie, in Urlaub und Freizeit, in der Dichte der Großstadt ebenso wie in der Isolation des Alters.

Wenn man das Streßgeschehen in diese Gesamtheit hineinstellt, kann es für den Betrachter ungewöhnlich interessant und aufregend werden. Denn die Motivation, sich mit diesem Phänomen zu befassen, wächst ja mit jedem zusätzlich aufgezeigten Aspekt, der davon betroffen ist. Sei es die Verhaltensweise eines gestreßten Menschen, die Messung seiner Gehirnströme, die Änderung seines Hormonspiegels, die wieder davon abhängigen Wirkungen auf seine Verdauung, auf seinen Bewegungsdrang, auf das Abreagieren von Aggressionen, auf die Entwicklung bestimmter Krankheiten oder auf die Zahl der Fehlleistungen im Berufsbetrieb.

Trotz der vielen angeführten naturwissenschaftlichen Bezüge wollen wir daher unser Phänomen Streß in diesem Buch nicht nach einem akademisch-systematischen Aufbau abhandeln, sondern jedesmal in seinen nächstliegenden Aspekten, wie sie sich in konkreter Anlehnung an die verschiedenen Lebensbereiche ergeben. Nehmen wir uns als erstes den Schauplatz unserer Großstädte vor, das Hin und Her der Menschenmassen in den Straßen, bedingt durch die eigenartige Trennung von Schlafen, Arbeiten und »Leben«. Eine Trennung, die unsere Zivilisation unsinnigerweise – und doch erklärlich – mit diesen drei wichtigen Grundtätigkeiten des Menschen vorgenommen hat.

Typischer Verkehrsstau am Münchner Altstadtring.

1 MENSCHENDICHTE UND VERKEHR

München, Lindwurmstraße, Montag morgen kurz vor 8.30 Uhr. Ein Mann sitzt in seinem Wagen, nervös, er drängelt, überholt, flucht; die Zigarette ist ihm ausgegangen; er stoppt, beschleunigt, stoppt; »verdammter Idiot«, schimpft er, ein Opel links neben ihm ist vorgeschnellt, hat ihn geschnitten, in die falsche Fahrspur nach rechts abgedrängt. Er muß links rüber, keiner läßt ihn rein. Da, der Lastwagen links hinten fährt nur langsam an, vor dem könnte er es schnell schaffen. Er zischt vor, schneidet einen anderen, Lichthupe, Fluchen. Dann Rot, plötzliches Stoppen, Reifen quietschen. Ein Blick auf die Uhr: »Verdammt, ich müßte längst im Betrieb sein.« Der Chef und zwei Besucher warten, das gibt Stunk bei der Firmenleitung. »Mein Gott, wann wird denn endlich Grün.« Auf der Uhr ist es nach halb neun, da endlich, er fährt weiter, aber da schiebt sich die Straßenbahn vor. Essig mit dem Links-Einbiegen. Er läßt den Motor aufheulen, die Straßenbahn ist vorbei, ein Fußgänger springt noch rüber. Lautes Hupen ... und so geht es weiter auch die nächsten zehn Minuten. Die letzte Strecke ist frei, er rast, kommt bis auf 90, biegt dann heulend in die Einfahrt; parkt den Wagen nicht ganz einwandfrei, schräg vor einem anderen, springt aufseufzend raus, gleichzeitig verunsichert, ob das Parken auch keine Schwierigkeiten gibt; Herzklopfen wegen des Zuspätkommens und immer noch Ärger über den Idioten, der ihn vorhin geschnitten hatte. Diesem Burschen müßte man den Führerschein entziehen. Dann ein nervöses Stakkato auf der Klingel, der Pförtner kommt nicht gleich. Er schnauzt ihn wütend an, springt zum Aufzug, doch da sind Handwerker, ein Schild: Außer Betrieb. »Du liebe Zeit, auch das noch.« Er springt die Treppen hoch, sechs Stockwerke, dann keuchend an der Putzfrau vorbei, die noch nachruft: »Gell, mit dem kaputten Aufzug, das ist ein ganz schöner Streß!?«

Die Entartung eines lebensrettenden Mechanismus

Streß ist nicht gleich Anstrengung

Nun, brechen wir die Szene hier einmal ab. Ich weiß nicht, wie viele Autofahrer sich auf diese Weise durch Ärger und Hetze wöchentlich ein paar schöne Stunden machen. Jedenfalls ist es der beste Weg zum Herzinfarkt oder zum Magenleiden. Übrigens was die Putzfrau »Streß« nannte, das Treppenraufspringen, war natürlich alles andere als krankmachender Streß. Im Gegenteil. Dabei wurde wenigstens ein kleiner Teil des während der Autofahrt angestauten Streß wieder umgesetzt. Denn genau das, was wir oft als willkommene Erleichterung ansehen, etwa der treppensparende Aufzug, das hindert uns daran, Streß abzubauen. Die Bewegungslosigkeit ist es, die in Wirklichkeit das Leben erschwert und die Gesundheit gefährdet. Die Gefährlichkeit liegt nicht in der Anstrengung, sondern vielmehr in der bewegungslosen Verkrampfung hinter dem Steuerrad.

Nun, was ist eigentlich Streß? Dieser längst zum Schlagwort gewordene Begriff stammt aus dem Englischen und bedeutet ursprünglich Anspannung, Verzerrung, Verbiegung, vor allem auf dem Gebiet der Materialprüfung, etwa von Metallen und Glas. In die Biologie wurde es 1950 von dem ungarisch-kanadischen Mediziner Hans Selye eingeführt, wo etwas sehr Ähnliches damit gemeint ist: nämlich die Belastungen, Anstrengungen und Ärgernisse, denen ein Lebewesen täglich durch Lärm, Hetze, Frustrationen, Schmerz, Existenzangst und vieles andere ausgesetzt ist. Kurz, ebenfalls Anspannungen, Verzerrungen und Anpassungszwänge, bei denen man seelisch und körperlich unter Druck steht.[1]

Damit kommt dem Begriff Streß, der etwa seit 1970 in unseren allgemeinen Sprachgebrauch Eingang fand, zunächst etwas eindeutig Negatives zu. Streß bedroht die Gesundheit, das Wohlbefinden, man scheut und fürchtet ihn als Überanstrengung, als Überbelastung. Gleichzeitig scheint er ein unvermeidbares Problem zu sein, mit dem wir in unserer modernen Zivilisation ununterbrochen konfrontiert werden, ja, in dosierter Form scheinen wir ihn sogar zu brauchen. Diese Zweideutigkeit seiner positiven und negativen Wirkung ließ dann auch bald Begriffe wie Eustreß (anregender Streß) und Distreß (zerstörender Streß) entstehen, um den unterschiedlichen Reaktionen eines Lebewesens gerecht zu werden, die gleichwohl auf demselben Mechanismus basieren. Doch hier liegt bereits eine Herausforderung: nämlich mit dem Streß fertig zu werden, mit oder trotz Streß leben zu lernen. Denn so wie heute leben wir trotz allen Fortschritts keineswegs in der besten aller Welten. Und wir müssen auch nicht glauben, daß unsere hochzivilisierte, hochtechnisierte Umwelt mit ihren sogenannten Bequemlichkeiten und Erleichterungen – nur weil wir sie selbst gestaltet und gewollt haben – auch unserem innersten Wesen entspräche; am Ende gar, weil diese Kultur alt und erprobt sei. Ge-

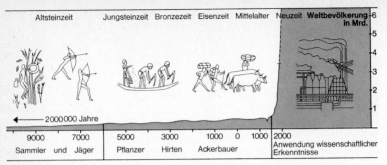

| Altsteinzeit | | Jungsteinzeit | Bronzezeit | Eisenzeit | Mittelalter | Neuzeit | **Weltbevölkerung in Mrd.** |

Entwicklung des Bevölkerungswachstums im Laufe der Menschheitsgeschichte.

messen an der genetischen Evolution des Menschengeschlechts, ist die kulturgeschichtliche Zeit von einigen tausend Jahren nichts anderes als ein kurzer, unbedeutender Moment im Laufe der langen Entwicklung des Menschen. Soweit es die biologischen, physiologischen und auch einen Großteil der verhaltensmäßigen Reaktionen betrifft, verhalten sich unser Körper und damit auch die eng mit diesem Körper verbundene Psyche entsprechend den biologischen Regulationsmechanismen, wie sie im Laufe von Millionen von Jahren zu unserer Existenz als einer der überlebensfähigen Arten geführt haben.

Wie hat das Ganze eigentlich angefangen? Nach den letzten Forschungsergebnissen existierten bereits vor mehreren Millionen Jahren die ersten Menschen auf diesem Planeten.[2] Der in einem Lavastrom konservierte Zinjanthropus, ein Werkzeug benutzender Urmensch aus Ostafrika, wird zum Beispiel nach der Radio-Datierungsmethode in seinem Alter auf 1,75 Millionen Jahre festgesetzt. In einer paradiesischen Jäger- und Sammlerzeit entwickelten sich unsere Überlebenstechniken, unsere Denk- und Kombinationsfähigkeit, unsere Fertigkeit im Umgang mit Werkzeugen und in der Zubereitung von Nahrung. Dann, vor etwa 6000 Jahren, trat ein erster großer Umschwung ein: der Übergang auf die Stufe des Pflanzers und Hirten. Statt ausgedehnte Reviere zu durchstreifen, konnte der Mensch auf einmal auf einem Bruchteil des Raumes leben, den er bis dahin benötigte. Er konnte seßhaft werden[3] – mit allen Konsequenzen der dadurch möglichen Bevölkerungsdichte.

Die Evolution der Menschendichte

Als Jäger und Sammler brauchte der Mensch für seine Ernährung pro Kopf über 1000 Hektar. Als Pflanzer und Hirte schrumpften diese schlagartig auf 100, ja bis zur Zeitenwende auf 40 Hektar pro Kopf. So kam es, daß die

Weltbevölkerung schon damals von wenigen Millionen Menschen rasch auf über 200 Millionen anwachsen konnte. Ein gewaltiger Sprung hatte stattgefunden. Die Menschen hatten erfahren, daß sie die Umwelt, mit der sie sich vorher eins fühlten, nach ihrem Willen gestalten konnten. Ihr Ich-Bewußtsein war erwacht – in der Bibel als Sündenfall dargestellt; und gleichzeitig erwachten schon wieder neue Fähigkeiten, die sich in wenigen Jahrhunderten zu *Fertigkeiten* wandelten – erneut auf den Menschen selbst und seine Umwelt angewendet. Technik, Medizin und Hygiene entwickelten sich mit dem Beginn der Neuzeit in einem bis dahin unbekannten Maße. Die Lebenserwartung stieg schlagartig an. Die Technisierung überstürzte sich. Unsere Wachstumskurve schnellte in einem letzten steilen Knick nach oben.

Die Dichte der Menschengruppen konnte weiter vergrößert werden, und plötzlich sehen wir uns einer neuen Dimension von Problemen gegenüber. Zwar fehlte es uns keineswegs an Raum; noch heute könnte die gesamte Weltbevölkerung einen komfortablen Stehplatz auf der Fläche des Saarlandes von rund 2500 Quadratkilometer finden. Die Probleme sind anderer Natur: Die Nahrung wird knapp, die Energiequellen gehen ihrem Ende zu, die Verseuchung der Umwelt schafft gefährliche Situationen, zerstört natürliche Ökosysteme, mit deren unentgeltlichen Kräften und Hilfen auch unsere Lebensgrundlage verschwindet. Die Rohstoffe sind völlig ungleich verteilt, viele durch Raubbau in Kürze erschöpft[4,5]; und nicht zuletzt führte unsere damit einhergehende technische Entwicklung – mit dem Essen wuchs der Appetit,

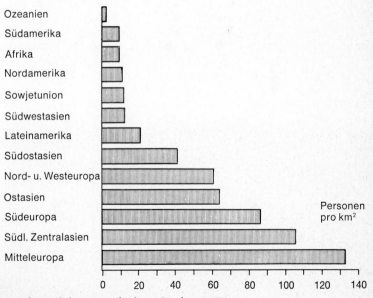

Populationsdichte in verschiedenen Ländern (1958).

das heißt, Produktion und Verbrauch schaukelten sich gegenseitig zu schwindelnden Höhen auf – zu einer völligen Pervertierung der uns eingeborenen Lebensweise und somit zu immer größeren Anpassungsschwierigkeiten. Die soziale Belastung durch Streßerscheinungen nahm ihren Anfang. Es war soweit: Die Zeitbombe unserer Bevölkerungsexplosion hatte zu ticken begonnen und mit ihr die Bedrohung für unser Überleben. Denn irgendwann ist es ja auch mit der Belastbarkeit des Planeten Erde und seiner Biosphäre einmal zu Ende.[5]

Dort, wo über Hunderttausende von Jahren der Mensch als Glied im Regelkreis der Biosphäre fungierte, entstanden nun in kürzester Zeit völlig neue Umwelten. Ein Vorgang, der immer noch in Beschleunigung begriffen ist. Denn die Gesamtmenge der industriellen Betätigung der Menschheit bis zum Ende des Zweiten Weltkrieges war im Vergleich zu den Geschehnissen der letzten 30 Jahre so gering, daß man sie direkt vergessen kann. Und für den Rest der siebziger Jahre wird, wenn keine Besinnung eintritt, mehr produziert werden, als es in der gesamten Menschheitsgeschichte bis zur Mitte dieses Jahrhunderts der Fall war. Eine Umweltveränderung wird eintreten, die neben dem Ausverkauf der letzten Rohstoffe auch darauf beruht, daß wir dabei Stoffe und Energieformen herstellen, die die Natur nicht kennt und gegen die sie deshalb völlig wehrlos ist. Materialien und Kräfte, die uns Menschen in der Tat in eine völlig unnatürliche Umwelt verpflanzen werden. Die technische Entwicklung führte so zu einer Zerstörung der Natur, von deren Schätzen die Technik aber letzten Endes selbst lebt. Und auch uns Menschen zwang sie eine Lebensweise auf, für die wir nicht geschaffen sind.

So droht, um mit dem britischen Wirtschaftsexperten E. F. Schumacher zu sprechen[6], auf der Ebene der unbelebten Natur die Erschöpfung lebenswichtiger Rohstoffe, auf der Ebene der lebenden Natur eine globale ökologische Katastrophe und auf der Ebene des Menschen eine progressive Neurose. Es

Industriegebiet im Saarland.

kommt zu einer immer stärkeren Störung seiner biologischen Funktionen durch Verkehrsstreß, Lärmstreß, optischen Streß, Streß des Zusammenlebens, Streß der Isolation, Leistungsstreß, Berufsstreß. Alles Vorgänge, die – wahrscheinlich ganz im Sinne der Natur – auf das Zusammenbrechen oder gar Auslöschen der gesamten Population hinzielen; einfach, um das störende Glied – in diesem Falle den Menschen – aus der Biosphäre und der Gesamtheit ihrer aufeinander eingespielten Lebensformen zu entfernen.

Wenn ein Land wie die Bundesrepublik mit 22 Millionen Erwerbstätigen allein an die 450 Millionen Betriebskrankentage pro Jahr aufzuweisen hat und wenn daran selbst die modernste medizinische Versorgung nichts ändern kann, so sollte das zu denken geben. Denn es bestätigt nur allzu deutlich unser oben entworfenes Bild: daß wir mit unserer bisherigen, unbekümmerten und undurchdachten technisch-zivilisatorischen Entwicklung nicht nur die Natur, sondern auch uns selbst in immer größere Anpassungsschwierigkeiten stürzen – in immer größeren Streß.

Schauen wir uns die Hintergründe etwas genauer an. Zunächst einmal handelt es sich durchaus nicht um eine reine Zivilisationserscheinung. Streß gibt es nicht erst seit heute. Er ist ein lebenswichtiger Vorgang, der seit Urzeiten untrennbar mit dem Leben verbunden ist. Streß ist also von Haus aus zunächst etwas ganz Natürliches, ein seit Millionen Jahren in allen höheren Tierarten und auch im Menschen eingebauter Verteidigungsmechanismus. Bei Gefahr mobilisiert er in Sekundenschnelle alle Energiereserven für eine extreme Muskelleistung. Er dient so zur blitzschnellen Vorbereitung auf Flucht oder Angriff. Auslöser sind dabei ganz bestimmte Alarmsignale aus der Umwelt. Zum Beispiel eine rasche Bewegung, ein Schatten, ein ungewöhnliches Geräusch, ein Schmerz oder der plötzliche Anblick eines Feindes. In all diesen Fällen ist ein biologisch verankerter Mechanismus am Werk, seit langem tief in uns einprogrammiert: im vorgeschichtlichen Menschen, dem Jäger und Sammler der Steinzeit.

Steinzeitstreß

Sehen wir uns diesen vorgeschichtlichen Menschen und seinen Streßmechanismus in der freien Wildbahn einmal näher an. Versuchen wir uns vorzustellen, wie er vor zehntausend, ja schon vor hunderttausend Jahren vor seiner Feuerstelle liegt, sich von der Jagd ausruht. Plötzlich hört er ein Knacken, spürt er den Schatten eines sich nähernden Raubtieres. Schlagartig setzt der Streßmechanismus ein, dessen Ablauf in der folgenden Bildreihe veranschaulicht ist.

Unser Kamera-Assistent in der Rolle des Steinzeitmenschen.

Schon seit Äonen von Jahren reagiert unser Organismus · bei Gefahr automatisch und ohne zu denken mit einer momentanen Energiemobilisierung. Denn jedes Denken, jede Überlegung wäre Zeitvergeudung: eine Erklärung für die mit Streß gekoppelten Denkblockaden – auch schon beim Steinzeitmenschen.

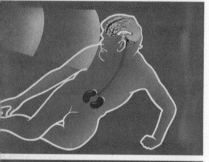

Der von den Schallwellen ausgelöste Wahrnehmungsimpuls läuft dafür in seinem Gehirn sofort in eine Region des Zwischenhirns, wo er Angst signalisiert.

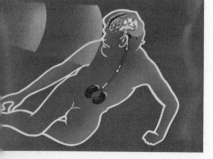

Von dort geht die Erregung weiter über den Sympathikusnerv und aktiviert schlagartig die Nebenniere.

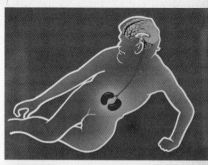

Das Nebennierenmark schüttet daraufhin in den Kreislauf die Hormone Adrenalin und Noradrenalin aus.

Reflexartig ist er aufgesprungen, den Speer in der Hand.

Die Hormone haben seinen Herzschlag beschleunigt, den Blutdruck erhöht, den Kreislauf schlagartig verändert.

Zucker- und Fettreserven werden angezapft, gehen an seine Muskeln, wo sie wie eine Traubenzuckerspritze wirken und sozusagen Vollgas geben.

Schon prescht er – durch die Streßreaktion blitzartig auf Hochleistung gebracht – im Sprint durch den Busch.

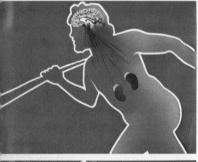

Doch über die Hirnanhangdrüse, die Hypophyse, und den von ihr ausgeschütteten Botenstoff ACTH...

... ist inzwischen ein weiteres Hormon aus der Nebenniere abgerufen worden: Hydrocortison.

Verdauungsprozesse wie auch Sexualfunktionen werden jetzt ausgeschaltet. Das gleiche gilt für die Immunabwehr, so daß alle Energie ungeteilt auf die Begegnung mit der Gefahr gerichtet werden kann (eine Erklärung für Angstdurchfall und die unter Streß erhöhte Anfälligkeit für Infektionskrankheiten).

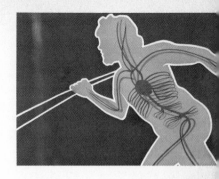

Rote Blutzellen überschwemmen die Arterien, um dem Körper zu mehr Sauerstoff zu verhelfen und besser Kohlendioxyd auszustoßen. Die Blutgerinnungsfaktoren sind schlagartig angestiegen, damit sich bei eventuellen Verletzungen Wunden rascher schließen (während dies beim »Wohlstandsstreß« lediglich die Thromboseneigung erhöht).

Durch den hier geschilderten Ablauf präpariert, kann unser Steinzeitmensch nun ohne Schwierigkeiten fliehen, seine Beute jagen und ergreifen oder in Sekundenschnelle in seiner Höhle verschwinden.[7] Das Ganze offenbart sich somit als ein lebensrettendes Programm für alle höheren Lebewesen in freier Wildbahn: in vielen Fällen auch heute noch für jeden von uns. Zum Beispiel wenn uns ein blitzartiger Hechtsprung, zu dem wir normalerweise nie die Kräfte hätten, vor einem überraschend heranbrausenden Zug rettet.

Eine Schlagzeile in der Münchner ›AZ‹: »Zehnjähriger Bub vom Eilzug überrollt. Schulkinder wollten den Weg abkürzen.« Aus dem Text: Gemeinsam mit einem Klassenkameraden wollten der kleine Robert und sein Zwillingsbruder gestern den Heimweg von der Schule abkürzen. Sie liefen hinter der S6 aus Tutzing über die Gleise. Da geschah das Unglück: Eine große Schar von Buben und Mädchen strömte aus den Abteilen. Die Schule war vorbei. Die Kinder sprangen hinter dem letzten Wagen über die Gleise. Robert war der letzte von ihnen. Plötzlich ein gellender Schrei. Alle sahen den Eilzug aus Richtung Starnberg, nur Robert nicht. Während sich Zwillingsbruder Werner mit den anderen Buben durch einen gewaltigen Sprung auf den Hochbahnsteig retten konnte, zögerte der Zehnjährige. Er wollte zurücklaufen, stolperte und wurde vom Zug erfaßt.[8]

Denkblockade oder nicht?

Der Streßmechanismus scheint hier zwei von drei Kindern durch einen reflexartigen Hochleistungssprung bei gleichzeitiger Denkblockade gerettet zu haben. Das dritte Kind zögerte, wie es heißt, schien also zu überlegen, ob es vor- oder zurückspringen sollte. Der Streßmechanismus funktionierte nicht perfekt, die Denkblockade und der damit gekoppelte und vielleicht lebensrettende Gewaltsprung blieben aus. In diesem Falle zum Nachteil des Lebewesens. Lebten wir noch in der freien Wildbahn, so wäre das vielleicht noch zum Vorteil der Arterhaltung: Das nur schlecht auf den Streßreiz reagierende Lebewesen würde sich nicht weiter fortpflanzen. In unserem Lebensraum jedoch sind diese rudimentären Ausleseprozesse völlig fehl am Platze. Im Gegenteil, oft ist es gerade die mit Denkblockade gekoppelte reflexartige Bewegung, die uns etwa im Verkehr ins Unglück stürzt, während kühles Überlegen und Abwarten uns retten würde. Daß der Streßmechanismus in gewissen Fällen in seiner Aufgabe entartet ist, darf jedoch nicht darüber hinwegtäuschen, daß er in seinem Ablauf nach wie vor genauso wie vor vielen tausend Jahren funktioniert – mal mit positivem, mal mit negativem Erfolg.

Von der Notbereitschaft zum Daueralarm

Wenn der Streßmechanismus und seine Folgen also ursprünglich sehr natürlich sind, so liegt doch der große Unterschied zu unserer heutigen Streßsituation darin, daß es sich nicht mehr wie in alten Zeiten oder wie in der freien Wildbahn um einen kurzen Alarmzustand handelt, um eine vorübergehende Notbereitschaft mit langen Erholungs- und Entspannungsphasen dazwischen, sondern immer mehr um einen Daueralarm, um ein wahres Trommelfeuer von Umweltreizen, um einen Zustand ständiger und immer neuer Erregung. Die Streßreize, die sogenannten Stressoren, haben nicht zuletzt durch unsere zunehmende Bevölkerungsdichte sowohl an Zahl als auch an Stärke und Dauer so zugenommen, daß die Anpassungsfähigkeit unseres Organismus überfordert wird. Die Erholungsphasen werden immer kürzer, die Spannung summiert sich und läßt unsere körperlichen und seelischen Funktionen kaum mehr zur Ruhe kommen.

Reizüberflutung durch die Stressoren des Großstadtlebens. Lärmplage, Luftverpestung, allgemeine Hektik, optischer Streß, familiäre und berufliche Konfliktsituationen, Terminterror und wirtschaftliche Unsicherheit summieren sich zu einer raschen Aufeinanderfolge von Alarmreaktionen, für deren jedesmaligen Abbau die Zwischenzeit zu kurz ist. (Der Verfasser bei der Moderation in der TV-Folge ›Phänomen Streß I – Menschendichte und Verkehr‹.)

Streß und Psyche

Sozialer Dichtestreß

Es ist nicht ausgeschlossen, daß die Störung der biologischen Funktionen des Menschen durch ansteigende Streßbelastung ganz im Sinne der Natur zum starken Bevölkerungsrückgang und baldigen sozialen Kollaps unserer Art führen soll oder gar zu ihrem Auslöschen, um den Menschen als störendes Glied aus der Biosphäre und ihren aufeinander eingespielten Lebensformen zu entfernen – genauso, wie es unter vereinfachten Bedingungen im Tierversuch bei vielen Verhaltensexperimenten, zum Beispiel mit sich ungehemmt vermehrenden Mäusen, eintritt. Zu manchen Aspekten des Verkehrsgewühls in unseren Großstädten zeigt die wimmelnde Ansammlung einer übervölkerten Mäusepopulation erschreckende Parallelen: Automatisch entstehen bei dieser »Verkehrsdichte« Gruppen von sich beißenden, verknäulten Tieren, verendete Tiere, struppige, ungepflegte »Untergebene« und demgegenüber einige wenige vollgefressene der oberen Hierarchie mit glänzendem sauberen Fell.[9]

Sozialer Dichtestreß ist also nicht nur bei uns wirksam, sondern schon bei sehr viel einfacheren Arten, denen unser kompliziertes intellektuelles Denk-, Sprach- und Symbolsystem fehlt. Daß auch dort psychische Einflüsse wie Enge, Beklemmung, Angst und Unterdrückung meßbare körperliche Veränderungen und selbst den Tod hervorrufen können, wurde in den letzten Jahren von mehreren Forschergruppen vor allem bei einer besonderen Art von Baumspitzhörnchen, den Tupajas, studiert. (Die in diesem Buch abgebildeten Tiere stammen sämtlich aus der Tupaja-Zucht von D. v. Holst.)

Streßsignal der Tupajas

Mit diesen in Ostasien lebenden Tupajas hat es etwas ganz Besonderes auf sich. Nicht nur, daß sie als ein vermutlicher Seitenzweig lemurenähnlicher Halbaffen mit unter die frühen Vorfahren des Menschen einzureihen sind, sie sind auch eines der idealsten Beobachtungsobjekte für Streßwirkungen beim Tier. Bei ihnen kann man nämlich den Streß sozusagen von außen ablesen: Sobald ein fremder Artgenosse, ein Feind oder ein Geräusch die Tiere erregt, zeigen sie eine typische Reaktion: Sie sträuben die Haare auf dem Schwanz, und zwar so lange, wie die Erregung, das heißt die Streßreaktion, anhält. Dieser fabelhafte natürliche Zeigerausschlag für Streßmessungen erlaubte bei

Zwei Tupajas mit unter Streß gesträubten Schwänzen.

diesen Tieren eine bis dahin in den kühnsten Träumen der Forscher nicht erhoffte Beobachtung der Art und Wirkung streßerzeugender Reize in Gruppen und Gesellschaften.[9]

Tupajas leben meist paarweise beziehungsweise als kleine Familie zusammen und hausen in einem abgegrenzten Wohngebiet, in einem Territorium, welches sie durch ein duftendes Drüsensekret gegenüber allen fremden Tupajas markieren; genauso wie wir neben Hausnummer und Namen vor unseren Häusern auch spezifische Wohnungsgerüche und nicht zuletzt die individuelle Wohnungseinrichtung haben, die einem Fremden normalerweise das Gefühl geben, nicht zu Hause zu sein. Nicht umsonst fordert man ja einen Gast auf, sich trotz all dieser Markierung ganz wie zu Hause zu fühlen. Sobald bei den Tupajas Junge geworfen werden, ist das Nest für die früher oft zu Besuch kommenden Artgenossen tabu. Die Jungen selbst dürfen sich jedoch bis zur Pubertät ohne Anmeldung in fremden Nestern tummeln, ähnlich wie unsere jungen Teenager. Sie werden von erwachsenen Tieren völlig unbehelligt gelassen.

In solchen Wohngebieten und natürlich auch in Gefangenschaft konnte man nun die Tupajas ungestört beobachten und eben auch ihre Streßreaktionen von weitem erkennen. Sehr bald stellte man fest, daß die streßerzeugenden Reize vielfach rein psychischer Art waren. Gerade bei den Jungen, die normalerweise noch kaum irgendwelchen Stressoren ausgesetzt sind, tritt eine Streßreaktion hauptsächlich dann ein, wenn die Alten sich streiten. Bei solchen Streitereien der Erwachsenen sträuben dann auch die kleineren Tiere ihre Schwanzhaare. Kommt dies häufig vor, so leiden sie darunter und wach-

Natürlicher Lebensraum der Tupajas in einem thailändischen Urwaldgebiet.

sen langsamer. Mit dem Eintritt der Pubertät erfolgt eine kurze Rangstreitigkeit mit unblutigen Kämpfen, die nach wenigen Minuten beendet ist und die darüber entscheidet, wer das Nest zu verlassen hat. Meist sind es die Jungen, manchmal aber auch geschwächte oder zu alte Erwachsene oder solche, die durch frühere Streßbelastung geschädigt sind. Im Nest zu verbleiben, wäre für das nunmehr rangniedere Tier unerträglich.

So merkten zum Beispiel die Forscher an den gesträubten Schwanzhaaren, daß allein der Anblick eines ranghöheren Tieres für ein rangniederes Tier einer der stärksten Stressoren war. Dieser Streß wurde zum Dauerstreß, wenn man eine Gruppe von Tupajas gemeinsam mit einem überlegenen Tier in einem abgegrenzten Raum beließ. Hier waren sie, wie Schüler in Klassenräumen mit einem ungeliebten Lehrer, dem Anblick des Gegners ständig ausgesetzt. Und zwar ohne ihn angreifen zu können (denn er war ja überlegen), aber auch ohne fliehen zu können (denn der Raum war ja geschlossen).

Der Verfasser bei der Moderation vor einem Tupajakäfig.

Das rechte Tier ist durch den Anblick des überlegenen Artgenossen (glatter Schwanz) stark gestreßt (gesträubter Schwanz).

Gestreßte Tupajas in Gegenwart eines ranghöheren Tieres im geschlossenen Käfig erinnern fatal an manche Schulsituation.

Obwohl das überlegene Tier sich praktisch nicht mehr um die anderen kümmerte, waren deren Schwänze ständig gesträubt. Bereits wenige Stunden Dauerstreß führten so zu starken Schäden am Kreislauf- und Nervensystem der Tiere.

Ganz gleich, welcher Art ein Streßsignal ist – oft wird es ja im Gehirn selbst, also durch bloße Gedanken ausgelöst –, und ganz gleich ob bei Mäusen, Menschen oder Tupajas, der biologische Mechanismus, der diese Verbindung zwischen einer reinen Wahrnehmung und einer materiellen Veränderung in unserem Organismus bewerkstelligt, ist bei allen höheren Tieren der gleiche.

Madeleine und die Riesenkrabbe

Bei den Dreharbeiten zu der Serie ›Phänomen Streß‹ hatte sich unsere Assistentin Madeleine zur Messung dieser Vorgänge für ein Streßexperiment zur Verfügung gestellt. Sie sollte in einen typischen Angstzustand versetzt werden. Natürlich nur für einen kurzen Moment, und nicht in Dauerstreß wie bei den Tupajas. Die körperlichen Folgen der Alarmreaktion wurden dann

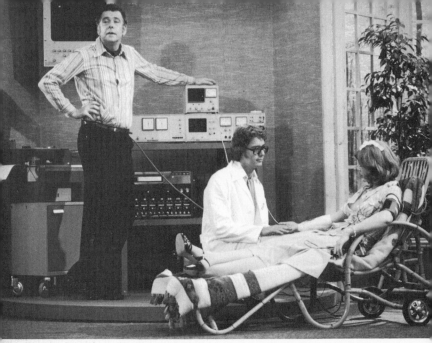

Der Verfasser mit Sohn und Tochter bei einem Streßexperiment im Fernsehstudio.

live bei ihr gemessen. Hierzu war sie schon vorher an die abgebildeten Instrumente angeschlossen worden: unter anderem an ein EEG-Gerät, das die Wahrnehmung des Streßreizes im Hirnstrombild anzeigen und auf die anschließende Denkblockade hinweisen sollte. Am EKG, am Kardiogramm, sowie am Blutdruck würde man den Effekt der Nebennierenhormone auf Herz und Kreislauf erkennen, und der elektrische Hautwiderstand – alle drei wurden auf einem Schreiber registriert – sollte dann noch weitere Funktionen des vegetativen Nervensystems anzeigen. Weiterhin sollten noch die Fettwerte des Blutes – ein Maß für die unter Streß mobilisierten Energien – mit einer Kontroll-Blutprobe verglichen werden.

Die zunächst aufgezeichneten Werte waren trotz der ja immer etwas aufgeregten Drehatmosphäre im Studio normal. (Vielleicht hatte die Ausstattung unseres speziell für diese Serie entworfenen Antistreß-Studios etwas dazu beigetragen; gegen Ende der Dreharbeiten war das Team jedenfalls von einer solchen entspannenden Wirkung einhellig überzeugt.) Das Experiment konnte losgehen. Die Assistentin lag auf einer Chaiselongue, die Kopfstütze leicht angehoben, und harrte der Dinge, die da kommen sollten. Sie wußte zwar, daß sie gestreßt werden würde, jedoch nicht, womit. Auf jeden Fall war für sie die angekündigte Wahrnehmung etwas Unbekanntes, Fremdartiges und würde daher dem Körper das Signal von etwas Feindlichem geben. Nach Verdunkeln des Studios – nur einige Scheinwerfer beleuchteten noch die

Szene – wurde die Assistentin zunächst von dem eigentlichen Vorgang abgelenkt, das heißt, ihre Aufmerksamkeit wurde auf die gegenüberliegende Wand gerichtet. Inzwischen wurde von der Decke langsam eine recht gefährliche, lebende Riesenkrabbe heruntergelassen, die wir von den Karibischen Inseln mitgebracht hatten.

Die in Dominica gefangene und für das Schreckexperiment verwendete tropische Flußkrabbe (Gecarcinus ruricola).

Noch unsichtbar für unsere Assistentin wird die lebende Riesenkrabbe im Studio heruntergelassen.

Sobald sie in ihr Blickfeld tritt, wirkt ihr unerwarteter, fremder Anblick zunächst nur feindlich und damit automatisch als starker Streßreiz.

Ebenso automatisch erfolgen der anhaltende Schrei und die übrigen Abläufe der Streßreaktion.

Die Erkenntnis, daß ja gar nichts passiert ist, dämmert erst mit dem Abklingen der Schreckreaktion.

Mit ihren handgroßen Scheren und zentimeterlangen Stielaugen hatten wir sie sorgfältig an Stahldrähten befestigt, die lautlos über eine Rolle heruntergelassen wurden. Sobald sie in das Scheinwerferlicht trat, fing sie an, sich wild zu bewegen. In diesem Moment wurde auch der Blick der Assistentin, die offenbar die Bewegung aus den Augenwinkeln mitbekam, schlagartig nach oben gelenkt. Der Effekt war stärker als erwartet. Madeleine schrie wie am Spieß – nicht daß sie durch Überlegung irgendeine Gefahr von der Krabbe erkannte (sie hatte ein solches Tier noch nie gesehen), sondern gerade weil dieses Tier unbekannt war, fremd und damit *a priori* feindlich, reagierte sie so stark. Denn alles Fremde wird ja, sobald es als solches registriert ist, zunächst einmal von allen Lebewesen abgelehnt, und es ist ein langer Prozeß, bis sich über die erste Fluchtreaktion dann schließlich Neugier und Interesse zeigen. Kurz und gut, das Experiment war erfolgt, und wir konnten – während der Assistentin der Schreck noch in den Knochen saß – bereits die ersten Meßwerte ablesen.

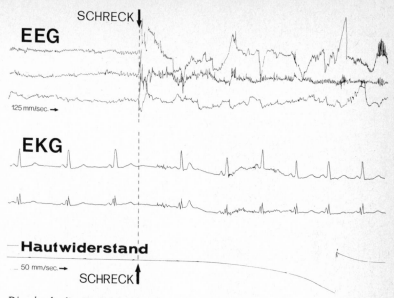

Die durch die Streßreaktion veränderten Meßwerte im Elektroenzephalogramm (EEG), Elektrokardiogramm (EKG) und im Hautwiderstand.

Biochemie der Schreckreaktion

Auf dem abgebildeten Meßstreifen ist der Zeitpunkt des Schocks genau markiert. An den sich schlagartig ändernden Gehirnwellen war die Alarmreaktion deutlich zu erkennen (wenn auch durch die kurz darauf erfolgte Bewegung, die sich auf die Elektroden übertrug, eine Reihe von unspezifischen Störimpulsen das Bild anschließend überlagerte). Die im EEG registrierten Impulse gehen natürlich innerhalb des Gehirns noch weiter, und zwar über den Hypothalamus direkt in das vegetative Nervensystem. Am EKG, den darunter abgebildeten Kurven, sieht man dann gleich die Folgen: Der Herzschlag hatte sich kurz nach dem Schreck radikal verändert, der Puls war beschleunigt. Auch der Blutdruck, der bei Madeleine normalerweise sehr niedrig liegt (120/60), war auf 180/100 angestiegen. Alles Meßdaten, welche signalisieren, daß ihr Körper sprungbereit war. Ein Beweis dafür, daß der Sympathikusnerv den Befehl gegeben hatte, das Fluchthormon Adrenalin auszuschütten.

Inzwischen war erneut Blut abgenommen worden, um die Veränderung im Fettgehalt festzustellen. Denn die Adrenalinausschüttung mobilisiert neben dem Zuckerreservoir im Glykogen der Leber sozusagen auch die Fettreser-

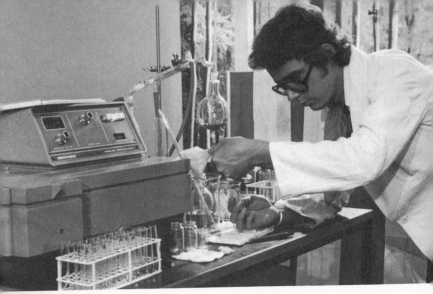

Bei der Schnellbestimmung der Blutfettwerte im Fernsehstudio.

ven aus ihren verschiedenen Depots. Schon die grobe Bestimmung der Blutfettwerte, wie wir sie nach einem gängigen Schnellverfahren direkt im Studio vornahmen, zeigte einen Anstieg des Fettsäuregehaltes um 24 Prozent gegenüber vorher. Schließlich hatte dann der Meßstreifen noch registriert, daß auch der Hautwiderstand während des Streßtestes sehr rasch abgesunken war. Das heißt: bessere elektrische Leitung auf der Hautoberfläche; ein Zeichen für die Schweißabsonderung durch den nicht zu übersehenden Angstzustand.

Der Organismus unserer Assistentin war demnach durch die Alarmsituation ganz klar auf Hochleistung präpariert. Das Ganze eine automatische Reaktion des Körpers, die sich nicht nur in dem Schrei und dem darauffolgenden Zusammenzucken zeigte, sondern eben auch in echten organischen Veränderungen.

Genauso wirken nun tagtäglich laufend Streßreize auf uns ein. Meist weit subtilere Reize als bei einem solchen plumpen Schreckvorgang, aber dadurch – weil unbemerkt – auf die Dauer weit gefährlichere. Unser Organismus reagiert dabei auch in unserer modernen Zivilisation nach dem gleichen stereotypen Schema, wie es schon seit Äonen in unseren Urahnen für Angriff oder Flucht vorprogrammiert war. Mit einem Unterschied: Unsere Vorfahren hatten die Möglichkeit, die Alarmreaktion grundsätzlich durch Flucht, Angriff oder einen anderen Energieeinsatz auch wieder körperlich umzusetzen. Tiere reagieren immer noch so. Wenn jedoch der moderne Mensch sich bedroht fühlt, sind es eine Reihe von zivilisatorischen Auflagen, die jene instinktiven Impulse abklemmen.

Wie der amerikanische Medizinjournalist McQuade in seinem ausgezeichneten Streßreport[7] betont, begreift die medizinische Wissenschaft allmählich, daß die angestauten Wirkungen dieser ständig unterdrückten körperlichen Reaktion, die man *biologische Frustration* nennen könnte, den Kreislauf ebenso schädigen wie den Verdauungstrakt und unser Immunsystem, daß sie die Lungen, Muskeln oder Gelenke durch Ablagerungen schwächen und den Alterungsprozeß beschleunigen. So werden wir nicht etwa aus heiterem Himmel von einer Grippe »erwischt«, von einer Migräne, einer Herzkrankheit oder vom Krebs. Selbst Viruskrankheiten treten letztlich weit eher auf, wenn wir durch die von uns gewählte Lebensweise oder durch psychischen Streß unser Immunsystem geschwächt haben und verwundbar geworden sind.[235] Gleichzeitig sind wir damit aber auch gegen weitere Stressoren schon wieder empfindlicher geworden, weniger in der Lage, sie körperlich umzusetzen oder geistig-seelisch umzufunktionieren – worüber vor allem im nächsten Kapitel die Rede sein wird.

Im Vergleich zum Leben von Tieren oder von Eingeborenen in der freien Wildbahn mit ihren riesigen Erholungs- und Entspannungsphasen wurde also das, was die Natur mit dem Streßmechanismus vorhatte, in unserer Industriegesellschaft zu einem krankmachenden Prozeß umfunktioniert, so daß uns Streß heute in erster Linie als ein krankhaftes Geschehen gegenübertritt. Wie gesagt, sind es gar nicht einmal unbedingt die großen Schrecksituationen oder massive Aufregungen, die uns zu schaffen machen. Mindestens die gleiche gesundheitliche Belastung kommt durch die gewaltige Summe kleiner unterschwelliger Stressoren zustande, wie sie uns in unserer heutigen Zivilisation Tag für Tag umgeben. Ja – um es noch einmal zu betonen – sie sind schlimmer, weil wir sie kaum bemerken. All diese Wahrnehmungen und oft rein seelisch-geistigen Vorgänge wandeln sich über den Streßmechanismus in unserem Körper in meßbare materielle Prozesse um – und das Programm unserer Gene präpariert uns in all diesen Situationen im Grunde auf Angriff oder Flucht, also auf Körperleistung. Doch was tun wir? Nichts!

Bewegungslosigkeit hemmt Streßabbau

Oder hat man schon mal jemanden gesehen, der nach einer starken Streßsituation, etwa nach familiären Spannungen, einen Fluß durchschwimmt? Oder jemanden, der, von Lärm gequält, auf einen Baum klettert?

Wer wird schon, wenn er vom Chef abgekanzelt oder beleidigt wird, mit lautem Geschrei seinen Vorgesetzten angehen, den Schreibtisch oder Drehstuhl hochstemmen oder sonstige Kraftäußerungen von sich geben? All das

Wer wird schon, wenn er durch einen ungerechten Anpfiff seines Chefs gestreßt wird, sich auf diese Weise abreagieren – obgleich es eine durchaus gesunde Reaktion wäre.

tun wir nicht. Im Gegenteil. Trotz der vorbereiteten Höchstleistung verharrt unser Körper meist völlig bewegungslos.

In unserem Innern sind dafür die Folgen um so schlimmer. Die ungenutzten Brennstoffe müssen ja irgendwohin. So wandeln sich die Fettsäuren in Cholesterin um und werden in die Gefäßwände eingebaut. Das beschleunigt später die Arteriosklerose. Durch die Verschiebung des Hormonhaushalts entstehen Störungen im vegetativen System. Das bedeutet weitere Kreislaufbelastung und Erhöhung des Infarktrisikos. Unsicherheit, Nervosität und verhaltene Aggressionen regen den Magen zu erhöhter Salzsäureproduktion an und den Darm zu Verkrampfungen.

Verkehrsstreß – Trommelfeuer und Zeitbombe

Doppelbelastung Autofahren

Bei aller Hektik und Bewegung in unseren verkehrsreichen Ballungszentren ist es paradoxerweise eine zunehmende Bewegungsarmut, von der wir uns beherrschen lassen, obgleich diese, wie wir sahen, den krankhaften Erscheinungen des Streß kräftig Vorschub leistet. Die Enge der Städte, der Verlust des Erholungsraums durch Ausbreitung von Industrie- und Verkehrsanlagen, die Massen-Wohnsilos in vegetationslosen Betonlandschaften, all das behindert den natürlichen Bewegungsdrang des Menschen immer mehr. Das Auto und andere scheinbare Bequemlichkeiten machen uns faul und muskelschwach. Der Autoverkehr als eine schon von der Grundkonzeption her veraltete Technologie der Fortbewegung ist auch, was den Streß betrifft, einer besonderen Betrachtung wert.[10] So können wir beobachten, daß uns zum Beispiel gerade der moderne Straßenverkehr nicht nur fast alle Stressoren gleichzeitig beschert: laufende Alarmsituationen, Luftverschmutzung, Lärm, verstopfte Städte, Unfälle, sondern daß er auch das zweite Übel vergrößert hat: die Bewegungsarmut und damit den fehlenden Streßabbau. So wird das Autofahren vom vegetativen Nervensystem auf der einen Seite als Schwerarbeit eingestuft, ohne daß jedoch auf der anderen Seite der Körper überhaupt etwas tut. Wir haben hier eine biologische Doppelbelastung: Streß wird nicht nur erzeugt, sondern gleichzeitig wird auch seine Umsetzung verhindert.

Wenn man nun die Streßreize des Autofahrens einmal einzeln betrachtet, so muß man sich wundern, was dabei zusammenkommt. Hierzu gibt es medizinische Versuchsfahrzeuge, die einem James-Bond-Wagen in nichts nachstehen, nur daß nicht Reifenaufschlitzer, automatische Schleudersitze und ausfahrbare Maschinenpistolen eingebaut sind, sondern ein komplettes Kofferraumlabor. Der Fahrer ist zur Messung seiner Herz- und Kreislauftätigkeit an ein EKG angeschlossen, zur Messung des Hirnstrombildes an ein EEG-Gerät. Ebenso wird das Atemvolumen pro Minute und die Sauerstoffdifferenz beim Ein- und Ausatmen festgehalten. Der Fahrtenschreiber ist mit den Registriergeräten und einem Tonbandgerät gekoppelt, das von dem Beifahrer besprochen wird und daher die genaue Beziehung der jeweiligen Verkehrssituation zu den Reaktionen des Fahrers anzeigt. Ein tragbares Registriergerät kann auch später noch die gespeicherten Daten über einen Schreiber oder einen Oszillographen für die Auswertung abspulen.[11]

Mit einem so präparierten Wagen wurden Anfang der siebziger Jahre in mehreren Versuchsreihen einer Londoner Forschergruppe die wichtigsten indirekten Folgen der während des Verkehrs ausgeschütteten Streßhormone gemessen.[12] Im Prinzip könnte man auch deren Konzentration selbst messen, indem man durch eine in der Vene steckende Kanüle in regelmäßigen Abständen Blut entnimmt. Ein solcher Versuch ist jedoch weniger im wirklichen Verkehr als zum Beispiel in einem computergesteuerten Fahr-Trainingsgerät (Link-Trainer) durchführbar. Nun, die Werte, die sich aus der indirekten Messung der Wirkungen des Fahrstreß ergaben, waren jedenfalls schon eindeutig genug:

32 gesunde Versuchspersonen im Alter von 21 bis 55 Jahren zeigten einen Anstieg ihrer durchschnittlichen Ruhepulsfrequenz von 76 pro Minute auf einen durchschnittlichen Maximalwert von 108.

Nur drei Personen zeigten keinen Anstieg der Herzfrequenz. Eine 21 Jahre alte Frau wurde während eines Tests beinahe in einen Unfall verwickelt.

EKG beim Autofahren
(gesunde Versuchsperson)

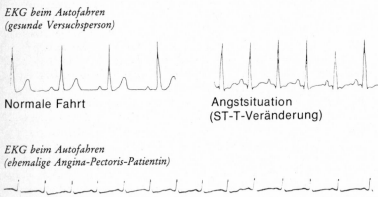

Normale Fahrt

Angstsituation
(ST-T-Veränderung)

EKG beim Autofahren
(ehemalige Angina-Pectoris-Patientin)

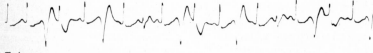

Vor der Fahrt

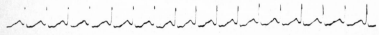

Fahren

Ende der Fahrt

Sofort kam es bei ihr zu einer Sinustachykardie von 120 pro Minute, mit einer sogenannten ST-T-Depression. Eine solche ST-T-Senkung ist nur dann mit einer Beschleunigung des Herzschlags verbunden, wenn eine Schrecksituation vorliegt, man sagt: eine Hyperreaktion auf emotionellen Reizfaktor.

Interessant ist, daß selbst Routinevorgänge wie das Schalten ihren Anteil an Streß liefern. Vergleicht man die Werte in einem Automatikfahrzeug mit denjenigen in einem normalen Versuchsauto, so steigt der Puls des Fahrers gegenüber dem ersteren um durchschnittlich 10 Prozent an und das Atem/Minuten-Volumen um 40 Prozent, woraus der Mediziner eine klare Streßsituation abliest.[12] Außerdem wurde festgestellt, daß die normale Schalt-Fahrweise viermal so oft zu Geschwindigkeitsüberschreitungen führte wie bei den Automatikfahrern.[13] Trotzdem kamen die Fahrer bei Handschaltung um nichts schneller ans Ziel, sie hatten sich und den Wagen durch sinnloses Hochjagen und Herunterbremsen völlig unnötig strapaziert. Selbstverständlich geben solche Tests nur bei einer strikten Zufallsverteilung der Versuchsfahrer eine verläßliche Aussage, bei der der Typ des Automatikfahrers und des sogenannten sportlichen Fahrers in beiden Fällen gleicherweise vertreten sein muß.

Bei Rennfahrern liegen diese Streßdaten natürlich extrem hoch. Nach deutschen und britischen Untersuchungen bewegten sich die Herzfrequenzen bereits während der letzten 15 Minuten vor dem Start (Erwartungsstreß) zwischen 150 und 180 (!). Bei Startbeginn stiegen sie dann auf Werte zwischen 180 und 210 und blieben dort während des Rennens unverändert. Soweit man den Adrenalin- und Noradrenalin-Gehalt des Blutserums unmittelbar nach dem Rennen bestimmt hatte, betrugen die erhaltenen Werte das Doppelte bis Zehnfache der Norm. Eine Stunde bis zwei Tage nach dem Rennen lagen dann sämtliche Werte wieder innerhalb der individuellen Normalbereiche.[12, 14] Auch bei Verkehrspiloten, um eine weitere gefährdete Gruppe zu nennen, treten in kritischen Momenten, etwa beim Abflug, beim Erreichen eines lebhaften Flughafens oder bei Landung, häufig Sinustachykardien von 120 und mehr pro Minute auf. Vor dem Flug, beim Horizontalflug und nach der Landung waren die Herzfrequenzen der Piloten normal. Sie wußten auch nichts von ihrer Tachykardie und empfanden selbst weder Angst noch Nervosität.[12]

Damit ist jedoch die Gesamtbeanspruchung des Menschen am Steuer noch nicht annähernd erfaßt. So wird seine Aufmerksamkeit nicht nur durch das eigentliche Fahren, also die vielen Reize und Signale und die für seinen Organismus natürlich viel zu hohen Geschwindigkeiten überfordert, sondern, wie schon angedeutet, auch durch eine Reihe von Umweltstressoren, die man durchaus verringern könnte. So kommen auf das Konto des psychischen Streß zum Beispiel noch das endlose Parkplatzsuchen, während man es eilig hat, das Käfiggefühl in Kolonnen, Unfallangst, Ärger, Aufregung, Aggressionen der Verkehrsteilnehmer gegeneinander und ähnliches, was sich zu der negativen Liste addiert. Nennen wir weiterhin den Lärm mit seiner Beeinträchtigung der Konzentrationsfähigkeit oder die Überforderung durch optischen Streß, durch irritierende Lichter und schlechte Sicht und nicht zuletzt auch die mechanische Beanspruchung durch langes Sitzen, die zu Haltungsschäden der Wirbelsäule und Muskelverkrampfungen führt, zu Zirkulationsstörungen, vor allem in den Beinen, und selbst zu Thrombosen.

Streß und Abgase potenzieren sich

Ein besonderes Kapitel des Verkehrs ist die Luftverpestung durch Auspuffgase wie Kohlenmonoxid, Blei, Kohlenwasserstoffe, Aerosole und feinsten Staub, die sich vielfach gegenseitig in ihrer Wirkung verstärken. Selbstverständlich läßt sich auch die Wirkung dieser Luftverschmutzung auf den Organismus experimentell feststellen. In Los Angeles betrug die täglich aus den Auspuffen strömende Menge des Atemgifts Kohlenmonoxid bereits 1967 über 10 Millionen Kilogramm. Nach neunzigminütiger Fahrt durch den dichten Verkehr dieser Stadt war als Folge ein deutlicher Anstieg des Kohlenmonoxidgehalts im Blut von Testpersonen festzustellen, die man in einen offenen Kastenwagen gesetzt hatte. Die Häufung von Angina-pectoris-Anfällen scheint damit in Zusammenhang zu stehen. Seit 1967 haben sich diese Verhältnisse natürlich noch bedeutend verschlechtert – und dies nicht nur in Los Angeles.

Für uns ist nun besonders interessant, daß diese Auspuffgase auch eine spezielle Streßwirkung in gefährlicher Weise verstärken. Bereits mangelnder Sauerstoff, meist nur als schlechte Luft bezeichnet, führt zu meßbaren Veränderungen und ausgesprochenen Krankheitsvorstufen im Organismus. Das Mineralgleichgewicht wird durcheinandergebracht, so daß der Arterienverkalkung und anderen Störungen weniger Widerstand entgegengesetzt wird.[236] Ganz ähnlich wie Sauerstoffmangel verschieben aber auch Abgase wie Kohlenmonoxid das für die Herzkontraktion wo wichtige elektrolytische Gleichgewicht zwischen Kalium, Magnesium und Natrium. Gerade der Herzmuskel hat aber unter Streß einen stark erhöhten Sauerstoffbedarf – sozusagen eine innere Sauerstoffmangelerscheinung, die dann selbst bei frischer Luft vorliegen kann. Durch den Anstieg der Adrenalinkonzentration im Blut und durch die Ausschüttung von Noradrenalin aus den sympathischen Nervenendungen direkt in den Herzmuskel kann nämlich ein Ungleichgewicht zwischen dem örtlichen Sauerstoffangebot und seinem erhöhten Verbrauch entstehen, was ebenfalls wieder das Elektrolytgleichgewicht stört. Der Herzmuskel hat demnach im heutigen Straßenverkehr erstens durch die Katecholamine Adrenalin und Noradrenalin einen stark erhöhten Sauerstoffbedarf, doch der Sauerstoff wird ihm vorenthalten, sobald es – zweitens – daran mangelt, beziehungsweise sobald Kohlenmonoxid und Blei die für den Sauerstoffaustausch so wichtige Tätigkeit des roten Blutfarbstoffs beeinträchtigen. In die gleiche Richtung wirken nun als drittes die ebenfalls von der Nebenniere bei Streß freigesetzten Corticoidhormone. Auf diese Weise schaukelt sich dieser Mechanismus allmählich auf, ja bei Leuten, die am Ende noch wegen Allergien oder wegen Rheuma unter Cortisonbehandlung stehen, wirkt dann jeder zusätzliche Streß extrem schädlich.[15]

Die vier Sünden des Straßenverkehrs

Es dürfte also keine Frage sein, daß die Art unseres modernen Großstadtverkehrs den Organismus vierfach belastet: Erstens über einen ganzen Fächer von *Stressoren,* die miteinander verflochten sind, sich gegenseitig addieren und vereint über uns hereinbrechen: der Verkehrslärm mit seiner Beeinträchtigung der Konzentration und mit der Belastung des Fahrers, aber auch der Belästigung der übrigen Bürger; die optischen Stressoren, die Überforderung durch Lichter, Sonnenblendung und schlechte Sicht bei ungünstigen Witterungsverhältnissen; die mechanische Beanspruchung durch ungünstige Autositze, Haltungsschäden der Wirbelsäule und Muskelverkrampfungen, verbunden mit Kopfschmerzen und anderen Mißgefühlen durch stundenlanges Sitzen; die Blutverschiebung in den herabhängenden Beinen, Zirkulationsstörungen und Thromboseneigungen; die Luftverpestung durch Auspuffgase wie Kohlenmonoxid und andere Schadstoffe. Als zweites kommt die schon erwähnte *Bewegungslosigkeit* hinzu, die eine natürliche Umsetzung der Streßreize verhindert und damit noch einmal genausoviel schadet wie die Summe der Stressoren selbst. Neben dieser biologischen Doppelbelastung muß man noch eine psychologische dritte Belastung durch den Privatverkehr nennen: die finanzielle Überforderung durch das prestigebewußte Kaufen und Halten von zu teuren Autos, die wir uns im Grunde nicht leisten können und für deren Erwerb wir uns weiter abquälen und stressen. Viertens schließlich zerstören der Verkehr, seine Straßen und Brücken indirekt die Wohnqualität in den Städten, während die Überlandstraßen und das Befahren von stillen Tälern, von Dörfern und Bergstraßen die Qualität der Erholungslandschaften verringern. Beides Ausdruck einer *absinkenden Lebensqualität.*

Trotz dieser schon seit langem abzusehenden Entwicklung haben sich viele Gemeinden jahrelang mit dem Straßenbau übernommen und noch heute an den Schuldenlasten zu tragen. Erst in der letzten Zeit zeichnet sich eine Abkehr von dem unverhältnismäßig stark vorangetriebenen Straßenbau ab, der sich in vielen Städten mit seinen Vorbereitungen und Nachwehen oft über Jahrzehnte hinzog. Tagsüber endlose Stauungen, Verkehrszusammenbrüche wegen der »Umleitungsorgien« rund um die Baustellen, zunehmende Überbeanspruchung aller Verkehrsteilnehmer, verstärkter Streß der betroffenen Anlieger durch Konzentration des Verkehrslärms und der Abgase und nachts schwere Ruhestörung der Hausbewohner in Nachbarschaft der Baustellen. Selbst die nicht als Lärm empfundenen Vibrationen und Erschütterungen sind eine Form des Streß. Als Folge ihrer chronischen Einwirkung sind Schäden an den Gefäßen, den peripheren Nerven, den Gelenken und am Zentralnervensystem (durch Herabsetzung der Reflexe) in der Fachliteratur beschrieben worden.[16,17]

Was also tun? Die ADAC-Zeitschrift ›Motorwelt‹ schreibt: »Kolonnenkoller? Wutanfall? Nein – Psychotraining für Autofahrer!« und gibt eine ganze Reihe durchaus brauchbarer Tips des Psychologen Kemmler zur Streßverminderung im Verkehr.[18] Jede Hilfe ist hier kostbar. Denn, wie wir eben sahen, kommt noch genügend zusammen: Lärm, Schrecksekunden, Umweltgifte, Sauerstoff- und Bewegungsmangel, Unfälle und ihre hohen Kosten und nicht zuletzt Prestigestreß und Kaufzwang, die den schädlichen Effekt des Verkehrsstreß erhöhen – eine vielfache Wirkung an den gleichen Ansatzpunkten. Der Bevölkerung, aber auch vielen Ärzten, die diese Zusammenhänge noch nicht erkannt haben, kann die konkrete Beziehung solcher Streßmomente zu stofflichen Vorgängen im Körper nicht deutlich genug demonstriert werden. Denn die Wirkungsweise all dieser Reize als solche ist unverkennbar und geht zusätzlich zu der gewaltigen Hypothek an Umweltzerstörung, Rohstoff- und Energievergeudung als Milliardenbelastung letztlich in die volkswirtschaftliche Rechnung ein. Ob der praktische Nutzen unserer übermäßigen Automobilisierung und das so viel zitierte, mit dem Auto zweifellos verbundene »freiheitliche Lebensgefühl« dieses Schadenspaket mit all seinen erneuten Zwängen je kompensieren können, bleibt äußerst fraglich.

Das Automobil als Objekt des Prestigezwangs.

Lesen wir demgegenüber Slogans wie »Das Auto wird auch das Verkehrsmittel Nr. 1 der Zukunft bleiben« oder die Hymne des bekannten Auto-Journalisten S. B. Busch in einer großen Illustrierten: »... Wir würden alle sehr viel schlechter leben, wenn das Auto nie erfunden oder von irgendwelchen Eiferern wieder abgeschafft worden wäre. Wahrscheinlich würden wir überhaupt nicht mehr leben ...« Oder weiter: »Unser gesamtes Staats- und Wirtschaftsgefüge aber ist ein Beispiel dafür, daß es ohne Auto gar nicht mehr geht ...«, so klingt das angesichts der tatsächlichen Zusammenhänge und der jährlich allein ca. 18000 Unfalltoten eher wie schwarzer Humor. Abgesehen von unserer durch das Auto physiologisch und psychologisch pervertierten Lebensweise, ist unsere Wirtschaftsstruktur ja gerade durch die zunehmende Fixierung auf eine unsinnig vorangetriebene Autoproduktion mit all ihren Folgen und Abhängigkeiten so labil geworden! Ich wage sogar die Behauptung, daß unser Wirtschaftssystem gerade dann zusammenbrechen wird, wenn wir weiter an der bisherigen Art unseres Straßenverkehrs festhalten, statt von unserer Blechkuh Abschied zu nehmen und nach klügeren Verkehrslösungen zu suchen.[10]

Krebsgeschwür Autoverkehr

Ist nicht das rücksichtslose Vorstoßen unseres Verkehrs- und Straßennetzes in natürliche Ökosysteme auf verblüffende Weise mit der bei jedem Krebsgeschehen zu beobachtenden rücksichtslosen Wucherung in Nachbargewebe und der Invasion in gesunde Organe zu vergleichen? Sind nicht deutliche Parallelen zwischen der ungehemmten Automobilproduktion und der ungehemmten Vermehrung der Krebszellen zu sehen, die beide zu Lasten der Gesamtleistung des Organismus beziehungsweise der Gesellschaft gehen? Und ist schließlich die Herauslösung des Verkehrswachstums als mächtiger Wirtschaftsfaktor aus der Kontrolle der Gesellschaft nicht dasselbe wie die Herauslösung des Krebswachstums als eigenständiger Faktor aus dem übergeordneten Regelsystem? Die Katastrophe erfolgt in dem einen wie in dem anderen Fall durch Zerstörung des Wirtsorganismus – und mit ihm dann natürlich auch des Krebsgewebes beziehungsweise der Autoindustrie.[19]

Es ist schon kurios, daß neben der realen Beziehung unseres Straßenverkehrs zu einer Reihe von Krankheiten (nicht nur streßbedingten) auch solche auffälligen Analogien zu pathologischen Vorgängen bestehen. Wie ernst jedoch zumindest die realen Schäden ins Gewicht fallen, das hat uns vor wenigen Jahren ein natürlicher Großversuch in aller Deutlichkeit gezeigt: die amerikanische Krankheitsstatistik während der Ölkrise 1973/74.

Wenn nämlich der Autoverkehr tatsächlich eine die Gesundheit so stark belastende Wirkung hat, dann müßte logischerweise eine Einschränkung des Verkehrs in einer Verbesserung der Lebenserwartung spürbar werden. Im ersten Vierteljahr 1974 bot die Ölkrise mit ihrer Reduktion des Benzinverkaufs (zum Beispiel um 9,5 Prozent in Kalifornien) die einzigartige Gelegenheit zu einem entsprechenden Vergleich, die auch prompt von der epidemiologischen Forschungsstelle der University of California in Berkeley beim Schopf gepackt wurde.

Die statistische Untersuchung der Todesraten gegenüber dem Vergleichszeitraum von 1970/73, aufgegliedert nach Gesamtursachen, Herz-Kreislaufschäden und chronischen Lungenschäden, übertraf jedoch alle Erwartungen.

Im Verwaltungsbezirk San Franzisko waren die mit der Verkehrsbelastung zusammenhängenden Krankheiten des Kreislaufsystems während der Ölkrise um 16,7 Prozent und der Lungen sogar um 32,9 Prozent abgesunken, und selbst die allgemeine Todesrate lag in dieser Zeit um 13,4 Prozent tiefer als normal. Ähnliche Zahlen wurden in einem zweiten, getrennt untersuchten Bezirk Kaliforniens erhalten. Vorher und nachher folgten die Todesraten wieder dem üblichen zyklischen Trend im Laufe der jahreszeitlichen Schwankungen. Der normale Verlauf wurde in der Tat also nur durch diesen scharfen Abfall während der vorübergehenden Ölkrise unterbrochen.

Fünf Krankheitsfolgen der entarteten Streßreaktion

Wie gefährlich neben den hier so dramatisch offenbarten *direkten* Schäden des Autoverkehrs immer auch die indirekte Belastung durch die allgemein verbreitete Bewegungsarmut ist (verhinderter Streßabbau), sei noch einmal zusammenfassend an den fünf Hauptfolgen nicht umgesetzter Streßreaktionen dargestellt:

So werden einmal die mobilisierten Fettsäuren nach und nach in Cholesterin umgewandelt und direkt in die Gefäßwände eingebaut, was die Arteriosklerose beschleunigt. Die erhöhten Blutgerinnungsfaktoren sorgen zusätzlich für Thromboseneigung.

Zweitens entstehen durch die Verschiebung des Hormonhaushalts Anomalien des vegetativen Nervensystems. Das bedeutet weitere Kreislaufbelastung und Erhöhung des Infarktrisikos.

Drittens regen Unsicherheit und Nervosität über einen ähnlichen hormonellen Mechanismus den Magen zu erhöhter Salzsäureproduktion an und den Darm zu Verkrampfungen. Mit der Zeit können so bei entsprechender Disposition Magen- und Darmgeschwüre auftreten.

Viertens wird die natürliche, ausgleichende Sexualität durch Streß reduziert, das Gleichgewicht des Hormonhaushalts zugunsten bestimmter Hormongruppen verschoben, Denk- und Lernschwierigkeiten treten auf, so daß sekundäre psychische Stressoren wie Frustration bis hin zur Impotenz entstehen.

Fünftens dürften die Beziehungen von chronisch einwirkenden Streßfaktoren zu krebsartigen Erkrankungen inzwischen immer weniger einem Zweifel unterliegen. Allein schon dadurch, daß diese Streßfaktoren die körpereigene Immunabwehr drastisch reduzieren.

Zwei Elektronenrasteraufnahmen von der Innenwand eines menschlichen Blutgefäßes mit arteriosklerotischen Ablagerungen, wie sie bei gestörtem Fettstoffwechsel, Zigarettenrauchen und Dauerstreß auftreten (Vergrößerung 1500:1). Links: vor allem Thrombozyten (Blutplättchen), rechts: Cholesterinkristalle.

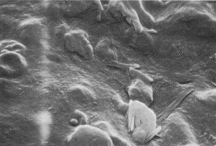

Dies sei hier kurz erläutert. So existiert zum Beispiel auch eine enge Beziehung des Thymus, des zentralen Steuerorgans unseres Immunsystems, zum Krebsgeschehen. Die Stimulierung der Thymusdrüse wirkt auf Krebsentstehung und -wachstum hemmend, ihre Schwächung oder auch ihre operative Entfernung macht, wie im Tierversuch bestätigt, im höchsten Grade krebsanfällig.[20] Inzwischen ist von einer amerikanischen Forschergruppe sogar eine direkte Beziehung zwischen Streß und Krebs an der beschleunigten Entwicklung von Brustkrebs bei mit MTV-Virus infizierten Mäusen nachgewiesen worden. Nach 400 Tagen hatten von den unter verschiedenen Streßbedingungen aufgewachsenen Mäusen 92 Prozent der Tiere ein Mammakarzinom entwickelt, von den vor Streß geschützten Tieren dagegen erst 7 Prozent. Diese starke Förderung der Tumorbildung durch äußere Streßfaktoren zeigt, wie Umwelteinflüsse selbst noch *während* des Krebsgeschehens den Verlauf der Krankheit entscheidend mitbestimmen können.[21]

Als Gesamtfolge der nicht abgebauten Streßreaktionen erscheint damit ein eindrucksvolles Krankheitspaket, von dem sich jeder das seinem Konstitutionstyp entsprechende aussuchen kann: Herz- und Gefäßerkrankungen, Thromboseneigung, Denkblockaden, verminderte Immunabwehr und dadurch Infektionsanfälligkeit, Stoffwechselstörungen, Ulcus Colitis, Konzentrationsschwäche, gestaute Aggressionen, Neurosen, Asthma und erhöhte Krebsdisposition.

Der anatomische Streßmensch

Wir haben nun ausführlich gesehen, daß, ganz gleich welcher Art das Alarmsignal ist, ein Organismus immer auf dieselbe Weise reagiert. Fassen wir den Ablauf noch einmal zusammen: Die Wahrnehmung des Streßreizes aktiviert über bestimmte Gehirnbahnen das vegetative Nervensystem, vor allem den Sympathikus, sowie die Hirnanhangdrüse, die Hypophyse. Der Sympathikus schießt seine Impulse vor allem in das Mark der Nebenniere, die dann die Katecholamine Adrenalin und Noradrenalin in den Blutstrom ausschüttet. Die Hypophyse produziert selbst ein Hormon (ACTH), welches etwas später über die Blutbahn ebenfalls bei der Nebenniere landet und dort nicht im Mark, sondern in der Rinde zur Ausschüttung von corticoiden Hormonen führt, zum Beispiel von Hydrocortison. In kurzer Zeit befinden sich diese Hormone überall im Körper, wo nun die verschiedensten Wirkungen erzeugt werden: der Herzschlag wird beschleunigt, der Puls verstärkt sich, die Muskeln werden besser durchblutet, Fettreserven und Zucker werden mobilisiert, die Geschwindigkeit der Muskelreaktion wird erhöht, und die Blutgerinnung steigt an, was wiederum eine unter Streß erhöhte Gefährdung durch Infarkte bedeutet.

Gleichzeitig werden alle für den Moment der Gefahr nicht nötigen Vor-

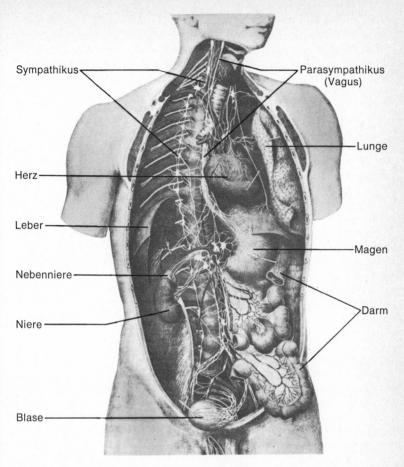

Sympathikus

Parasympathikus
(Vagus)

Lunge

Herz

Leber

Magen

Nebenniere

Darm

Niere

Blase

Das vegetative Nervensystem und die bei Streß von ihm beeinflußten Organe.

gänge gedrosselt: Eingeweide und Haut werden schlechter versorgt, die Verdauung wird sich selbst überlassen, der Aufbau hochwertiger Stoffe wie der Proteine wird verhindert, die Sexualfunktionen werden gehemmt und die Schalter des Gehirns blockiert, damit nicht unnötige Überlegungen angestellt werden.

Da wir jedoch selbst bei stärksten Streßreizen heute oft in relativer Bewegungslosigkeit verharren, können wir diese körperlichen Veränderungen der Streßreaktionen nicht genügend abreagieren. Der Streß entartet und wird zum pathologischen Streß, der uns, wie oben beschrieben, beeinträchtigt und krank macht. Dadurch, daß wir die Energien nicht verbrauchen, sondern ablagern, wird der früher einmal sinnvolle biologische Verteidigungsmechanismus zu einem Instrument der Selbstzerstörung unseres Organismus.

Dreitakt der Alarmreaktion

Die Veränderungen bei Streßsituationen sind nun in den letzten Jahren meßtechnisch immer besser zugänglich geworden. So konnte man schließlich auch den zeitlichen Ablauf des Streßmechanismus genau analysieren. Der Streßforscher Siedeck spricht hier von einem vegetativen Dreitakt, in welchem das Streßgeschehen fast gesetzmäßig abläuft.[22]

Zunächst erkennen wir die sogenannte *Vorphase*, die der Bereitstellung der Energie für die eigentliche Alarmreaktion dient. Je nach der Höhe oder der Plötzlichkeit des Stressors kann sie kurz sein, wie im Falle eines Explosionsknalls, oder auch länger, wie im Falle einer sich zuspitzenden Situation zwischen Untergebenen und Vorgesetzten oder zum Beispiel während des Verlaufs einer Gerichtsverhandlung.

Man denke an das zermürbende Warten vor einer Verhandlung im öden Flur eines Gerichtsgebäudes, an die zerknüllten Zigaretten, die fahrigen Bewegungen, das verspannte Gelächter, das immer häufigere Schielen auf die Uhr, den oft zwanghaften starken Redefluß. Der Betroffene ist schließlich bis zum Beginn der Sitzung völlig fertig und dann in der Verhandlung überhaupt nicht mehr »auf dem Damm« – verliert am Ende dadurch seinen Prozeß. Eine Taktik, wie sie auch dem Schachweltmeister Fischer zur Zermürbung seiner Gegner diente. Die Vorphase dieses ansteigenden Streßgeschehens wird von jenem Teil des unbewußten Nervensystems beherrscht, den wir den Parasympathikus oder auch Vagus nennen, der die Kreislauf- und Stoffwechselvorgänge zunächst in einem kurzen Abwarten, sozusagen als Ruhe vor dem Sturm, auf Sparflamme stellt.

Diesem vorgeschalteten Absinken der vitalen Funktionen folgt dann die *akute Alarmphase,* die Hauptphase der Streßreaktion mit einem steilen Anstieg der Aktivität, in der nunmehr der Sympathikus die Oberhand hat. Normalerweise folgt dieser akuten Alarmphase nun eine *Phase der Erholung.* Die Erregung des Sympathikus und der Drüsen klingt ab, die gesteigerten Kreislauf- und Stoffwechselfunktionen kehren in ihre Ruhestellung zurück oder sinken sogar – nun wieder unter dem Einfluß des Parasympathikus – unter das Ausgangsniveau ab und pendeln sich dann allmählich wieder auf den Normalzustand ein.

Im Grunde ist dieser Dreitakt jedenfalls ein recht sinnvoller biologischer Mechanismus, weil er einen sehr wirtschaftlichen Gebrauch der Körperkräfte garantiert; ein richtiges Haushalten mit den Energien, die im Notfall eingesetzt werden und sich nachher regenerieren sollen. In dieser Form hätten wir

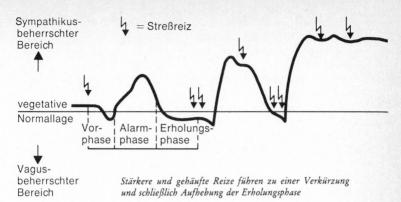

Stärkere und gehäufte Reize führen zu einer Verkürzung und schließlich Aufhebung der Erholungsphase

Der vegetative Dreitakt der Streßreaktion.

den Streß als gesundes biologisches Prinzip, welches die Abwehr gegen störende Reizeinflüsse organisiert und entsprechende Muskelleistungen zur Flucht oder zum Angriff in Gang setzt. Und insoweit ist der Streß – hier als Eustreß – auch Teil eines umfassenden Überlebensprogramms, das uns aktivieren und umweltstabil machen soll und dem daher auch unsere unbewußten, angeborenen Verhaltensweisen voll entsprechen.

Der Krankheitszoll des »Distreß«

Betrachten wir demgegenüber die Situation in unseren Großstädten mit ihrem Massenverkehr, ihrer Hetze und auch gleichzeitig ihrer körperlichen Bequemlichkeit, wo der Streß durch vielfache Wirkung an den gleichen Ansatzpunkten akkumuliert, dann erkennen wir seine Entartung zum Distreß nur allzu deutlich, und es wundert nicht mehr, daß es inzwischen weniger die Manager in ihren Büros als die LKW-Fahrer sind, die einen Hauptanteil der Herz-Kreislauf-Patienten darstellen. Ebensowenig wundert es, daß in der Bundesrepublik die jährlichen Herzinfarkte von 38 000 im Jahr 1956 auf 125 000 im Jahr 1970, also in 15 Jahren um mehr als das Dreifache gestiegen sind. Und genausowenig erstaunt es schließlich, daß mittlerweile ständig rund 150 000 Mitbürger an schweren Magen- und Darmgeschwüren erkrankt sind. Schon viel ist geholfen, wenn wir uns den einen kleinen Punkt klarmachen, daß der so gefürchtete Streß nicht gleich Anstrengung ist – ein verbreiteter Irrtum in der Volksmeinung, nicht nur bei unserer anfangs erwähnten Putzfrau. Denn durch den sogenannten »Streß«, wie er durch reine Anstrengung entsteht, werden auch bis zur Leistungsgrenze kaum Schäden verursacht. Hier baut der Mensch eben die mobilisierte Energie gleich wieder ab.

In völliger Bewegungslosigkeit dagegen, zum Beispiel, wenn er aggressiv hinter dem Lenkrad sitzt oder wenn er vor dem Fernsehschirm aufgeregt einen Krimi verfolgt, dann ist es mit dem Abbauen aus, und die Belastung des Körpers beginnt.

Hans Selye nennt diese Verzerrung des Streßmechanismus daher auch nicht gerne Streß, sondern Distreß, also verkehrten, falschen Streß. Denn genau das, was auf der einen Seite heute unserem Körper solche Schwierigkeiten macht und uns auch seelisch belastet, ist lediglich eine pervertierte Form des gleichen uralten Regulationsmechanismus, der Mensch und Tier über Millionen Jahre überleben ließ.

Der zweite Grad des Überlebens: Rettung der Population

Die Gruppe als Super-Nervensystem

In der Natur geht es nicht nur darum, das einzelne Lebewesen mit einer gut funktionierenden Alarmreaktion vor Gefahren zu retten, sondern auch die Gruppe, die Art, vor dem Untergang zu bewahren. Und auch diese zweite, im großen gesehen noch weit wichtigere Aufgabe, schaffte der Streßmechanismus. Auch heute noch verhindert er vielfach, daß eine Population sich durch zu starke Vermehrung selbst vernichtet. Wie steht es nun damit beim Menschen?

Gerade beim *homo sapiens* war ja eine gewisse Bevölkerungsdichte für den Kampf ums Dasein zunächst recht günstig. Mit körperlichen Vorzügen miserabel ausgestattet: kein großes Gebiß, keine Pranken, keine Flügel, ist er auch heute in der Tat nur durch gegenseitiges Verstehen und Helfen stark, das heißt als Gruppe, als Gesellschaft. Das bedeutete besonders hohe Anforderungen an eine gut funktionierende Kommunikation, und diese wiederum war an ein dafür besonders ausgebildetes Nervensystem, an ein entsprechend gut entwickeltes Gehirn gebunden.

Diese Entwicklung mag nach neueren anthropologischen Forschungen folgenden Verlauf genommen haben. Als die frühen menschenartigen Wesen die offene Landschaft in ihren Lebensraum einbezogen und sich der besseren Sicht wegen aufrichteten, mußten weniger Muskeln den Kopf durch Zugkräfte hochhalten, als in der vierbeinigen Stellung, was zusätzlichen Hirnraum schuf. Andererseits wurde die Nase mit größerem Abstand vom Boden weniger wichtig für die Orientierung als die Augen. Das Riechhirn konnte für andere Aufgaben freigemacht werden und sich zu den beiden Großhirnlappen unseres Denkzentrums, dem Cortex, weiterentwickeln. Arme und Hände wiederum waren von der Fortbewegung entlastet und konnten sich der natürlich angebotenen Werkzeuge wie Steine, Knüppel und Knochen bedienen. Die von dem größeren Gehirn übernommenen Kommunikations- und Koordinationsaufgaben, gemeinsame Jagd und ein intelligenter Gruppenzusammenhalt, ließen dann die frühen Hominiden trotz ihrer körperlichen Nachteile mit zunehmendem Erfolg Feinde und Hunger überstehen.

Zunehmend dienten dabei sprachliche Laute als Kommunikations- und Koorperationsmittel und wurden allmählich zur Grundlage des Fortbestandes der Gattung Mensch. Danach müßte eigentlich auch heute noch das Miteinandersprechen von seiner eigentlichen Aufgabe her ausschließlich zur besseren Verständigung dienen. Ein Beispiel: Lebhafter Straßenverkehr, die Ampel für Fußgänger schaltet auf Grün, schnell will noch ein Wagen vor dem Fußgängerstrom um die Ecke biegen. Wir bemerken ihn nicht und wären blindlings in ihn hineingerannt, doch irgend jemand brüllt: »Vorsicht«, und wir springen zur Seite.

In seinem Buch ›Sprache im Denken und Handeln‹ stellt der bedeutende Allgemeinsemantiker Hayakawa dieses Geschehen ungefähr so dar: Wir selbst sahen den Wagen nicht kommen, dies taten die Augen eines anderen. Gleichzeitig sah er uns in einer Gefahr, was ihn alarmierte. Sofort machte er bestimmte Geräusche, um sein Alarmiertsein auf uns zu übertragen. Das gelang, und unsere Muskulatur reagierte auf die zugerufenen Laute reflexartig mit einem Zur-Seite-Springen. Wir blieben unverletzt, obgleich die drohende Gefahr von unserem eigenen Nervensystem nicht wahrgenommen wurde, sondern von demjenigen eines Artgenossen. Wir hatten für kurze Zeit ein anderes Nervensystem zur Verfügung.

In der Tat gilt seit Jahrtausenden: Je mehr der Mensch von den Nervensystemen anderer Menschen Gebrauch machen kann, um sein eigenes zu ergänzen, um so leichter gelingt es ihm zu überleben. Das Leben in der Gruppe scheint daher vor allem durch die Notwendigkeit erzwungen worden zu sein, viele Gehirne zum Überleben des Einzelnen zu koordinieren. Nach Hayakawa ist es sogar ziemlich sicher, daß es weit eher aus diesem Grunde zu Gruppenbildungen kam, als etwa lediglich, um körperliche Stärke anzuhäufen. Heutzutage kann die menschliche Gesellschaft quasi als riesiges kooperatives Nervensystem angesehen werden, dessen Kommunikationsmedium hauptsächlich die Sprache ist: »ein gegenüber den Tieren äußerst kompliziertes System aus zischenden, gurgelnden, glucksenden und girrenden Lauten, mit denen wir für die anderen zum Ausdruck bringen, was jeweils in unserem eigenen Nervensystem vor sich geht.«[23]

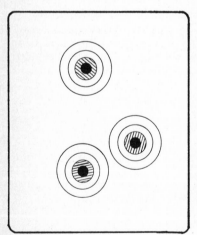

Solitäre Lebewesen.
Soziale Kommunikation ist erforderlich.

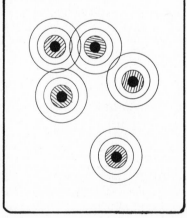

Höhere Dichte
verlangt Kommunikation in der Gruppe.

Wenn auf diese Weise ein dichteres Zusammenleben für das Überleben der Art zunächst günstig ist, so gibt es doch auch hier kritische, einschneidende Stufen. Und zwar bei allen Lebewesen, von den Bakterien bis zum Menschen, sofern überhaupt ein irgendwie gearteter Austausch zwischen den Einzelorganismen stattfinden kann. Man konnte das in vielen Tierversuchen beweisen. Die Entwicklung macht dabei mit zunehmender Dichte mehrere Stadien des friedlichen Zusammenlebens durch: von der ersten Verständigung durch Warnlaute, zum Beispiel um das Revier abzugrenzen, über die nächste Schwelle, wo schon gegenseitige Verständigung zum friedlichen Zusammen-*leben* in der Gruppe nötig ist und – bei weiterem Zusammenrücken – dann auch eine Zusammen*arbeit* in der Gruppe, bis dann schließlich bei noch näherem Aufeinanderrücken gemeinsame Umweltgestaltung, Einrichtung von Behausungen und entsprechenden Sozialordnungen, enge Kommunikation und Teamarbeit erfolgen.

Doch diese stufenweise Entwicklung zu immer höheren Populationsdichten muß durchaus nicht reibungslos verlaufen. Beginnen wir einmal mit weit auseinander lebenden Einzelwesen. Mit der ersten Dichteschwelle, also sobald sich die bisherigen Lebensräume, sozusagen die Privatsphären überschneiden, läßt der auftauchende Streß durch die Begegnung mit dem konkurrierenden Artgenossen nur zwei Möglichkeiten zu. Entweder zwingt er zur Anpassung an die neue Dichte, also zu einem anderen Verhalten auf

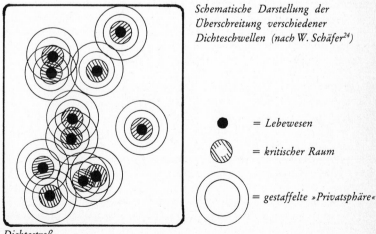

Schematische Darstellung der Überschreitung verschiedener Dichteschwellen (nach W. Schäfer[24])

● = *Lebewesen*

◍ = *kritischer Raum*

◯ = *gestaffelte »Privatsphäre«*

Dichtestreß.
Überschreiten der kritischen Räume.
Die Population steht vor dem Zusammenbruch.

beiden Seiten, oder aber er macht krank und aggressiv, führt also zur Vernichtung von Einzeltieren – und somit wieder zu geringerer Dichte. Soll also die höhere Dichte bestehenbleiben und sogar weitere Schwellen überschreiten, so muß dies jedesmal zwangsweise zu einer vorher nicht existierenden Organisation, zu einem »Organismus« auf höherer Stufe führen. Die Überwindung von Dichtestreß und damit bestimmter Dichteschwellen durch eine neue Dimension von Verständigung ist selbstverständlich nur bei solchen Lebewesen möglich, die in sozialem Austausch stehen können, nicht bei dafür nicht geschaffenen solitär lebenden Einzelwesen. Bei diesen führt eine erhöhte Dichte entweder gleich zur Vernichtung des Konkurrenten oder aber bei unkontrollierter Ansammlung, etwa durch ein lokalisiertes und somit bald erschöpftes Nahrungsangebot, zu einer rapiden Dezimierung durch Verhungern. Denn unterschiedliche Dichtegrade und ihre stufenweise Zunahme lassen sich nur durch Änderungen der soziologischen Struktur bewältigen, das heißt durch eine höhere Organisation, sei es bei Ameisen oder beim Menschen.[24] Doch auch diese Entwicklung kann selbstverständlich nicht beliebig weitergehen.

Der »kritische Raum«

Irgendwann gibt es für jede Gattung eine Grenze der Dichte – der Verhaltensforscher Wilhelm Schäfer spricht hier vom »kritischen Raum« –, die keine weitere Anpassung mehr erlaubt und deshalb nicht mehr überschritten werden darf, oder aber die Population bricht in einer Katastrophe zusammen.[25] Nur noch wenige Tiere bleiben dann übrig. Der Dichtestreß als natürliche Regulation hat die Bevölkerung drastisch verringert und ihr damit auf brutale Weise vielleicht eine neue Überlebenschance gegeben. Auch diese Vorgänge lassen sich wieder besonders gut bei jenen Tupajas beobachten. Erhöhte Populationsdichte erhöht bei ihnen auch prompt die Streßdauer pro Tag, zum Beispiel durch die häufigeren Begegnungen mit überlegenen Tieren. Überschreitet sie bei Weibchen zweieinhalb Stunden, so ändert sich ihr Verhalten ins Anormale, ins Perverse. Sie versuchen zum Beispiel, andere Weibchen zu begatten. Die Tiere bekommen zwar noch Junge, aber erstaunlicherweise sind ihre Jungen nicht mehr tabu. Die Weibchen sind nicht mehr fähig, die Duftmarkierung anzubringen. Es fehlen »Hausnummer und Name an der Tür«. Nicht selten werden diese Jungen von anderen Tupajas gefressen. Manchmal sogar von der eigenen Mutter. Übrigens genügt es, die nicht mehr durch Tabu geschützten Jungen eines gestreßten Nestes nur mit dem Drüsensekret einer gesunden Mutter einzureiben, dann sind sie und ihr Nest wieder für alle geschützt.[9] Doch gehen wir weiter. Bei noch höherem Dichtegrad nimmt die Zahl der Begegnungen mit ranghöheren, also überlegenen Tieren weiter zu und damit die Angst. So häufen sich die Streßsituationen mit zu-

Dichtestreß bei Tupajas. Ein Muttertier frißt sein Junges.

Frühe Behausung in Kleinasien.

Die soziale Funktion der Behausung: durch Wände wird unser Streben nach Alleinsein wie unser Streben nach jederzeitiger Kontaktmöglichkeit reguliert. ›Haus‹, Radierung von Volkmar Gross.

nehmender Dichte, bis schließlich Dauerstreß eintritt. Ab sechs Stunden Streß pro Tag tritt so nach kurzer Zeit ein völliger Verfall der Gruppe ein. Werden die Tiere weiter gestreßt, so sterben sie in wenigen Wochen. Die unterlegenen Tiere »ängstigen sich buchstäblich zu Tode«. Männchen und Weibchen werden in wenigen Tagen steril, apathisch und magern immer mehr ab – bis auf die Hälfte ihres normalen Gewichts und weniger. So, als wenn wir am Montag noch 70 Kilogramm wiegen und am Freitag bereits nur noch 35. Diejenigen, die noch gebären, verlieren den Brutpflegeinstinkt, die Mütter fressen ihre Neugeborenen. Und doch ist der Lauf der Dinge selbst in diesem Zustand noch umkehrbar. Gibt man den Tieren mehr Raum oder isoliert man sie von den anderen, so erholen sie sich wieder vollständig.

Was diese Isolierung in kleinere Gruppen betrifft, so finden wir hier eine interessante Parallele zu der Erfindung unserer menschlichen Behausungen, der Wohnungen, die durch Wände gleichzeitig trennen und doch ein enges Zusammenleben ermöglichen. Ein Verfahren, das sowohl unserem Streben nach Alleinsein als auch unserem Streben nach sozialem Kontakt genügt.[26] Auch bei den Tieren darf, wenn durch Wände getrennt, der zur Verfügung stehende Raum durchaus kleiner sein als der Platz, den ihm die anderen Tiere in einem Großraum überlassen. Ein deutlicher Beweis, daß es nicht der mangelnde Platz an sich, sondern die Nähe der Artgenossen ist, die hier als Stressor wirkt. Inwieweit dies unsere heute noch sehr positive Ansicht über die Wirkung von Großraumbüros korrigieren mag, dürfte einer Überprüfung wert sein.[27]

Doch zurück zu unseren Tupajas. Während bei erwachsenen Tupajas noch eine Umkehr kurz vor der Katastrophe möglich ist, gilt dies nicht für die in einer gestreßten Umgebung geborenen Jungen. Die Tiere dieser nächsten Generation bleiben in ihrer ganzen Entwicklung zurück. Bei ihnen sind die Schäden nicht mehr reparierbar, auch wenn man sie später isoliert. Der Dichtestreß wirkt nun als Bevölkerungsregulativ, als tödlicher Streß – und doch wird er, wie wir schon andeuteten, gerade dadurch zum Retter in der Not.

Bevor wir das Thema des Dichtestreß beschließen, zunächst noch kurz zu dem, was dabei im Körper passiert. Die gewaltige Hormonumstellung unter Streß wirkt einmal in Art einer regelrechten Erschöpfung, die bis zum Erlöschen aller Lebensfunktionen gehen kann. Doch selbst bei den erschöpften Tieren sind nicht wirklich alle Reserven aufgezehrt, ja der Blutzuckergehalt ist, wie bei Streßreaktionen zu erwarten, vielfach sogar höher als normal. Zu den eigentlichen Todesursachen zählen vielmehr eine Verarmung des Blutes an rotem Blutfarbstoff und umgekehrt eine dramatische Zunahme des Harnstoffs bis zum achtfachen Normalwert, beides Zeichen für ein Versagen der Nieren. Wenn wir sagen: das geht uns an die Nieren, dann bezeichnen wir genau die Stelle, die in der Tat auch bei uns Menschen durch Dauerstreß geschädigt wird. Die über Wochen anhaltenden Belastungen und Ängste im Ersten und Zweiten Weltkrieg haben sich bezeichnenderweise in der Krankenstatistik in einer erheblichen Zunahme der Nierenerkrankungen niedergeschlagen. Bei Frontsoldaten mit einer Häufigkeit, wie man sie sonst nur bei Epidemien findet (Feldnephritis).[28]

Warum arbeitet nun die Natur auf diese Weise bei der Regelung der Bevölkerung sowohl mit der Verminderung der Geburtenrate (Sterilität) als auch mit der Erhöhung der Sterberate? Warum wird dieser tödliche Dichtestreß wirksam, lange bevor etwa die Nahrung knapp wird – das Territorium könnte nämlich zu diesem Zeitpunkt bedeutend mehr Tiere ernähren. Beides ist – so der bekannte Münchner Zoologe H. J. Autrum[9] – biologisch äußerst sinnvoll: Würde die Natur bis zu einer Populationsdichte warten, bei der akute Hungersnot eintritt, so wäre die gesamte Population betroffen und würde aussterben. Der Dichtestreß reduziert also die Bevölkerungszahl noch gerade rechtzeitig, bevor es kein Zurück mehr gibt. Dort, wo die natürliche Sterberate bestimmter Tierarten diesen Mechanismus vielleicht nie benötigt hat, bleibt diese rettende Wirkung des Dichtestreß manchmal aus. Hier ist dann ein Eingreifen des Menschen nötig. Um die Population zu retten, muß er sie künstlich dezimieren.

So hatten sich zum Beispiel in einigen afrikanischen Nationalparks die geschützten Elefantenherden so stark vermehrt, daß sie drohten, ihr Revier völlig kahlzufressen und sämtlich zu verhundern. Die Behörden sahen keine andere Möglichkeit mehr, als die Funktion des fehlenden Dichtestreß selbst zu übernehmen. Sie erlaubten, den Elefantenbestand um die Hälfte zu dezimieren, damit wenigstens der Rest überleben und gesunden konnte, was dann auch funktionierte. Unsere Annahme, daß der Streß nicht nur auf direkte Weise bei Angriff oder Flucht, sondern auch indirekt über den Dichtestreß zum Retter in der Not werden kann, ist jedenfalls sicher berechtigt.

Natürlich gehen dieser letzten Konsequenz der Natur zur Erhaltung einer Art zunächst noch andere Regulationsmechanismen voraus. Bevor es zum Zusammenbruch kommt, bewirkt eine erhöhte Populationsdichte oft die Auswanderung von Artgenossen, was gleichzeitig der Ausbreitung der Art dient. Und selbst nach dem ersten Eintreten von Dichtestreß bewahrt die dadurch hervorgerufene Sterilität die Population oft ausreichend vor weiterer Vermehrung und damit vor dem Hungertod, bis der Bestand wieder reduziert ist. Verläuft dies rasch genug, dann werden die gleichen Tiere sogar wieder fruchtbar.

Wenn nun auch das eigentliche Streßverhalten von Tierart zu Tierart in seinem jeweiligen Muster äußerst unterschiedlich ist, so scheinen die *biologischen* Reaktionen auf Streß dennoch allgemeingültig zu sein. Zumindest diese dürfen wir als uraltes Erbgut bezeichnen und es zu den Merkmalen zählen, die der Mensch mit allen Säugetieren gemeinsam hat. Denn wir finden bei aller Artverschiedenheit gewisse durchgehende Parallelen bis hinauf zum Menschen. Auch bei uns gibt es einschneidende Stufen und schließlich ein Maximum an Populationsdichte – und ein Maximum damit verbundener psychischer Belastung. Seine Überschreitung führt auch bei uns zum Zusammenbruch, zur Katastrophe; genauso wie bei Feldmäusen, Hamstern oder Tupajas, nur daß die Grenzen jeweils anders liegen, daß die Art der Anpassung und der Umstellung beim Übergang auf höhere Dichte sehr unterschiedlich ist. Sehen wir uns einige dieser Parallelen an.

Variationen eines Themas: Mäuse, Ratten, Hamster, Kühe

In Populationsexperimenten mit Feldmäusen kam die britische Verhaltensforscherin Swanson bei zunehmendem Bevölkerungsdruck an den Punkt, wo die aneinanderstoßenden Einzelreviere offenbar nicht mehr verkleinert werden können. Ab diesem Moment bilden die Weibchen Revier- und Nestgemeinschaften. Sie verteidigen und säugen ihre Jungen gemeinsam. Bei noch weiterer Bevölkerungszunahme sinkt dann die Fortpflanzungsfähigkeit. Erhöht man die Dichte künstlich weiter, so kommt es schließlich zum Kannibalismus und durch den um sich greifenden sozialen Dichtestreß zu der bereits beschriebenen Katastrophe. Die regulierenden Funktionen des Hormonhaushalts, ja des gesamten innersekretorischen Systems lassen ganz plötzlich nach. Zunächst bei Einzeltieren, zum Beispiel auf äußere Reize durch andere Tiere hin, dann schließlich bei der großen Masse.[25,29]

Um einen Eindruck von dem verschiedenartigen Verlauf einer solchen

Entwicklung zu geben, hier weitere Variationen: Amerikanische Versuche über den Dichtestreß bei Kühen ergaben, daß die ersten Streßsymtome, wie beispielsweise Abmagerung, auftraten, sobald in einer Gruppe mehr als hundert Tiere zusammengefaßt wurden und individuelle »Bekanntschaften« praktisch nicht mehr möglich waren. Ab dieser Zahl scheint die soziale Kommunikation nicht mehr zu funktionieren.[30] Goldhamster ertragen in einem geschlossenen Territorium sogar nur eine maximale Dichte von zehn Tieren, bis sich die Bevölkerungszahl durch Hemmung der Vermehrung stabilisiert. Ratten und Mäuse dagegen werden unter Umständen mit der gleichzeitigen Gesellschaft von 1000 Tieren fertig. Beginnt man bei Mäusen mit einem Pärchen, so wird die erste Dichteschwelle nach dessen Vermehrung auf 150 Tiere erreicht. Ab diesem Zeitpunkt kommen praktisch keine Jungen mehr zur Welt, so daß die Bevölkerung bald ausschließlich aus erwachsenen Mäusen besteht. In den Experimenten fand man bei den Weibchen zurückgebildete Eierstöcke und Gebärmütter sowie geschlossene Scheiden. Ihre Sexualorgane hatten sich unter dem Dichtestreß in einen kindlichen Zustand zurückentwickelt. Sobald man jedoch die Fläche des Käfigs vergrößerte, begannen die gleichen Tiere sich wieder zu vermehren, und die vorher unfruchtbaren Weibchen wurden wieder fruchtbar.[29]

Hier, wo die erste Dichteschwelle mit 150 Tieren erreicht war, hatten wir jedoch eine Population, in der noch Territorien abgesteckt waren und eine gewisse Hierarchie funktionierte, weil sich, ähnlich wie im Fall der Kühe, die einzelnen Tiere noch ohne weiteres wiedererkennen konnten. Ganz anders ist dies, wenn man über ein anderes Verfahren zu weit größeren Zahlen kommt. Beginnt man nämlich nicht mit einem Pärchen, sondern von Anfang an zum Beispiel mit über 50 Tieren eine neue Aufzucht, so ist der Raum im Anfangsstadium bereits zu klein, um überhaupt Territorien und Hierarchien zu bilden. Die Tiere sind sich von Anfang an fremd und haben keine individuelle Erkennungsmöglichkeit mehr ausgebildet. Diejenigen Streßsignale, die die Populationsdichte im ersten Fall regulieren, funktionieren nun nicht mehr. Es folgt eine unbegrenzte Vermehrung auf über 1000 Tiere, bis diese schließlich praktisch nur noch Stehplätze haben.[31] Eine hier einsetzende Katastrophe, etwa die Erschöpfung der Nahrungsreserven, ist dann natürlich um so größer und kann die gesamte Population vernichten.

Zivilisation und Dichtestreß

Wenn wir all das zusammenfassen, was die Bevölkerungszunahme einer Art reguliert, nämlich sozialer Streß und damit erhöhte Sterblichkeit der erwachsenen Tiere, abnehmende Fruchtbarkeit, Rückbildung der Sexualorgane und Fehlgeburten, erhöhte Sterblichkeit der Jungen durch einen Rückgang der Säugefähigkeit und Zerstörung des mütterlichen Verhaltens, so können wir alle diese Punkte mehr oder weniger auch beim Menschen beobachten. Deutlich ist beispielsweise die im Zusammenhang mit dem steigenden Zivilisationsstreß seit einigen Jahren registrierte erhöhte Sterblichkeit der Erwachsenen. Laut Statistik der Krankenkassen sinkt seit 1970 die Lebenserwartung der älteren Menschen, die bis dahin Jahr für Jahr angestiegen war, trotz aller medizinischer Fortschritte auf einmal wieder ab. Ebenso finden wir heute abnehmende Fruchtbarkeit, Rückbildung der Sexualorgane und vermehrte Fehlgeburten. Beim Rückgang der Säugefähigkeit und bei einer Zerstörung des mütterlichen Verhaltens (Kindesmißhandlungen, Aus-dem-Haus-Streben der Mütter, Schlüsselkinder und so weiter) zeigt die Statistik, daß schon die Kinder der nächsten Generation sich nicht mehr in einer Gemeinschaft zurechtfinden können und verstärkt zu Kriminalität, Alkoholismus und Drogenabhängigkeit neigen. Nach Unterlagen der WHO leiden mittlerweile rund 100 Millionen Menschen allein an krankhaften depressiven Störungen – ein Anteil von rund 3 Prozent der Gesamtweltbevölkerung, der jedoch in den Industrienationen bis auf über 20 Prozent hinaufreicht.[85] Andererseits kennen wir natürlich auch die gleichen Ausweichmechanismen wie bei Tieren, das Auswandern in andere Länder, permanent oder auch temporär als Gastarbeiter, oder auch die Bildung von Revier- und Nestgemeinschaften, wie sie sich schon in der Einrichtung des Kindergartens widerspiegelt und sich heute auch zunehmend durch Wohngemeinschaften, Kommunen oder durch das System der Tagesmütter ausdrückt.

Um die im Hintergrund einer solchen Streßfrühwarnung drohenden eigentlichen Katastrophen zu erkennen, wird es Zeit, die Aufmerksamkeit des einzelnen, der Bevölkerung, der Behörden und nicht zuletzt der Ärzteschaft auf diese Zusammenhänge zu lenken. Vor allem auf die Tatsache, daß die Gesundheit des Menschen eben nicht nur vom reibungslosen Funktionieren seiner inneren Organe oder von direkten äußeren Einwirkungen abhängt; nicht nur von Bakterien, Viren, Giftstoffen, Unfällen und Verletzungen. Unsere Gesundheit ist im großen Maße auch ein Ausdruck des dauernden Wechselspiels des Menschen mit seiner Umwelt.[32] Und gerade dieses Wechselspiel hat sich heute in einer dramatischen Weise verändert.

Es ist ganz interessant, sich einmal die Evolution dieser Umweltgestaltung anzusehen. Man darf sie sich folgendermaßen vorstellen: Die gegenüber anderen Tieren auffällig verlängerte Jugendzeit bei den Menschenaffen und Menschen bedeutet, daß junge Tiere mehr Zeit haben, die Umwelt zu erkunden, und daß bei ihnen offenbar auch das Neugierverhalten und die dadurch gesteigerte Lernfähigkeit besonders ausgebildet sind. Mit dem Auftauchen der ersten absichtlich zugerichteten Geräte – die ersten Funde sind über 2 Millionen Jahre alt[2] – scheinen die Menschen begonnen zu haben, indirekt, das heißt durch Kommunikation von anderen Menschen zu lernen. Damit begannen sie jedoch, wie es der Anthropologe G. Kurth ausdrückt, das Erlernte nicht nur über die Gene und ihre Vererbung von Generation zu Generation weiterzugeben, sondern auch auf außerbiologische Weise. Diese Weitervermittlung von Kenntnissen durch individuelles Lernen und auch durch Tradition, unabhängig vom Zeugungsvorgang, führte zu einer immer größeren Ansammlung von Fertigkeiten: zu der Beherrschung des Feuers, einer bewußten Totenbestattung, der Herstellung von Stein- und Knochenwerkzeugen, von Speerschleudern, Fellkleidung, Erdhäusern und nicht zuletzt zu verschiedenen Ausdrucksformen der Kunst.

Mehr Respekt vor Regelkreisen

Die seit dieser Zeit von uns ausgelöste grundlegende Veränderung vieler Umweltbereiche, die mit der beginnenden Instabilität unserer gesellschaftlichen und wirtschaftlichen Umwelt ihren Höhepunkt überschritten hat, steht im krassen Gegensatz zu den sehr langsamen Umweltveränderungen in der freien Natur, für die selbst 6000 Jahre eine äußerst kurze Zeitspanne sind. Zur Zeit hantieren wir als einziges Lebewesen in grober Weise und ohne viel Verstand mit gewaltigen Kräften, die es uns leichtmachen, die im Laufe der Milliarden Jahre alten Evolution entstandenen biologischen Regelkreise zu ändern. Anstatt ihre komplexen Zusammenhänge zu studieren und sie womöglich in Richtung eines überlebensfähigen Systems zu steuern, griffen wir in die Umwelt, bisher ungeachtet irgendwelcher Folgen, fast willkürlich ein und damit »unbewußt weit eher störend als steuernd«.[33]

Wenn es uns aber auf dieser Basis möglich war, praktisch erst in den letzten »Sekunden« der bisherigen Evolutionsgeschichte die Bedingungen auf diesem Planeten durch unser Eingreifen so radikal zu verändern, so taucht unwillkürlich die Frage auf, ob es dann nicht möglich sein sollte, auch den dabei so störenden Streßmechanismus zu ändern? Ich glaube, diese Frage ist eindeutig zu verneinen.

Erinnern wir uns noch einmal an unseren Ausflug zurück in die Steinzeit und in die Evolution des Streßmechanismus, der so bestechende Gemeinsamkeiten auch mit entfernteren tierischen Entwicklungsstufen zeigte. Wir müssen dann zugeben, daß wesentliche Züge auch des speziellen menschlichen Streßmusters noch weit *vor* der Steinzeit geprägt wurden und trotzdem unschwer als auch für heute gültig akzeptiert werden müssen. Andere Muster wiederum, etwa die Bedingungen der einzelnen Dichteschwellen, des kritischen Raumes oder das Auftreten des Dichtestreß, sind zumindest ein Artenmerkmal und somit ebenfalls genetisch in unseren Chromosomen verankert. Das heißt aber, daß all das niemals in einer so kurzen Zeitspanne wie in einigen tausend Jahren veränderbar ist – einer Zeitspanne, die beim Menschen lediglich hundert bis zweihundert Generationen entspricht. Würden wir zum Beispiel die gut zwei Millionen Jahre seit Auftauchen der frühen Hominiden mit einem Lebensalter von 75 Jahren vergleichen, so wäre der Versuch, den während der Evolution ausgebildeten Streßmechanismus in wenigen Generationen zu ändern, gleichbedeutend mit dem Ansinnen an einen 75jährigen Mitbürger, sein gänzlich auf der Muttersprache aufbauendes Denken und Verhalten innerhalb eines Tages auszulöschen und durch die chinesische Sprache und Denkweise zu ersetzen.

Aber wie steht es dann mit künstlichen Mutationen oder einer Erhöhung der Mutationsrate? Die Antwort ist ebenso enttäuschend. Nicht nur, daß die moderne Genetik gezeigt hat, daß von den Viren über die Bakterien bis zu den höheren Pflanzen und Tieren ohne Ausnahme 99 bis 99,9 Prozent aller künstlichen Mutationen tödlich, schädlich beziehungsweise eine Verschlechterung sind – einfach weil sie praktisch immer irgendwelche genetisch kontrollierten Stoffwechselschritte blockieren –, auch in Richtung einer verbesserten Anpassung kann die Evolution durch Erhöhung der Mutationsrate nicht einfach beschleunigt werden. Eine relativ rasche Anpassung mag bei Bakterien mit ihrer 20minütigen Teilungsrate oder bei Insekten mit ihrer in die Millionen gehenden Nachkommenschaft im Laboratorium möglich sein.[34] Nicht jedoch beim Menschen mit seiner etwa 25jährigen Reproduktionsrate und seiner so spärlichen Kinderzahl.

Der Antistreßmensch ist Illusion

Wir sollten daher zunächst die Finger davonlassen, einen Antistreß-Menschen schaffen zu wollen. Damit sehen wir aber auch die Sinnlosigkeit ein, auf einen nicht mehr dem Streß unterliegenden Menschen zu warten. Weder unsere Kinder noch unsere Enkel sind in der Lage, hier durch kurzzeitige

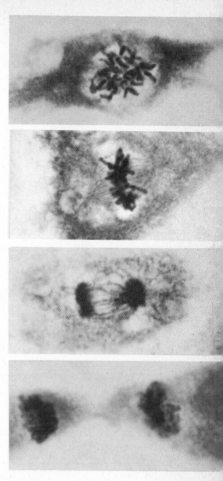

Teilung einer menschlichen Zelle, in deren Chromosomensatz Millionen Jahre altes Erbgut, unter anderem das Prinzip des Streßmechanismus, einprogrammiert ist (Vergrößerung 2000:1).

Anpassung anders zu reagieren als wir. Im Gegenteil, die Tierversuche mit den Tupajas deuten ja gerade darauf hin, daß eine bereits in der Jugend geschädigte Folgegeneration noch weit gefährdeter sein kann. Bevor wir etwa genetische Manipulationen an uns in Betracht ziehen, sollten wir lieber die streßerzeugenden Veränderungen erkennen und sie durch eine überlegtere Umweltgestaltung und Technologie beseitigen. Solange wir nicht einmal das können, sollten wir uns nicht einbilden, gar einen verständigen Eingriff in die menschliche Evolution zustande zu bringen.

Kehren wir also reumütig zurück zur Streßvermeidung und zum Streßabbau. Streßsituationen und Frustrationserlebnisse können wir in vielen Fällen gedanklich umdeuten, sie durch gestaltende Kunst, durch Schreiben oder Aussprechen umsetzen, sozusagen symbolisieren. Und diese Antistreß-Hilfen sollten wir uns noch ein wenig genauer ansehen. Hierzu müssen wir wissen, daß der einzelne durch seine unterschiedliche Konstitution bereits von Natur aus mit Streßsituationen auch sehr unterschiedlich fertig wird. Wir müssen wissen, wie es mit seiner persönlichen Neigung zum Herzinfarkt, zum Bluthochdruck, zur Arterienverkalkung, zu Magen- und Darmgeschwüren, zur Verminderung der Immunabwehr, zur Erhöhung der Infektionsanfälligkeit und nicht zuletzt zur Krebsdisposition eigentlich steht. Denn die Empfindlichkeit des einzelnen ist, einmal ganz abgesehen von der Art des Stressors, nicht nur in ihrer Stärke äußerst unterschiedlich, sein Organismus kann auch je nach Veranlagung in völlig konträrer Weise reagieren. An dem folgenden Beispiel, welches dokumentarisch ist, sollen zunächst einmal am unterschiedlichen Verhalten einzelner Menschen die zwei Grund-Streßtypen aufgezeigt werden.

Vagus und Sympathikus bestimmen den Streßtyp

In unmittelbarer Nähe einer Menschenansammlung ertönt ein Explosionsknall. Ein Teil der Leute ergreift schreiend die Flucht, manche bleiben offenbar unbeeindruckt, wieder andere stürzen vor Schreck zusammen, erleiden einen Kollaps. Man hat die Berichte von Ärzten, die solche Personen vorher gekannt beziehungsweise untersucht haben, gesammelt und festgestellt, daß die »Schreier« und »Läufer« im Alltag zumeist leicht erregbare, nervöse, agile, sehr unbeherrschte und temperamentvolle Typen waren, solche, die zu Herzklopfen, Kopfschmerzen und Bluthochdruck neigten. Es handelte sich um die sogenannten *Sympathikotoniker,* in deren vegetativem Nervensystem der Sympathikus überwiegt. Die Kollabierten, Geschockten hingegen zählten zu den Menschen, die man gewöhnlich als äußerlich ruhige, scheinbar ausgeglichene Menschen einstuft, solche, die den Kummer und Ärger mehr in sich hineinzufressen pflegen, dafür aber häufig über Magenbeschwerden und niedrigen Blutdruck klagen. Diese Personen kann man als *Vagotoniker* identifizieren, weil in ihren vegetativen Reaktionen der Vagus oder genauer der Parasympathikus die Oberhand hat.

Diese zwei gegensätzlichen vegetativen Reaktionstypen, den Sympathikotoniker und den Vagotoniker, die sich zum Beispiel auch hinter dem Steuerrad deutlich unterscheiden, kann man immer wieder in entsprechenden Situationen herausfinden; selbst nach kurzdauernden, schwachen Reizeinflüssen, etwa nach gewöhnlichem Lärm. Bei beiden ist das vegetative Gleichgewicht gestört beziehungsweise einseitig verschoben, ohne daß man sie jedoch als krank bezeichnen kann. Gegenüber dem dritten, weitaus selteneren, ausgeglichenen Typ, bei dem sich Sympathikus und Vagus die Waage halten, besteht bei ihnen eine besondere Neigung für bestimmte Krankheiten. So sind Sympathikotoniker besonders von den Krankheiten des Gefäß- und Kreislaufsystems, von Herzinfarkt und Hochdruck heimgesucht, während Vagotoniker eher »Abonnenten« für Magen- und Darmgeschwüre, für zu niedrigen Blutdruck, Darmbeschwerden und Bronchialasthma sind. Bei beiden Konstitutionstypen gehen nach massiven dauernden Überreizungen die zunächst vorübergehenden Veränderungen an den einzelnen Funktionskreisen und Organen nicht mehr zurück, sondern sie verstärken sich und gehen schließlich in echte Krankheiten über.

Das gegensätzliche Verhalten des Vagotonikers und des Sympathikotonikers läßt sich aus dem Wechsel zwischen sympathischer und parasympathischer Aktivität in dem schon beschriebenen *Dreitakt* der Streßreaktion nunmehr recht gut begreifen. Denn je nachdem, welche Seite vorherrscht, kann sich natürlich unser Dreitakt in seinem Akzent stark verschieben und sich somit in recht unterschiedlichen Reaktionen äußern. Im einen Fall mag die Vorphase bis zum Kollaps oder zum Vagusschock verstärkt sein, im anderen Fall eine übersteigerte Hauptphase den Eintritt der vagusbeherrschten Erholungsphase verhindern und so weiter. Die Einteilung in Sympathikotoniker und Vagotoniker ist selbstverständlich nicht strikt zu nehmen, sondern immer nur als vorherrschende Tendenz. Auch ein Vagotoniker kann gelegentlich sympathikotonisch reagieren und umgekehrt – je nach den Bedingungen in seiner Umwelt oder in einer entsprechenden Lebensphase. Außerdem überschneidet sich diese Einteilung wieder mit anderen medizinischen Typisierungen, etwa in den (in wesentlichen Zügen sympathikotonischen) »Verhaltenstyp A« und den (nicht unbedingt vagotonischen) »Verhaltenstyp B«.

Vorprägung in der Säuglingszeit

Inwieweit diese unterschiedliche Reaktion auf Streß in den Erbanlagen oder eher in der frühen Prägung beim Säugling gesucht werden muß, ist schwer zu entscheiden. Wahrscheinlich spielt beides eine Rolle. Klarer liegt der Fall bei der unterschiedlichen *Stärke* der jeweiligen Reaktion auf Streß. So scheint eine frühe behutsame Streßerfahrung die spätere Widerstandskraft gegen Streß zu erhöhen. Ähnlich wie das Grundmuster des Lernverhaltens und vor allem auch des Sexualverhaltens in der ersten Säuglingszeit geprägt wird, mag aber auch die Anlage zum Sympathikotoniker oder Vagotoniker zum Teil durch die Umwelt mitbestimmt werden. Da hiervon dann auch der typische Verlauf beim Streßgeschehen – von der vagusbeherrschten Vorphase über die sympathikusbeherrschte Hauptphase zur anschließenden Erholungsphase – entscheidend betroffen ist, dürfte vor allem das Spektrum der späteren streßbedingten Krankheiten durch unsere frühen Kindheitserfahrungen mitgeprägt werden. Da schließlich auch die Nebenniere selbst nicht nur spontan, sondern auch chronisch auf Streßreize reagiert und sich zum Beispiel durch

Sympathikotoniker

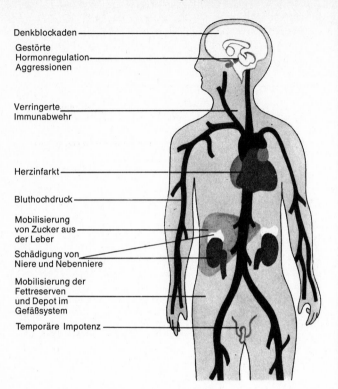

Denkblockaden

Gestörte Hormonregulation Aggressionen

Verringerte Immunabwehr

Herzinfarkt

Bluthochdruck

Mobilisierung von Zucker aus der Leber

Schädigung von Niere und Nebenniere

Mobilisierung der Fettreserven und Depot im Gefäßsystem

Temporäre Impotenz

Krankheitsbilder beim Sympathikotoniker und Vagotoniker

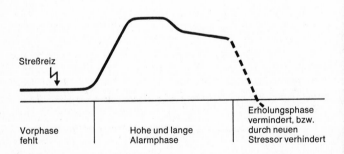

Streßreiz

Vorphase fehlt

Hohe und lange Alarmphase

Erholungsphase vermindert, bzw. durch neuen Stressor verhindert

Ablauf der Streßreaktion beim jeweiligen Extremtyp

Vagotoniker

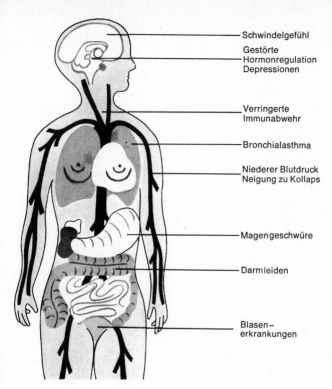

- Schwindelgefühl
- Gestörte Hormonregulation Depressionen
- Verringerte Immunabwehr
- Bronchialasthma
- Niederer Blutdruck Neigung zu Kollaps
- Magengeschwüre
- Darmleiden
- Blasenerkrankungen

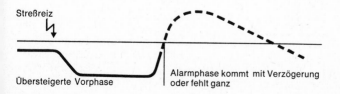

Streßreiz

Übersteigerte Vorphase

Alarmphase kommt mit Verzögerung oder fehlt ganz

häufige Streßreaktionen erheblich vergrößert, könnte auch hier eine Prägung im frühen Kindesalter eine wichtige Rolle spielen.

Bei der Betrachtung der beiden gegensätzlichen Streßtypen ist nun vor allem die Koppelung bestimmter Charakterzüge wie etwa der Aggressivität mit dem Sympathikotoniker interessant. Der Heidelberger Sozialmediziner Hans Schaefer, der sich eingehend mit den Wirkungen unseres zivilisatorischen Stresses vor allem in der Arbeitswelt befaßt hat, hat solche engen Koppelungen unseres sozialen Verhaltens anhand meßbarer physiologischer Mechanismen feststellen können.[35] So existiert zum Beispiel eine enge Koppelung zwischen Aggression und Bluthochdruck, und zwar in der Weise, daß ohne Blutdrucksteigerung selbst bei experimenteller Reizung der entsprechenden Gehirnregion ein Versuchstier keine Aggression entwickelt. Auch dies ist einer der vielen Hinweise, daß Aggression als solche nicht angeboren ist, sondern lediglich unter ganz bestimmten Konstellationen zum Ausbruch kommen *kann*.

Aggression und Interesse

Dabei ist Aggression selbst wieder nur der extreme Ausdruck einer durch viele Bereiche gehenden Stufenskala zwischen extremer Passivität und extremer Aktivität. So ist die mildeste Form der Aggression das Interesse an einer Sache, eine Art von Wachheit. Und Wachheit bedeutet immer Handeln, wenn auch nur durch Verarbeitung von Bewußtseinsinhalten, also durch Lernen.

Bei dem, was unser Interesse erweckt, was uns also wachhält, spielen nun ebenfalls wieder Milieu und Erziehung und sicherlich auch die frühkindliche Prägung eine entscheidende Rolle. Eindrücke, die sich in dieser Zeit kurz nach der Geburt ständig wiederholen, wie zum Beispiel das immer wiederkehrende Gesicht derselben Mutter, scheinen nach Schaefer für die Entwicklung eines Interesses, eines lustbetonten Appetits an der Umwelt entscheidend zu sein.[35] Kinder, die diese Prägung nicht erhalten, die nicht die Möglichkeit haben, an einem lustbetonten Objekt wie der liebevollen und nahrungsspendenden Mutter (als ein erstes der Erkenntnis zugängliches und damit »interessantes« Objekt) ihre Umwelt zu genießen, werden auch ihr weiteres Interesse an dieser Umwelt nur schwerlich ausbilden. Solche Menschen bleiben arm an Erfahrung. Denn Erfahrung verlangt zunächst aktive Zuwendung: ein Nehmen, und zwar das Wahr-Nehmen. So schaukelt sich der Prozeß entweder in der einen oder in der anderen Richtung auf. Denn ebenso, wie sich ein Interesse aus dem anderen ergibt, ist auch umgekehrt Interesselosigkeit ein sich selbst fortzeugendes Verhalten. Interesselosigkeit ist gleichzeitig aber auch Antriebslosigkeit, und damit fehlt die Stimulierung des Sympathikus. Die Folge ist allgemeine Depression, wie sie zum Beispiel in Fällen von Hospitalismus später häufig auftritt.[35]

Dies alles sollte noch einmal zeigen, wie stark auch unser Verhalten auf äußere Reize anspricht und wie stark unser Streßmechanismus durch die Umwelt und die frühe Kindheit vorgeprägt und beeinflußt werden kann. Ein Zuwenig bedeutet hier Depression, vegetative Defekte, sinkenden Blutdruck, sinkende Wachheit, sinkendes Interesse. Ein Zuviel bedeutet eine zu starke Reaktion des Nervensystems unter ständiger Belastung durch jeden noch so kleinen Reiz. Es ist also doch recht wahrscheinlich, daß nicht nur in der vererbten Anlage, sondern auch in dem, was uns in den ersten Lebenswochen widerfährt, sich die unterschiedlichen Typen des Vagotonikers, des Sympathikotonikers, des niedrigen Blutdrucks und des hohen Blutdrucks differenzieren.[35]

Streßfreie Umwelt

Wenn ich vorhin sagte, daß wir nicht nur durch Vermeidung von Streß in unserer Umwelt sehr viel tun können, sondern auch durch seinen Abbau, durch klügeres Verhalten, dann heißt dies, daß wir den sich aufschaukelnden Daueralarm durch Entspannung und Meditation unterbrechen können, daß wir ihn durch Einsatz von Antistressoren wie Kreativität, Vertrautheit, Zärtlichkeit und körperliche Bewegung neutralisieren können. Wenn auch das meiste davon in den späteren Kapiteln noch näher besprochen wird, wollen wir hier doch wenigstens diejenigen Möglichkeiten eines Antistreß-Programms streifen, die mit dem Thema Menschendichte und Verkehr in Beziehung stehen, vor allem was die Bewegungsarmut und einige spezielle physikalisch-chemische Umweltstressoren betrifft.

Zu erhöhtem körperlichen Training, verbunden mit gleichzeitiger Abnahme bestimmter äußerer Stressoren, könnte bereits eine entsprechende Umweltgestaltung beitragen. Denn diese Umwelt können wir ja, wie schon betont wurde, im Gegensatz zu unseren genetischen Anlagen durchaus sinnvoll verändern. Schließlich haben wir dies in der jüngsten Vergangenheit – wenn auch meist im negativen Sinne – zur Genüge bewiesen. Nehmen wir nur einmal einfache Beispiele aus dem Verkehrsbereich: Hier sind Fahrräder, Tretmobile und Laufbänder, die ähnlich wie Rolltreppen lediglich die Zeit verkürzen, jedoch durchaus die eigene Bewegung, einen eigenen Spaziergang erlauben, jedem automobilen Verkehr, jedem sich von selbst bewegenden und unsere eigene Bewegung ersetzenden Verkehr vorzuziehen. Man sollte es sich zum Beispiel angewöhnen, auf Rolltreppen grundsätzlich nicht stehenzubleiben, sondern immer auch selbst gleichzeitig rauf- oder runterzugehen. Eine zusätzliche Zeitverkürzung – jedoch diesmal sogar mit Bewegungsgewinn für den Körper.

Weiter dürfte unsere katastrophale Verkehrssituation, vor allem was ihre zunehmende Verdichtung mit Verstopfung, Akkumulation von Giftstoffen,

Lärm und ständig steigender Anspannung betrifft, nicht zuletzt durch eine Verminderung des Verkehrsbedarfs überhaupt verbessert werden können. Wie kann man dies erreichen? Eine Möglichkeit liegt darin, im Zuge einer anzustrebenden Kleinräumigkeit im Wirtschaftsleben und einer entsprechenden Sozialstruktur auch die Struktur unserer Behausungen in Zukunft so anzulegen, daß Wohnen, Arbeiten und Leben wieder räumlich vereint werden. Damit müßten nicht mehr wie heute, künstliche, unsinnige Entfernungen zwischen diesen Lebensbereichen geschaffen werden, die dann – oft noch kreuz und quer – immer von allen Menschen gleichzeitig überbrückt werden müssen.

Doch hierzu ist ein Umdenken unserer gesamten Industrie, unseres Baugewerbes und der Städteplanung nötig, die von ihrem bisherigen bloßen *Produkt*denken abrücken müssen. Industriebranchen dürfen sich nicht mehr als Häuserbauer, U-Bahnbauer, Automobilbauer verstehen, sondern müssen die *Funktion* zu ihrem Geschäft machen. Diese besteht darin, Verkehrsprobleme zu lösen (nicht etwa sie zu schaffen). Zum Beispiel etwa dadurch, einen Verkehrsbedarf durch entsprechende Siedlungsstruktur gar nicht erst aufkommen zu lassen. So erzählte der Zukunftsforscher Robert Jungk von Siegfried Bräuning, dem Leiter des Projekts Transport im Massachusetts Institute of Technology, wie dieser seinem Auftraggeber, der amerikanischen Automobilindustrie, erwidert habe (nachdem diese abgelehnt hatte, die Erforschung anderer Transportmittel als des Autos zu unterstützen): »Sie irren sich, meine Herren, wenn Sie glauben, Sie seien nur im Automobilgeschäft. Sie sind in Wirklichkeit in einer viel größeren Branche. Sie sind im Verkehrsgeschäft.«[36]

Damit kommen wir wieder zurück zum Verkehrsgewühl, zu unserem Auto, welches uns wie ein Panzer durch die so kritisch hohe Populationsdichte unserer Artgenossen bringt und uns doch gleichzeitig durch Blech und Glas von ihnen isoliert. Hier im starken Straßenverkehr sind Lärm, Aufregung, Schreck, Hetze und nicht zuletzt die Kommunikationsberaubung des in jenem Blechkasten eingeschlossenen Menschen die typischen Stressoren, die in einem körperlich-seelischen Grenzbereich wirken. Viele Autofahrer befinden sich, sobald sie hinter dem Lenkrad sitzen, wie Einzelkämpfer auf dem Kriegspfad, wo jedes Überholmanöver zur Verdoppelung des Herzschlags und zur Verzehnfachung der Ausscheidung von Streßhormonen führt.

Das Auto und seine Streßtypen

Auch hier ist wieder die Gefahr eines Aufschaukelns gegeben, wenn wir uns an die verschiedenen Typen erinnern, die ja nicht nur unterschiedlich auf Streß reagieren, sondern ihn auch ebenso unterschiedlich suchen. So wird der Sympathikotoniker eher ein Überholmanöver riskieren als der Vagotoniker, durch das Manöver aber auch weit mehr als dieser gestreßt sein. Die Körperreaktion mit erhöhter Adrenalinausschüttung, erhöhtem Blutdruck und erhöhter Herzfrequenz ist wiederum für ihn nicht nur schädlicher, sondern veranlaßt ihn zu weiteren unüberlegten Überholmanövern und so weiter.

Die Versuche, eine Typologie der Kraftfahrer, am Ende sogar in Beziehung zum Wagentyp aufzustellen, mögen zwar nur unbefriedigende Ergebnisse zeigen, prinzipiell jedoch auf einem berechtigten Ansatz basieren. Nach einer ausgiebigen Studie des Schweizer Psychologen Hürlimann beweist die direkt groteske Selbstüberschätzung des eigenen Fahrkönnens zunächst unsere irrationale Einstellung zum Autofahren. So halten 80 Prozent aller Befragten sich selbst für überdurchschnittlich gute, 18 Prozent für durchschnittliche und nur 2 Prozent für schlechte Fahrer, während ja das Wahrscheinlichkeitsverhältnis 25:50:25 lauten müßte. Noch grotesker war das irrationale Verhältnis zum Autotyp. Handelte es sich um Mercedesfahrer, so stuften 91,6 Prozent ihr Fahrkönnen als überdurchschnittlich gut und 8,4 als durchschnittlich ein. Handelte es sich um VW-Fahrer, so schlug sich die finanzielle Bescheidenheit auch in einer realistischeren Selbsteinschätzung nieder. Hier hielten sich nur 59 Prozent für Top-Fahrer und immerhin 41 Prozent für durchschnittlich.[37]

In einer anderen psychologischen Studie kamen amerikanische Forscher, die drei Jahre lang Motorradfahrer untersuchten, zu der Erkenntnis, daß es ein regelrechtes Krankheitsbild der Motorradfahrer gebe, da die Maschine durch sexuelle und anale Aspekte (zum Beispiel durch das Röhren der Auspuffe) für die Fahrer einen Stellenwert im Leben gewinne, der ihr von der Sache her überhaupt nicht zukommt. Neben einer Reihe von sozialen und Kommunikationsstörungen hätten alle untersuchten Fahrer laut Aussage der Psychiater auch ein gestörtes Sexualleben.[38]

So vorsichtig man diese Urteile übernehmen sollte, so bekommen sie doch vor dem Hintergrund unserer bisherigen Betrachtung eine recht greifbare Bedeutung. Doch kommen wir wieder zu den Möglichkeiten zurück, wie wir uns in Zukunft dafür einsetzen können, daß die von unserer Industriegesellschaft produzierten äußeren Streßreize auf ein Mindestmaß heruntergesetzt werden. Denn wir haben ja erfahren, daß von den beiden Möglichkeiten, entweder die menschliche Natur selbst zu manipulieren oder ihre künstliche Umwelt zu verbessern, eine vernünftige Neugestaltung dieser Umwelt der einzig praktikable Weg ist, den Streß zu verringern.

Interdisziplinäre Planung von Verkehr und Städtebau

Für die Allgemeinheit bedeutet das ein langfristiges und interdisziplinäres Planen, für den einzelnen eine Umstellung gewisser Angewohnheiten – beides auf der Basis einer Einsicht in die tatsächlichen Vorgänge. Ein solches Bemühen würde doppelt lohnen. Denn unzweifelhaft werden dabei beide

Seiten gleichzeitig auch eine spürbare Verbesserung ihrer sozialen Probleme erreichen, die uns zur Zeit so über Gebühr belasten.[15] Will man Erfolg haben, so muß man bereits aus der Planung von Verkehrsmitteln eine Sache machen, die nicht nur Verkehrsexperten, sondern ebenso die Mitarbeit von Psychologen, Verhaltensforschern und Biologen verlangt. Das gleiche gilt für den Städtebau. Hier gibt es schon genügend Beispiele, daß eine solche Zusammenarbeit zu Gebäuden führt, die nicht nur weitaus besser ihre Aufgabe erfüllen, sondern auch mehr Vergnügen und Entspannung bereiten und Streß besser abbauen helfen, als wenn dies weiterhin den Architekten und Ingenieuren allein überlassen bliebe[39] (wie bedeutsam ist dies allein für unsere Schulbauten, wo jeder zusätzliche Streß die Lernfähigkeit herabsetzt!).

Doch diese Erkenntnis ist längst nicht durchgedrungen. Obwohl es zum Beispiel die Biologie ist, die sich von Haus aus mit den Mensch-Umwelt-Beziehungen beschäftigt, ist in der Tat weder beim Umweltschutz noch bei der Verkehrsplanung, noch beim Städtebau jemals von biologischen, verhaltenspsychologischen und medizinischen Argumenten, Vorschlägen oder Maßnahmen die Rede.[40] Und doch können wir Menschen nur über das Verständnis der biologischen Zusammenhänge lernen, mit dem Streßproblem fertig zu werden. Lernen wir es nicht, dann ist die Erhaltung unserer Art ernsthaft in Frage gestellt. Daß wir ein neues Überlebensprogramm finden müssen, ist unabdinglich.[41] Vor allem, wo es keine realistische Hoffnung gibt, die eingebahnten, in den Genen fest verankerten Streßreaktionen zu ändern – etwa durch genetische Manipulation. Aber auch wenn dies möglich wäre, gäbe es, wie wir jetzt erkennen können, nicht einmal einen Grund, dies zu tun. Denn wir würden damit eine der letzten natürlichen Warnanlagen, die die Lebewelt von Anfang an bis heute zu einem überlebensfähigen System gemacht haben, abschalten. Es kann daher als erwiesen gelten, daß es sich bei dem Streßmechanismus um ein äußerst wichtiges biologisches Grundprinzip handelt, das sich gar nicht ändern *darf*.

Streß als sinnvolles Warnsystem

So sind die zur Zeit durch den Streß erzeugten Schäden letztlich Reaktionen der Natur, die, wenn man so will, in Aktion tritt, um uns aufzurütteln, um noch größere Schäden zu vermeiden. Schäden, die gegen unsere gesamte Art gehen – wie wir das bei den Untersuchungen dichter Tierpopulationen sahen. Aber auch Schäden, die schließlich zur Zerstörung der gesamten Biosphäre und damit natürlich aller ihrer Lebewesen führen könnten. Es gibt überhaupt keinen Grund, daran zu zweifeln – dies zeigen viele Beispiele anderer Tierarten im Laufe der Evolution –, daß die dabei eingeplante mögliche Vernichtung des Menschengeschlechts mit tödlicher Sicherheit durch die eingebauten mächtigen Rückkoppelungsmechanismen eintreten wird, wenn dieses Menschengeschlecht seine Entwicklung nicht wieder in die Hand bekommt. Und was könnte es Besseres geben, als sich selbst in die Hand zu bekommen?

Finden wir uns also damit ab, daß der Streßmechanismus trotz der längst veränderten Umweltbedingungen immer noch exakt nach dem gleichen Schema abläuft, wie es schon für unser Verhaltensmuster in der Steinzeit gut genug war. Es handelt sich um vorprogrammierte, unbewußte Vorgänge, die einer Willensbeeinflussung nicht zugänglich sind. Orientieren wir uns an diesen Vorgängen, ziehen wir die Konsequenzen, und ändern wir unser Denken und Handeln unter dem sanften Druck der natürlichen Weisheit so, daß unsere Gesellschaft wieder überlebensfähig wird, daß wir von diesem lebensrettenden Mechanismus wieder profitieren und nicht länger unter seiner Entartung zu leiden haben. Wo überall dies auch außerhalb des Bereichs »Menschendichte und Verkehr« noch möglich und sinnvoll ist, versuchen die nächsten Kapitel aufzuzeigen.

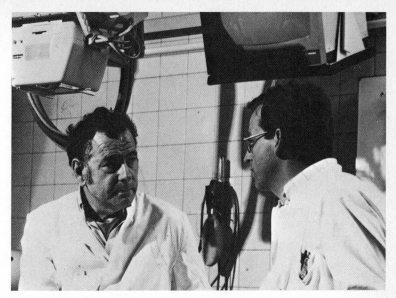

Der Verfasser im Gespräch mit einem Internisten während der Dreharbeiten zu der Fernsehserie ›Phänomen Streß‹.

2 BERUFSSTRESS – EHRGEIZ, ANGST, PRESTIGE

In der Intensivstation einer Münchner Universitätsklinik ist wieder Hochbetrieb. Ein neuer Patient wird an das Beamtmungsgerät angeschlossen, die Zuführungsschläuche werden überprüft, Lösungen werden angesetzt, Blutproben entnommen.

Noch vor 40 Minuten hatte er den Finger auf der Wählscheibe, ein Fernschreiben in der Hand, als es sich in seiner Brust verkrampfte und er, von Schmerzen durchzuckt, auf den Boden stürzte. Ratlosigkeit und Panik im Büro, schlechtes Gewissen bei den Kollegen, beim Chef – denn jeder fühlte sich ein wenig schuldig. Hatte man nicht kräftig mitgemischt – durch Prestigekämpfe, hämische Vorwürfe bei Fehlern, Herunterspielen von geschäftlichen Erfolgen, Zurückhaltung von Information und was es nicht alles gab, um in der Rangordnung eines Firmenbetriebs den eigenen Stand auf Kosten des anderen zu verbessern? Der Notarztwagen war in zehn Minuten da. Alles lief durcheinander. Man stolperte über die Füße des am Boden Liegenden, versuchte seine Familie zu erreichen. Jetzt ist er weg, die Telefonate gehen weiter, und doch fragt sich manch einer der Kollegen, wann er nun wohl selbst dran sei mit dem Herzinfarkt.

In der Klinik hebt der diensttuende Arzt gerade das Telefon ab. »Ja bitte?« – es ist die Firma – »... doch, soweit in Ordnung, den Umständen entsprechend – ja, wir werden ihn sicher durchkriegen ... Sein Hausarzt? – Ja, wir haben ihn schon erreicht ...« Aus dem Nebenraum ruft es: »Du, ich muß mal pinkeln, kannst du dich einen Moment mal rübersetzen?« Dr. B. legt den Hörer auf und nimmt den Platz des Medizinalassistenten ein. »Die obere Injektionslösung ist bald alle. Du mußt gleich nachfüllen.« – »Mach' ich. Ist sonst alles o. k.?« – »Vorläufig ja.« Leises Tuckern der Flüssigkeitspumpen, verschieden hohe Pieptöne aus den Überwachungsgeräten. Ein kurzer Moment der Ruhe.

Als der Kollege zurückkommt, hat er eine Mappe in der Hand, die ein Bote inzwischen von dem Hausarzt gebracht hat. »Na, wie sieht's aus?« – »Nicht besonders, übles EKG! – Ist das die Krankenakte?« – »Ja, lies mal. Bei dem kam auch ganz schön was zusammen. Typischer Sympathikotoniker. In der Firma auf dem Abstellgleis, abhängig wegen Ratenverpflichtungen. Schon länger in Behandlung. Frau anspruchsvoll, frigide. Er läßt sich aber von ihr nicht in die Karten gucken. In der Firma muß er kuschen, zu Hause spielt er den Boß. Die Kinder lachen ihn aus. Er tröstet sich durch gutes Essen. Vierzig bis sechzig Zigaretten am Tag ...« – »Gründlicher Typ, der Kollege, daß der auch die familiäre Anamnese notiert hat!« – Der Assistent reicht Dr. B. die Mappe und übernimmt wieder die Patientenwache.

Immer mehr Menschen sterben an weniger Krankheiten

Szenen wie die obige wiederholen sich tagtäglich in unseren modernen Krankenhäusern. Im Fall des Herzinfarkts erkennen wir dabei eine bemerkenswerte Tendenz unserer Zivilisationsgesellschaft: Immer mehr Menschen sterben an immer weniger Krankheiten. Noch im vorigen Jahrhundert hatten wir eine recht gleichmäßige Verteilung der Todesursachen auf gut zwanzig verschiedene Krankheiten: Infektionen, Organschäden, Kreislaufkrankheiten, Altersschwäche, Bluterkrankungen, Krebs und Epidemien. Die meisten von ihnen gingen von einer mehr einseitigen Schwächung bestimmter Organe unseres Organismus aus: von Lunge, Leber, Haut, Blut, Niere, Galle und Herz. Doch immer mehr verschob sich das Bild in Richtung einer allgemeinen Schädigung regulierender Systeme: des Gefäßsystems, des vegetativen Nervensystems, des Hormonsystems und des Immunsystems, bis zur Störung der Regulation im Zell- und Gewebestoffwechsel bei den bösartigen Krankheiten.

So kam es, daß das frühere bunte Spektrum der menschlichen Leiden mehr und mehr durch zwei Krankheitsbilder verdrängt wurde: Herz-Kreislaufschäden und Krebs. Zwei Gruppen, die erstmals nach dem Ersten Weltkrieg auffielen, als man feststellte, daß sie allein für 25 Prozent aller Sterbefälle verantwortlich waren. Bis 1950 hatten sie sich weiter vorgedrängt und verur-

Verteilung der Todesursachen bei einigen wichtigen Krankheitsgruppen

	1850	1920	1975
Typhus	††††	†††	–
Diphterie	††††	†††	–
Pocken	††	–	–
Kindbettfieber	†††	††	–
Herz- u. Kreislauf	†††	††††††††††	††††††††††††††††††††††††††††††
Krebserkrankungen	†††	††††††	†††††††††††††
Tuberkulose	††††	††††	(†)
Lungenentzündung	††††††	†††††	†
Leber und Galle	†††	†††	†
Säuglingskrankheiten	††††	†††	(†)
Altersschwäche	†††††	††††	–
Wechselfieber	††	††	–
etc.	...	...	...

sachten bereits die Hälfte aller Todesfälle – 1980 werden es wahrscheinlich über 65 Prozent sein.[42]

An diesen zwei Krankheitsgruppen ist in der Tat etwas Besonderes. Beide betreffen sie biologische Grundvorgänge und Zusammenhänge, die besonders tief in unserem Inneren liegen. Bei Kreislauf- und Krebskrankheiten geht es nämlich um subtile innere Steuerungsvorgänge, die weder wie früher durch Raubtiere noch durch Unwetter noch durch Bakterien berührt werden, dafür aber eigenartigerweise um so stärker durch die Art unserer modernen Lebensführung. Eine Lebensweise, die wir doch eigentlich als erstrebenswert, als gesund und als wohltuend eingestuft haben, als weit brauchbarer und dem menschlichen Organismus weit angemessener als der frühere harte Kampf ums Dasein.

Angriff auf die inneren Mauern

Es ist nicht zu leugnen, daß mit dem Beginn unserer hochtechnisierten, hektischen, wohlstandssüchtigen Lebensweise, daß mit der Erhöhung des Durchschnittsalters des Menschen und mit seiner modernen medizinischen Versorgung auch gleichzeitig im Kampf gegen seine natürlichen Feinde ein Umschwung stattgefunden hat. Ein Übergang von ursprünglich äußeren Gefahren auf eine Schädigung unseres zellulären Systems, die an den Grundfesten der Lebensorganisation rüttelt. So haben sich, nachdem der Mensch seßhaft wurde, die Gefahren, die während der Steinzeit wohl hauptsächlich in Verletzungen, Fleischwunden und Vergiftungen bestanden, immer mehr auf sein Inneres gerichtet, sich auf Angriffe bestimmter Organe konzentriert. In unserem hochzivilisierten Industriezeitalter, als die Medizin auch diese Stufe zu beherrschen begann, verschob sich der Angriff schließlich auf eine noch tiefere Ebene unseres vielzelligen Organismus: diejenige der biologischen Kommunikationssysteme, die den einzelnen Zellen ihre spezielle Aufgabe ermöglichen – ganz gleich, zu welchem Organ diese Zellen gehören.

Die Anfälligkeit des Menschen verlagerte sich sozusagen mit der zunehmenden Stärkung der äußeren Mauern, mit dem Schutz gegen natürliche Feinde, seien es Hitze, Kälte, Unwetter oder Raubtiere, auf die nächstinneren Bastionen. Und als diese mit der erfolgreichen Bekämpfung von Kindersterblichkeit, Seuchen und Organschäden dann ebenfalls unter den Schutz der medizinischen Errungenschaften gerieten, war es schließlich das subtile Terrain der allerinnersten Lebensfunktionen, das als letzte Bastion den Attacken des Daseins auf einmal standhalten mußte. Auf diesem Terrain hat unsere Medizin bisher versagt, weil auch die Feinde gewechselt haben, weil diese Funktionen fast nur noch durch die Art unserer Lebensweise kaputtgehen. Eine Lebensweise, die wir in dem kurzsichtigen Rausch unserer industriellen

Entwicklung für die einzige dem modernen Menschen angemessene und damit erstrebenswerte halten.

So betrachtet, scheint bei dem Umsichgreifen unserer Zivilisationskrankheiten viel Freiwilliges, ja Mutwilliges am Werk zu sein. Denn wir könnten auch anders und brauchen uns deshalb nicht zu beschweren. So könnte man die jährlich 15 000 bis 20 000 Verkehrstoten der Bundesrepublik durchaus als Selbstmörder bezeichnen, zumindest spielen sie eine Art russisches Roulette; denn sie haben freiwillig eine höchst gefährliche Fortbewegungsart in ihre Lebensweise einbezogen – wobei sogar ein wenig Amoklauf dabei ist. In dem gleichen Sinne haben mindestens 10 Prozent aller Opfer der Herz- und Kreislaufkrankheiten, das sind über 300 000 Tote pro Jahr, ihren Herzinfarkt selbst verschuldet: indem sie rauchten, sich fettreich ernährten und nichts taten, um dem Bluthochdruck vorzubeugen.[43] Nun, 10 Prozent wird man sagen, und was ist mit den übrigen 90 Prozent? In der Tat eine gewaltige Dunkelziffer, an der nun gerade unser Streß mit Sicherheit noch weiter in makabrer Weise beteiligt ist.

Ablauf des psychischen Streß

Sehen wir uns dazu noch einmal unsere Situation aus dem Bereich unseres Abteilungsleiters an. Was war der Anlaß? Ein Fernschreiben aus London traf ein. Es ging um die rechtzeitige Übersendung eines Provisionsbetrags für die Vermittlung eines japanischen Exportgeschäftes. Die telegrafische Anweisung hätte eigentlich noch gestern mittag rausgehen müssen. Es kamen jedoch Telefonanrufe dazwischen, unser Abteilungsleiter saß dabei auf »glühenden Kohlen« (auch ein typischer Beitrag zum täglichen Konfliktstreß!), jedenfalls ging die Anweisung erst am nächsten Morgen raus. Schon beim Lesen der Anrede auf dem Fernschreiben schlägt ihm das Herz bis zum Halse. Irgendwie hofft er, daß doch noch alles gutgegangen ist. Als er dann an die Stelle kommt, ». . . nicht termingemäß auf londoner konto. durch einschaltung von kenko ltd. übernahme nicht mehr möglich. wir verlangen vollen schadenersatz von ihrem konzern . . .«, sieht er plötzlich alles nur noch durch einen Schleier. Er hört sich sagen:

»Scheiße. Da haben wir uns was eingebrockt. Da komme ich nie mehr raus.« Die Angst hat ihn gepackt. Kaum ein Gefühl wirkt auf so spezifische Weise im Körper wie dieses. Mit Angst verbundene Gedanken erregen im Gehirn wahrscheinlich ganz bestimmte Neuronenfelder des Hypothalamus und von dort den Sympathikus, jenen wichtigen Nervenstrang des unbewußten vegetativen Nervensystems (vergl. Abb. S. 82 sowie S. 47).

Auslöser dieser Reaktion war bei unserem Abteilungsleiter eigentlich nur etwas schwarze Druckfarbe auf einem Stück Papier, von seinem Gehirn als eine bestimmte Information interpretiert. Das Negative an der Nachricht war

Auslösung eines Infarkts durch psychischen Streß

zunächst die Bestätigung, daß er sich falsch verhalten hatte, und es signalisierte auch sofort die möglichen Konsequenzen: große Verluste für die Firma, Gefährdung der eigenen Stellung. Am liebsten möchte er wegrennen. Doch er muß bei der Stange bleiben. Typische Konfliktsituation, die als Ungewißheit, Ausweglosigkeit, Enge und damit Angst empfunden wird. Massive Stressoren, die seine Überlegungen blockieren und ihn in einen Alarmzustand versetzen. Doch tun kann er nichts, nicht einmal schreien. Sein Körper bleibt bewegungslos. Aber in seinem Innern nimmt die Alarmreaktion ihren Lauf.

Der durch die Angstgefühle erregte Sympathikus sendet starke Impulse aus und steigert wie üblich die Kreislauf- und Stoffwechselvorgänge. Aus dem Mark der Nebenniere mobilisiert er die Hormone Adrenalin und Noradrenalin, die nun in die Blutbahn ausgeschüttet werden. In der Folge verengen sich die Blutgefäße, und die Blutmenge, die das Herz aufnehmen kann, wird drastisch verringert. Der Sauerstoffbedarf nimmt schlagartig zu, Blutdruck, Pulsfrequenz und Herzminutenvolumen steigen an. Die Folgen sind als typische schwere Veränderungen im Kardiogramm wie zum Beispiel starken ST-Senkungen zu erkennen. Die Zucker- und Fettvorräte des Körpers werden aus der Leber und den Geweben herausgelöst und die Verbrennungsvorgänge wie nach einer Glukose-Injektion beschleunigt – mit all den spürbaren und zum Teil sichtbaren Symptomen, wie man sie auch bei unserem Abteilungsleiter beobachten konnte: Blässe, Schweißausbruch, Verdauungsstörungen, Denkblockaden und so weiter.

Doch sein Organismus war schon längst nicht mehr gesund genug, um einen solchen Generalangriff ohne Folgen zu überstehen. Die ersten Krämpfe

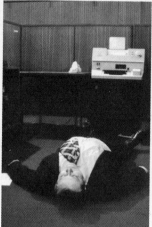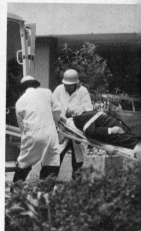

in der Herzgegend treten auf. Stechende Schmerzen, alles um ihn herum dreht sich. Erneute Angst und schließlich Panik setzen ein. Die psychischen Streßreize multiplizieren sich. Vielleicht kann er noch irgend etwas retten. Er hebt den Hörer ab, setzt den Finger an die Wählscheibe, sein Atem geht immer schwerer, verzweifelt greift er sich an die Herzgegend und läßt das Fernschreiben fallen. Dann bricht er zusammen.

Während der Unfallwagen kommt und ihn in die Klinik transportiert, gehen die Prozesse in seinem Inneren weiter. Schon innerhalb weniger Minuten nach einer solchen Alarmsituation – auch wenn es nicht zum Herzinfarkt gekommen wäre – beginnen als Folge der Verdauungsstörungen Durchfall oder Verstopfung oder eine Reihe anderer körperlicher Veränderungen. Auch im Gehirn, wo das Ganze ja begonnen hatte, passiert noch mehr. Durch dieselben Wahrnehmungen, also durch die Worte des Fernschreibens und die dadurch ausgelösten Gedankenverbindungen wurde gleichzeitig die Hirnanhangdrüse erregt: die Hypophyse. Sie sendet den Botenstoff ACTH aus, den wir schon als Steuerhormon kennen, das nunmehr auch die Rinde der Nebenniere stimuliert. Auch das von ihr produzierte Hormon, Hydrocortison, wird nun in die Blutbahn ausgeschüttet. Die Folge: Die Immunabwehr des Körpers und damit auch die Abwehr gegen Krankheitskeime sinkt. Ebenso erlahmen nun völlig das Verdauungssystem und auch die Sexualfunktionen. Unser Mann ist tatsächlich plötzlich anfälliger für eine Grippe oder eine Angina und wäre auch ohne Eintreten des Infarkts in diesem Moment an einem Flirt mit der hübschen Telefonistin völlig desinteressiert.

Die Kommandozentrale all dieser Reaktionen liegt nun in der Tat dort, wo die erregten Gedanken ankommen, also direkt über der Hypophyse im Gebiet des Hypothalamus. In dieser kleinen, aber entscheidenden Region an der Unterseite des Gehirns laufen die Fäden zwischen geistigen Impulsen und

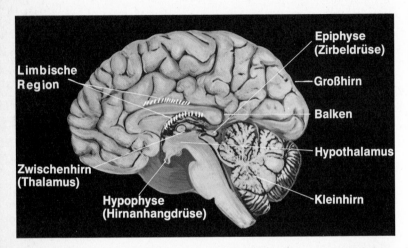

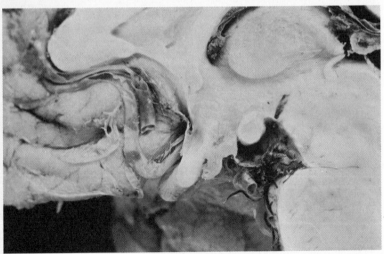

Längsschnitt durch das menschliche Gehirn und Ausschnitt der Hypothalamusregion.

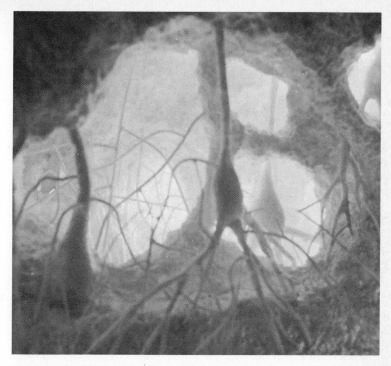

Blick in das Reich der grauen Zellen und ihrer »Verdrahtungen«. (Trickmodell Vester/ Roderjan, in Anlehnung an elektronenmikroskopische Aufnahmen.)

materiellen körperlichen Vorgängen zusammen. Die dabei entstehenden Verbindungen sind daher auch beim Angststreß ausschlaggebend. Das Sonderbare ist ja, daß die Entstehung des Angstmechanismus, wie ja auch in unserem Beispiel geschildert, äußerst stark durch unseren Intellekt mitbestimmt wird. Denn Angst hat man nur, wenn einem eine Situation als gefährlich klargeworden ist. Sonst würde nicht ein so harmloses Stück Papier mit den vertrauten Buchstaben unseres Alphabets unseren Abteilungsleiter in einen ausweglosen Konfliktstreß stürzen können. Und Auslöser sind auch nicht die Buchstaben oder das Papier als solches, sondern genauer die Anordnung der Buchstaben, die Information, die darin kodifiziert ist. Der Streß wurde also eindeutig durch das Denken ausgelöst.

Der schwedische Streßforscher Theorell hat diese Beziehung experimentell nachgewiesen. So ändert sich, wenn zum Beispiel ein Patient lediglich in einem Gespräch über seine Arbeitsprobleme an die dortige unangenehme Atmosphäre erinnert wird, jedesmal meßbar das EKG und zeigt unregelmäßige Ausschläge. Sobald das Gespräch oder die Gedanken wieder in eine andere Richtung gehen, ist die Kurve wieder normal.[44] Bei der Wiederholung solcher Fälle kann die Reaktion allmählich wie ein Reflex auftreten. Die Situation braucht dann nicht mehr rational erfaßt zu werden. Oft genügt

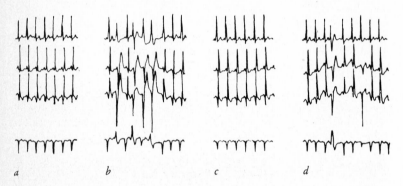

a   *b*   *c*   *d*

Die EKG-Aufnahmen während eines Patienteninterviews zeigen deutliche Arythmien je nach Gesprächsthema:[44]
a) Ausgangslage
b) Sprechen über berufliche Schwierigkeiten
c) Sprechen über problemlose Themen
d) Erneutes Sprechen über persönliche Probleme.

dann ein Signal, wie der Anblick des berühmten blauen Briefes aus der Schule! Ohne daß man seinen Inhalt überhaupt kennt, führt er zur augenblicklichen Erregung, zu Herzklopfen und Blutdruckanstieg. Der Angststreß tritt durch öftere Wiederholung dann schließlich automatisch auf. Ganz gleich, ob wir uns dabei vielleicht irren, ob die Angst nötig war oder nicht.[45] Bei solchen unkontrollierten Reaktionen setzt aber auch die Möglichkeit ein, einen großen Teil psychischer Stressoren zu bekämpfen. Denn die Wechselwirkung zwischen Geist und Materie, zwischen Gefühl und meßbaren körperlichen Veränderungen, geht ja in beide Richtungen. Durch Gedanken können nicht nur organische Schäden entstehen, diese lassen sich auch durch Gedanken vermeiden. Doch davon später.

Die Alarmreaktion und ihre Folgen

Zunächst einmal sind sich jedenfalls alle Pioniere der Streßforschung – Selye, Hoff, Siedek, Klein, Schaefer, Levi, um nur einige wichtige Namen zu nennen – darüber einig, daß es nicht etwa Einbildung oder Hysterie ist, wenn der Mensch durch Aufregung, durch Erniedrigung am Arbeitsplatz oder mürrische Umgebung, kurz gesagt, durch psychischen Streß krank wird. Für den Körper ist es völlig gleich, ob die streßauslösenden Reize materieller Art sind, zum Beispiel Schmerzen durch eine Verbrennung, oder ob sie aus seelischen Konflikten stammen. Leider ist dadurch aber auch die Skala der auf uns einwirkenden Stressoren so unendlich groß.

All das, was wir auf dieser Abbildung sehen, haut letztlich in die gleiche Kerbe, beschleunigt den gleichen Teufelskreis des krankmachenden Streß und addiert sich zu jenem Daueralarm, der unsere körperlichen und seelischen Funktionen nicht mehr zur Ruhe kommen läßt.

Wir können das als Entartung eines natürlichen Mechanismus bezeichnen oder auch als nützliche Alarmsirene – je nachdem welche der vier Aufgaben des Streßgeschehens wir dabei im Auge haben. In unserem Eingangskapitel sahen wir, daß, erstens, der gleiche Streßmechanismus auf wohldosierte Umweltreize hin unsere Aktivitäten stimuliert und den Organismus fit hält (Eu-

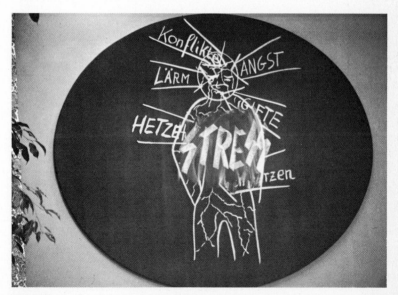

Die Fülle der heutigen Streßreize versetzt den Organismus in einen permanenten Alarmzustand.

streß), daß er, zweitens, als natürliche Überlebenshilfe auf stärkere Alarmsignale hin wichtige körperliche und seelische Funktionen steigert und vor allem als Hilfe für Flucht oder Abwehr dient, ein Alarmsystem für Notfallsituationen des einzelnen, wie es dem Menschengeschlecht über seine gesamte bisherige Existenzzeit hinweghalf und auch heute und in Zukunft für viele Tätigkeiten immer noch erforderlich sein wird. Darüber hinaus sahen wir, daß der Streß ein frühzeitiges Regulativ für lebensbedrohende, weil zu hohe Bevölkerungsdichte ist. Hier kann er, drittens, in Form des Dichtestreß den nötigen Druck zu neuen, auch bei höherer Dichte überlebensfähigen Organisationsformen, zu einem neuen Verhalten erzeugen oder aber er erfüllt seine vierte und letzte Aufgabe und wirkt, falls die Population nicht in letzter Minute noch einmal zur Besinnung kommt, als Notbremse, diesmal recht brutal gegenüber dem Einzelindividuum, weil es jetzt um die Gesamtpopulation geht. Das Sozialverhalten schlägt plötzlich um, und die Streßreaktion wird zu einer radikalen Dezimierung genutzt und damit letztlich wieder zur Erhaltung der Art. Diesen Vorgang möchten wir vermeiden. Wenn wir daher wirksame Antistreß-Rezepte für unsere heutige Situation finden wollen, so müssen wir vor allem an unserem eigenen Verhalten, an der Art unserer Lebensführung ansetzen. Um dies besser zu verstehen und hier das Richtige zu tun, sollten wir uns über einige weitere naturwissenschaftliche Grundlagen dieses eigenartigen Phänomens klarwerden.

Meßbare Symptome

So ist es wichtig, sich immer wieder vor Augen zu halten, daß viele Seiten des Streßgeschehens anhand meßbarer Änderungen und Größen genau definierbar und sogar zahlenmäßig erfaßbar sind. Selbst für den Laien sind schon rein äußerlich einige wesentliche Symptome einer eingetretenen Streßreaktion erkennbar: Beschleunigung von Puls und Atmung. Pupillenerweiterung und Hautblässe. Im Gesichtsausdruck, in der Haltung und im ganzen Gehabe spiegeln sich Spannung, Angst oder auch Angriffslust wider. Einige weitere Änderungen, die durch direkte Messung oder im Labor bestimmt werden können, sind uns inzwischen vertraut: der Anstieg von Milchsäure, Fett und Zucker im Blut, die Erhöhung der Blutgerinnungsfaktoren, die Erniedrigung des Hautwiderstands und nicht zuletzt die Ausschüttung des Fluchthormons Adrenalin und des Aggressionshormons Noradrenalin, die mit den oft gleichzeitig anwesenden Angst- und Wutgefühlen parallel gehen. Mit feineren Methoden lassen sich dann noch viele Änderungen im Körper nachweisen, die alle Ausdruck des eingetretenen Streßmechanismus sind. Das geht bis in mikroskopische Veränderungen des Bindegewebes, die schon innerhalb einer Stunde nach einem starken Streßreiz an einer meßbaren Änderung der Struk-

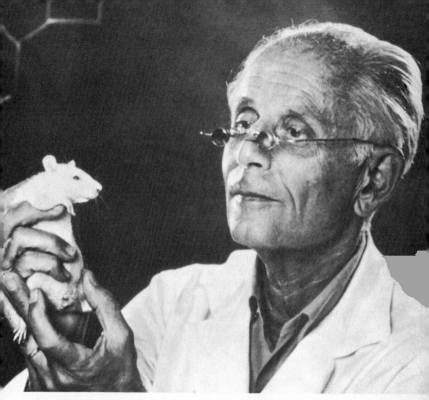

Hans Selye, der »Vater der Streßforschung« und Begründer des Internationalen Streß-Instituts in Montreal.

tur des Collagens, jenes wichtigen Stützproteins zwischen unseren Zellen, abzulesen sind.[46]

In all diesen Fällen sind die körperlichen Funktionen mit unbewußten Steuerungsvorgängen des autonomen vegetativen Nervensystems verknüpft. Bei dieser zentralen Verknüpfung wirkt übrigens der parasympathische Teil (Vagus) nur an bestimmten Stellen und in genau gerichteter Weise, während der sympathische Teil den Organismus ganz generell mobilisiert. Nun sind aber in einem Organismus alle Reaktionen Teile von ineinander verschalteten Regelkreisen, die die Aufgabe haben, Rückwirkungen abzufangen, zu interpretieren und gegebenenfalls durch Gegensteuerung das Ganze wieder in ein Gleichgewicht einzuschaukeln. Es wundert daher nicht, daß nach neuesten Untersuchungen auch beim Streß eine Rückkoppelung von der erfolgten Reaktion, zum Beispiel von der Flucht oder der Muskelbetätigung, auf die weitere Wahrnehmung eines eventuell noch andauernden Streßreizes besteht. Der Wahrnehmungsimpuls, zum Beispiel der Lärm oder der Text jenes Fernschreibens, wirkt also, sobald wir etwa dem natürlichen Impuls folgen und mit entsprechender Muskelleistung reagieren, sofort anders auf uns, als wenn keine Reaktion erfolgt. Nicht nur die Streßreaktion wird also durch Körperbewegung abgebaut, sondern auch der Streßreiz selbst scheint sich dabei zu vermindern. Ein anderes Beispiel: Durch Tanzen bei lauter Beatmusik werden nicht nur die durch den Lärm mobilisierten Energien besser abgebaut, der Lärm selbst wirkt auch weniger stark auf unser Nervensystem, welches ihn nur noch gedämpft empfängt.[47]

Die drei Stadien des Adaptationssyndroms

Wir sehen also, die Alarmreaktion selbst ist offensichtlich nicht die ganze Antwort des Körpers auf Stressoren. Das äußert sich leider nicht nur in positiver Weise wie bei solchen Fällen einer automatischen Regulation. Gerade bei der chronischen Einwirkung wird das Geschehen oft wieder von ganz anderen Langzeitreaktionen überlagert. Aus der fortgesetzten Einwirkung schädlicher Stressoren entwickelt sich dann der von Selye entdeckte dreiteilige Ablauf des sogenannten *Adaptationssyndroms* (Adaptation heißt Anpassung, Syndrom heißt Krankheitsbild). Die drei Stadien (die nicht mit dem schon erwähnten vegetativen Dreitakt von Siedek zu verwechseln sind) bauen folgendermaßen aufeinander auf:

Als erstes wird durch den Stressor die Alarmreaktion ausgelöst, wobei der Widerstand des Körpers *absinkt*. Wenn der Stressor dabei zu stark ist, tritt der Tod noch während der Alarmreaktion innerhalb der ersten Stunden ein.[48]

Ist das nicht der Fall, so sucht sich der Organismus unter Veränderung wichtiger Körperfunktionen an die Streßbedingungen anzupassen, wodurch sich seine Widerstandskraft gegen den Stressor *erhöht*. Selye nennt diese zweite Phase daher das Stadium des Widerstands.

Doch diese Anpassung und damit der Widerstand haben deutliche Grenzen. Denn kein Organismus kann unausgesetzt einen Stressor ertragen. Hören die Streßreize nicht auf, so folgt daher früher oder später die dritte Phase: das Stadium der Erschöpfung, und zwar der *Erschöpfung* von Anpassung und Widerstand. In diesem Moment treten wieder die Symptome der anfänglichen Alarmreaktion auf. Doch nun sind sie nicht mehr rückgängig zu machen, und der Tod tritt ein, so wie wir es in unserem ersten Kapitel bei den gestreßten Tupajas sahen, die zum Daueranblick eines überlegenen Artgenossen gezwungen waren.

Streßreize haben also in gewissem Sinne einen akkumulierenden Effekt: Eine anhaltende Belastung durch kleine Reize kann zur gleichen Endreaktion führen wie eine kurze Einwirkung sehr starker Stressoren.

In vielen Berufen ist der moderne Mensch auf ähnliche Weise – ob er will oder nicht – Dauerstressoren ausgesetzt. Dazu kann unter Umständen auch der ständige Anblick eines Vorgesetzten oder eines ihm überlegenen Kollegen

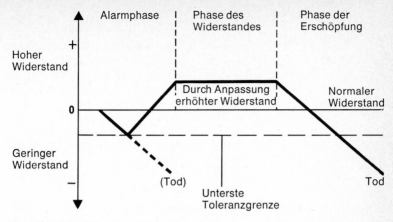

Der Ablauf des allgemeinen Adaptationssyndroms.

zählen. Jedenfalls sind wir in unserer technologischen Gesellschaft mit einer Serie von komplexen sozialen Bedingungen konfrontiert, für die das Repertoire unseres genetischen, also angeborenen Sozialverhaltens oft überhaupt nicht geschaffen ist. Der Anblick des überlegenen Vorgesetzten oder die stetige Frustration durch eine ungeliebte, überfordernde oder langweilige Arbeit ist zwar nicht *a priori* schädlich, jedoch wie viele andere Bedingungen unserer Gesellschaft ein potentieller Stressor und damit ein zusätzliches Krankheitsrisiko.[49]

Seelischer Streß wirkt körperlich

Genau solche psychosomatischen Zusammenhänge zwischen der geistig-seelischen Situation in dem jeweiligen Lebenskreis eines Menschen und dem Auftreten körperlicher Schäden versucht seit einigen Jahren die Weltgesundheitsorganisation mit einer Reihe von internationalen Kongressen zum Thema ›Mensch und Umwelt‹ statistisch zu erfassen. Da die Untersuchungsergebnisse solcher Studien einem somatisch denkenden, das heißt ganz auf die körperliche Seite fixierten Mediziner oft nicht plausibel erscheinen und solche Zusammenhänge, selbst wenn man sie akzeptiert, oft in den Bereich subjektiver menschlicher Einbildung oder Selbstsuggestion geschoben und damit als nicht objektiv feststellbar abgetan werden, wollen wir uns zuvor noch einige aufschlußreiche Tierexperimente zum psychischen Streß ansehen, die in frappierender Weise die Allgemeingültigkeit psychosomatischer Vorgänge untermauern.

So ist dieser Zusammenhang zwischen Körper und Seele in der Tat auch im Tierversuch längst vielfach belegt. Etwa in dem klassischen amerikanischen Experiment von Jay Weiss,[50] wo die Bildung von Magengeschwüren durch rein seelische Faktoren, und zwar hier durch Ungewißheit und Erwartungsangst, bewiesen wurde. Seelischen Streß von körperlichen Einwirkungen sicher zu unterscheiden schien bei Tieren zunächst gar nicht möglich. Wie sollte man in einem objektiven Experiment die direkte Wirkung eines Stressors, zum Beispiel die physikalisch-chemische Wirkung von Stromstößen oder von Schallwellen, also Lärm, auf die Magenschleimhaut von einer rein seelischen Wirkung abtrennen, wie sie etwa durch die bloße *Angst* vor den Stromstößen, aber nicht durch die Stromstöße selbst zustande kommt?

Ratten in Erwartungsangst

Nun, durch bestimmte Versuchsanordnungen ist es tatsächlich möglich, hier jeden Zweifel auszuschalten und bei solchen Fragen ein für allemal Klarheit zu schaffen. Zwei Beispiele seien hier wiedergegeben: In einer größeren Versuchsserie befestigte man jeweils an den Schwänzen dreier Ratten einen Stromanschluß mit folgendem Unterschied: Die erste Ratte erhielt in unregelmäßigen Abständen kleine Stromstöße, hatte jedoch die Möglichkeit, durch Drehen eines Laufrads den Stromstoß zu beenden beziehungsweise ihn hinauszuschieben. Eine zweite Ratte war mit genau denselben Stromstößen gekoppelt, konnte ebenfalls ein Laufrad betätigen, ohne jedoch die Strom-

Ratte im Streßversuch. Gerade blinkt die Lampe auf. Das Tier erwartet nun den Stromstoß und blickt, offenbar nach einer Fluchtmöglichkeit suchend, mit dem Kopf aus dem Käfig (Mitte rechts).

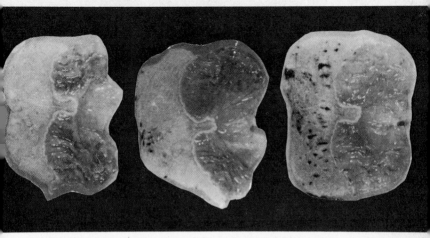

Der Magen einer ungestreßten Ratte (links) unterscheidet sich nur wenig von demjeni-
gen eines gestreßten Tieres (Mitte), wenn dieses den Streßreiz hormonell verarbeiten
kann (wie etwa bei Erwartungssicherheit durch rechtzeitige Vorwarnung). Der Unter-
schied zu einem nicht vorgewarnten Tier, bei dem als psychischer Stressor die Erwar-
tungsangst hinzukam, (sechsmal stärkerer Befall mit Entzündungsherden)[50] ist augen-
fällig (rechts).[51]

stöße damit zu beeinflussen. Eine dritte Ratte, das Kontrolltier, wurde genau
wie die beiden anderen vorbereitet, erhielt jedoch keine Stromstöße.

Nach dem Experiment wurden die Ratten getötet und ihre Magenschleimhaut untersucht.[51] Die ungestreßte Ratte wies keine Ulcerierung (Entzündungsherde) auf. Bei den beiden mit der gleichen Anzahl von Stromstößen
gestreßten Rattengruppen waren dagegen deutliche Herde zu erkennen.
Doch die Ausbildung dieser Magengeschwüre war bei den hilflosen Ratten
mehr als doppelt so stark wie bei den Tieren, die das Gefühl hatten, etwas
gegen den Schock tun zu können – obwohl beide die gleiche Menge an
Stromstößen erhielten. Der einzige Unterschied zwischen ihnen bestand in
der Tat nur in einer anderen psychologischen Einstellung zu dem Stressor.

Noch aufregender war das Versuchsergebnis in dem zweiten Beispiel, als
man einer der Ratten die Möglichkeit gab, den Stromstoß vorherzusehen,
indem man kurz vorher ein Lämpchen aufblinken ließ. Auch hier wurden
immer wieder drei Tiere verglichen, wobei eine Ratte lediglich als Kontrolltier diente. Wieder wurden zwei Rattengruppen durch die gleichen unregelmäßigen Stromstöße in Streß versetzt, wobei jedoch in einem Fall der Stromstoß jedesmal durch das Lichtsignal vorher angekündigt wurde. Eine solche
Ratte merkte bald, daß sie keine Angst zu haben brauchte, solange das Läm-
chen nicht aufleuchtete. War dies aber der Fall, so gab es ebenfalls keine
Ungewißheit, sie stellte sich auf den Stromstoß ein, erlitt ihn, und die Sache
war für eine Weile überstanden. Die nicht vorgewarnte Ratte lebte dagegen in

ständiger Erwartungsangst vor einem elektrischen Schlag. Eine Ungewißheit, die durch die Unregelmäßigkeit der Stromstöße noch verstärkt wurde.

Als man sich wieder die vergrößerten Schnitte der Rattenmägen ansah, zeigte der Magen eines ungestreßten Kontrolltieres wiederum keinerlei Befund, wogegen man an dem Magen einer vorgewarnten Ratte deutlich kleine verstreute Entzündungsherde erkennen konnte. Der größte und frappierendste Unterschied zeigte sich jedoch bei denjenigen Tieren, die ohne Vorwarnung gestreßt wurden. Trotz gleicher Anzahl von Stromstößen waren sie im Durchschnitt sechsmal stärker von Magengeschwüren befallen als die vorgewarnten Ratten, die ja wußten, daß ihnen bis zum nächsten Lichtsignal nichts passierte.[50] Ein rein psychologischer Effekt, nämlich Ungewißheit, der sich hier objektiv körperlich manifestierte. Für die Gegner der psychosomatischen Medizin ein Schlag ins Gesicht.

In den USA, wo auch diese Experimente durchgeführt wurden, sind es übrigens zur Zeit jährlich 10 000 Menschen, die an Magengeschwüren, dem meist bei Vagotonikern anzutreffenden Streßleiden, sterben. *Befallen* davon sind rund fünfzehnmal soviel Menschen, wobei selbstverständlich psychologischer Streß nur in einem Teil dieser Fälle als alleinige Ursache in Frage kommt – allerdings dann als ein nicht mehr zu leugnender, besonders schwerwiegender Faktor.

Eigentlich muß man sich jetzt fragen, ob es dann wohl noch in Ordnung ist, wenn man Schadenersatzansprüche, Rentenansprüche und Arbeitserkrankungen aufgrund nachgewiesener Einwirkungen von psychologischem Streß, von seelischer Grausamkeit, von Lärmbelästigung und ähnlichem in das

Der Autor und Assistentin Madeleine während der Dreharbeiten mit einer dem Streßtest ausgesetzten Ratte.

Reich der Einbildung schiebt, statt hier auf das, was es ist, nämlich auf Körperverletzung anzuerkennen. Das Ablehnen solcher Ansprüche würde einem Ablehnen von Verantwortung gleichen, das nicht minder verwerflich ist als etwa Fahrerflucht nach einem Unfall. Und doch ist die Sache natürlich nicht so einfach.

Denn wenn wir nun wieder unser Experiment mit den Ratten betrachten, so müssen wir zugeben, daß ihre Magengeschwüre, ihre Nervenzusammenbrüche letztlich durch Anforderungen zustande kamen, die sie nicht bewältigen konnten. Anforderungen, die weit schwieriger, ja unlösbar sind gegenüber denjenigen Aufgaben, die normalerweise in ihrer natürlichen Umwelt auftreten. Unsere eigenen Magengeschwüre, Herzinfarkte und Zusammenbrüche werden dagegen durch Probleme verursacht, die wir Menschen selbst geschaffen haben: Probleme künstlicher Rangordnungen, falscher Autorität. Probleme von Ehrgeiz und Prestige. Probleme der religiösen und moralischen Überzeugung. Probleme der sozialen Organisation. Probleme durch von Menschen erfundene Sitten und Umgangsformen, mit denen Tiere sich nicht abgeben müssen.

Die Interpretation des Reizes

Wir haben es also beim Streß nicht nur mit den einwirkenden Reizen, den sogenannten primären Stressoren zu tun und auch nicht nur mit der biologischen Streßreaktion im Organismus und ihren Folgen, sondern auch mit den zum Teil durch gedankliche Assoziationen ausgelösten sekundären Reaktionen. Außer dem im Unterbewußtsein jedes Menschen einprogrammierten Streßmechanismus, der über das vegetative Nervensystem wirkt, steht schließlich auch unser waches Bewußtsein, unser Großhirn mit den speziellen Nervenbahnen und Hormonen in einer echten Wechselbeziehung. Und Wechselbeziehung heißt Wirkung nach beiden Seiten. So ist unser psychisches und geistiges Verhalten nicht nur passiv über die unbewußten Regionen des Gehirns vom Streß betroffen, sondern es ist natürlich auch in der Lage, über ein bewußtes Verhalten und eine bewußte Interpretation in die Wirkung bestimmter Streßreize aktiv einzugreifen – negativ wie auch positiv:

So schwingt bei unseren Betrachtungen nun schon die ganze Zeit die Frage mit, ob wir Menschen nicht gerade mit unserem Intellekt wenigstens den zusätzlichen Streß, den wir selbst in unserem eigenen Gehirn erzeugen, vermeiden – und den übrigen Streß zumindest verwandeln und besser verkraften könnten? Hier hätten wir Menschen durchaus die Möglichkeit, unsere einmalige Abstraktionsfähigkeit sinnvoller einzusetzen als in den üblichen intellektuellen Streitereien um des Kaisers Bart. Jedenfalls handeln wir nicht mit der uns zur Verfügung stehenden Anpassungsfähigkeit, wenn wir zum Beispiel persönliche Probleme unlösbar finden und verzweifeln, nur weil unsere Reaktionen festgefahren sind und wir aus reiner Gewohnheit auf bestimmte, sogenannte »symbolische« Situationen immer auf die gleiche Weise reagieren. Solange wir das tun, gleichen unsere Reaktionen dem Verhalten unverständiger Tiere.

Warum sollte es uns nicht möglich sein, das hochmütige Gesicht eines Vorgesetzten oder die anschnauzenden Worte eines Beamten auch ohne Streßreaktion gedanklich zu verarbeiten? Warum können wir uns nicht sagen, daß es im Grunde meist die persönlichen Schwierigkeiten des *anderen* sind, die ihn zu einer bestimmten Haltung veranlassen, und daß dies in den seltensten Fällen überhaupt etwas mit uns zu tun hat, eine Fehlhandlung ist, die sozusagen ausschließlich »sein Bier« ist? Sollten wir mit all unserem Verstand wirklich nicht mehr fertigbringen als die Ratten von Jay Weiss? Wenn diese nicht genügend abstrahieren können, so kann man ihnen dies gewiß nicht vorwerfen. Denn sie haben nicht die Fähigkeit, sich die Situation klarzumachen und sich zum Beispiel zu sagen: »Ich kleine weiße Ratte erhalte genauso viele Stromstöße wie meine Nachbarratte, ganz gleich, ob das Lämpchen vorher aufleuchtet oder nicht. Warum sollte ich mich also mehr aufregen als sie!«

Zu solchen Überlegungen sind Tiere gewiß nicht fähig. Im Gegensatz zu ihnen müßten wir sehr wohl in der Lage sein, unsere Reaktionen auf solche von uns selbst geschaffenen seelischen Stressoren umzufunktionieren. Denn wir *können* uns klarmachen, daß ein großer Teil von Streßreizen, die durch solche Probleme zustande kommen, von Natur aus neutral, also eigentlich gar keine Stressoren sind. Doch unbewußt reagieren wir auf sie: automatisch, reflexartig, ohne zu überlegen; scheinbare Streßreize, die wir als solche entlarven können oder deren fälschlich zugeordneten Informationswert wir ändern und verringern können.

Pseudostressoren werden umfunktioniert

Denken wir nur an die Bedeutung, die wir vielen Worten zuordnen, die uns von einem Mitmenschen erreichen: an das völlig unnötige Beleidigtsein, an die Angst, Prestige zu verlieren, an das unnötige Leiden lediglich durch die Anwesenheit einer überlegenen oder einer unsympathischen Person. Die Angst, die so deutliche Symptome wie Schweißausbrüche, Mattigkeit und Magenbeschwerden zeigen kann, schränkt ebenso wie der Ärger und die Aggression mit ihren Wirkungen auf Herz und Kreislauf die Leistungsfähigkeit und gleichzeitig die so nötige zwischenzeitliche Entspannung zwischen den über den Tag verstreuten Alarmsituationen stark ein.

Daß eine Änderung der unbewußten Reaktion auf scheinbare Stressoren durch bewußte Gewöhnung geschehen kann, quasi durch Abhärtung, zeigte das Experiment eines amerikanischen Colleges. Examenskandidaten bekamen einen Horrorfilm über grausame Professoren und ihre inquisitorischen Methoden mehrfach vorgespielt und gingen dann, überrascht von der relativen Güte ihrer tatsächlichen Prüfer, äußerst entspannt und mit eindeutig besseren Noten durchs Examen: Streßtherapie gegen Denkblockaden.[52] Denn gerade Prüflinge reagieren meistens auf alle möglichen Reize unbewußt mit dem Streßmechanismus.

Folgendes amüsante Experiment bestätigt dies von einer weiteren Seite. Das Anstarren ist bekanntlich bei Schimpansen, Gorillas und anderen Affen ein charakteristisches Signal einer aggressiven Absicht. Meistens wird es durch Flucht, Unterwerfung oder auch durch Angriff beantwortet. Inwieweit dies für den Menschen zutrifft, zeigte ein Straßenexperiment der Stanford-Universität. Die Mitarbeiter wurden an Straßenecken aufgestellt und stoppten unauffällig die Zeiten, die die Passanten für das Überqueren der Straße benötigten. Weitere Mitarbeiter postierten sich daneben und starrten auf bestimmte Leute, die vor der Ampel standen und auf Grün warteten. Die Effekte waren ähnlich wie bei den Affen. Menschen, die merkten, daß man sie anstarrte, überquerten die Kreuzung unbewußt schneller als andere.[53] Schon bei unseren Tupajas sahen wir ja, daß bereits Blicke töten können, weil der Anblick des überlegenen Tieres einen unerträglichen Streß erzeugt. Das obige Experiment mit seinem letztlich recht harmlosen Effekt muß uns also nicht verwundern.

Der gestreßte Held

Es ist nun recht interessant, daß es auch Fälle gibt, wo der überlegene Artgenosse durch den unterlegenen in Streß geraten kann. Am Institut für Nachrichtentechnik in München wurde der Informationsfluß zwischen zwei Totenkopfäffchen untersucht. Das eine war das dominante Tier, sozusagen der Held, das andere das untergebene Tier. Nennen wir sie Herr und Sklave. Durch sorgfältiges Registrieren bestimmter Verhaltensweisen wie Zusammensitzen, Weggehen, Imponieren, Bedrängen wurden die Informationseinheiten, die sogenannten Bits, die von einem Affen zum anderen gehen, nach einer einfachen Entropieformel bestimmt. Dabei ist etwas ganz Erstaunliches herausgekommen: Der Herr registrierte weit mehr Informationen, die vom Sklaven ausgingen, als der Sklave vom Herrn. Das heißt aber, der Herr war krankhaft bemüht, genau all das zu erfahren, was der Sklave gerade tat. In Zahlen ausgedrückt, nahm der Herr, also das dominante Tier, von den Verhaltensäußerungen des unterlegenen Tieres (in Informationseinheiten gemessen waren das 0,6 Bits) immerhin 0,2 Bits auf, also etwa ein Drittel der Gesamtinformation. 0,4 Bits gingen verloren. Und jetzt kam die Überraschung:

Von den 0,6 Bits, die das überlegene Tier durch die gleichen Gesten, wie Imponiergehabe, Girren, Bedrängen oder »den-Hintern-Zeigen«, dem unterlegenen Tier mitteilte, nahm dieses jedoch nur 0,02 Bits, also nur $^1/_{30}$ der

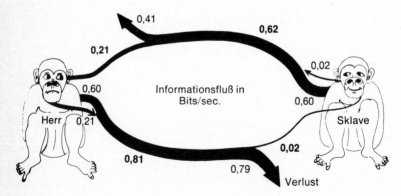

Ping-Pong mit Informations-Bits. Von zwei Totenkopfäffchen nimmt das untergebene Tier nur den zehnten Teil von den Informationen seines »Herrn« auf als jener von den Informationen des untergebenen Tieres.

Gesamtinformation pro Zeiteinheit auf. Das heißt aber zehnmal weniger als der Herr vom Sklaven.

Während das unterlegene Tier sich also im Gegensatz zu dem bei den Tupajas beschriebenen Fall praktisch einen Dreck darum kümmerte, was ihm das überlegene Tier mitteilte, war dieses sehr darauf bedacht, alle Informationen von dem unterlegenen zu ergattern; vermutlich in dauernder Angst, seine Überlegenheit zu verlieren. Fazit: Der Herr richtet sich mehr nach dem Sklaven als der Sklave nach dem Herrn;[54] gewissermaßen ein »Soldat Schwejk-Leutnant Lukasch«-Verhältnis. Das Experiment hatte übrigens eine interessante Fortsetzung: Als es später einmal zu einer Rauferei zwischen den Tieren kam und sich das Dominanzverhältnis durch einen Biß des unterlegenen Tieres umkehrte, lief der Informationsfluß noch einige Tage genau in der alten Weise weiter – für diese Zeit könnte man das ehemals unterlegene und nunmehr dominante Tier als »Diktator« bezeichnen – und kehrte sich erst dann entsprechend um. Gleichzeitig damit vollzog sich auch in der Position des neuen überlegenen Tieres der Wechsel vom »Diktator« zum Bild des »Helden« (der nun ebenso wie früher das andere Tier besorgt war, sein Image als Held nicht zu verlieren).[54]

Drei Bedingungen für Langzeitschäden

Natürlich liegen auch in diesen Fällen konkrete Bezüge zwischen Geist und Materie vor, zwischen Gefühlen und meßbaren körperlichen Veränderungen. Sobald eine Streßreaktion mit im Spiel ist, wird sie in der Langzeitfolge unweigerlich zu den uns schon bekannten tiefgreifenden biologischen Veränderungen führen. Das gilt für jede Streßsituation, auf die folgende drei Bedingungen zutreffen:

1. Wenn sie dem betroffenen Individuum keine genügend lange Erholungsphase bietet.
2. Wenn die erzeugte Alarmbereitschaft vom Körper nicht mit Flucht (zum Beispiel auch indem man den Lärm oder den unangenehmen Vorgesetzten flieht) oder mit Angriff (indem man den anderen in die Flucht jagt oder den Lärm abstellt) beantwortet wird oder mit einer vergleichbaren Körperleistung, die die mobilisierten Energien abbaut.
3. Wenn dies selbst nicht durch die sublimere Form einer symbolischen Umsetzung geschieht: durch Umwandlung in Interesse, in Neugier, durch symbolische Verarbeitung, durch Spiele, Lachen oder Weinen.

In unserer Zivilisationsgesellschaft nimmt leider nicht nur der Streß selbst zu, sondern es häufen sich auch gerade jene pathologischen Voraussetzungen. So wird dann Tag für Tag durch bestimmte Wahrnehmungen, Eindrücke und deren gedankliche Verarbeitung im Ganzen gesehen eine Riesenskala physiologischer Mechanismen und Krankheitsursachen ausgelöst. Und dies zum großen Teil wiederum nur deshalb, weil diese Eindrücke je nach der Situation des einzelnen eng mit streßauslösenden Emotionen verbunden sind, mit Angst, Bedrückung, Ausweglosigkeit und ähnlichem. In vielen Fällen ist aber auch nicht der einzelne daran schuld, sondern bestimmte Strukturen einer menschlichen (und wie wir sahen auch tierischen) Gesellschaft, auf die dann das Individuum mit solchen Emotionen reagieren muß.[35]

Um einmal eine typische Struktur herauszugreifen, die gerade dem Berufsstreß immer neue Nahrung gibt, sei hier die Hierarchie genannt, wie wir sie in einfachster Form schon bei unserem Beispiel von den Totenkopfäffchen kurz gestreift haben: das System von Herrschen und Gehorchen, von hoch und niedrig, reich und arm, gebildet und ungebildet. Ein System, in welchem verschiedene Ränge und verschiedene Rollen verteilt sind.

Rangordnung, Unsicherheit und Bluff

Einfache Formen der Hierarchie, wie die aus bestimmten Tierfamilien bekannte Hackordnung, bieten dabei kaum Probleme, da die Regeln eindeutig sind. Die menschliche Gesellschaft dagegen ist so vielfältig, daß sich das Individuum und die Gruppe ganz anders als auf dem Hühnerhof nur in den seltensten Fällen über die jeweiligen Ränge und Rollen wirklich einig sind. Denken wir nur an die vielen Lebensräume des einzelnen, wie Familie, Beruf, Klub, Straßenverkehr, Stammtisch, Sonntagsspaziergang, Behörden, Kirche und so weiter, so machen schon sie allein die Rangordnungen in unserer Gesellschaft äußerst kompliziert und ihre jeweilige Bestimmung sehr schwierig.

Das schafft Probleme. Denn jeder Zweifel an der Rangordnung setzt sich je nach Typ in Aggression, in Depression, in Angst, Flucht oder gar Verzweiflung um. Anzeichen sprechen dafür, daß innerhalb der *gleichen* sozialen Schicht, des gleichen Berufs Fragen von Rangordnung und Prestige sogar stärker ausgeprägt sind als zwischen sehr verschiedenen Schichten oder von Beruf zu Beruf. Denn hier sind die Stellenwerte vielfach überhaupt nicht zu vergleichen und damit auch kein Problem. Das gleiche gilt für sehr entfernte Ebenen, etwa zwischen Hilfsarbeiter und Firmendirektor.

Ein einfaches Maß für eine Rangordnung in unserer Gesellschaft wäre die Höhe des Einkommens oder des Vermögens.[55] Da man dieses einem Menschen nur selten an der Nasenspitze ansieht, wird es nach bestimmten, von Kultur zu Kultur verschiedenen Gebräuchen auf indirekte Weise demonstriert. In manchen orientalischen Ländern durch den Fettbauch, bei uns durch Zurschaustellung der Automobilmarke, der Wohnungseinrichtung, der Schmuckgehänge der Ehefrau oder auch des Urlaubsortes: Bayerischer Wald gegen Teneriffa, Teneriffa gegen die Malediven. In jedem Falle also durch ein Symbol, das mit einem Teil dieses Einkommens, letztlich also mit einem Teil der tatsächlichen Rangordnung erkauft wurde. Kein Wunder, daß diese Symbole oft einen ungewöhnlich hohen Stellenwert einnehmen.

Die Darstellung der Rangordnung durch Symbole erlaubt jedoch auch eine Verfälschung, sie erlaubt den Bluff. So kann in manchen Fällen das Symbol weit über die Möglichkeiten des tatsächlichen Einkommens hinausgehen. Doch dieser Trick funktioniert nur für kurze Zeit und schlägt ins Gegenteil um. Sobald ein Individuum das Symbol gegenüber seinem Einkommensrang so stark überhöht, daß das Individuum dadurch in seinem realen Einkommen selbst drastisch absinkt (das Symbol ist entsprechend teuer), ja sogar sich verschuldet, dann wird die Diskrepanz zwischen nach außen demonstrierter und tatsächlicher Rangordnung extrem groß und wird eines Tages nicht nur in sich zusammenfallen, sondern das Individuum auch in der realen Rangordnung herabgesetzt haben. Bis dahin wächst der Konfliktstreß, irgendwann den tatsächlichen Status innerhalb der (hier natürlich immer nur am Einkommen gemessenen) Hierarchie bekennen zu müssen, ins Unermeßliche. Beides, den Streß wie auch das Absinken unter die ursprüngliche Stufe, können wir uns schenken. Ja, umgekehrt führt sogar eine bescheidenere Symbolisierung über den gleichen Mechanismus zu einem realen Anstieg in der Einkommenshierarchie.

Was im Geschäftsleben die Höhe des Einkommens betrifft, ist etwa bei Wissenschaftlern, um einen ganz anderen Berufszweig zu nennen, die Zahl der Fachpublikationen. Sie entscheidet nicht nur darüber, ob der Arbeitsvertrag mit dem jeweiligen Institut verlängert wird, sondern auch, ob man über mehr Hilfskräfte befehligen darf, einen höheren Anspruch auf die allgemeinen Instituteinrichtungen besitzt, in der Nutzung besonders kostspieliger Geräte eine Priorität eingeräumt bekommt und anderes. Selbstverständlich mit entsprechenden Ausnahmen. Denn auch hier wieder spielen Überschneidungen mit anderen Ordnungen eine Rolle: ob man mit der Tochter des Institutsdirektors befreundet ist oder sich durch spezielle praktische Fähigkeiten als »Ein-Mann-Dienstleistungsbetrieb« für die Kollegen unentbehrlich gemacht hat. In jedem Fall sind die auf Wettbewerb gedrillten, ständig auf ihr Prestige bedachten dynamischen Typen auch hier vom psychischen Konfliktstreß besonders bedroht. Für sie wird er zum gefährlichsten Risikofaktor für Herzinfarkte und Gefäßerkrankungen.

Der Zwang der Berufsnorm

Gegenüber all diesen Streßfaktoren ist die Erfüllung im Beruf, ja überhaupt jede sinnvolle Beschäftigung – auch wenn man nicht im Beruf steht – und das Gefühl, nicht überfordert zu sein und doch sich selbst verwirklichen zu können, in der Tat einer der wesentlichsten Antistressoren. Leider läßt sich der Streßfaktor einer zwar der Berufsnorm entsprechenden, aber unbefriedigenden Tätigkeit kaum neutralisieren. Denn er ist real, solange man mit seiner Tätigkeit nicht entsprechend seinen individuellen Fähigkeiten von jener Berufsnorm abweicht. Ein gewisses Abweichenkönnen von dieser Norm der jeweiligen Berufsschicht, die ja oft willkürlich aus zivilisationsbedingten Traditionen erwachsen ist, scheint eine wichtige Gabe zu sein, mit der der einzelne Mensch unnötige Stressoren vermeiden kann. Anders als eine unbefriedigende Tätigkeit, die immer ein Stressor bleibt, erzeugt die Reaktion der Umwelt auf ein solches Abweichen von der Berufsnorm lediglich Reize wie Neid, Unverständnis und Vorwürfe, die man sehr wohl durch eine entsprechende Interpretation garnicht erst zu Stressoren werden lassen muß.

Denken wir nur an unser unterlegenes Totenkopfäffchen, das es mit seiner »Rutsch-mir-den-Buckel-runter«-Philosophie offenbar geschafft hatte, den Prestigestreß seinem »Herrn« zuzuschieben – im Gegensatz zu den Tupajas, die in Anwesenheit eines überlegenen Tieres in Angststreß erstarrten, obwohl sich das andere Tier gar nicht mehr um sie kümmerte. In dem letzteren Fall wirkte zwar der frühzeitige Streßeffekt als Vermehrungsregulativ – letztlich im Sinne einer Erhaltung der Art –, doch jener Dichtestreß, den ja auch wir kennen, ist nicht zu vergleichen mit den vielen Streßsituationen bei uns Menschen, die künstlich entstanden sind, solchen, die lediglich auf Traditionen und Tabus beruhen, auf Anpassungsschwierigkeiten, und die eigentlich nur durch das Festhalten an nicht natürlichen Verhaltensweisen zu Streßsituationen wurden. Sie bilden sicherlich den Hauptteil derjenigen Stressoren, die auf psychische Weise Streßsituationen auslösen und dann zu solchen Hochdruckkrisen führen, wie wir sie bei unserem Abteilungsleiter beschrieben haben.

Wenn hier also festgefahrene Gruppengewohnheiten die Quelle vielfacher Streßsituationen sind (und uns damit ähnlich wie beim Übergang von einer Dichtestufe zur anderen ganz im Sinne der Natur zu einer entsprechenden Änderung unserer Verhaltensschablonen zwingen – in Richtung auf bessere Kommunikation), dann fragt man sich ernsthaft, wie sich solche Gruppengewohnheiten überhaupt ändern können. Nun, einer der wirksamsten Impulse, Veränderungen zu schaffen, ist das Wissen um eine Notlage. Man denke an den Krieg, die Nachkriegszeit, an die Ölkrise. Hier erfolgte vielfach ein Erlebnis der Selbstbesinnung, ein Zurechtsetzen von Werten. Dies läßt eine Art Pioniergeist entstehen, der, ganz anders als durch Anordnungen oder Verbote, aus der eigenen Erkenntnis der Sachlage und damit aus der Privatinitiative heraus eine dieser Lage angemessene neue Verhaltensweise erzeugt. Trotz des Sachzwangs ist sie freiwillig, weil sie über den Vorgang der Einsicht verläuft.

Verhaltensweisen, mögen sie noch so mächtig und althergebracht sein, sind also nicht mehr unüberwindlich, wenn eine solche Notlage vorliegt. Das ist heute längst der Fall. Unser Problem liegt nur noch darin, zu erkennen, daß bei der Übervölkerung der Welt und den aus den Fugen geratenen Wechselbeziehungen des Menschen mit seiner Umwelt eine solche außerordentliche Notlage vorliegt. Eine Situation, die uns, sobald wir darüber informiert sind, genauso wie ein sichtbares äußeres Ereignis zwingen dürfte, bestimmte überholte Verhaltensweisen aufzugeben oder zu ändern.[56]

Berufsstreß im Kastenmodell

Ein Netzwerk vieler Gesichter

Das Streßgeschehen, dieser Angelpunkt unserer Zivilisationskrankheiten, hat also sehr viele Gesichter. Wir wollen einmal versuchen, diese vielen Gesichter einander zuzuordnen, und uns dazu ein Modell machen. Ein Modell, von dem sich auch unsere großen Krankenkassen in der Unterstützung entsprechender Vorsorgemöglichkeit und entsprechender Forschung im eigenen Interesse ruhig einmal leiten lassen sollten. Denn, es sei noch einmal wiederholt, in den letzten Jahren ist die Zahl allein der Betriebskrankentage in der Bundesrepublik auf die kaum glaubliche Zahl von rund 450 Millionen pro Jahr angestiegen. Bei 22,5 Millionen Erwerbstätigen sind das im Schnitt genau 20 Betriebskrankentage pro Kopf und Jahr – die privaten Krankentage und diejenigen der nichtarbeitenden Bevölkerung nicht gerechnet. Der Heidelberger Streßforscher Hans Schaefer errechnete schon für 1970 einen Betrag von 13 Milliarden DM, der allein bei den Krankenversicherungen einzusparen sei, wenn der Durchschnittsarbeitnehmer in der Bundesrepublik nur drei Tage pro Jahr weniger krank wäre – ganz zu schweigen von anderen Einsparungen. Denn 450 Millionen Krankentage bedeuten für die Volkswirtschaft Produktionsausfall, Leistungsabfall, Umdispositionen, Teuerung, Wirtschaftskrisen, Arbeitslosigkeit und viele andere indirekte Effekte.

Bei diesem gewaltigen Krankheitsbefall sind die Symptome des Streß, von der Medizin meist als unspezifische Krankheitsbilder bezeichnet, dabei so vielfältig beteiligt, daß die darauf beruhenden Belastungen unserer Leistungsgesellschaft längst harten Rechnern zu denken gaben und in vielen Ländern zur Errichtung von Streßforschungsinstituten führten. Der Anteil der Krankheiten, die mit Sicherheit keine primär-organische Ursache haben, wird von diesen Instituten je nach Abgrenzung zwischen 20 und 70 Prozent der Gesamtkrankheiten angegeben. Ein Bereich, um den es dann vor allem im nächsten Kapitel gehen wird. All dies sei hier jedoch schon angedeutet, um die gewaltige volkswirtschaftliche Bedeutung einer richtigen Aufklärung und Bewußtseinsänderung gegenüber dem Phänomen Streß zu betonen.

Das sechsteilige Kastenmodell (s. S. 122/123)

Nun, wir wollten ein Modell aufbauen über unser individuelles Streßgeschehen. Ein Modell, in dem wir die einzelnen Streßbereiche sozusagen kästchenweise ordnen und ihre gegenseitige Beeinflussung und damit auch den besten

Der eine tobt sich aus, der andere bläst Trübsal ...

... Unterschiede in der persönlichen Struktur, die oft schon in der Kindheit zum Ausdruck kommen ...

... jedoch später zum Beispiel durch Entspannungsübungen wirksam ausgeglichen werden können.

Ansatz für Abhilfemöglichkeiten untersuchen können. Der Vorteil eines solchen Modells ist, daß es für jeden individuell gestaltet werden kann. Es reicht von der Arbeitssituation, also den Einflüssen der beruflichen Umwelt, über den individuellen Ablauf der Streßreaktion bis zum Auftreten der eigentlichen Krankheiten und zeigt auch die Wechselwirkung des Berufs mit den außerberuflichen Bereichen wie Familienleben, Hobbys, Freunde und so weiter. Damit wird es zu einer Orientierungshilfe über die persönliche Streßsituation des einzelnen Menschen oder auch seiner Familie. Dieses Modell lehnt sich vor allem an die Arbeiten des schwedischen Streßforschers Levi an, auf dessen Initiative auch die intensive Beschäftigung der Weltgesundheitsorganisation mit dem Streß als einem der Hauptangelpunkte vieler Zivilisationskrankheiten zurückgeht (s. S. 122/123).[57]

Im ersten Kasten beschreiben wir die *berufliche Umwelt* selbst. Mit allem, was den einzelnen Menschen dort beeinflußt, wie Zahl der Arbeitsstunden, Informationssystem, Verwaltung, Lärm, Kälte und Hitze, nervliche Belastung, Verantwortung. Die von dort ankommenden Reize – und diese können sehr unterschiedlich sein – werden nun vom einzelnen Menschen je nach seiner persönlichen Struktur ganz individuell aufgenommen.

Diese individuelle Seite setzen wir in den zweiten Kasten, den wir *persönliche Struktur* nennen. Er enthält all die Faktoren, die vom einzelnen selber ausgehen: seine genetischen Anlagen, seine Kindheit, seine bisherigen Umwelterfahrungen. Damit hätten wir sozusagen die Grundlagen seines psychobiologischen Programms, die Art und Weise, wie er individuell auf eine entsprechende Umwelt reagiert. Der eine tobt sich aus, der andere bläst Trübsal. Diese Reaktionen sind selbstverständlich auch durch das Alter, das Geschlecht, die Gesundheit und so weiter mitbestimmt.

Der dritte Kasten zeigt die *Verarbeitung der Reize* und damit die Wechselwirkungen der beiden ersten aufeinander. Dieser Kasten bestimmt also, wie der Streßmechanismus im Organismus abläuft. Hierzu ein Beispiel:

Streßreize werden je nach der persönlichen Struktur sehr unterschiedlich verarbeitet

Ein Angestellter wird von seinem Chef angebrüllt. Je nach seinem psycho-biologischen Programm wird er

– *entweder kuschen*

– *oder sich dadurch abreagieren, daß er in der Mittagspause einen Waldlauf macht.*

– *oder daß er beim Abendessen zeigt, wer der Herr im Hause ist,*

– *oder daß er in der Firma aggressiv wird, den Chef an der Jacke packt und mit Kündigung droht,*

– oder er rächt sich dadurch, daß er ihm Wasser in den Tank gießt und ihm seine Freundin ausspannt.

– Vielleicht bezieht er aber auch das Anbrüllen gar nicht auf sich selbst, sondern sieht es als Reaktion des Chefs auf dessen eigene Schwierigkeiten, nimmt ihn sozusagen als »Fall« zur Kenntnis und überlegt sich, wie man ihm helfen kann.

Wieder haben wir eine Wechselwirkung, nämlich die des dritten Kastens mit dem zweiten. Sie wird bestimmen, wie der Körper des einzelnen auf die Umweltreize des ersten Kastens reagieren wird. Ob er traurig oder glücklich sein wird, ängstlich, ärgerlich, interessiert oder unberührt. All dies bestimmt wiederum sein Verhalten und seine Handlungen und wirkt damit erstmals wieder auf die Umwelt zurück. Hier sehen wir schon eine erste Verschachtelung der Vorgänge. Die eine Verhaltensweise mag helfen, die Situation ins Positive zu verwandeln, eine andere dagegen mag zu den ersten noch versteckten Schäden führen, zu den Vorstufen der eigentlichen Krankheit.

Es gilt bereits die Vorstufen der streßbedingten Krankheiten zu vermeiden, wie Nervosität, Erschöpfung, Kreislaufschwäche ... und entsprechende Verhaltensstörungen.

Diese *Krankheitsvorstufen* bilden den Inhalt des Kästchens Nr. 4: Nervosität, Erschöpfung, Kreislaufschwäche, sexuelle Verhaltensstörungen. Denn die Verarbeitung der Reize bestimmt schließlich auch, ob und wie stark die geistigen und körperlichen Reaktionen von Änderungen im Nerven- und Hormonsystem eines Organismus begleitet sind. Und wie sie sich auf die Herz- und Blutgefäße, die Atemwege, den Verdauungstrakt und so weiter äußern. Kurz, welche Folgen der Streßmechanismus bei einer bestimmten Person auslöst. Diese Vorstufen, wie sie der bekannte Medizin-Cartoonist Uli Hoffmann hier so hübsch dargestellt hat, können nun je nach dem weiteren Fortgang der Dinge früher oder später zu bleibenden organischen Schäden führen.

Für diese *eigentlichen Krankheiten* haben wir unser fünftes Kästchen vorgesehen. Hier müssen wir uns wieder an die grundverschiedenen Reaktionstypen erinnern. Die meisten Menschen zählen zum Typ des Sympathikotonikers, bei dem der Sympathikusnerv am stärksten reagiert. Das sind die Abonnenten auf Bluthochdruck, Kreislaufschäden und Herzinfarkt. Beim etwas selteneren sogenannten Vagotoniker, bei dem der Vagusnerv (besser der Parasympathikus) die Szene beherrscht, da äußern sich, wie wir erfahren haben, genau die gleichen Stressoren nicht in Herzerkrankungen, sondern beispielsweise eher in Leiden des Magen-Darm-Traktes. Daneben gibt es alle möglichen Zwischentypen, darunter eben die indifferenten, die weder noch reagieren.

Der Sympathikotoniker

Der Vagotoniker

Der Indifferente

Obwohl wir bei unserem Modell nur den Berufsstreß beachten wollen, müssen wir hier selbstverständlich auch all die *anderen Lebensbereiche* mit einbeziehen, deren Verhältnis zum Streß in den übrigen Kapiteln dieses Buches noch näher beleuchtet wird: die Umstände des Familienlebens, von Essen und Trinken, von körperlicher Tätigkeit, von Kunst und Hobbys, von

Der außerberufliche Bereich

Familienleben

Essen und Trinken

Sinnvolle körperliche Tätigkeit

Kunst und Hobby

Liebe und Zärtlichkeit

Organisation des Haushalts

Liebe und Zärtlichkeit oder auch von der wirtschaftlichen Lage und der Organisation des Haushaltes. Erst dann sehen wir, wie eine entsprechende Konstellation in diesen Bereichen dem Krankheitsprozeß entweder entgegenwirken oder ihn beschleunigen kann. Etwa, wenn jemand in einer schwierigen Arbeitssituation auch noch unglücklich verheiratet ist und sich durch Tablettenkonsum noch den natürlichen Schlafmechanismus kaputtgemacht hat. Der Eingriff dieser anderen Bereiche, die wir in einem länglichen sechsten Kasten unter all den anderen anordnen wollen, kann somit an allen fünf Kästchen günstig oder ungünstig erfolgen. Sehen wir uns diese Wechselwirkungen zwischen den sechs Kästchen – und wie man sie für sein persönliches Antistreß-Programm nutzen kann – nun im einzelnen an.

1 Berufliche Umwelt

Viele Menschen stehen beruflich in einer permanenten selbsterzeugten Streßsituation. In vielen Fällen ist daran der allererste Anfang schuld: die Entscheidung bei der Berufswahl. Sie hat oft herzlich wenig mit den tatsächlichen Neigungen und Eignungen eines Menschen zu tun. Denn wirtschaftliche und gesellschaftliche Fragen wie Ansehen und Prestige oder auch die sogenannte Zukunft eines bestimmten Berufs, die Familientradition, die Bedingungen der Berufsausbildung, die lokale Wirtschaftsstruktur, all dies wirkt leider vielfach als bestimmender Faktor und führt in vielen Fällen dazu, daß der tatsächlich ausgeübte Beruf weder der gewünschte ist, noch eine dem eigenen Typ wirklich angemessene Tätigkeit bietet. So stellen sich sehr bald Angst vor Versagen und Selbstzweifel ebenso ein wie ein permanentes Sich-selbst-bestätigen-Wollen.

Generell darf man sagen, daß Menschen mit größeren Möglichkeiten zur Selbstverwirklichung, die mit der ausgeübten Tätigkeit zufrieden sind, weniger Gefahr laufen, später einmal einen Herzinfarkt zu erleiden oder von Magengeschwüren oder krebsartigen Prozessen befallen zu werden.[58] Nach einer israelischen Statistik über den Berufsstreß im Hafen von Haifa erlitten unter der Personengruppe »Bei Mitarbeitern beliebt, ohne Arbeitsprobleme« 0,8 Prozent einen Herzinfarkt, bei der Gruppe »Bei Mitarbeitern unbeliebt, viele Arbeitsprobleme« dagegen 7,3 Prozent.[59] Meist entstehen die ersten Frustrationen und Schuldgefühle, wenn widersprüchliche Erwartungen an den Menschen gestellt werden, zum Beispiel wenn ein Zwang zu völlig unterschiedlichem Verhalten nach oben und nach unten besteht oder auch wenn das Ausmaß der für andere Personen mitgetragenen Verantwortung nicht mehr durchsichtig ist.[58]

So scheinen sich nach Meinung einiger aufmerksamer Beobachter des modernen Berufslebens vor allem drei merkwürdige Prinzipien dort breitgemacht zu haben: das Parkinson-Prinzip, das Peter-Prinzip und das Paul-Prinzip.

a) Das Parkinson-Prinzip

Das Parkinson-Prinzip ist inzwischen allgemein bekannt als die sich selbst vermehrende Verwaltungstätigkeit innerhalb jeder Behörde, jedes größeren Betriebs oder jedes Instituts. Durch Ressorteinteilung, Planstellenregelung, Delegation nach unten (und damit neu zu schaffende Stellen) und Zusammenfassung von Einzelressorts (Schaffung übergeordneter Koordinationsstellen) besteht schließlich die Hauptarbeit des ganzen Unternehmens in seiner eigenen Verwaltung. Ihre Aufgabe ist es dann vor allem, sich selbst zu bestätigen, da nunmehr kaum noch eine Möglichkeit besteht, dieses sich selbst befriedigende gegenseitige Dienstleistungsgefüge abzubauen. Dieses Parkinson-Prinzip soll hier nicht näher besprochen werden, obgleich es mit seiner Bürokratie für eine ungeheure Ineffizienz und Kreativitätsfeindlichkeit in der Berufswelt verantwortlich ist – und damit natürlich für so wesentliche Streßfaktoren wie Frustration, Ungewißheit und sachfremde Prestigekämpfe.

b) Das Peter-Prinzip

Weniger bekannt ist das Peter-Prinzip. Es funktioniert nach folgendem Mechanismus: Solange ein Angestellter für die ihm zugewiesenen Aufgaben kompetent ist, kommt er für eine Beförderung in Frage. Die Folge: Er rückt auf. Ist er auch dort kompetent, wird er weiter aufrücken. Und zwar so lange, bis er auf einem Posten angelangt ist, der ihn überfordert. Dort bleibt er dann sitzen, gerade weil er nicht mehr kompetent ist, also nicht mehr befördert werden kann. So kommt es – laut Peter-Prinzip –, daß letzten Endes irgendwann einmal auf allen Posten lauter inkompetente Leute sitzen. Denn ein Zurückstufen in unserer Gesellschaft ist äußerst schwierig. Die einzige Möglichkeit: Er wird entlassen – und das Peter-Prinzip beginnt an einer anderen Stelle wieder von vorn.[60]

c) Das Paul-Prinzip

Es hängt mit der außerordentlich schnellen Veränderung in der uns umgebenden Umwelt zusammen. Denn selbst wenn jemand bis zur letzten Beförderungsmöglichkeit kompetent bleibt, das Gefühl hat, nun habe er es erreicht, und selbst wenn er Erfüllung in der Arbeit findet, dann ist auch dieser Zustand nicht für alle Zeiten garantiert. Fehlt ihm die Lernbereitschaft und beginnt die Arbeit zur Routine zu werden, so sind seine Kenntnisse und Fertigkeiten bald von den Ereignissen überholt. Neue Verfahren, neue Kommunikationsmittel, neue Forschungsergebnisse und ab und zu sogar auch eine Änderung beruflicher Grundprinzipien und – der ehemals Kompetente wird von den Ereignissen überrollt, kann nicht mehr mithalten, gilt als nicht mehr auf dem laufenden und wird, ohne daß sich seine Stellung verändert hätte, selbst in einer bis dahin sicheren Position inkompetent.

So bedeuten das Peter- und das Paul-Prinzip, daß die Streßfolgen (vor allem die Erkrankungen der Herzgefäße und der Herzinfarkt als typische Streßleiden) nicht nur den sich Etablierenden, den sich Emanzipierenden, den Emporstrebenden betreffen, sondern auch den Etablierten, den bereits Arrivierten. Nur derjenige Arrivierte, der auf seiner wirklichen Kompetenzstufe arbeitet und seine Kompetenz durch ständige Lernprozesse immer wieder erneuert, ist von dieser Seite her ungefährdet. Man sollte also nur dann wagen, neue Aufgaben anzugehen, wenn man noch lernen kann und darf, aber nicht gleich *können* muß. Keinesfalls ist es ratsam, Aufgaben zu übernehmen, mit denen wir unsere persönlichen Voraussetzungen verlassen müßten.

Wir werden in den folgenden Kapiteln noch des öfteren auf die eigenartige Abwendung von einer wirklichen Aufgabe, von einem Sinn in der jeweiligen Berufstätigkeit zu sprechen kommen. Ähnlich wie in meinem eigenen Bereich, den Naturwissenschaften, eine Orientierung auf die Fachdisziplin vorherrscht (man muß zeigen, daß man ein guter Physiker, Chemiker, Biologe ist), dagegen eine Orientierung auf die eigentliche Aufgabe, nämlich mit den erworbenen Kenntnissen möglichst etwas Vernünftiges in der Welt zu tun, kaum anzutreffen ist, so ist auch in den anderen Berufsbereichen eine solche Verschiebung zu beobachten. Die Arbeit hat die Beziehung zum Endprodukt, zu ihrer Wirkung verloren und hat schließlich nur noch das Geldverdienen zum Ziel oder das Streben nach vermehrter Freizeit, nach Sich-mehr-kaufen-Können und Sich-mehr-erlauben-Können. Die Erfüllung im Beruf rückt schließlich als Ziel immer weiter in die Ferne, und ihr Fehlen schiebt den Grundpegel einer permanenten Streßsituation immer weiter nach oben.

Ganz ähnlich wie das Ziel der Tätigkeit selbst, ist auch das Ziel des beruflichen Werdegangs längst pervertiert. Es zählt nicht die Befriedigung in dem, was man tut, die Erlangung höherer Fertigkeiten, die Erlangung tieferer Erkenntnisse, sondern es zählt, was man gilt: der Aufstieg im Prestige, in der Hierarchie. Jeder kann sich an fünf Fingern abzählen, wo das hinführt, nämlich auch wieder zum Peter-Prinzip: »Zementierung« inkompetenter Leute auf falschen Posten. Offenbar funktioniert unter anderem deshalb auch so vieles nicht in unserer Welt. Doch dies steht auf einem anderen Blatt. Hier interessiert zunächst, was dabei mit dem Menschen selbst passiert: Er wird für sich und seine Umgebung zum Opfer seiner eigenen Inkompetenz.

2 Persönliche Struktur

Vielfach werden in der Medizin drei Reaktionstypen unterschieden, deren psychologisches Verhalten in engem Zusammenhang mit blutchemischen Eigenschaften steht. Diese drei Verhaltenstypen A, B und C überschneiden sich, wie schon kurz erwähnt, in gewisser Weise mit der Einteilung nach den Streßtypen, also dem des Vagotonikers, des Sympathikotonikers, des (nach beiden Seiten neigenden) Amphotonikers und des Indifferenten. Da die Einteilung nach A-, B- und C-Typ in vielen Veröffentlichungen, vor allem auch amerikanischer Forscher, immer wieder auftaucht, wollen wir sie bei dieser Betrachtung über die persönliche Struktur einmal heranziehen.

Zum Verhaltenstyp A rechnet man aktive, agile, ehrgeizige, dynamische Menschen, die oft gegen den Widerstand der Umgebung und in möglichst kurzer Zeit viel erreichen wollen. Man kann bei diesen Personen auch von einer chronischen Parforce-Stimmung sprechen. Dieser Typ nimmt besonders in den Großstädten ständig zu, es gehören ihm immer jüngere Jahrgänge an, und er zeigt eine hohe Rate an Herzkranzgefäß-Erkrankungen: Herzinfarkte sind bei ihm siebenmal so häufig wie in den beiden übrigen Gruppen B und C. Sein Blut zeigt Eigenschaften, die wir bereits aus der vom Sympathikus beherrschten Hauptphase des Streß kennen, zum Beispiel Cholesterinablagerung, erhöhte Gerinnungsbereitschaft, Hochdruck und anderes.

Dem Verhaltenstyp B entsprechen demgegenüber gemütliche, ausgeglichene Menschen, die weit seltener an Herzinfarkt erkranken und die in gewisser Weise mit den Vagotonikern und auch den indifferenten übereinstimmen.[58] Als Gruppe C schließlich wurden in Großversuchen zu Vergleichszwecken solche Personen genommen, die aus dem Gesellschaftsprozeß ausgeschieden waren, Arbeitslose, pensionierte Menschen und ähnliche.[61]

Um den besonders streßgefährdeten Verhaltenstyp A herauszufinden, gibt es nun eine ganze Reihe von Möglichkeiten. Sie sind vor allem von der Arbeitsgruppe von Rosemann in San Franzisko ausgearbeitet worden. Hier ein kleines Beispiel: Wie man sich ausrechnen kann, ist Typ A derjenige, der ein extremes Gefühl dafür besitzt, daß Zeit Geld ist. Er legt außerordentlichen Wert auf Pünktlichkeit, kommt selbst nie zu spät, versucht ständig, seine Zeit zu nutzen, und hinkt im Grunde doch immer hinterher. Bei diesem Konflikt mit der Zeit akzeptiert er weder eine Niederlage noch einen Kompromiß. Durch einen einfachen psychologischen Trick läßt sich nun schnell herausfinden, ob man es mit diesem Typ zu tun hat. Verhaltenstyp A wird nämlich in einem Gespräch immer geneigt sein, schon eine Antwort zu geben, bevor der Gesprächspartner seine Frage beendet hat. Durch eine absichtlich verzögerte Fragestellung kann man ihn dazu direkt provozieren.[62] Für diesen Typ ist eine grundlegend neue Arbeitseinteilung nach straffen Regeln, wie sie zum Beispiel der amerikanische Manager-Berater Mackenzie einübt, der wichtigste Schritt zur Streßvermeidung.[63]

Bei allen Forschungen, die man über die Beziehungen zwischen der persönlichen Struktur und zum Beispiel dem Herzinfarkt zusammentragen kann, findet man, daß den Infarktpatienten vor allem die Unfähigkeit auszeichnet, sich zu entspannen. Er scheint das natürliche Bedürfnis nach Passivität regelrecht abzuwehren. Eine wichtige Bewußtseinsübung wäre für ihn, sich klarzumachen, daß Erfolg nicht unbedingt gleich Erfolg ist. Beruflicher Aufstieg, erfolgreiches Karrieremachen, mag von A bis Z einen inneren Mißerfolg bedeuten: keine Erfüllung in der Arbeit; kein Gefühl, etwas Vernünftiges geleistet zu haben; keine Sicherheit oder Absicherung gegen Eventualitäten und so weiter. Hier kann autogenes Training, können Bewußtseins- und Wachheitsübungen helfen, eine andere Einstellung zu der wahren Natur des

Erfolgserlebnisses zu finden, so daß auch unser Verhaltenstyp A, der ja weitgehend mit dem Sympathikotoniker identisch ist, in seinem inneren *drive,* in seiner Dynamik befriedigt ist. Weiterhin können solche Übungen helfen, negative Eindrücke und Wahrnehmungen aus dem Berufsleben in ihrer Bedeutung, und zwar in ihrer individuellen Bedeutung für einen selbst zu wandeln, sie anders zu interpretieren. Doch darüber noch mehr im übernächsten Kapitel, wenn es um die Familie und das Zusammenleben geht.

3 Verarbeitung der Reize

Verhaltenstyp A, also der wettbewerbsbewußte, dynamische, prestigesuchende Typ, ist von seiner individuellen Veranlagung her besonders von dem typischen Konfliktstreß bedroht. Diese Art von Streß wird gerade bei ihm als schwerwiegender Risikofaktor für Gefäßerkrankungen und für die Entstehung von Herzinfarkt angesehen. Die körperliche und seelische Anpassungsfähigkeit dieser Menschen, man kann sagen die physische und psychische Regulationsbreite, wird bei ihnen sehr rasch überfordert. Und zwar sowohl im Moment eines akuten psychischen Streßreizes als auch chronisch, durch Belastungen aus dem Unterbewußten.

Während solche Belastungen für den weniger dynamischen B-Typ oft in Ruhe verarbeitet und ausgeglichen werden, also ganz normale gesunde Belastungen sind, werden sie beim Typ A leicht zu unverarbeitetem Streß. Denn seine Leistungsfähigkeit liegt im Gegensatz zum Typ B meist weit unter dem, was er selbst von sich fordert – und von sich fordern läßt. Das Peter-Prinzip sorgt jedoch dafür, daß auch der weniger ehrgeizige Typ B überfordert wird. Denn dieses Prinzip führt ja vielfach schon durch die äußeren Bedingungen, das heißt ohne Zutun des Betroffenen, dazu, daß durch den Beförderungsmechanismus letztlich in fast allen Berufszweigen jeder Tüchtige irgendwann einmal *über*fordert wird.

Manche Psychologen erklären die Tatsache, daß unser Verhaltenstyp A das natürliche Bedürfnis nach Entspannung, nach Passivität regelrecht abwehrt, nicht nur mit der ererbten Konstitution, sondern auch mit tiefenpsychologischen Vorgängen. Danach könne man das zwanghafte Leistungsstreben als eine umgewandelte Angst vor dem Vater ansehen; umgewandelt in eine Überaktivität, begleitet von ständigen Selbstzweifeln und einer Angst vor dem Versagen. Das Gesamtbild jedoch, zu dem uns ja unser Kästchenmodell verhelfen soll, zeigt neben solchen persönlichen Voraussetzungen immer wieder Gründe, die weniger in der Person selbst als in ihrer Umwelt, in ihrem Kulturkreis liegen. Gerade der Ehrgeiz und das Leistungsstreben wie auch der gehemmte Mut gegenüber Autoritäten hängen ja eng mit dem starken Bemühen um soziale Anerkennung innerhalb der gesellschaftlichen Struktur zusammen.

Unser Kastenmodell zeigt durch all diese Beziehungen inzwischen, daß es sowohl von der beruflichen Umwelt als auch von der persönlichen Struktur abhängt, ob ein Ereignis überhaupt als Stressor wirkt und wie intensiv die dadurch ausgelöste Reaktion ist. Aber auch, daß diese Reaktion nicht zuletzt davon abhängt, wie das Individuum selbst ein solches Ereignis auffaßt. Eine Streßsituation wird selbst dann noch je nach persönlicher Auffassung *unterschiedlich* verarbeitet, wenn sie gar nicht einmal psychisch, sondern zum Beispiel direkt durch einen hormonellen Mechanismus hervorgerufen wird.

Das konnte an einem sehr einfachen Experiment demonstriert werden. Versuchspersonen erhielten eine Injektion von Noradrenalin, welches ja im Gegensatz zu dem Fluchthormon Adrenalin die Funktionen des Körpers auf einen Angriff mobilisiert. Anschließend mußten sie ihren Zustand beschreiben. Hierbei kam es nun ganz auf die vorausgegangenen Instruktionen und auf das Verhalten der Begleitpersonen an, ob eine Testperson ihren Zustand nach der Spritze positiv oder negativ, das heißt als Freude oder als Ärger beschrieb. Daß die Nebennierenhormone von beiden Regungen begleitet werden können, ist schon länger bekannt, nachdem Messungen ergaben, daß man nicht nur dann einen erhöhten Hormonspiegel vorfindet, wenn ein negativer Streßreiz vorliegt, sondern auch, wenn jemand in einen besonders positiven Gefühlszustand, in Freude und Euphorie versetzt wird.[64]

4 Krankheitsvorstufen

Wir sehen bis jetzt, daß die Gesamtkonstitution des einzelnen, seine körperliche und seelische Struktur, durch die unterschiedliche Verarbeitung der Risikofaktoren eine ganz besondere Rolle für den Verlauf der Streßerkrankungen spielt. In den Krankheitsvorstufen kommen dann neben diesen auch die Unterschiede in der psycho-biologischen Grundstruktur von Mann und Frau deutlicher zum Ausdruck. Das Auftreten von Nervosität, Schlaflosigkeit, Schuldgefühlen, Denkblockaden und sexueller Frustration ist hier recht unterschiedlich verteilt. Die Frau mit ihrer hormonell so anderen Struktur als der Mann ist durch ihre dadurch auch ganz anders gelagerten persönlichen Risikofaktoren – zum Beispiel gegen Herz-Kreislaufschäden – gerade in denjenigen Lebensjahren speziell geschützt, in denen diese Schäden beim Mann besonders gehäuft auftreten. So kommt es, daß die allgemeine Sterbewahrscheinlichkeit der Männer im Alter von 60 Jahren genau zweimal so hoch liegt wie diejenige der Frauen. Dieses für Männer so ungünstige Verhältnis pendelt sich dann für die Jahre ab 70 wieder auf 1 : 1 ein.[65]

Die geringere Anfälligkeit der Frauen liegt demnach nicht nur an der vielleicht stärkeren Berufsbelastung der Männer, sondern immer mehr spricht dafür, daß sie vor allem geschlechtsbestimmt ist. Man kann nämlich diesen seltsamen Schutz des weiblichen Organismus auch bei in Gefangenschaft gehaltenen Versuchstieren nachweisen, wo ja so etwas wie ein unterschiedlicher Berufsstreß für die beiden Geschlechter wohl mit Sicherheit nicht vorhanden ist.[66] Selbst der Einfluß der Ehe auf die Rollenverteilung scheint hier nicht ins Gewicht zu fallen. Die im Lebenskampf sicher weit mehr belastete ledige berufstätige Frau liegt ähnlich wie die verheiratete Hausfrau in der Anfälligkeit gegenüber streßbedingten Herz- und Kreislaufschäden immer noch weit unter dem Mann.[65]

Generell scheint sich der weibliche Organismus den wechselnden Umweltbedingungen einfach besser anpassen zu können als derjenige des Mannes – und somit der Alarmstufe der Streßeinwirkung weniger lange ausgesetzt zu sein. Das Ergebnis ist dann natürlich auch eine kürzere Belastung des Organismus mit den sich beim Mann oft über viele Jahre hinweg summierenden Krankheits*vorstufen*. Und das entscheidet darüber, ob und wann diese Vorstufen schließlich zu den eigentlichen Krankheiten führen.[65]

5 Streßbedingte Krankheiten

Die erwähnten geschlechtsbestimmten Unterschiede scheinen keineswegs parallel mit unserer Typeneinteilung nach Vagotoniker oder Sympathikotoniker beziehungsweise nach dem Verhaltenstyp A, B oder C zu verlaufen, sondern einer weiteren Ordnung quer zu all diesen Einteilungen zu gehorchen. Es schien mir jedoch wichtig, gerade jene Vielschichtigkeit darzustellen, um zu verhindern, daß man sich nun allzu sehr etwa auf die Zweiteilung Vagotoniker/Sympathikotoniker festlegt. Aus praktischen Gründen wollen wir jedoch – mit dieser Einschränkung im Hintergrund – jetzt wieder zu diesen beiden vegetativen Typen zurückkehren. Denn gerade was dann die eigentlichen Krankheiten betrifft, findet sich bei ihnen, wie schon mehrfach angedeutet, ein recht deutlicher Unterschied.

So haben wir erfahren, daß die Streßerkrankungen auf dem Herz-Kreislauf-Sektor in der Regel der Ausdruck einer überschießenden, andauernden und überempfindlich eingestellten Reaktion des Sympathikus sind. Demgegenüber äußern sich die gleichen Stressoren beim Vagotoniker, also bei dem Typ, dessen parasympathisches Nervensystem der beherrschende Faktor ist, in ganz anderer Weise. Hier sind es nicht die Herzerkrankungen, sondern die Entstehung und Verschlechterung von Leiden des Magen-Darm-Traktes: Gastritis, Magenentzündungen, Magengeschwüre, Zwölffingerdarmgeschwüre, Darmentzündung, chronische Verstopfung. Es sind Personen, die schon von Haus aus einen überfunktionierenden und gegen Streß überempfindlichen Parasympathikus haben. Dieser ist für die erhöhte Magensäureproduktion und die Krampfbereitschaft der Magen- und Darmmuskulatur verantwortlich.

Nun haben wir aber bei der Betrachtung unserer anderen Kästchen gesehen, daß es sehr darauf ankommt, wie der einzelne Mensch eine soziale Streßsituation erträgt, wie er sich an seine Umwelt anpaßt und daß dieses persönliche Verhalten wiederum von seiner Persönlichkeitsstruktur abhängt. Und schließlich scheint auch diese Struktur wieder aus einer Mischung von ererbten Faktoren, von Umwelteinflüssen der Kindheit und der späteren sozialen Prägung zustande zu kommen.

Hinzu kommen dann die äußeren Risikofaktoren wie Rauchen, Übergewicht, Bewegungsarmut und die physiologischen wie Bluthochdruck und Cholesterinspiegel, deren Häufung zum Beispiel in 83 Prozent der Fälle innerhalb von 10 Jahren zu Herzerkrankungen führt, ihr Fehlen jedoch nur in 2 Prozent der Fälle.[67]

Dieses Bild zeigt, wie schwierig es ist, das Zustandekommen der vielen organischen Leiden, die uns im Laufe des Lebens über den Streßmechanismus befallen können, einer *bestimmten* Ursache zuzuordnen. Gerade die psychischen Faktoren sind ja für den Arzt oft die am wenigsten greifbaren. Wieviel leichter ist es dagegen, das Zustandekommen einer Krankheit durch physikalische, chemische und andere materielle Reize, durch einen bestimmten pathogenen Bakterienstamm zu verfolgen. Dieses vernetzte Bild bedeutet sogar, daß der Streßmechanismus nicht nur die erwähnten typischen *Streß*krankheiten auslöst, sondern daß er im Grunde bei *sämtlichen* Krankheiten an irgendeiner Stelle in Aktion tritt.

Vielen Krankheiten geht so eine Langzeitschädigung voraus, die durch die Summe kleinster, aber ständiger, nicht umgesetzter Streßreize erfolgt und über Jahre unbemerkt vonstatten geht. Über die besprochenen biologischen Mechanismen manifestiert sich dies dann, im ganzen gesehen, in dem schon einmal in etwas anderer Zusammenstellung aufgeführten Paket von fünf pathologischen Ansätzen, die dann je nach individueller Konstitution in den verschiedensten Krankheiten zum Ausbruch kommen:

- Die mobilisierten Lipoide unserer Fettdepots erhöhen den Blutfettspiegel und werden zum Risikofaktor für Arterienverkalkungen und Kreislaufschäden.
- Durch Schwächung unseres Immunsystems sinkt die Abwehr gegen Infektionen mit Viren und Bakterien und steigt die Krebsdisposition.
- Über die Störung des vegetativen Systems kommt es zu einer Fehlregulation der innersekretorischen Drüsen und der nervösen Versorgung der Verdauungsorgane, gefolgt von späteren Magen- und Darmgeschwüren.
- Das delikate System unserer sexuellen Funktionen wird gestört, der Zyklus der Frau durcheinandergebracht. Eine Rückkoppelung auf die Schilddrüsen bleibt nicht aus, und besonders Menschen mit leichter Überfunktion geraten dann aus dem hormonellen Gleichgewicht.
- Die Nieren selbst werden durch ihre ständige Erregung geschädigt. Dadurch wird die Blutreinigung vermindert, die Tendenz zu Schäden am Gefäß- und Kreislaufsystem verstärkt und die Rückkoppelung mit der Hypophyse gestört, was zu weiteren Folgeschäden im übrigen Hormonhaushalt führt.

Was unseren sechsten Kasten mit den übrigen Lebensbereichen betrifft, so soll er uns klarmachen, daß es ein großer Irrtum ist, wenn wir glauben, daß der Streß im Berufsbereich von dem Rest des Lebens isoliert werden kann. Sozusagen Dienst ist Dienst, Schnaps ist Schnaps; ich tue meinen Job, weil ich dafür bezahlt werde, mein eigentliches Leben gehört meiner Freizeit. In solchen Gedanken liegt eine große Täuschung. Gesundheit und Wohlbefinden werden immer bestimmt sein durch die Wechselwirkung mit der Gesamtumwelt.[57]

Greifen wir auch hier wieder einige Bereiche als Beispiel heraus.

Überfressen aus Existenzangst

So sollten wir vor allem eine unserer schlechtesten Gewohnheiten ändern: das übermäßige Essen, das uns Bundesbürger mit der rund doppelten Kalorienmenge belastet, die wir eigentlich brauchen. Man fragt sich warum? Vielleicht wollen wir mit dieser übertriebenen Besänftigung der »Elementarbedrohung Hunger« nur andere Ängste und Bedrohungen unserer Existenz ausgleichen. Doch das Gegenteil gelingt. Auch für diejenigen, die sich durch einen übermäßigen Ausgleich dieser Elementarbedrohung überfressen, wird der Wettbewerbsstreß, der Lärmstreß, der Streß der Langeweile oder der Sinnlosigkeit des Daseins, der Streß der Verantwortungskonflikte nicht geringer. Selbst wenn der Streß durch Hunger (und damit ein Teil der Existenzbedrohung) ausgeschaltet ist, schafft gerade das Übergewicht Bedingungen, unter denen der Abbau all dieser Stressoren, ihre Umsetzung und Verarbeitung kaum noch möglich sind.

Die Belastung des Kreislaufs durch das Übergewicht wirkt in derselben Richtung, in der schon all die anderen Stressoren wirken, so daß sich eine Spirale ergibt, der man nur durch radikale Einschränkung der Mahlzeiten, also der Essensmenge, entrinnen kann. Denn wer viel ißt, wird dick, wer dick ist, wird faul und bewegungsarm, und wer sich nicht bewegt, kann die Kalorien aus der aufgenommenen Nahrung nicht verbrennen und nimmt deshalb noch mehr zu.

Werfen wir einen Blick auf die Eßgewohnheiten selbst. Sie haben sich in den letzten 25 Jahren in entscheidenden Punkten geändert. Wichtige, die Verdauung anregende Ballaststoffe mußten sogenannter hochwertiger Nahrung weichen. Der Verbrauch an Kartoffeln, Getreideerzeugnissen und Hülsenfrüchten sank innerhalb einer Generation um rund die Hälfte, derjenige von Roggenmehl sogar um zwei Drittel. Andererseits stieg der Pro-Kopf-Anteil von Zucker um 42 Prozent, von Fleisch um 50 Prozent und von Fetten um 75 Prozent. Der rund dreifache Frischobst-Verzehr macht diese Verschiebungen im Pro-Kopf-Verbrauch nur zum Teil wieder wett.[68]

Änderung im Nahrungsverbrauch der deutschen Bevölkerung (BRD) im Abstand von 22 Jahren (in Gramm pro Kopf pro Tag).

	Jahr 1949/50	1971/72
Tierisches Eiweiß	38	55
Gesamt-Fett	80	140
Roggenmehl	112	41
Weizenmehl	187	126
Kartoffeln	553	276
Gemüse	117	173
Hülsenfrüchte	6,0	2,7
Obst und Südfrüchte	106	332
Zucker	65	93

Das bedeutet nichts anderes, als daß unser Organismus trotz weniger Essensmengen mehr ansetzt und gleichzeitig, fast als Parallele zu unserer äußeren Bewegungsarmut, durch das Fehlen von Ballast- und Faserstoffen auch den Magen-Darm-Trakt weniger bewegt.

Die beim Übergewichtigen überdies schon erhöhten Werte des Blutdrucks, des Blutzuckers, des Cholesterins, die bereits bestehende Thrombosebereitschaft sowie Fettstoffwechselstörungen werden nun unter Streßeinwirkung weit bis in den echten Gefährdungsbereich gesteigert. Daß die etwas gemütlichere Psyche der Dicken durch die befriedigte Eßlust als kleine Kompensation hier nur wenig ausrichtet, zeigt schon folgende Statistik. Während in einer Stadt von rund 100000 Einwohnern am Schlaganfall jährlich rund 100 magere Menschen und etwa 200 normalgewichtige sterben, müssen unter den fettleibigen 400 daran glauben. Die Absterberate der normalgewichtigen Menschen zwischen 45 und 55 Jahren wird bereits bei den um 5 kg Übergewichtigen um 10% überschritten. Und sie steigt von Gewichtsgruppe zu Gewichtsgruppe. Mit jedem Kilogramm. Bei Leuten mit 30 kg Übergewicht liegt sie bereits um 80% höher als beim Normalgewichtigen![67]

Falsches Input/Output-Denken

Darüber, was wir tatsächlich an Grundnahrungsmitteln brauchen, und über die biochemischen Vorgänge bei der Ernährung herrscht leider noch erschreckende Unkenntnis, werden Irrtümer nachgeplappert und in bewundernswerter Selbstsicherheit falsche Ratschläge gegeben. Der Ernährungsphysiologe Holtmeier betonte 1974 in einem Kommentar der ›Medical Tribune‹, die Ärzte seien einem Riesenaufwand zweideutiger Gesundheitswerbung seitens kommerziell interessierter Industriegruppen ausgesetzt, die Nahrung vertreiben.[68] Ein primitives Input/Output-Denken beherrscht die Szene der Ernährungswissenschaft, zumindest insoweit, wie sie der Öffentlichkeit präsentiert wird. Das zeigt sich zum Beispiel in der völlig verkannten Rolle derjenigen Nahrungsbestandteile, die selbst keinen Nährwert besitzen, wie Gewürze, Geschmacksstoffe, Aromen, Vitamine und Spurenelemente und nicht zuletzt der Schlackenstoffe. Doch gerade diese entscheiden oft weit mehr über die Dauer des Nahrungsverbleibs im Darm, über Stuhlgang, Ablagerung und Entgiftung und damit über Dick- und Schlankwerden und die Beschaffenheit der Haut als etwa die primitive Rechnung von Kalorien, Proteinen, Fettgehalt und so weiter. Wenn auch Kohlehydrate, Zucker und Fette die eigentlichen gefährlichen Dickmacher und Stoffwechselschädiger sind, sobald sie in übermäßigen Mengen eingenommen werden, so ist doch zum Beispiel auch die Verringerung der Trinkmenge und der Kochsalzzufuhr äußerst wichtig für die Gewichtsabnahme, weil sie der kreislaufschädigenden Wasserspeicherung in den Geweben entgegenwirkt.

Bei vielen Ernährungshinweisen werden weiterhin wichtige Wechselwirkungen gerade mit unseren Hormonen mißachtet, die leider auch von der Wissenschaft höchstens am Rande behandelt werden. Ja, hier mag sogar wieder erneuter Streß möglich sein, wie man ihn bei sehr vielen fanatischen Vegetariern, Kalorienrechnern und auf irgendeine Spezialdiät eingeschworenen Leuten beobachten kann, die sich in eine verkrampfende Abhängigkeit von ihrer Ernährungsweise begeben. Durch Ängstlichkeit, Frustration, Tyrannisierung der eigenen Familie erzeugen sie dann weit mehr Streß und somit auch wieder Krankheiten, als es in manchen Fällen durch ein munteres, wenn auch nicht übermäßiges Drauflosfuttern der Fall wäre.

Um es noch einmal zu wiederholen: Die einzige Chance, die Doppelwirkung von Streß und Übergewicht abzubauen, liegt letztlich ganz simpel darin, abzunehmen. Und abnehmen kann man nur, wenn man weniger ißt und sich mehr bewegt. Das Bewegungsprogramm ist in der Tat untrennbar damit verbunden.[69] Wie sehr wir uns bewegen müssen, um einen Kalorienüberschuß abzubauen, sehen wir an folgendem Vergleich:

1 Gramm Zucker bringt 4 Kalorien,
1 Gramm Eiweiß ebenfalls,
1 Gramm Fett mehr als das Doppelte, nämlich 9 Kalorien,
1 Gramm Alkohol 7 Kalorien.

Damit ist auch der Alkohol ein nicht unbeträchtlicher Kalorienspender, den man in der Rechnung nur allzuleicht vergißt. Viele Leute glauben, schon viel getan zu haben, wenn sie gelegentlich tagsüber eine Strecke in der Stadt, zum Arbeitsplatz oder auf einem Spaziergang etwa in 20minütigem raschen Gehen zurücklegen. Man wird überrascht sein, wie wenig man für diesen Fußmarsch an Nahrung abgebaut hat. Es sind lediglich 100 Kalorien verbrannt, etwa der Gegenwert für ein halbes Butterbrot oder ein Gläschen Schnaps.

Was den Trend zum mageren Fleisch betrifft, so sei hier der Hinweis gestattet, daß die heutige Züchtung der Tiere auf möglichst geringe Fett- und Speckschichten in vielen Fällen nur Augenwischerei ist. Denn gerade das Fleisch von solchen Tieren ist, wie man unter dem Mikroskop sehen kann, weit mehr lipoiddurchsetzt – also fett – als etwa das Fleisch eines Schweines mit dicker Fettschwarte – mit dem Unterschied, daß man hier das Fett wenigstens abschneiden kann. Es ist übrigens interessant, daß man auch beim Schlachtvieh in den letzten Jahren erhöhte Sterblichkeitsraten, verminderte Widerstandskraft gegen Krankheiten und vor allem Fruchtbarkeitsstörungen beobachten konnte. Die Koppelung zwischen Ernährungsweise, Bewegungsarmut und Streß läßt sich in der Tat auch bei Haustieren an den Folgen der modernen Züchtungs- und Haltungsmethoden beobachten.

Es sind dies echte Streßschäden, denen man durch natürliche Wiederherstellung der Immunabwehr, durch geringere Stalldichte und durch eine Aufklärung der Verbraucher begegnen könnte. Das betrifft zum Beispiel das unsinnige Verlangen nach weißem Kalbfleisch. Dieses ist nämlich Fleisch von künstlich hämoglobinarm gehaltenen, also kranken Tieren, die unter völligem Eisenentzug und ohne Licht dahinvegetieren und lediglich mit Antibiotika und Hormonen halbwegs aufrechterhalten werden, was die bereits minderwertige Qualität eines solchen Fleisches noch weiter denaturiert.

Ähnliches gilt für die schädigenden Störungen im Sozialgefüge von Herdentieren und auch von Hühnern, die man in so großer Zahl hält, daß sie sich nicht mehr individuell kennen und daher auch keine Rangordnungen aufstellen können (wir erinnern uns an die entsprechenden Streßversuche mit den Mäusepopulationen und Kuhherden). Durch angestaute Aggressionen führt auch dies wieder zu einem Anstieg der Sterbefälle und zur Minderung der Fleischqualität.

Ein weiterer Aspekt, der vielleicht hier interessiert: Tiere, die auf starken Fleischansatz gezüchtet wurden – wir dürfen hier ruhig eine Parallele zum Menschen ziehen –, weisen oft einen besonders hohen Spiegel proteinbildender Hormone auf. Bestimmte Hormondrüsen werden dadurch weniger leistungsfähig, und der Organismus ist stärkeren Belastungen, vor allem Streßsituationen, nicht mehr gewachsen.[70] Die Spezialernährung mancher Bodybuilding-Programme hat sehr ähnliche Effekte. Manche der proteinstarrenden Muskelmänner müssen vor jeder plötzlichen Bewegung Angst haben, da es leicht zu Zerrungen und selbst Gefäßschäden kommen kann. Überraschenderweise sind viele sogar unfähig, ihre gestauten Kräfte bei irgendeiner Balgerei zu gebrauchen, und vor allem ist das Wechselspiel zwischen dem hormonellen und dem vegetativen System so verschoben, daß gerade diese Leute auf die geringsten Alarmsignale mit besonders starkem Erschrecken reagieren.

Gehen wir nun in unserem sechsten Kasten unter dem Stichwort *körperliche Tätigkeit* noch einen weiteren Punkt unserer schlechten Gewohnheiten an: die Bequemlichkeit. Wenn wir an die ursprünglichen Aufgaben des Streß denken, an das Leben in freier Wildbahn, wird uns klar, daß zu einer streßabbauenden Verhaltensänderung etwas gehört, was wir heute – zumindest körperlich – kaum noch kennen. Primitiv gesprochen, brauchen wir Möglichkeiten des Kämpfens, ohne daß wir jemand schaden oder töten; jedoch nicht nur des Kämpfens am Schachbrett, im intellektuellen Wettstreit, sondern je körperlicher desto besser. Unser durch den Streßmechanismus ständig hochgekitzeltes und nicht abgebautes Potential an Aggressivität ist nicht zuletzt durch eine immer mehr um sich greifende körperliche Bequemlichkeit zu einer unserer stärksten Belastungen geworden.

Interessanterweise hört man aus der ärztlichen Praxis, daß eine der häufigsten Klagen der Patienten nicht die fehlende Bewegung ist, sondern genau das Umgekehrte: die Erschöpfung, *ohne* daß man sich angestrengt hätte. Eine chronische Müdigkeit, die sich ähnlich wie Depression äußert. Geht der Patient zu einem guten Arzt, so wird ihm dieser körperliches Training verschreiben. Der Patient wird sich wundern. Warum keine Tabletten, wird er denken. Körpertraining? Wie kann er Körpertraining machen, wo er schon zu müde ist, sich durch den Tag zu schleppen.[71] Mit dieser Selbsttäuschung berühren wir übrigens schon das Problem der Scheinbewegungen durch optische Reize, die in unserer hochtechnisierten Umwelt ständig als Eigenbewegung erlebt werden. Auf diesen Punkt kommen wir im nächsten Kapitel näher zurück.

Nehmen wir noch einen dritten Bereich aus unserem sechsten Kasten: *Liebe und Zärtlichkeit.* Sie sind wichtige zwischenmenschliche Beziehungen. Auch die Erotik kann ein wirksamer Antistreß-Faktor sein, wenn sie nicht künstlich mit Angst verbunden wird (was durch die gestörte zwischenmenschliche Kommunikation und die auferlegten Verhaltensregeln leider häufig der Fall ist). Sexuelle Anregung und Entspannung – und wenn es nur ein Streicheln ist oder ein nettes Kompliment, ein Streicheln mit Worten –, sie helfen uns vor allem, die psychischen Stressoren des Alltags anders aufzunehmen. Denn erotische Empfindungen schaffen ähnlich wie Erfolgserlebnisse einen psychobiologischen Zustand in uns, der solche Stressoren echt neutralisiert. Genauso wie umgekehrt durch Schwierigkeiten im sexuellen Bereich nachweisbar körperliche Schäden entstehen können.

Diese Beispiele mögen genügen. Unser Kastenmodell zeigt jedenfalls, daß es von all diesen Dingen abhängt, ob zum Beispiel ein Ereignis aus der Berufswelt überhaupt als Stressor wirkt und wie intensiv die dadurch ausgelöste Reaktion ist. All das, was man mit so einem Modell machen kann, ist zwar zunächst nur Bestandsaufnahme, Analyse. Doch genau das ist eminent wichtig, weil das Bewußtmachen schon der erste Ansatz zur Bewußtseinsänderung ist: zur Umgestaltung eines Streßereignisses durch uns selbst.

Vielleicht erfüllen wir damit auch einen wesentlichen biologischen Sinn des Streßgeschehens, nämlich, daß wir es als erstes Alarmsignal der Natur auffassen: als Vorwarnung dafür, daß es an der Zeit ist, unsere Umwelt so zu gestalten, daß sie unserer eigenen biologischen Natur mehr entspricht. Aber auch, daß es an der Zeit ist, unsere Lebensweise und unser Verhalten den mit der zunehmenden Bevölkerungsdichte längst veränderten Bedingungen auf unserem Planeten endlich anzupassen. In beiden Fällen also Streß abzubauen.

Welche Möglichkeiten kann nun der einzelne aus einem solchen Kastenmodell für sich ablesen?

Zunächst einmal sind die möglichen Kreuz- und Querbeziehungen, die man auf dem Modell anbringen kann, von Fall zu Fall und von Typ zu Typ immer wieder anders. Unsere Beispiele können daher, wo sie nicht zutreffen, nur anregen, die eigene Situation in ähnlicher Weise zu untersuchen. Daneben gibt es aber auch allgemeingültige Rezepte. Streß im Berufsbereich wird vielfach, so verschieden wie der einzelne auf die unterschiedlichen Bedingungen reagiert, entweder durch Überstimulation (Überreizung, Überforderung) oder durch Unterstimulation (Unterforderung, Langeweile) gleich welcher Art ausgelöst.

Das betrifft zum Beispiel schon ganz einfach die Menge der Arbeit. Denn Nichtstun kann ebenso Streß erzeugen, wie wenn einem die Arbeit über den Kopf wächst. Es betrifft auch den Grad der Abwechslung. Ein völlig unregelmäßiger oder fremdartiger Job, sowohl in der Stundeneinteilung als auch in der Art der Beschäftigung, mag einen ebenso zermürben wie eine extrem monotone Aufgabe. Einer der schlimmsten Stressoren ist dabei die Frustration, das Gefühl, niemals Gelegenheit zu bekommen, seinen eigentlichen Wert, seine tatsächliche Leistungsfähigkeit unter Beweis zu stellen. Vor allem, wenn man neben einem Bruchteil seiner tatsächlichen eigenen Talente ständig Fähigkeiten beweisen muß, die man im Grunde nicht hat.

Berufsstreß – Kastenmodell (vorher)

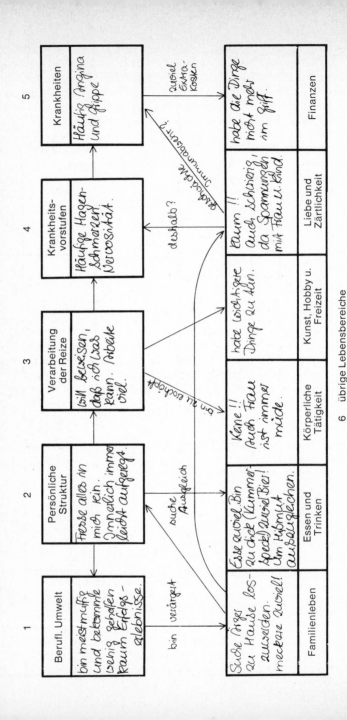

1 Berufl. Umwelt	2 Persönliche Struktur	3 Verarbeitung der Reize	4 Krankheits- vorstufen	5 Krankheiten
bin meist muffig und bekomme wenig Gefahr Raum Erfolgs- erlebnisse.	Fresse alles in mich rein. Innerlich immer leicht aufgeregt	Will besessen, daß ich was kann. Arbeite viel.	Häufige Magen- schmerzen. Nervosität.	Häufig Angina und Grippe

bin verärgert

bin zu erschöpft

suche Ausgleich

deshalb?

geschockt ohne Immunabwehr?

zuviel Extra- kosten

Suche öfter zu Hause los- zuwerden meckere zuviel!	Esse zuviel. Bin zu dick (Kummer- speck) zuviel Bier! Um Kummut auszugleichen.	Keine!! Auch Frau ist immer müde.	habe wichtigere Dinge zu tun.	Kaum !! Auch schwierig, da Spannungen mit Frau u. Kind	habe die Dinge nicht mehr im Griff.
Familienleben	Essen und Trinken	Körperliche Tätigkeit	Kunst, Hobby u. Freizeit	Liebe und Zärtlichkeit	Finanzen

6 übrige Lebensbereiche

122

Berufsstreß – Kastenmodell (nachher)

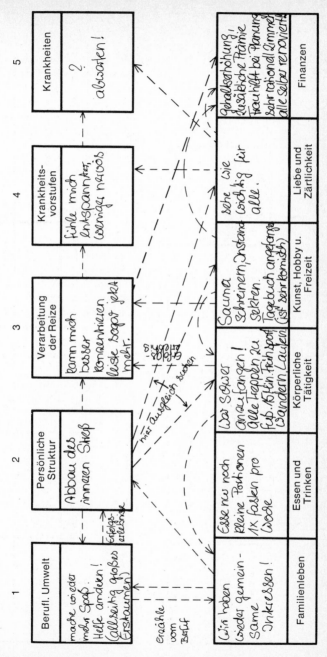

Viele Berufe sind leider durch ihre Fachspezialisierung auf eine völlig künstliche Zusammenstellung von Anforderungen zurechtgeschnitten, wobei wesentliche Bereiche einer Selbstverwirklichung einfach ausgelassen werden. Dies schadet nicht nur über die hier besprochenen Streßmechanismen dem einzelnen, sondern wirkt sich selbstverständlich auch auf die Gesamtleistung in den jeweiligen Berufsbereichen aus. Kaum ein Beruf kann daher das wirklich erfüllen, was er für die Gesellschaft leisten könnte. Viele Berufszweige verfehlen ihre eigentliche gesellschaftliche Aufgabe, weil ihre Angehörigen sich oft nur unvollkommen, falsch oder verkrampft einsetzen können – ganz abgesehen von dem direkten materiellen Verlust durch Krankheiten und Leistungsabfall.

Ich selbst bin übrigens sicher, daß ich mir schon längst irgendein streßbedingtes Leiden zugezogen hätte, wenn ich weiterhin ausschließlich als Biochemiker und wohlbestallter Beamter an einer Universität oder an einem öffentlichen Forschungsinstitut geblieben wäre. Erst durch den Entschluß, naturwissenschaftliche Forschung mit ihrer gesellschaftlichen Aufgabe zu verbinden, also auch Bücher zu schreiben, wissenschaftliche Filme zu machen und damit sogar künstlerisch tätig zu sein, war es auf einmal möglich, Hobby, Beruf, Freizeit, Familienleben und Lebensphilosophie miteinander zu verschmelzen. Es war plötzlich möglich, echte, an den Bedürfnissen der Realität orientierte Erfolgserlebnisse an die Stelle akademisch verbrämter Scheinerfolge zu setzen. Trotz eines weit größeren Arbeitspensums wurde auf einmal nur noch Leistungsstreß, aber eben kein Konfliktstreß mehr erzeugt. Der wurde ebenso wie die frühere Frustration rapide abgebaut. Und sofort hat sich das auch wieder auf die anderen Bereiche, etwa auf die Familie, günstig ausgewirkt. Denn solange es in dem einen Lebensbereich, zum Beispiel in der Art des Berufs, nicht ganz stimmt, werden auch andere Lebensbereiche immer darunter leiden.

Der Wille verändert den Körper

Welche allgemeingültigen Maßnahmen können wir weiterhin gegen die Wühlarbeit des pathologischen Streß treffen? Gerade die mit dem Berufsleben zusammenhängenden psychischen Stressoren haben hier einen gewissen Vorteil: Sie sind vielfach durch eine Arbeit an unserem Bewußtsein, an unseren Vorstellungen über uns selbst und die anderen in den Griff zu bekommen. Wir sind hier – eher als bei den oft tiefliegenden familiären Spannungen – meist in der Lage, sie durch richtiges Denken zu neutralisieren. Und dieses stellt sich am ehesten durch Meditations- und Entspannungsübungen ein. Doch das muß gelernt werden.

Meßwerte auf Befehl

Über lange Jahre hinweg wurden Meditationsübungen von maßgeblichen Vertretern der Schulwissenschaft als Hokuspokus abgetan – trotz der glänzenden Erfahrungen, die etwa mit dem autogenen Training, der transzendentalen Meditation und anderen Entspannungs- und Bewußtseinsübungen erzielt werden. Methoden, die zum Beispiel dem einzigen bisher überlebenden Faltboot-Überquerer des Atlantiks, Lindemann, überhaupt die Möglichkeiten gaben, dieses Experiment zu überstehen. Seine Erfahrungen darüber sind lesenswert.[72]

Solche Übungen sind bekanntlich leicht erlernbar, was sich viele geschäftstüchtige »Geistes-Unternehmer« – möglichst noch in irgendeiner religiösen Verpackung – zunutze machen. Dies gilt auch für die transzendentale Meditation, die geistige Versenkung, die unter ihrem »Firmennamen« TM nichts anderes als eine altbekannte meditative Entspannungsart darstellt. Schon solche relativ simplen Meditationsformen haben in der Tat eine anhaltend beruhigende und von Ängsten befreiende Wirkung und werden, etwa in den USA, schon offiziell als Therapie in Strafanstalten, Rehabilitationszentren und gegen Alkohol- und Drogensucht eingesetzt.[73]

Aber nicht nur die Erfahrung gibt der Wirkung solcher Übungen recht. Längst hat man dabei konkrete biochemische Veränderungen im Organismus festgestellt, durch die solche Wirkungen auch biologisch erklärt werden: In Streßsituationen haben wir zum Beispiel auffallend viel Milchsäure im Blut. Injektionen mit Milchsäuresalzen rufen auch bei normalen Versuchspersonen Angst und psychische Spannungszustände hervor. Die während der Meditation gesteigerte Durchblutung führt nun den Muskeln automatisch mehr Sauerstoff zu und baut die bei Streß entstandenen Überschüsse von Milchsäure wieder ab, ja senkt sie sogar deutlich unter den Normalwert.

Messung des erhöhten Hautwiderstandes im Meditationsexperiment.

Der Milchsäuregehalt im Blut kann schon nach 20-minütiger Meditation um mehr als 30% absinken.

Das gleiche konnten wir bei unseren Experimenten während der Dreharbeiten zu unseren Streßfilmen feststellen. Unsere Assistentin wurde diesmal nicht gestreßt, sondern durfte sich im Lotossitz tief entspannen. Lediglich vorher und nachher wurde ihr etwas Blut abgezapft, um ihren Milchsäuregehalt über eine Enzym-Schnellreaktion messen zu können. Bereits nach einer zwanzigminütigen Meditation war er gegenüber vorher je nach den Versuchsbedingungen auf 25 bis 35 Prozent abgesunken.[74] Ähnliches gilt für die Messung der Blutgerinnungsfaktoren. Auch die Stärke bestimmter langsamer Gehirnströme, der sogenannten Alphawellen, änderte sich. Sie stieg auch während der Meditation unserer Assistentin deutlich an. Der elektrische Hautwiderstand hatte sich ebenfalls schon in wenigen Minuten – ähnlich wie bei vielen Yoga-Übungen – auf den doppelten Wert erhöht. Mit anderen Worten: die Haut ist sehr trocken, ihr Zustand sozusagen am entgegengesetzten Ende vom Angstschweiß. Schließlich wird, obgleich die Durchblutung besser ist, der Sauerstoffverbrauch in der Meditation sogar geringer. Er kann nach 20 Minuten schon bis auf die Hälfte absinken.[74,75]

Die Effekte der Meditation lassen sich also fast mit denselben biochemischen und physiologischen Methoden messen wie der Streß. Die Richtung der Veränderungen ist jedoch bei der Meditation genau umgekehrt. Hier wird ein einzigartiger physiologischer Antistreß-Zustand erzeugt, in welchem der Körper zutiefst ruht, während die geistige Aktivität wach bleibt.

Der Trick des Biotrainings

Meditation und autogenes Training können jedoch noch etwas ganz anderes. Gerade solche Körpervorgänge, von denen man lange Zeit annahm, daß sie dem Willen nicht unterliegen, wie Blutdruck, Herzschlag, Pulsfrequenz und Darmbewegung, können mit Hilfe solcher Übungen auch bewußt beeinflußt werden. Hier haben wir eine weitere Möglichkeit, mit Verstand und Willen dem Körper zu helfen, Streßschäden aus der Umwelt besser zu verarbeiten.

Einer der interessantesten Wege, solche Körpervorgänge selbst in die Hand zu bekommen, ist das Bio-Training. Eine Feedback-Methode, mit der man durch Rückkoppelung mit entsprechenden Meßgeräten lernen kann, das autonome Nervensystem und damit natürlich auch Angst und Streß in den Griff zu bekommen. Wenn man die Meßgeräte mit dem Körper rückkoppelt, dann ergibt sich nämlich nicht nur die Möglichkeit, seinen eigenen Zustand, also Blutdruck, Herzschlag und so weiter zu *verfolgen,* sondern man kann dann auch im ständigen Feedback, zum Beispiel über ein Tonsignal, ausprobieren, wie man diese Meßwerte im gewünschten Sinne *steuern* kann. Durch die ersten erfolgreichen Versuche von Miller und Di Cara, die an der Rockefeller-Universität Laborratten auf diese Weise lehrten, ihre autonomen Körpervorgänge zu kontrollieren, wurde das medizinische Dogma von der Unbeeinflußbarkeit solcher Vorgänge endgültig gestürzt.[76] Hier handelt es sich also weder um einen Spuk noch um die besondere Gabe entsprechend veranlagter Menschen. Denn auch der Ungeübte kann sich sehr rasch an einen bestimmten Wert herantasten und seine Fortschritte selbst verfolgen. Allerdings ist dieser Vorgang in der Tiefe seines Eingriffs fast mit einer Operation vergleichbar. Deshalb sollte man das Ganze nicht ohne sorgfältige Einführung durch einen Therapeuten beginnen.

Selfmade-Blutdruck

In einem der ursprünglichen Versuche mit einer solchen Lernmaschine an Studenten der Harvard-Universität wartete übrigens für diejenigen, die durch dauernde Steigerung oder Senkung ihres Blutdrucks mindestens 20 Lichtsignale auszulösen vermochten, eine besondere Belohnung: Auf einer Leinwand durften sie 5 Sekunden lang das Bild eines nackten Mädchens betrachten. Der Erfolg war eindeutig. Schon in der ersten Versuchsserie hatten alle Studenten nach kurzer Zeit gelernt, ihren Blutdruck ganz nach ihrem Willen zu steigern oder zu senken.[77] In ähnlicher Weise war es möglich, eine Kontrolle über den Herzschlag zu gewinnen. Über verschiedenfarbige Lichtsignale wurde er jeder Versuchsperson während der Übung übertragen. Gelb bedeutete etwa beschleunigter Herzschlag, Grün verlangsamter Herzschlag. Eine ganze Reihe von amerikanischen Herzpatienten, denen es so im Forschungszentrum Baltimore gelang, ihre Herzfrequenz um 20 Prozent nach oben oder unten zu steuern, konnten auf diese Weise vorzeitige Störungen der Herztätigkeit verhindern. Nach Verlassen des Hospitals, auch wenn keine Töne oder Signale mehr zur Verfügung standen, verlernten viele Patienten diese Organkontrolle nicht mehr. Ähnliche Ergebnisse liegen von mehreren Seiten vor. Nicht zuletzt ergibt sich hier natürlich auch die Möglichkeit, eine Krankheit vorzutäuschen, zum Beispiel bei der Musterung zum Soldatendienst, und durch entsprechende Bewußtseinsübungen ein gestörtes Kardiogramm zu erzeugen oder gar den Blutdruck willentlich in pathologische Höhen zu treiben.

Die bewußte Regulierung des Blutkreislaufs in verschiedenen Hautregionen mag es sogar einmal möglich machen, Warzen und andere Hautgewächse auszuhungern oder die Sekretion von Magensäure einzuschränken und dadurch Magengeschwüre zu heilen.[78] Gehirnforscher der Universität Lund haben übrigens inzwischen eine ganz normale Abhängigkeit der Durchblutung einzelner Gehirnregionen von der jeweiligen Denktätigkeit nachgewiesen. Visuelle Vorstellungen, abstraktes Denken, Rechenaufgaben, Denkpausen, Fingerübungen lassen den lokalen Blutstrom und die Blutmenge in jeweils anderen Gehirnpartien ansteigen.[79] Die willentliche Regulierung des Blutstroms auch in anderen Körperpartien ist daher etwas ganz Natürliches. Wenn man auf ähnliche Weise die Blutmenge, die über die Hauptschlagader in den Kopf gelangt, bewußt dosiert, kann man zum Beispiel auch Migräneanfälle wirksam bekämpfen. Auf dieses eng mit Streßsituationen, Depressionen und anderen psychogenen Faktoren zusammenhängende Leiden und auf eine mögliche Interpretation seiner Ursachen, die oft mit Vorgängen in der Berufswelt zusammenhängen, soll hier noch etwas näher eingegangen werden.

Das Rätsel der Migräne

An Kopfweh stirbt kaum jemand, was leider ein geringer Trost ist für die vielen von Kopfschmerzen geplagten Menschen. Denn dieses Leiden ist die Ursache von mehr als der Hälfte aller Arztbesuche – so eine amerikanische Statistik. Die besondere Form der Migräne wird durch Gefäßerweiterungen in der Schläfenarterie hervorgerufen, wobei es charakteristisch ist, daß immer nur eine Kopfhälfte betroffen wird. Der Streßforscher H. G. Wolff untersuchte nun schon vor zwanzig Jahren die enge Beziehung von Streß zu Migräne mit dem paradoxen Resultat, daß Migräne nicht dann auftritt, wenn etwa der Streß am größten ist, sondern dann, wenn der Druck nachläßt, sozusagen in der Freizeit – meist an Wochenenden, mit dem Sonntag als notorischem Migränetag.[80] Was liegt dem zugrunde?

Vieles spricht nach Wolff dafür, daß der durchschnittliche Migränepatient nichts mit seiner Freizeit anzufangen weiß. Für ihn scheint wie für den Herzinfarktpatienten der Sinn des Lebens in der Arbeit zu bestehen. Während jedoch der Herzinfarkttyp deshalb hart arbeitet, um seine Umwelt in den Griff zu bekommen, sie zu beherrschen, hat der Migränetyp meist ganz andere Motive. Der bereits erwähnte Mc Quade schreibt: »Im Grunde ist er unsicher. Was er eigentlich will, ist, daß man ihn mag, ihn liebt. Er strebt danach, bewundert zu werden oder einfach nur geschätzt zu werden. Er strebt nach irgend etwas, was sein nagendes Gefühl der Wertlosigkeit beseitigen hilft. Das treibt ihn so hart an, daß er fast aufopfernd und ohne Dank sich immer größere Verantwortung auflädt; gewissenhaft, starr, stur, ja fanatisch seine Arbeit tut. Wo treibt ihn das hin? Niemand scheint all das, was er tut, zu schätzen. Nicht einmal er selber, weil er einfach nicht erfüllt, was er von sich im Grunde erwartet, so schwer er auch arbeitet. Ebensowenig kann er natürlich dann auch die Vorwürfe gegen seine Arbeit abbauen, weil sie ihm beständige Enttäuschung bringt. Er kann nur versuchen, diese Vorwürfe zu verdrängen, durch noch härtere Arbeit.«[81]

Es ist also nicht überraschend, daß diese Menschen, wenn sie der Freizeit gegenüberstehen, zusammenbrechen. Dann tritt Migräne auf, und mit ihr kommen tief vergrabene Gefühle hoch, was der Streßforscher Friedmann wie folgt beschreibt: Das gesamte Verhalten des Patienten ändert sich auf einmal – wenn auch oft nur für die Dauer der Attacken. Dazu zählen Depressionen, überzogenes Benehmen, Irritierbarkeit, falsche Beurteilung, Impulsivität, Feindlichkeit und Zerstörungsdrang – ganz im Gegensatz zu seinem sonst typisch ruhigen und kontrollierten Verhalten.[82]

Auf dem Hintergrund der biologischen und physikalischen Vorgänge in unseren Blutgefäßen leuchtet nach all dem Vorausgegangenen ein, daß gerade hier bei der Migräne eine Bewußtseinsschulung hilft – weit mehr als Tabletten. Ein Training, das den Willen und den Verstand gebraucht, spezielle Meditationsübungen, die diese Form des Berufsstreß bekämpfen können.[81]

Dies nur als ein etwas ausführlicheres Beispiel dafür, wie selbst massive sekundäre Stressoren aus dem Schmerzbereich – entstanden durch vorausgegangenen psychischen Streß – mit geeignetem Bio-Training wirksam vermieden werden können.

Besonders spannend ist es natürlich, auf diese Weise die eigenen Gehirnwellen bewußt zu kontrollieren, zum Beispiel mit dem Ziel, die berühmten Alphawellen zu erzeugen. Nun, was sind Alphawellen? Sie sind neben den Beta- und Thetawellen einer von mehreren möglichen Gehirnströmen und treten dann auf, wenn der Organismus im Wachzustand völlig entspannt ist. Das heißt aber, daß der Mensch nur dann Alphawellen produzieren kann, wenn in seinem Kopf alle Überlegungen aufgehört haben. Damit ist er aber auch automatisch von all seinen Ängsten befreit. Ein ideales Mittel also, die beim gestreßten Menschen so wichtigen Erholungsphasen herbeizuführen. Wie geht das vor sich?

Die drei Gehirnwellenarten des Wachzustandes

Typische Betawellen

Subjektive Empfindung: *Normaler Denkzustand,* aber auch erregt, ängstlich, quängelig, entmutigt, besorgt, irritiert, nervös

(Beta/Alpha: Forschend, zweifelnd, Zusammenhänge begreifend, innere Erkenntnisse)

Typische Alphawellen

Subjektive Empfindung: *Völlig entspannt,* neutral behaglich, träge, träumerisch, besinnlich, entrückt, gehobene Stimmung, mag nicht sprechen

(Alpha/Theta: Unbestimmt, locker, frei, angenehm, schläfrig)

Typische Thetawellen

Subjektive Empfindung: *Schläfrig,* verschwommen, unschlüssig, unwirklich, rätselhaft, innerliche Leere

(Theta/Beta: Verstört, bestürzt, unglücklich)

Wie wir dies auch in unserem Fernsehfilm zeigten, genügt es im Prinzip, das Elektroenzephalogramm (EEG) einer Versuchsperson aufzunehmen und die Art der produzierten Gehirnwellen über einen Computer auszuwerten. Sobald das Gehirn der Versuchsperson Alphawellen produziert, wird dies vom Computer registriert und dem Getesteten sofort, zum Beispiel als Summton, zur Kenntnis gebracht. Der Ton stellt dann die biologische Rückkoppelung dar. Je mehr Alphawellen, um so länger der Ton.

Hier der typische Ablauf eines solchen Versuchs:

Zu Beginn der Übung sehen wir noch die üblichen Betawellen. Die Gedanken kreisen also noch.

In diesem Moment hatte es die Versuchsperson das erste Mal geschafft. Die Alphawellenperioden werden nun länger und stärker.

Jetzt hat sie sich ganz herangetastet. Es folgt eine lange Phase des völlig entspannten Wachseins ohne Denktätigkeit.

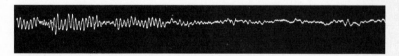

Nun wird die Versuchsperson angesprochen. Sie soll eine Kopfrechnungsaufgabe lösen, und sofort erscheinen wieder die kleinen, unruhig gezackten Betawellen.

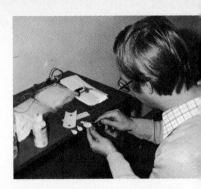

Analog-Computer, Steuerelemente und Registriergeräte für Biofeedback-Versuche der Universitäts-Nervenklinik München, wie sie auch für unser Alphawellen-Experiment eingesetzt wurden. Rechts: Die Elektroden für das Enzephalogramm werden mit einer leitfähigen Paste präpariert.

In gewissem Maße wird also unter Alphawellen das vegetative Nervensystem aufgefrischt, Schlafbereitschaft (jedoch nicht Schlaf!) wird erzeugt, das Gehirn von verkrampfenden Überlegungen befreit, wobei die bei Arzneimitteln immer möglichen Nebenwirkungen ausgeschaltet sind. Denn die Alphawellen sind ja eine natürliche Funktion des Organismus, und ihre Erzeugung isoliert ihn von den Ängsten der Umwelt, die, wie wir ja mehrfach sahen, oft eingebildete Ängste sind.

Allerdings ist die ganze Technik gegenüber den anderen Bio-Feedback-Methoden – etwa der vorzüglich funktionierenden Nackenmuskelentspannung – noch nicht voll ausgereift. Die zur Verfügung stehenden Lernmaschinen sind noch störungsempfindlich und unhandlich und gerade die bereits im Handel angebotenen Kleingeräte vorläufig noch sehr skeptisch zu beurteilen. Wenn die Methoden des Bio-Feedback einmal ausgereift sind und weitere Verbreitung finden sollten, sind sie zum Glück immer nur ein Hilfsmittel, welches uns die Orientierung erleichtert, welches uns hilft, die Richtung zu finden, und nicht etwa, wie bei den Psychopharmaka der Fall, ein Mittel, das selbst in diese inneren Vorgänge eingreift. Sonst würde auch in diesem Buch ein solches Prinzip nicht grundsätzlich bejaht werden.[83]

Nun, alle diese Übungen sind Hilfen aus den Bereichen unseres länglichen sechsten Kastens. Sie können das, was in den anderen fünf Kästen geschieht, oft mehr beeinflussen, als man denkt.

Das Allerberuhigendste bei solchen Übungen ist jedoch, daß, bevor man mit irgendeinem Bio-Training, irgendeinem Sensitivity-Training, irgendeinem autogenen Training beginnt, immer eine gewisse Bewußtseinsänderung, ein Willensakt vorausgehen muß. Sonst rafft man sich gar nicht erst auf, einen solchen Schritt, der immerhin eine gewisse Bemühung und Anstrengung verlangt, zu tun. Bei allen Hilfen, die solche Meditationsübungen geben können, war es dann letzten Endes doch unser eigener Wille, der uns zu diesem veränderten Management unseres Lebens geführt hat. Ein bewußter Akt, der als bleibendes Erfolgserlebnis im Hintergrund mitschwingt.

Meditation statt chemischer Krücken – Sanktionierte Dealer

Ehe wir also zu Beruhigungspillen, zu Vagolytika, zu Analgetika, zu Adrenergika, zu Weckaminen und anderen Psychopharmaka mit ihren Nebenwirkungen greifen, sollten wir daher erst einmal versuchen, was wir selbst können – statt gleich die Chemie zu bemühen. Denn hier wird genau wie beim Alkohol und bei anderen Drogen nur unsere *Vorstellung* von der Realität verbessert, nicht aber die Realität selbst. Es entsteht die Vorstellung von einem erweiterten Bewußtsein und damit das stärkste Hemmnis für eine echte Bewußtseinsentwicklung! Der zunehmende Gebrauch von psychogenen Medikamenten kommt damit der bequemen Tendenz, eine wirkliche Erweiterung unseres Bewußtseins zu umgehen, sehr entgegen.

Viele Menschen, nicht zuletzt viele Ärzte, glauben heute, mit den Psychopharmaka, also mit Mitteln, die auf bestimmte seelische und vegetative Funktionen einwirken, das Ei des Kolumbus gefunden zu haben. Statt den Gegebenheiten der Wirklichkeit ins Auge zu sehen, statt sich klarzumachen, daß wir in einer Welt leben, in der sich die wirtschaftlichen, sozialen und kulturellen Bedingungen rascher verändern, als wir dies mit unseren eingeprägten Traditionen und Tabus zur Zeit nachvollziehen können, statt daß wir erkennen, wie diese Entwicklung mit einem alarmierenden Anstieg von Verhaltensstörungen und psychischen Erkrankungen parallel geht, statt umzulernen und die Ursachen anzugehen, flüchten wir in die Passivität, greifen zum Tranquilizer, zum Alkohol und zu anderen Drogen – und alles bleibt beim alten.

Man kann zwar mit manchen Beruhigungstabletten Angstzustände lösen und auch die Streßreaktion vorübergehend mildern, nimmt aber dafür gefährliche Nebenwirkungen in Kauf, vor allem bei längerem Gebrauch. Die Praxis der meisten Kliniken, heute laufend irgendwelche Beruhigungsmittel zu geben, allein um vor Störungen und Fragen von Seiten des Patienten Ruhe zu haben, ist im Grunde erschütternd. Denn die Suchtgefahr bei all diesen meist auf das zentrale Nervensystem wirkenden Mitteln – Analgetika, Sedativa, Tranquilizer, Antidepressiva, Hypnotika, Weckamine, Energetika, aufputschende Vitaminpräparate und so weiter – ist gewaltig. Nach einer neueren Untersuchung der Bundeszentrale für gesundheitliche Aufklärung nehmen allein 4 Millionen Jugendliche *häufig* und 900 000 sogar *regelmäßig* solche Psychopharmaka.[84] Eine bequeme Flucht in die Verantwortungslosigkeit, sowohl beim Patienten als auch beim Arzt. Natürlich nicht zuletzt im Interesse der Pharmaindustrie.

Allein an Valium – und lediglich in der Bundesrepublik – setzte zum Beispiel die Firma Hoffmann-La Roche in einem einzigen Jahr (1971) 360 Millionen Einzeldosen ab. In der Schweiz stehen zur Zeit 12 Prozent aller Frauen und 7 Prozent aller Männer (rund 600 000 Menschen) als regelmäßige Analgetikaverbraucher ständig unter Einwirkung schmerzstillender Mittel.[84] Hierzu muß man festhalten, daß die »Weiterbildung« unserer Ärzte fast ausschließlich durch die Werbe- und PR-Arbeit der Pharmaindustrie geschieht und ein im Beruf stehender Mediziner nicht die geringste Chance hat, das Angebot der allein in der Bundesrepublik über 27 000 verschiedenen Arzneimittel wirklich zu durchschauen.[86] Das gilt in besonderem Maße für jene Psychopharmaka.

Mit Geschäftspraktiken und Werbemethoden, wie wir sie von Intimsprays und Waschmitteln her kennen, werden hier nicht etwa lebensrettende Medikamente, sondern gefährliche Psychokrücken angepriesen und in astronomischer Zahl für eine scheinbare Bewältigung der Anforderungen des täglichen Lebens verschrieben. Die Werbesprüche lauten dann: ... psycho-physische Stabilisierung ... steigert die Streßtoleranz ... erhöht das Wohlbefinden ...wirkt gegen ungenügende soziale Einordnung (!) ... beseitigt Verhaltensstörungen ... stärkt das Ich durch Angsbefreiung ... und so weiter.

Ohne Bedacht, was er bei der Verschreibung der Medikamente eigentlich macht, nimmt der Arzt uns die Möglichkeit, unsere Angst selbst zu bekämpfen, und ersetzt sie durch die Chemie. Wenn er uns mit einem Tranquilizer über einen tragischen Zwischenfall in der Familie hinweghilft, nimmt er uns die Möglichkeit, mit diesem Schicksalsschlag selbst fertig zu werden, unsere Erkenntnisse zu erweitern, daran zu reifen, dadurch weiterzukommen. Ein im tiefsten Grunde unmenschlicher Vorgang, wenn auch der überlastete Arzt oft glaubt, keine andere Wahl zu haben. Die ganze Werbung für diese Medikamente ist mieseste Verführung zur Drogensucht. Sobald wir ohne dringende medizinische Indikation mit solchen »Hilfen für den Alltag« beginnen, sind wir nicht mehr den geringsten Anforderungen gewachsen, weil wir diesen zunehmend entwöhnt werden. Wer als gesunder Mensch ein paar Monate von morgens bis abends im Rollstuhl fährt, als hätte er seine Beine in Gips, der ist anschließend unfähig zu laufen und könnte daraus genausogut den Beweis für die grundsätzliche Notwendigkeit der Benutzung eines Rollstuhles ableiten. Unsere seelischen und Sinneskräfte müssen aber genauso trainiert und eingesetzt werden wie unsere Muskeln, wenn wir Willens- und Seelenschwund vermeiden wollen.

Durch die vielen Angriffe, die die Pharmaindustrie in den letzten Jahren gerade in dieser Richtung über sich ergehen lassen mußte, hat sie sich in ihrer Öffentlichkeitswerbung zu einem Umschwung entschlossen. Plakate und Aufrufe wie: »Leichte Beschwerden verschwinden oft ohne Arzneimittel« – »Nicht länger allein mit Medikamenten behandeln« – »Fordern Sie nicht bei jedem Arztbesuch ein Rezept« – »Urlaub ist die beste Medizin« finden sich zur Zeit in jeder Apotheke. Wie ernst es der Industrie mit dieser durchaus zu begrüßenden Imagepflege ist, muß die Zukunft erst zeigen. Bedenklich stimmt jedenfalls, daß zur gleichen Zeit, etwa durch den Rundfunk, folgende Werbung läuft:

(Partytrubel, Lärm, Gelächter. Der Vater ruft dazwischen):
Vater: »Jetzt seid's doch a bisserl stad! – Ihr macht an' Krach, des ganze Haus fällt z'samm!«
Tochter: »Ja mei, wir sind halt lustig, Vatter.«
Vater: »Ja, und droben, da hockt dei Mutter, die hat Kopfschmerzen. – Und des bei dem Wetter, dem föhnigen!«
Tochter: »Ja wißt's ihr denn immer noch net: bei Kopfschmerzen Prontopyrin!«
Sprecher: »Prontopyrin ist ein bewährtes Kopfschmerzmittel, schnell wirkend und magenfreundlich, das obendrein noch belebt und erfrischt. Prontopyrin erfüllt alle Ansprüche an ein modernes Schmerzmittel und sorgt für rasche Linderung. Prontopyrin in der weißblauen Packung. Rezeptfrei in jeder Apotheke.«
Musik. Ende.

Dubiose Quintessenz dieses Werbespots: Laßt den Lärm ruhig weitergehen und greift dafür zur Tablette!. Eine ähnliche Werbung treibt die Firma Thomae unter der Überschrift: »Bedrohte Atmung« auf dem Poster einer mit Abgasen verseuchten Großstadt für ihr Mittel Broncho-Noleptan. Hier wird suggeriert, daß sich, ähnlich wie oben mit dem Lärm, auch mit der Luftverseuchung leben läßt, wenn man nur die richtigen Medikamente nimmt. Nicht nur, daß diese dann selbst unseren Organismus belasten, auch die selbstverständlich unveränderte Schadwirkung wesentlicher Umweltstressoren wird übertüncht.

Diese ganze Praxis verhindert letztlich, daß wir die Stressoren aus unserer Umwelt abstellen, sie vermeiden oder auf natürliche Weise abbauen. Die Welt kann weiter denaturieren, noch verrückter werden, bis zur Katastrophe. Wenn wir Streßreaktionen und Angstgefühle ausschalten, so schalten wir dadurch nur Warnsignale aus, vermindern jedoch keinesfalls die Gefahr. So als wenn wir im Kriege als wirksames Mittel gegen einen Luftangriff das Abstellen der Alarmsirenen empfehlen würden.

Das Management von Ehrgeiz, Angst und Prestige

Versuchen wir also lieber, uns an der Realität so, wie sie ist, zu orientieren und ein persönliches Streßmodell aufzustellen, wie es in Form eines Beispiels auf den Seiten 122/123 skizziert wurde. Mit einem solchen Modell, das sich jeder für seine spezielle Situation leicht auf dem Papier aufzeichnen kann und auf dem man dann die für einen selbst zutreffenden speziellen Beziehungen und Wirkungen zwischen den Kästchen einzeichnet, findet man daher oft schnell heraus, was man unterstützen, was man lieber umgehen und was man ändern sollte.

Fragen an unser Kastenmodell

Man braucht dazu an dieses Modell nur einige Fragen zu stellen. Zum Beispiel an Kästchen 1 (berufliche Umwelt) die Frage, ob, wo und wie es möglich ist, die eigene berufliche Umwelt ein bißchen zu verbessern:

An Kästchen 2 (persönliche Struktur) die Frage, ob die negativen Eindrücke aus dieser Berufswelt vermieden oder vielleicht durch Bewußtseinsübungen in ihrer Wirkung verändert werden können:

An Kästchen 3 (Verarbeitung der Reize) die Frage, ob unsere Streßprogrammierung vielleicht durch körperliches Training entlastet werden kann:

An Kästchen 4 (Krankheitsvorstufen) die Frage, ob unsere verdrängten Belastungen nicht durch eine gruppentherapeutische Arbeit zur Sprache gebracht und so der Mut zum richtigen Handeln gestärkt werden kann:

An Kästchen 5 (Krankheiten) die Frage, ob wir nicht schleunigst versuchen sollten, bereits vorhandene Schäden und Krankheitsneigungen zu erkennen, damit sie uns veranlassen, wiederum die richtigen Fragen an Kästen 1, 2 und 4 zu stellen:

 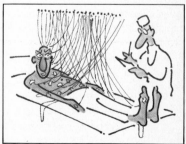

Und die letzte und vielleicht wirksamste Aktion – schließlich wollen wir ja das fünfte Kästchen mit den eigentlichen streßbedingten Krankheiten möglichst ganz vermeiden: daß wir an Kasten 6, also an all die anderen Lebensbereiche, die Frage stellen, ob wir nicht insgesamt gelassener reagieren sollten und dadurch die Kraft gewinnen, wiederum über die ganzen Wechselbeziehungen zwischen den einzelnen Kästchen, mit den beruflichen Schwierigkeiten besser fertig zu werden.

Das Flipperspiel vom Berufsstreß

Wer herauszufinden möchte, was alles man innerhalb der beruflichen Umwelt überhaupt in Richtung Streßvermeidung, Streßabbau oder neutralisierenden Antistreß verbessern könnte, der kann sich einmal anhand des umseitigen Fragenetzes wie die Kugel im Flipperspiel in das richtige Loch bugsieren lassen. Unser Weg beginnt mit Fragen wie: Gehe ich eigentlich morgens gerne zur Arbeit, oder kostet es mich Überwindung? Wenn ja, ist dieser innere Widerstand durch Probleme der Arbeit selbst entstanden oder durch bestimmte Personen, die ich sehen muß, aber nicht sehen möchte? Und so weiter. Das umseitige Schema führt einen auf diese Weise rasch zu den für die eigene Situation kritischen Punkten und erleichtert vielleicht die Auffindung einer bislang nicht entdeckten Möglichkeit, wie man ohne viel Umstände Entscheidendes ändern kann. Zumindest aber zeigt das Prinzip dieses – notgedrungen sehr allgemein gehaltenen – Schemas, wie man sich über solche Verzweigungen in dem Netz einer beruflichen (oder auch sonstigen) Konstellation recht einfach orientieren kann.

Netzwerk: Organismus-Umwelt

Noch sieht es so aus, als ob all diese Wirkungen zwischen den beruflichen Lebensbedingungen, den dadurch erzeugten Streßsituationen und den damit zusammenhängenden Krankheitsbildern auf unsicherem Boden ruhten, was für viele Einzelbezüge sicher auch gilt. Denn gerade unser Kastenmodell zeigt ja, daß man im Grunde keinen gefährdeten Faktor allein betrachten darf. Genau diese komplexe Behandlung des Streßgeschehens im Zusammenhang mit unserer psycho-sozialen Umwelt, mit Kindheit, Familie, Berufsleben, macht aber den sicheren Nachweis einer einzelnen und damit eindeutig definierten Ursache-Wirkung-Beziehung unmöglich. Und das ist im Grunde auch gut so. Denn eine solche Einzelbeziehung wäre immer falsch. Im gesamten biologischen Bereich gibt es nur Vielfachbezüge, Wirkungsketten und

Regelkreise, die wieder mit anderen Regelkreisen verflochten sind. Direkte Beziehungen zwischen Ursache und Wirkung lassen sich daher nur innerhalb kleiner Strecken dieses Gefüges feststellen. Und auch dies nur annähernd, weil selbst dann immer weitere Faktoren mehr oder weniger stark mitspielen. Ein neues medizinisches Denken, beim Arzt wie beim Laien, ist hier erforderlich. Ein Denken in Netzen, ja selbst in mehrdimensionalen Strukturen. Dieses Denken ist nicht etwa schwerer als dasjenige in Tausenden einzelner, voneinander unabhängiger Ursache-Wirkung-Schritte, es ist nur ungewohnt, und man muß lernen, mit ihm zu hantieren.[87]

Aus dieser Erkenntnis heraus versucht die Weltgesundheitsorganisation mit ihren Kongressen zum Thema ›Mensch und Umwelt‹ diese komplexen Aspekte des Streßgeschehens statistisch und experimentell zu erfassen.

Dabei spielt der nicht mehr zu bezweifelnde Zusammenhang zwischen geistigen und körperlichen Vorgängen, also der psychosomatische Aspekt, eine Schlüsselrolle. Jeder von uns sollte sich über diesen statistisch längst bewiesenen Zusammenhang im klaren sein. Und wer sich durch Statistik vielleicht nicht überzeugen läßt, der wird sich an die beschriebenen Rattenversuche erinnern. Denn von Ratten kann man schwerlich annehmen, daß sie dem Experimentator eingebildete Belastungsursachen berichten oder ihr Schicksal zu subjektiv betrachten. Der Nachweis, daß komplexe psychische Stressoren, daß emotionaler Streß auch im Tierversuch organische Folgen zeigt, ist von einer außerordentlichen Bedeutung auch für den Menschen, gerade was jene anderen Lebensbereiche betrifft. Und insbesondere sollte es uns anregen, einmal die eigenartige Wirkung unseres wichtigsten Kommunikationsmittels, der Sprache, zu untersuchen. Wir werden in einem der nächsten Kapitel noch näher darauf eingehen, warum menschliche Worte und Sprache, ganz anders als die Kommunikationslaute bei anderen Lebewesen, immer weniger zu einer Lebenshilfe wurden und uns immer mehr in Schwierigkeiten bringen, Streß und Mißverständnisse erzeugen.

Was den Berufsstreß betrifft, Ehrgeiz, Angst, Prestige, so sehen wir, daß vor allem zwei Bewußtseinsschritte zu tun sind. Der erste hängt mit der eben noch einmal betonten Erkenntnis zusammen, daß Körper, Geist und Seele eine untrennbare Einheit sind, daß wir den Menschen und damit auch uns selbst immer in seiner Gesamtheit als Organismus sehen müssen. Im Hinblick auf die dramatische Zuspitzung des Streßgeschehens mit all seinen Leiden und Krankheiten müssen wir die körperlichen Aspekte, die seelischen Aspekte und die Aspekte unserer Beziehung zu den Artgenossen, zur Gesellschaft ebenso wie die Aspekte unserer wirtschaftlich-materiellen Situation, als völlig gleichwertig und gleich wichtig betrachten.

Zweitens müssen wir, wenn wir eine Gesundung dieses komplizierten Systems Mensch anstreben, in einer *ökologischen* Strategie vorgehen. Das heißt, daß wir nicht mit einzelnen Medikamenten an einzelnen Punkten des großen Regelkreises ansetzen sollten, was vielfach automatisch unbedachte Rückschläge auf der anderen Seite hervorruft, sondern daß wir das gesamte Indivi-

Flipperspiel zur Verbesserung der beruflichen Umwelt.

Zunächst sucht man sich, oben angefangen, von Punkt zu Punkt die zutreffenden Wege heraus. Die »Kugel« wird dann bei jedem über einen anderen Pfad in eines oder mehrere der unteren 16 »Löcher« rollen – wie in dem eingezeichneten Beispiel (dicke Striche). Dann sucht man sich in der untersten

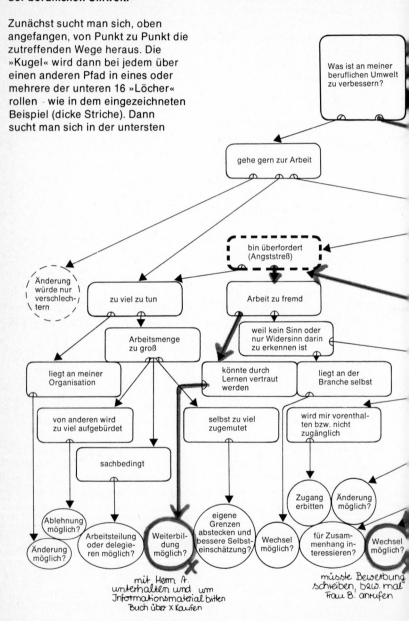

Reihe die Möglichkeit aus, die am ehesten durchführbar ist, und schreibt darunter, durch welche Mittel das geschehen soll. Zur Kontrolle geht man nun den eingezeichneten Pfad Punkt für Punkt zurück und prüft, ob die Schwierigkeiten sich durch die

Änderung dort verringern würden und vor allem, ob sich die dick gestrichelten »Streß-Stationen« auflösen würden. Ist das der Fall, dann lohnt es sich, die Sache zu versuchen und gleich für morgen den ersten Schritt zu planen.

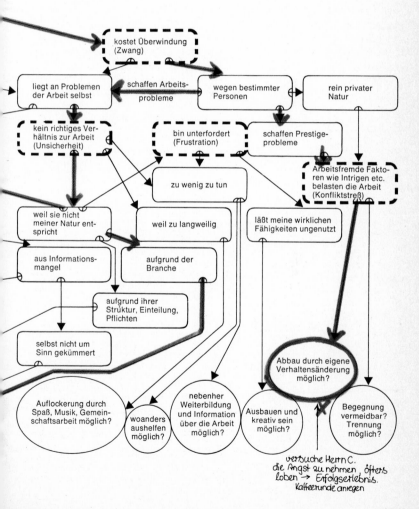

duum – und dazu gehören auch seine Wechselwirkungen mit der Umwelt – in ein stabiles Gleichgewicht zu bringen versuchen sollten.

Nur auf der Grundlage einer solchen umfassenden Betrachtung ist unsere menschliche Situation vor dem psychisch-physischen Zusammenbruch zu bewahren, wie er in übervölkerten Populationen die Katastrophe einleitet.[88] Wir dürfen weder das Einzelindividuum für sich sehen, noch gesellschaftliche Gesetze isoliert betrachten. Es geht darum, daß wir uns zu einer vom Einzelindividuum ausgehenden und dadurch sich selbst korrigierenden Gesellschaft aufschwingen. Die Kenntnis und Abschätzung der hier besprochenen Mechanismen ist die erste Voraussetzung dafür, daß unser komplizierter sozialer Mechanismus, der letzten Endes aus Einzelwesen besteht, in ein sich selbst regulierendes kybernetisches System übergeht. Ein solches System ist alles andere als das, was wir in diesem vielgepriesenen, sich zu immer schnellerem Wachstum aufschaukelnden System der freien Marktwirtschaft sehen, und gewiß auch etwas ganz anderes als der dirigistische Staatskapitalismus östlicher Prägung, in welchem wieder genauso viele, wenn auch zum Teil andere Faktoren unserer psychobiologischen Programmierung ignoriert werden.

Manhattan mit Broadway.

3 BERUFSSTRESS – TECHNIK, LÄRM, BEWEGUNG

Technisches Zeitalter. Inbegriff der Wohlstandsgesellschaft. Wir fahren abends mit dem klimatisierten Wagen bei Stereomusik über den Hudson Highway, rechts das Lichtermeer der Wolkenkratzer von New York, links die gigantischen Stahlkonstruktionen der Brücken, die die Stadt mit New Jersey verbinden, denken an die Kraftwerke, die für all dies den Strom erzeugen, das unvergleichliche Funktionieren der telefonischen Verbindungsnetze mit ihren riesigen Schaltzentralen, an die Stahlwerke, die den Rohstoff liefern, und an die Rotationspressen der großen Druckereien, die die Welt täglich über alle Neuigkeiten informieren. Wenn wir uns all dies vorstellen – dann können wir in Ehrfurcht vor diesen Meisterwerken des menschlichen Geistes, unserer Tatkraft und unserer technischen Ingeniosität erschauern.

Im Jahr 1972 wurden allein in der westlichen Welt 630 Millionen Tonnen Rohstahl – das sind zweieinhalbmal das Gewicht der gesamten Weltbevölkerung – produziert, aus dem unter anderem 25 400 000 PKW und 15 303 000 Waschmaschinen hervorgingen. Im gleichen Jahr wurde die Zahl der Fernsehgeräte auf der Welt – jedes ein technisches Wunder – um weitere 6 140 000 neue vermehrt, die uns aus dem Äther mit mehreren hundert Programmen versorgen und über viele tausend Relaisstationen mit einem winzigen Teil der insgesamt 5 Milliarden Kilowattstunden an Elektrizität gespeist werden, die jährlich in vielleicht hunderttausend kleinen und großen Kraftwerken – darunter allein 320 Kernreaktoren in 27 Ländern – erzeugt werden. Der chemische Erfindungsgeist hat allein in der Palette der synthetischen Kohlenstoffverbindungen inzwischen die Zahl von 2 Millionen verschiedener Stoffe erreicht, und die Bevölkerung wird bereits mit Millionen von Computern in Zigarettenschachtelformat übersät, die soviel wie eine Krawatte kosten und noch vor 20 Jahren für den normalen Sterblichen unerschwinglich und so unförmig gewesen wären, daß er sie nicht hätte von der Stelle schleppen können.

Unausgereifte Technologien

Und doch ist all dies noch unvergleichlich roh und unvollkommen, wenn wir es mit den Leistungen vergleichen, die die Natur in ihren Kraftwerken, Rohstoff-Fabriken, Informationszentralen, Fotosyntheseanlagen und ihrer sonstigen Energiewirtschaft zustande bringt. Nicht nur, daß dies mit bedeutend größeren Mengen abläuft – allein 20 bis 30 Milliarden (!) Tonnen Kohlenstoff werden jährlich über Fotosynthese und Atmung in der Biosphäre ausgetauscht –, auch in der Eleganz der Verfahren und der Präzision der Technik arbeitet die Natur mit bis ins Mikroskopische verfeinerten Prozessen, und dies mit einem energetischen Wirkungsgrad, von dem unsere Ingenieure nicht zu träumen wagen.

Kein Wunder: Unsere moderne, von uns selbst geschaffene Umwelt mit ihren Arbeitsstrukturen, der Art der Behausung, der Ernährungsweise, des Verkehrs und der Technologien ist zweifellos jüngeren Datums als alles, was unsere Biosphäre vorzuweisen hat, natürlich auch jünger, als die genetische Prägung des Menschen. Denn auch die Ausstattung unseres eigenen Informationsreservoirs, der Chromosomen, erfolgte vor vielen hunderttausend Jahren und damit lange, bevor wir in der hektischen Anwendung einiger weniger, inzwischen von uns erkannter technischer Gesetze den einen oder anderen Trick der Natur in unvollkommener Weise nachahmten.

Es ist wichtig, sich ins Gedächtnis zurückzurufen, wie kurz, wie unerprobt, wie jung eigentlich all das ist, was wir als die Basis unserer Zivilisation ansehen. Denken wir immer daran, daß die Gattung *homo sapiens* seit gut 2 Millionen Jahren auf der Erde lebt, und dies über 99 Prozent der Zeit als Jäger und Sammler. Erst in den letzten 10 000 Jahren, als er seßhaft wurde,

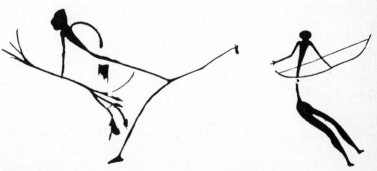

Zeichnungen aus der Jäger- und Sammlerkultur der Mimbreños.

Rekonstruierte Pfahlbauten in Unteruhlingen (Bodensee)

begann der Mensch, Pflanzen und Tiere zu züchten, die ersten Metalle zu nutzen und andere als seine Körperenergien einzusetzen. All dies noch in sporadischem handwerklichen Tun, eingebettet in die Natur, wie etwa bei der Eisenverhüttung der alten Germanen oder der frühen Kupfergewinnung in Afrika.

All dies waren Vorläufer unserer Industrien, noch ohne Schaden für die Biosphäre, da genügend Luft und Raum dazwischen lag, um alle Störungen wieder auszugleichen. So zögernd und allmählich die Entwicklung zunächst war, so begann sie doch unter steigendem Raubbau an den Schätzen der Natur in den letzten hundert Jahren auf einmal explosionsartig in ein gewaltiges Inferno auszuarten, das uns den Traum vom ewig wachsenden Wohlstand vorgaukelte.

Zivilisation ohne Garantiezeit

Für unseren Organismus und seine Anpassungsmöglichkeiten hatte sich dabei die technische Entwicklung in gefährlicher Weise überstürzt; viel zu rasch, als daß unsere biologische Natur hätte mithalten können. Denn der menschliche Organismus und seine hormonellen Regulationsprogramme wurden schließlich in den Äonen der Menschheitsgeschichte genetisch verankert und damit praktisch ausschließlich im Rahmen einer völlig anderen Lebensweise. Gegenüber der Entwicklung unserer genetischen Anlagen – inklusive der uns hier beschäftigenden Streßreaktion – haben unsere modernen Technologien, Wirtschaftsformen, Großstädte, kurz alles, was unsere heutige Zivilisation geschaffen hat, nicht im mindesten vergleichbare Ausleseprozesse oder gar eine entsprechende Garantiezeit aufzuweisen.

Man darf sich daher durchaus fragen, was an unserer Zivilisation vielleicht wirklich falsch ist, was für uns nicht taugt. Die Streßreaktion als traditionelle Methode der Anpassung an Umweltreize, Umweltgefahren und Umweltänderungen scheint zwar angesichts der psychologischen, sozialen und wirtschaftlichen Bedingungen der modernen Gesellschaft für den Menschen nicht mehr brauchbar zu sein, andererseits können wir jedoch unser Genprogramm nicht sinnvoll ändern. Wir sahen schon, daß dieses Dilemma nur eine einzige Konsequenz haben kann: Wir dürfen nicht die menschliche Struktur in eine zunehmend naturwidrige Welt hineinpressen, sondern müssen unsere technische Umwelt und unsere Lebensweise den eingeborenen biologischen Gegebenheiten anpassen.[89] Hier muß eine Langzeitplanung einsetzen, die mit allen Lebensbereichen abgestimmt ist und die, ähnlich unserem Kästchenmodell für den Berufsstreß, nun auch bei Familie, Alter, Erholung, Erziehung und so weiter in gleicher Weise ansetzen muß wie bei der Arbeit.

Die Anpassung unserer Zivilisation an die biologischen Gegebenheiten heißt durchaus nicht: zurück zur Primitivität, zurück zur Steinzeit. Selbstverständlich müssen wir immer entsprechende Hilfstechniken einsetzen; denn wir sind zu schwach, um uns bei der heutigen Bevölkerungszahl ohne Technik auf diesem Planeten behaupten zu können. Aber Technik an sich kann ja etwas Wunderschönes sein. Auch die belebte Natur nutzt, wie eben betont, Technologien aller Art. Die Schwierigkeiten (und auch das Schöne unseres Menschseins) liegen einfach in unserer Doppelnatur. Nämlich darin, daß wir zum einen voll und ganz als biologisches Wesen in der Natur verhaftet sind und doch gleichzeitig aufgrund unserer auffallenden Unvollkommenheit und Unfixiertheit (zumindest gegenüber den so vollkommenen und spezialisierten Tieren) darauf angewiesen sind, uns von der Natur zu befreien.

Technik nicht zu Ende gedacht

Ob wir Häuser bauen, Papier und Stoffe herstellen, Boden urbar machen, Verkehrswege einrichten oder Handel treiben – immer entwickeln wir technische Möglichkeiten und Lösungen, um uns vom Zwang einer bestimmten Umwelt zu befreien. Doch dieses Benutzen von Technologien muß ja keineswegs *gegen* die Natur geschehen, im Gegenteil! Die Natur ist ja überhaupt derjenige Bereich auf der Welt, in dem Technik ursprünglich zu Hause ist:

Einrichtungsgegenstände der Bronzezeit (oben); Teilansicht Halberger Hütte, Saar. (unten).

Eisenverhüttung bei den Germanen, Dt. Museum, München. (oben); Braunkohlen-tagebau Brechen b. Köln (unten).

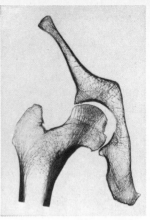

Der Schnappverschluß beim Löwenmäulchen (links).
Sichtbare Knochenarchitektur: Höchstbelastbare Struktur mit Elementen der gotischen
Spitzbogenstatik (rechts).

Mechanik und Hebelanwendung, Aerodynamik und Energieumwandlung, Knochenarchitektur, Hohlraumstatik und Dachkonstruktionen, chemische Fabriken in Bakteriengröße, winzige Sonnenkraftwerke wie die Chloroplasten und riesige wie der Amazonas-Urwald; natürliche Filter, Mikrosiebe, Peilantennen, kodifizierte Regeltechniken in Nervenzellen – all das funktionierte schon lange vor unserem Auftauchen in der Welt des Lebendigen.

Selbst die feinste von uns hervorgebrachte Technik ist bis heute nichts anderes als ein Abklatsch all dieser Biotechniken. Ein Abklatsch, welcher der leblosen materiellen Welt, also Steinen, Glas, Metallen und anderen Rohstoffen, lediglich etwas Leben einhaucht und künstliche Organismen schafft, künstliche Maschinen und Kraftwerke. Nur, daß diese, wie gesagt, einen weit geringeren Wirkungsgrad als die natürlichen besitzen, eine miserable Energiebilanz und – gegenüber der Natur – eine lächerlich primitive Organisation.

Da wir diese Techniken nicht in die Natur eingepaßt, nicht ihren Gesetzen angepaßt haben, mußten sie mit dieser Natur und ihren Lebewesen, also auch mit uns eines Tages unweigerlich in Kollision geraten. Das ist heute der Fall. Unvollkommene, isolierte, nicht zu Ende gedachte Techniken sind entstanden, die unsere Anpassungsfähigkeit und die der Natur bis an die Grenze des Erträglichen belasten. Und zwar so lange, wie wir nicht die in uns wohnende Fähigkeit nutzen, Verantwortung für das Zusammenspiel alles Lebendigen zu erkennen und auch zu tragen.[90] Es ist also keineswegs damit getan, daß wir Technik *betreiben,* sondern wir müssen auch darüber *reflektieren.* Und das bedeutet vor allem, daß wir eine überlebensfähige Technik anstreben, die an einer längeren Zukunft orientiert ist. Erst dann wird auch die Gegenwart erträglicher sein.

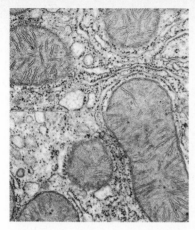

Mitochondrien (große gekerbte Ballen) sind Kraftwerke in Bakteriengröße mit einem »traumhaften« Wirkungsgrad und bevölkern jede unserer Zellen. Dazwischen die Perlenschnüre der punktförmigen Ribosomen, deren jedes einzelne eine virusgroße Proteinfabrik ist.
Die Wälder der Erde setzen pro Jahr 20 Milliarden Tonnen Kohlenstoff durch Photosynthese um.

Technischer Fortschritt – zementiertes Verhalten

Daß wir im Anblick aller erkennbaren Bedrohungen immer noch unbekümmert wie eine Hammelherde zur Schlachtbank strömen, mag mit der großen Angst vor Veränderung zusammenhängen, mit der Angst vor Experimenten, mit der Angst, Bestehendes zu verlieren. Und damit sind wir wieder mitten im Thema Streß. Denn Veränderung heißt Konfrontation mit dem Unbekannten. Alles Unbekannte aber – sei es ein ungewohnter Anblick, ein ungewohntes Geräusch oder ein ungewohnter Gedanke – wirkt zunächst über den Streßmechanismus im Sinne von feindlich. Vorsicht, Abwehr, Flucht oder Angriff sind die automatischen Reaktionen. So sehr diese gegenüber technischer Neuerung fehlen, so massiv treten sie zutage, wenn es um die Änderung tradierter Verhaltensweisen geht. Hier scheint die Angst vor Veränderung weit über ihre natürliche Funktion hinaus bis zur Selbstzerstörung zu gehen. Denn Menschen, die sich erst einmal an bestimmte Verhaltensweisen gewöhnt haben – vor allem, wenn diese, wie in der heutigen Zeit, mit einer früher ungeahnten Bequemlichkeit verbunden sind –, bekommen schließlich das Gefühl, ihre besondere Verhaltensweise sei die einzig richtige und angemessene.

Das galt schon seinerzeit für die Sklaverei wie heute für das Kastenwesen in Indien, für die Güterverteilung in kapitalistischen Systemen oder für die Verstaatlichung aller Produktionsstätten in den sozialistischen Ländern. Nach dem Semantiker Hayakawa wird daher jeder Angriff auf eine dieser

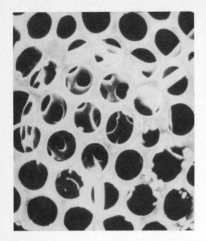

Radiolarien und Kieselalgen besitzen feinste siebförmige Stützstrukturen (links). Molekularfilter an den Sinneshaaren der »Antenne« des männlichen Seidenspinners (rechts, 350 : 1).

Verhaltensweisen oder Einrichtungen als Angriff auf ein »Naturrecht«, auf die »Vernunft« oder auf den »Willen Gottes« angesehen. Da auf diese Weise gesellschaftliche Einrichtungen dazu neigen, sich nur sehr langsam zu verändern, ist das Tempo des technischen Fortschritts seit gut zweihundert Jahren um ein Vielfaches schneller als das Tempo der Veränderung unserer gesellschaftlichen Verhaltensweisen und der damit verbundenen Traditionen und Ideologien. Diese Diskrepanz verstärkt sich von Tag zu Tag.[91]

Manche Menschen, so sagt Hayakawa, wissen offensichtlich nicht, wie es um die Realität der modernen Welt steht. Die in ihrem Kopf befindlichen Landkarten unserer Welt stellen ein Gelände dar, das längst nicht mehr vorhanden ist. Andere wieder wiegen sich durch die Trägheit ihrer Institutionen in dem Glauben, daß diese Institutionen auf ewige Zeiten etwas Schönes und Wunderbares seien. So halten sie oft derart kurzsichtig und engstirnig an institutionellen Vorrechten fest, daß sie nicht nur die Kultur, in der sie leben, sondern auch sich selbst zu zerstören bereit sind – wie das zum Beispiel bei den Bourbonen der Fall war.[92]

Wohlstand und Macht und besonders auch industrielle Mächtigkeit wären jedoch bei einiger Weitsichtigkeit durchaus in der Lage, sich neuen Verhältnissen anzupassen – zum eigenen Vorteil! Auch dies geschah in der Vergangenheit schon des öfteren. Ja, manchmal waren es gerade die Mächtigen, die solche Veränderungen herbeigeführt haben und dadurch ihre bevorzugte Position erhalten konnten. Die Gesellschaft und dadurch auch sie selbst wurden so vor der Katastrophe eines schlagartigen Umbruchs bewahrt. Gerade heute könnte eine Anpassung, etwa unserer Industrie an Recyclingverfahren, an Nullwachstum, Kleinräumigkeit, energiesparende Produktionen, erhöhten

Dienstleistungsanteil und so weiter, durchaus zu deren eigenem Nutzen positive Veränderungen für unsere Gesellschaft herbeiführen.[93]

So spüren wir längst, daß es immer mehr in Frage steht, »ob eine gesunde wirtschaftliche Weltordnung mit den Mitteln des Kapitalismus aus dem 19. Jahrhundert, beziehungsweise des Sozialismus aus dem 19. Jahrhundert überhaupt zu erreichen ist«.[92] Die schonungslose Offenlegung dieser Frage wird zunehmend von einzelnen Politikern erkannt, die – oft in Konfrontation zu ihrer eigenen Partei, gleich welcher Couleur – an entscheidenden politischen und wirtschaftlichen Tabus zu rütteln wagen.[5]

Der Organismus als vertrauter Start für neues Planen

In der Tat wird der Sachzwang zu einer Änderung immer größer, und die Menschen leben vor diesem Hintergrund unter steigendem Druck und in steigender Anspannung. Es entsteht die typische Konfliktsituation, wo wir auf der einen Seite Angst vor dem Unbekannten haben, auf der anderen Seite aber bereits erkennen, daß das Bekannte unseren Untergang bedeutet. So stehen wir vor einem Lernprozeß, vor dem Prozeß, etwas Neues, Unbekanntes zu lernen. Und hier sollten wir dasselbe tun wie in einem vernünftigen Schulunterricht. Nämlich das Neue, Unbekannte durch einen wohlbekannten Zusammenhang einführen, uns gedanklich damit vertraut machen, bis es nicht mehr so unbekannt ist.[94] Doch wo gibt es einen solchen wohlbekannten Zusammenhang, ein solches altvertraute Vehikel? Es ist unser eigener biologischer Organismus, mit seiner Struktur, seinen Funktionen und Reaktionsweisen. Von ihm ausgehend, läßt sich sehr rasch prüfen, wie eine bessere Umwelt aussehen müßte. Ja, wir können sogar unsere Reaktionen auf eine solche Umwelt aus tiefer biologischer Erfahrung vorhersagen. Nichts spricht somit dagegen, entsprechende Änderungen unverzüglich anzustreben. Änderungen, die durch Sachzwang geboten sind und keine oder nur geringe vorübergehende negative Folgen haben; Alternativen wie ich sie zum Beispiel in großer Zahl in meinen Büchern, vor allem in ›Das kybernetische Zeitalter‹ beschrieben habe.[93]

Vielleicht ist es tatsächlich der wachsende Streß, von unserer hochtechnisierten Zivilisation erzeugt, der uns am ehesten zur Besinnung bringt und uns hilft, all das zu ändern, was inzwischen gegen die ewigen Gesetze des Lebens, gegen die Gesetze überlebensfähiger Systeme verstößt. Sehen wir uns daher zunächst einmal diejenigen zivilisatorischen Errungenschaften etwas näher an, die neben den im letzten Kapitel besprochenen psychischen Faktoren den Streß in unserer modernen Berufswelt so erhöht haben, und greifen wir dazu sechs Aspekte heraus: Mechanisierung, Automation, erhöhte Freizeit, Aufgabenkonflikte, Flucht in die Krankheit, Erfüllung am Arbeitsplatz. Anschließend wollen wir dann einige spezielle Belastungen, vor allem den Lärmstreß und den optischen Streß, gesondert aufs Korn nehmen.

Sechs Aspekte der modernen Berufswelt

Mechanisierung

Zunehmende *Mechanisierung* führt zum Ersatz von Arbeitskraft und dadurch im Prinzip zu einer ansteigenden Arbeitslosigkeit – falls diese nicht durch ein besonders steiles industrielles Wachstum kompensiert wird. Alle überlebensfähigen Systeme zeigen aber, daß ein solches Wachstum immer nur vorübergehend sein kann. Seine künstliche Verlängerung ist ungesund und führt zum Zusammenbruch. Investition in Produktionsmaschinen und Energieerzeugung zum Beispiel wird daher bereits bei dem heutigen, etwas weniger steilen Wachstum die Arbeitslosigkeit nur verstärken, im Gegensatz zu der Zeit vor einigen Jahren, wo sie durch den steigenden Zuwachs aufgefangen werden konnte. Das starre Festhalten an dem alten Investitions- und Konjunkturdenken wird daher niemals aus der Krise führen. Doch dies nur zur Beleuchtung des Hintergrundes.[95] Zum Thema Streß interessiert hier neben dieser wirtschafts-soziologischen Seite der Investition in Produktionsmaschinen vor allem auch die simple Tatsache, daß zunehmende Mechanisierung mehr Lärm bei weniger Bewegung bedeutet und damit erhöhte psychisch-physische Belastung.

Automation

Zunehmende *Automation* verlangt bei weniger Körperleistung mehr Aufmerksamkeit und Kontrolltätigkeit und damit eine Daueranspannung bei verringertem Streßabbau und neuer psychischer Belastung. Eine Erklärung dafür, daß trotz allen technischen Fortschritts und geschonter Muskelkraft auch in unserer modernen Welt die Arbeit nach wie vor als anstrengend und mühselig empfunden wird. So rangieren die immer zahlreicheren Datensichtgeräte in Betrieben (deren Bedienung – anders als etwa an den Abfertigungsschaltern in Flughäfen – mit keinen andersartigen Aufgaben verbunden ist) an oberster Stelle aller neueingeführten streßerzeugenden Automaten.

Freizeit

Doch wie steht es mit der durch Automation ermöglichten Verringerung der Arbeitszeit – von der Arbeitslosigkeit einmal abgesehen? Führt sie nicht, wie es jeder ersehnt, zu mehr *Freizeit?* Durchaus, aber nicht unbedingt zu mehr Entspannung, sondern zuweilen sogar zu erhöhter Frustration, zu einer regelrechten *Freizeitpathologie.* Anstelle von Arbeitszeit tritt oft nur Freßzeit, Rauchzeit, Trinkzeit und das Mithalten mit ständig neuen Moden, Lebensgenüssen und gesellschaftlichen Anforderungen. Das Leben wird schlagartig teurer, eine erhöhte Prestigesucht entsteht, ein Drang, es dem Nachbarn, dem Kollegen gleichzutun. Man muß sich teure Hobbys leisten, was wiederum den Leistungszwang zum beruflichen Fortkommen erhöht.

Permanente Konfliktsituation

Allmählich entwickelt sich so eine permanente *Konfliktsituation.* Konflikte in unserer inneren Haltung, Konflikte in unseren Aufgaben. Wir sollen mit Kollegen kooperieren, die gleichzeitig Konkurrenten sind. Sollen nach oben gehorchen, nach unten befehlen. Müssen ständig unsere Rolle wechseln: von der Familie zum Beruf, von der Berufswelt zum Kegelklub oder Stammtisch, von dort wieder zur Familie. Wir wollen viel verdienen, damit die Kinder gut versorgt sind, haben dadurch aber für diese Kinder kaum noch Zeit. Kurz, auf Schritt und Tritt Konfliktstreß. Dagegen immer weniger Möglichkeiten zur Selbstverwirklichung. Keine Chance mehr, mit seinen Zielen, mit seiner Lebensphilosophie, mit sich selbst ins reine zu kommen. Diese Konfliktsituation – verschärft durch Verkehrsstreß, Lärm am Arbeitsplatz, Abgase und Smogklima – schafft eine Umwelt, in der man schließlich nur noch frustriert ist.

Flucht in die Krankheit

Man resigniert, und es beginnt die *Flucht in die Krankheit.* Sie ist ein Ersatz für die in freier Wildbahn einmal sinnvolle Fluchtreaktion. Aber auch Flucht in die Unwirklichkeit, in Illusionen: Alkoholismus, Drogenanfälligkeit, Kriminalität, ganz zu schweigen von der wachsenden Flucht in Verhaltensstörungen und Neurosen mit einem immer stärkeren Leistungsabfall. Schon 1965 kostete das Kranksein – ohne Folgelasten – die Bundesrepublik 115 Milliarden DM. Für Krankheit, Arbeitsausfall und Berufsunfähigkeit ging sogar ein Drittel des gesamten Volkseinkommens drauf.[96] Heute liegen die Zahlen noch weit höher. Kein Wunder. Wir erinnern uns an die 450 Millionen Betriebskrankentage allein in der Bundesrepublik – und daran, daß laut Statistik der Weltgesundheitsorganisation (WHO) in manchen Industrienationen jeder fünfte unter Depressionen leidet. Das sind konkrete Zahlen, die nicht zuletzt auf der steigenden Streßbelastung und der damit verbundenen Flucht in die Krankheit basieren.[85]

Während in der italienischen Autoindustrie 1968 jeder Arbeiter noch über 2000 Stunden pro Jahr arbeitete, war dieser Beitrag 1972 schon auf 1700 Stunden gesunken. Bis kurz vor den Auswirkungen der Ölkrise – also noch unter Vollbeschäftigung – fehlten schließlich in den großen italienischen Fabriken durchschnittlich 14 bis 17 Prozent der Arbeitskräfte ständig. In den Fiat-Werken blieben zu dieser Zeit jeden Tag 23 000 der 170 000 Werktätigen zu Hause. Selbst wenn hier teilweise arbeitspolitische Gründe, ein versteckter Streikersatz, vorgelegen haben könnten, so basieren doch die Ursachen, auch wenn sie teilweise organisierter Art sein sollten, letzten Endes auf der gesamten Streßsituation im sozialen Bereich und wieder auf der damit verbundenen Flucht in die Krankheit.[97]

Soweit Krankheit für den einzelnen eine Möglichkeit ist, dem Zwang zu einer ihm im Grunde sinnlos erscheinenden Tätigkeit vorübergehend zu entfliehen, sich für diese Zeit seinen eigenen Motiven, Neigungen und Stimmungen zu überlassen, kann diese Tendenz vielleicht durch mehr Erfüllung am Arbeitsplatz verringert werden.[96, 95]

Nichterfüllung am Arbeitsplatz

Dies ist wohl einer der am sträflichsten vernachlässigten Faktoren des modernen Berufslebens. Selbst viele Ärzte wissen kaum, wie eng Frustration, Mißempfindung und mangelnde Stimulation in der Arbeitswelt mit Streß und Kreislaufschäden, mit geschwächter körpereigener Abwehr und Infektionskrankheiten zusammenhängen. Seit etwa drei Jahren finden sich auch die steigenden Ziffern von Herz- und Kreislaufkrankheiten nicht mehr in Verwaltungsgebäuden und Konferenzsälen, sondern zunehmend an gewerblichen Arbeitsplätzen. Alles deutliche Hinweise, daß gerade dort der Streß stark zugenommen hat.

Es verwundert daher nicht, daß um 1970 erstmals verschiedene Gewerkschaften Forderungen aussprachen, die rundum neu waren. Es ging auf einmal um ganz andere Dinge als um die Lohnerhöhung: keine Akkordarbeit mehr, keine Fließbandarbeit mehr, mehr Beziehung zum Endprodukt, zum Sinn der Tätigkeit. Sozusagen ein Anspruch auf Erfolgserlebnis bei der Arbeit.

Nachdem einige Firmen, zum Beispiel Robert Bosch oder die schwedische Autofabrik Volvo, als erste einige dieser Punkte verwirklicht und in manchen Bereichen das Taylorsche Fließband abgeschafft haben, wird nicht nur von gesunkenen Krankenzahlen berichtet, auch die Qualität der Leistung wurde durchweg besser. Dabei ist gar nicht einmal sicher, ob solche Beispiele, die

Eines der 25 »interdisziplinären« Teams der Volvo-Werke in Kalmar, die ihre Arbeit an der Montage-Plattform bis zur Fertigstellung des Wagens selbst einteilen.

zur Zeit Gegenstand ausgedehnter arbeitsphysiologischer Forschungen sind,[98] generell Schule machen werden. Amerikanische Arbeiter, die das neue System als Gastgruppe in Schweden ausprobierten, waren offensichtlich schon so sehr einer sinnbezogenen Arbeitsweise entfremdet, einem Denken bei der Arbeit entwöhnt, daß sie nach dieser Probezeit lieber wieder das sture Fließband ohne Denkarbeit jener hier gebotenen Teamarbeit an einer Montageplattform oder ähnlichem vorzogen. Sie schienen die Vorteile einer Erfüllung in der Arbeit gar nicht mehr zu erkennen.

Das Erfolgserlebnis – neben einer erfüllten Erotik und ausreichender körperlichen Tätigkeit der wichtigste Antistreßfaktor – wird in seiner gewaltigen Bedeutung im gesamten Arbeitsbereich, aber auch im Familienleben viel zu wenig erkannt und eingesetzt. Dabei ergeben sich aus ihm die wichtigsten Motive, nicht nur überhaupt tätig zu sein, sondern auch für alles kreative Arbeiten. Erfolgserlebnisse, ganz gleich, aus welchem Bereich sie jeweils kommen, erlauben es, selbst frustrierende Passagen ohne Belastung durchzustehen, und schirmen auch zusätzlich gegen eine Reihe von sonst schädlichen psychischen Stressoren ab. Auch solche Beziehungen sind längst nicht mehr bloße Vermutungen, sondern Vorgänge, die handfesten Analysen zugänglich sind.

Die Antwort des Organismus

Deshalb wollen wir uns nach diesem Streiflicht über einige Punkte der technischen Arbeitswelt wieder einmal ansehen, wie der menschliche Organismus auf jene Streßeinflüsse reagiert. Untersuchungen der Weltgesundheitsorganisation (WHO) zeigen, daß gerade solche psycho-sozialen Faktoren durchaus in den Organismus eingreifen können, indem sie zum Beispiel den Adrenalinspiegel meßbar verändern. So konnte man feststellen, daß er durch Erwartungssituationen erhöht wird, während ihn Erfüllung herabsetzt. *Adrenalin* könnte man in diesem Zusammenhang als Konflikthormon bezeichnen, das dann ausgeschüttet wird, wenn man nicht weiß, wie man sich verhalten soll. *Noradrenalin* dagegen, als Aktionshormon, wird ausgeschüttet, sobald ein Repertoire vorhanden ist, mit dem die Situation gemeistert werden kann. Ein Versuch mit jungen weiblichen Rechnungsangestellten zeigte, daß nach Umstellung auf Akkordarbeit zwar 114 Prozent mehr geleistet wurde, daß bei den Mädchen aber auch 40 Prozent mehr Adrenalin und 27 Prozent mehr Noradrenalin nachgewiesen wurde. Durch Müdigkeit, Kopfschmerzen und verstärktes Auftreten von Krankheiten wurde so der kurzfristige Effekt der Leistungssteigerung sehr rasch wieder vernichtet.[89] Nach anderen WHO-Berichten können Streßsituationen am Arbeitsplatz, je nachdem, ob bei den entsprechenden Menschen der Sympathikus oder der Parasympathikus vorherrscht, die *Magenfunktion* verstärken wie auch abschwächen. Abneigung, Depression und Überforderungsgefühl rufen Unterfunktion und damit Brechreiz hervor. Aggressive Haltung, Ärger und Übelnehmen dagegen führen zur Überfunktion und damit zu Entzündungen und Geschwüren. Was den *Darm* betrifft, so führen Depressionen und Schmerzen leichterer Art zu Verstopfungen, dagegen Angst und Ausweglosigkeit zu Durchfall.[99]

Natürlich sind bei den Streßkrankheiten auch noch andere Hormone als die der Nebenniere im Spiel. Zum Beispiel bestimmte Hormone der Hirnanhangdrüse, die die *Durchlässigkeit der Nierengefäße* kontrollieren. Ist ihre Produktion gedrosselt, so werden die Gefäße undurchlässig, und verdünnter Urin mit Blasendrang ist die Folge. Während bei körperlicher Leistung ein solches erhöhtes Wasserangebot gut ist, weil die Körpertemperatur durch Verdunstung stabilisiert werden kann, führen Frustrationen bei körperlicher Untätigkeit zur Flüssigkeitsanstauung und damit zu *Herz- und Nierenstörungen*. Somit könnte auch diese Regulation eng mit der Anzahl der Streßreize und der Art, beziehungsweise dem Mangel an körperlicher Tätigkeit in unserer Industriegesellschaft zusammenhängen.[158]

Bei der erhöhten Krankheitsrate durch Mißempfindung in der Arbeitswelt spielt schließlich auch die durch den Streß direkt geschwächte körpereigene Abwehr gegen *bakterielle Infektionen* eine Rolle, soweit diese immunologisch bedingt sind. Hier wird bis heute im allgemeinen noch rein symptomatisch behandelt, mit Antibiotika und Sulfonamiden, ohne daß man daran denkt, die vielfach psychischen Streßursachen für die dauernde Krankheitsdisposition zu beseitigen. Als nächstes sei die *Gerinnungsbereitschaft des Blutes* in unseren Blutgefäßen erwähnt, die letztlich eng mit Herzinfarkt, Gehirnthrombosen und Durchblutungsstörungen zusammenhängt. Diese Gerinnungstendenz des Blutes ist ja ebenfalls eine der direkten Wirkungen des Streßmechanismus beziehungsweise der Ausschüttung von Nebennierenhormonen. Ursprünglich auch wieder mit gutem Grund: Die in freier Wildbahn meist mit Gefahren verbundene Alarmreaktion sorgt über eine Erhöhung der Blutgerinnungsfaktoren automatisch dafür, daß sich die im Kampf entstehenden Wunden besser schließen. Heute wirkt sich diese sinnvolle Streßreaktion dahingehend aus, daß vorzeitige Arbeitsunfähigkeit durch sklerotische Ablagerungen und Gefäßschädigungen, vor allem der Gehirngefäße, eintreten kann. Interessanterweise ist das bei männlichen *Angestellten* mehr als doppelt so häufig wie bei männlichen *Arbeitern* (10,7 zu 4,2 Prozent). Damit zusammenhängende tödlich verlaufende Gefäßschäden im Zentralnervensystem traten nach einer amerikanischen Studie bei den ärmsten Bevölkerungsschichten nur zu 1,3 Prozent aller Todesfälle auf, bei den mittleren Schichten sind es bereits 2,3 Prozent, bei den sogenannten reichen Leuten 7,2 Prozent. Bei Männern in den obersten sozialen Schichten im Alter von 55 bis 59 Jahren sterben sogar 14,4 Prozent an solchen tödlich verlaufenden Störungen der Gehirngefäße.[100]

Nach diesen generellen Betrachtungen über den Streß am Arbeitsplatz und seine möglichen biologischen Wirkungen wollen wir nun aus dieser technischen Umwelt einen besonders wichtigen und bis heute immer noch verkannten Streßfaktor herausgreifen: den Lärm. Auch hier wollen wir wieder fragen, was eigentlich Lärm ursprünglich wohl bedeutet? Stellen wir uns eine typische Szene in der Natur vor. Wie seit Jahrmillionen streift ein Tier durch den Wald und äst. Geräusche dringen an sein Ohr, ein plätschernder Bach, Vogelstimmen, Blätterrauschen. Trotzdem ist es entspannt, solange sein Gehirn kein Alarmsignal registriert. Doch im nächsten Moment ist die Situation verändert. Ein Jäger schleicht sich heran. Ein leises Rascheln, nicht stärker als die bisherigen Geräusche, signalisiert den anschleichenden Feind. Der dadurch ausgelöste normale Streßmechanismus bringt die Muskulatur in Abwehr- oder Fluchtstellung, mobilisiert zusätzliche Energiereserven, und im Nu ist das Tier im Gebüsch verschwunden.

Zu den Waffen

Während auf diese Weise Geräusche, jenseits von Gut und Böse, durchaus einen biologischen Sinn haben können, zum Beispiel als Warnung vor Gefahren, geht uns »Lärm« als eindeutig unangenehme Geräuschart im wahrsten Sinne des Wortes auf die Nerven. Dies geschieht sowohl, indem wir den Lärm bewußt aufnehmen, als auch vor allem über die unbemerkte, aber abnorme Beanspruchung des unbewußten, autonomen Nervensystems. Lärm kommt von dem Wort Alarm. Ursprünglich ein lateinischer Warnruf: *ad arma,* zu den Waffen! In alten Zeiten also ein akustisches Signal, das einen sofortigen Einsatz verlangte, nach dessen Abblasen wieder eine Erholung erwartet werden konnte. Heute dagegen ist Lärm ein ständiges Alarmgeräusch, ein fortgesetztes »Zu-den-Waffen-Signal«, ohne Erholungspause und vor allem ohne den sofortigen körperlichen Einsatz.

Anders beim Anfeuern eines Boxers oder beim Tanzen in einem Beatlokal, bei den rhytmischen Zuckungen zur Urwaldtrommel oder der Fantasia der Beduinen. All dies sind zwar ebenfalls zweckentfremdete, umgesetzte Alarmreaktionen, die jedoch unschädlich sind. Denn erstens ist der Lärm auf eine bestimmte Zeit begrenzt und erlaubt lange Erholungsphasen. Zweitens ist er mit einer bewußten Reaktionsbereitschaft des Organismus gekoppelt. Der Körper ist bereit, mit Bewegung darauf zu reagieren und die durch die Streßreaktion mobilisierten Energien durch Muskelleistung abzubauen. Beim erzwungenen Anhören von Baulärm oder von Autogehupe in einer Großstadt, eines durchdringenden Glockengeläutes oder eines startenden Jets ist das natürlich keineswegs der Fall. Der Lärm, als Produkt unserer heutigen, von uns selbst verheerten Umwelt, ist eine mehr oder weniger starke Dauerbelastung geworden. Und dies bedeutet Daueralarm für unseren Organismus, pathologische Streßreaktion schlechthin, mit allen schädlichen Folgen für unsere Gesundheit und unser Wohlbefinden.

Lärm erfüllt keinen biologischen Zweck

Während es in früheren Zeiten vor allem die Dichter und Denker waren, die mit dem Lärm auf Kriegsfuß standen – Schopenhauer klagte ihn als *den* Quälgeist aller denkenden Menschen an, von Kant, Goethe, Lichtenberg wurde er als unerträgliche Belastung verschrien – feiert er heute als »eines der Gesichter Luzifers«, wie der Schriftsteller Richard Katz den Lärm nennt, täglich neue Triumphe. Nicht zuletzt, weil die immer stärkere Verschiebung der Berufe in Richtung geistiger Tätigkeit und die auch vom einfachen Arbeiter immer stärker verlangte intellektuelle Leistung und Konzentration allmählich alle Menschen, vor allem in der Arbeit darunter leiden lassen. Das Groteske ist, daß es immer noch fast als mutig und standhaft gilt, Lärm aushalten zu können. Wir lächeln über die schlechten Nerven der anderen. Doch im Gegensatz zum Alarm erfüllt Lärm keinen biologischen Zweck. Auch nicht den der Abhärtung – sondern er schadet nur: Erstens zerstört Dauerlärm die Alarmbereitschaft, statt uns dafür fit zu halten. Zweitens zerstört er als krankmachender Streß unsere Gesundheit, statt uns umweltstabil zu machen. Drittens setzt Lärm durch drastischen Abbau der Konzentrations- und Denkfähigkeit die allgemeine Leistung herab.

Der Empfindliche ist besser dran

Das Bedenkliche am Lärm ist, daß es wahrscheinlich keine echte Gewöhnung gibt. Kein Mensch kann sich dem Lärmstreß wirklich entziehen, auch wenn er äußerlich noch so ruhig erscheint und sich selbst noch so unempfindlich wähnt, wie etwa ein knatternder Motorradfahrer. Sowohl unser Ohr als auch unser Nervensystem sind so gebaut, daß sie eine akustische Belastung nur innerhalb bestimmter physikalischer Grenzen ohne Schaden ertragen können. Der Konstruktionsplan unseres Organismus ist jedenfalls für eine sehr viel ruhigere Umwelt vorgesehen. Nur dadurch war es der Natur ja überhaupt möglich, Geräusche für Alarmreaktionen zu nutzen –, ebenso wie starke Farben, Lichter, also optische Reize, auf die wir gleich noch zu sprechen kommen. Dabei kommt es nicht nur auf die Lautstärke, die Tonhöhe, die Klangfarbe und den Rhythmus an, sondern auch auf die Dauer der Lärmeinwirkung. Es ist oft nur eine Frage der Zeit, wann die ersten Lärmfolgen spürbar werden.

So kommt es, daß erstaunlicherweise auf jeden Fall derjenige besser geschützt ist, der lärmempfindlich ist. Denn er wird zwangsweise versuchen, die Lärmquelle eher abzuschirmen, als das ein lärmunempfindlicher Mensch tut – der dennoch kaum geringere Schäden davonträgt. Denn wenn unser Organismus in seiner Konstruktion für eine viel ruhigere Umwelt vorgesehen ist, so kann die heutige chronische Lärmverseuchung für niemanden ohne Folgen bleiben.

Ein Geräuschtrip in Dezibel

Chronische Lärmverseuchung? Ja! Man wird erstaunt sein, wenn man erfährt, von welchen unterschiedlichen Geräuschkulissen, die man nur noch unbewußt wahrnimmt, wir Tag und Nacht umgeben sind. Wer ein Tonbandgerät besitzt, sollte sich einmal den Spaß erlauben, bei konstanter Einstellung des Aufnahmepegels die Geräuschatmosphäre an den verschiedenen Stellen unserer Umwelt aufzunehmen. Zum Beispiel normale Straßengeräusche mitten im Verkehr. Dann das gleiche in einem schlecht isolierten Innenraum bei geschlossenem Fenster, dann in einem gut isolierten Innenraum mit den üblichen Wohnungsgeräuschen. Dann den Pegel in einer Waldlandschaft, die immer noch das Rauschen einer mehrere Kilometer entfernten Verkehrsstraße durchläßt, bis zu einer Gegend fernab der Zivilisation. Schließlich die immer noch meßbare »Raumstatik« in einem schallisolierten Tonstudio und die völlige Stille bei abgeschaltetem Tonbandgerät. Und dann sollte man sich einmal diese ganze Skala, vielleicht in solch einem schalltoten Raum und über gut isolierte Kopfhörer verstärkt, anhören.

Die Dezibel-Skala für akustische Werte, abgekürzt dB (A), ist übrigens eine logarithmische Skala und täuscht daher gerade im hohen Lärmbereich durch geringe Zahlenunterschiede dem Laien nur unbedeutende Veränderungen vor. 20 Dezibel bedeuten eine zehnfache Schallstärke, wie sie der untersten Hörschwelle von 0 Dezibel entspricht; 40 dB (A) bedeuten jedoch nicht das Doppelte davon, sondern bereits die 100fache Lautstärke der Hörschwelle. 80 dB (A) bezeichnen demnach wiederum nicht doppelt soviel Lärm wie 40 dB (A), sondern noch einmal das 100fache von 40 dB (A).

Es ist kaum glaublich, daß selbst bei sogenannter kompletter Ruhe in Innenräumen – wie etwa in unserem Antistreß-Studio vor Beginn einer Filmaufnahme – immer noch ein Schallpegel von 45 bis 50 Dezibel herrscht: das

Straßenlärm
90 dB (A)

Stadtwohnung
75 dB (A)

Ruhige Lage
50 dB (A)

Wald in Stadtnähe
40 dB (A)

Unberührte Natur
15 dB (A)

Schalltoter Raum
0 dB (A)

163

Permanente Lärmbelastung: zu Hause, unterwegs, am Arbeitsplatz.

Summen von entfernten Kühlanlagen, Vibrationen über den Boden durch in der Ferne vorbeifahrende Straßenbahnen, das Summen von Transformatoren und selbst von Glühbirnen – besonders stark in Scheinwerfern. All das sind künstliche Geräusche, die auf uns einfallen und uns unbewußt alarmieren, weil sie sich, anders als Blätterrauschen, Wind und Wassergeplätscher, nicht über Abertausende von Generationen als natürliche und damit für unser Alarmsystem indifferente Geräusche mit unserem Organismus vertraut gemacht haben. Die Frequenzen der seit Millionen Jahren Tier und Mensch umgebenden Naturgeräusche mögen längst als harmlos in uns eingraviert sein und den Charakter als Warnsignal eingebüßt haben.

Direkte und indirekte Gehörschäden

Nachdem wir uns etwas bewußt gemacht haben, mit welchem Lärm sich unser Organismus ständig unbewußt herumzuschlagen hat, wollen wir uns nun die eigentlichen Schäden ansehen. Die Problematik ist in der Tat sehr ernst. Wenn wir die ersten Veränderungen des Innenohrs feststellen, ist es längst zu spät. Denn schon lange davor sind eine Reihe subtiler Schäden im Organismus erfolgt. Manche Fachleute stufen daher schon einen Daueraufenthalt im Lärmbereich von 45 bis 60 Dezibel als gesundheits*störend* ein, ab 60 Dezibel als gesundheits*gefährdend*. Das ist jedoch im Grunde ein Lärmpegel, der sehr bald erreicht ist. Denken wir nur an die Schule zurück, an das Dröhnen mancher Lehrerstimmen, an die streitenden Eltern, das überlaute Radio, den Staubsauger, das Fahrgeräusch im Auto.

So setzt sich die Gesamtlärmbelastung des Menschen zusammen aus dem Lärm in der Wohnung, dem Lärm während der Fahrtzeit, dem Lärm am

Arbeitsplatz und nicht zuletzt dem Lärm in einer Kneipe oder während der oft langen Autofahrten an Sonntagen. Gerade der Lärm im Auto ist mit seinen oft 70 bis 80 Dezibel keineswegs geringer als der Lärm in Werkstätten oder Betrieben, so daß von der Lärmseite her auch der Sonntag für viele ein voller Werktag ist.[101]

Sehen wir uns zunächst einmal die sogenannten auralen reinen Gehörschäden an. Zu ihnen führt fast unweigerlich jede akustische Überlastung ab einer Intensitätsgrenze um 100 dB (A). Schon einmalige starke Lärmreize können zu Ohrensausen, Ohrenschmerzen, zu Schwindel und Kopfbrummen führen. Zum Beispiel Turbinengeräusche mit hohen Tonfrequenzen. Die Schallwirkungen kann man mit modernen Verfahren genau analysieren. Auch der sogenannte Hörsturz und seine Symptome sind ein leider sehr greifbares Resultat eines direkten organischen Schadens. Nicht selten tritt er in Betrieben mit besonderen Lärmquellen auf, in denen man sich nur schreiend oder gar nicht verständigen kann und wo die Schalldruckmeßgeräte Höchstwerte anzeigen. Solche rein akustischen Unfälle, also ein akuter Hörsturz mit schweren Schwindelzuständen, Übelkeit, Erbrechen, Kreislaufstörungen und schockähnlichen Symptomen, sind natürlich recht selten. Fast ebenso gehörschädigend sind aber impulsartige Geräuschspitzen, sobald die Impulse länger als 2,4 Sekunden auseinanderliegen. Nach dieser Zeit hat sich nämlich der Mittelohrmuskel wieder entspannt, so daß die Schallenergie jedesmal unvermindert die Sinneszellen des Gehörs erreichen kann.

Die allgemeine Annahme ist, daß der sogenannte kritische Lärmpegel für diese auralen Schäden zwischen 80 und 90 Dezibel liegt. Nach mehrjährigem Aufenthalt in einem solchen Milieu ist generell mit Schäden des Innenohrs zu rechnen. Ab 90 Dezibel sind daher Ohrenschützer Vorschrift. Das Anfangsstadium besteht darin, daß man zunächst die hohen Töne nicht mehr wahrnimmt, ein Gehörausfall, der sich jedoch noch einmal zurückbilden kann, wenn der Betroffene aus dem schädigenden Lärmmilieu entfernt wird. Sehr bald jedoch bleiben die Gehörausfälle bestehen, Schwerhörigkeit und schließlich Taubheit stellen sich ein und werden im gegebenen Fall auch als Berufskrankheit anerkannt.

Ein wenig Statistik

Nun, was ist die Folge? In der Bundesrepublik erhalten rund 5000 Menschen wegen Lärmschäden eine Rente. Man schätzt, daß diese Zahl nur 2,5 Prozent der tatsächlich Betroffenen ausmacht, so daß wir jährlich mit 200 000 Lärmgeschädigten rechnen müssen. Noch einmal gut das Zehnfache davon, 2 bis 3 Millionen Arbeitnehmer, vor allem aus der Metallindustrie, dem Bergbau, der Steinbearbeitung und der Textilindustrie, sind jedoch schädlichem Dauerlärm ausgesetzt. Nicht zuletzt scheinen auch Orchestermusiker außerordentlich unter Lärm zu leiden, vor allem, wenn es sich um zeitgenössische Musik handelt.[102] All das bedeutet, daß zu jedem Zeitpunkt mindestens das Vierfache dieser akuten Fälle, das sind 10 Millionen und damit ein Sechstel der Bevölkerung der Bundesrepublik Deutschland, bereits mehr oder weniger gehörgeschädigt ist. Wiederum ein Mehrfaches davon, also praktisch die ganze Bevölkerung ist aber demnach in ihrem vegetativen und zentralen Nervensystem durch Lärm belastet, das heißt durch extraaurale Streßschäden, wie sie schon weit unterhalb der eigentlichen Gehörschäden eintreten.

Da Schwerhörigkeit ähnlich wie Kurzsichtigkeit oder Schweißfüße lediglich als eine Behinderung, aber nicht im Sinne einer lebensverkürzenden Krankheit betrachtet wird, stehen unsere Behörden wie auch der einzelne jenem Lärmtrauma, dem ganze Bevölkerungsgruppen unterliegen, ziemlich gleichgültig gegenüber. Diese Entwicklung ist zutiefst bedauerlich, da die Schwerhörigkeit im Grunde ein Symptom ist, welches der tieferen Lärmbelastung des Organismus erst die Krone aufsetzt. Die vorausgehenden und, wie wir sahen, an die gesamte Volksgesundheit gehenden Schäden setzen lange davor und vor allem auch weit unterhalb jenes kritischen Lärmpegels von 80 bis 90 Dezibel ein: die Auswirkungen auf Nervensystem und Psyche, die Folgen des Lärms als Stressor. Wie verhält es sich nun mit diesem zweiten, sogenannten extraauralen Aspekt?

Lärmschutz und die Irrtümer der Post

In einem Versuch mit Moskauer Postangestellten installierte man vor den Fenstern eine Baumaschine. Darauf stieg die Fehlerquote beim Briefesortieren schlagartig an: von 1,3 Prozent auf 16 Prozent. Nach Entfernung der Maschine – die Angestellten wurden natürlich über den Versuch nicht informiert – sanken die Fehler wieder auf die normale Quote von 1 bis 2 Prozent. Dies nur als ein Beispiel für den erwiesenen Leistungsabfall.[231]

Es wird zwar viel von Lärmschutz geredet, wirklich wirksame Maßnahmen wurden jedoch bisher nicht getroffen, wenn auch die ersten Anzeichen, etwa Lärmschutzstrecken mit verminderter Geschwindigkeit auf einigen Autobahnen, gelegentliche Gebüschstreifen in Wohngegenden, Ohrenschutzklappen-Pflicht in einigen Betrieben und da und dort Dämmwände im Wohnungsbau, sehr zu begrüßen sind.

Selbst neuartige Auspuffkonstruktionen oder Preßlufthämmer mit Schalldämpfern sind letzten Endes nur Flickwerk, welches zwar an den Ursachen ansetzt, aber nicht wirklich eine grundlegende Erneuerung unserer lärmerzeugenden Technologie bedeutet. Eher trifft dies für Versuche zu, das Geheimnis der leisesten Vögel, die Sägezahnkante der Eulenflügel, auf Flugzeuge und Hubschrauber und deren Rotorblätter zu übertragen; ein konkretes Projekt aus der Bionik, das von NASA-Ingenieuren zur Zeit ebenso ernsthaft erwogen wird wie etwa die Möglichkeit eines mit gegenläufigen Schwingungsphasen arbeitenden Antischallgerätes. Im Motor eingebaut, könnte es unter geringstem Energieaufwand in der Lage sein, einen Großteil des Lärms durch Interferenzerscheinungen zu schlucken.[103]

Es ist erstaunlich, daß Bemühungen dieser Art so spärlich sind. Denn zumindest den Fachleuten ist bekannt, daß nicht nur die gesundheitlichen Folgen des Lärms, sondern auch die leistungssenkenden Wirkungen – wie etwa in dem Moskauer Versuch – bereits alarmierende Ausmaße angenommen haben. Um dem Vorurteil zu begegnen, daß Lärmschutz, etwa mit einem Seitenblick auf etwas empfindliche alte Tanten, einen lächerlichen Anstrich habe, vielleicht weil Lärm nicht wie ein Gift in seiner schädlichen Wirkung sofort greifbar ist, wollen wir seine meßbaren physiologischen Wirkungen als die eines der gefährlichsten Stressoren noch etwas ausführlicher aufzeigen. Die Belästigung und Schädigung durch den Lärm betrifft ja nicht nur unser Gehör, sondern eben vor allem unser vegetatives und zentrales Nervensystem, unser Seelenleben und damit indirekt weitere Streßbereiche.

Lärmreiz und Typisierung

Der lange Marsch der Schallwellen

Tatsächlich kann man beim Menschen wie beim Tier schon bei mäßigem Lärm eine Fülle verschiedener Veränderungen des vegetativ-hormonellen Systems beobachten. So verschiebt zum Beispiel schon lautes Klingeln die Regelkreise zwischen den Hormondrüsen und dem Hypothalamus im Gehirn. Auf den Lärmreiz erfolgt eine Erregung der vegetativen Nerven. Die Nebenniere schickt wie bei allen anderen Stressoren vermehrt Hormone in die Blutbahn, die Gefäße verengen sich, der Blutdruck und die Pulsfrequenz steigen an, und die Hautdurchblutung geht zurück. Der Stoffwechsel wird beschleunigt, die Magenbewegung gehemmt und die Speichelsekretion eingestellt. Durch die Beobachtung einiger solcher Veränderungen nach einem Lärmreiz konnte man übrigens feststellen, daß die Lärmbelastung des Menschen nicht erst in der frühen Kindheit beginnt, sondern bereits im Mutterleib. Das zeigen Messungen der Herzfrequenz und der Bewegung ungeborener Kinder bei einem Lärm über 60 Dezibel. Die Schallwellen scheinen durch die Bauchdecke übertragen zu werden und den selbstverständlich auch schon im embryonalen Organismus genetisch verankerten Streßmechanismus auszulösen.

Die Streßwirkung auf Lärmreize läßt sich außerdem an der veränderten Muskelspannung (Mikrovibration) und besonders exakt an der fast augenblicklich eintretenden Veränderung der Pulswellengeschwindigkeit beobachten, eine Meßmethode, die vor allem von dem Wiener Streßforscher Klein weiterentwickelt wurde.

Pulswelle und Lärmreiz

Auf unserem Foto sehen wir die Durchführung eines solchen Versuchs mit unserer Assistentin Madeleine.

Die Geschwindigkeit der Pulswelle wird durch gleichzeitige Messung an der Halsschlagader und – über das Pulsieren des Augapfels – an einer dahinterliegenden Arterie abgelesen. Sie ist unter anderem ein Maß für die Elastizität der Blutgefäße, die ja äußerst sensibel auf Vorgänge in unserem vegetativen System ansprechen und läßt somit auch auf den vegetativen Typ schließen.

Es genügt dazu, eine starke Klingel läuten zu lassen, die in dieser Entfernung für 8 Sekunden einen Schalldruck von 80 Dezibel erzeugt. Dieser relativ

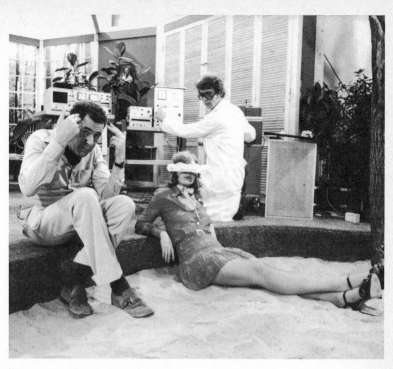

Änderung der Pulswellengeschwindigkeit als Antwort auf einen Lärmreiz im Antistreß-studio (zur Feststellung des Streßtyps).

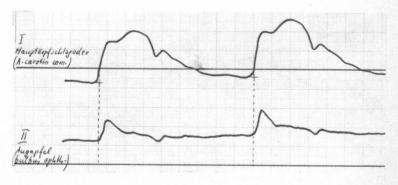

Messung der Pulswellengeschwindigkeit an der A. carotis int. (innere Kopfschlag-ader).[104]

kleine und kurzdauernde Reiz genügt, um beim Sympathikotoniker eine meßbare Beschleunigung, beziehungsweise beim Vagotoniker eine Verlangsamung der Pulswellengeschwindigkeit hervorzurufen – also je nach vegetativem Typ. In unserem Falle war die Geschwindigkeit der Pulswelle deutlich abgesunken. Madeleine zählt also zu den Vagotonikern: Bei ihr reagierte der Vagusnerv stärker als der Sympathikus. Bei stärkeren und länger dauernden Lärmreizen ändern sich dann natürlich auch analog Blutdruck und Herzfrequenz.

Wir sehen also: Je nach Typ, das heißt, ob ein Mensch von Natur aus zu einem Überwiegen des Sympathikus neigt oder mehr dem Befehl des Gegenspielers, des Parasympathikus (Vagus), gehorcht, sind auch die Reaktionen auf Lärm sehr unterschiedlich. Der Sympathikotoniker zeigt ein Überschießen der Kreislauf- und Stoffwechselreaktionen nach oben, sein Parasympathikus kommt praktisch nicht zu Wort. Daher Anstieg des Pulsschlags und Blutdrucks, Belastung von Kreislauf und Herz, Begünstigung von Hochdruck, Arteriosklerose und Herzinfarkt. Auch Schilddrüsen-Überfunktion kann durch Lärmstreß ausgelöst werden.

Beim Vagotoniker verläuft die Marschrichtung der vegetativen Reaktionen wieder umgekehrt: Lärm bewirkt hier Blutdruckabfall, Pulsverlangsamung, in extremen Fällen sogar Kollaps. Die Magensäureproduktion wird bei ihm erhöht und die Neigung zur Entstehung von Magen- und Zwölffingerdarmgeschwüren verstärkt. Der vegetativ indifferente Typ wiederum scheint auch beim Lärmstreß stabiler zu sein als der Sympathikotoniker und der Vagotoniker, die ja auch sonst für die jeweils einschlägigen Streßkrankheiten anfälliger sind als jene weit selteneren, vegetativ ausgeglichenen Typen.

Beat und Pupille

Ein anderer wichtiger Test neben der Pulswellengeschwindigkeit ist die Messung der Pupillenerweiterung. Sie ist ganz allgemein ein Schreck- oder Angstsymptom – vielleicht ursprünglich vorgesehen zu einer besseren Einschätzung der Entfernung bei Gefahr. Vergrößerte Pupille, also größere Blende, das weiß jeder Fotoamateur, verringert die Schärfentiefe und erhöht damit die Möglichkeit, unterschiedliche Entfernungen besser voneinander zu unterscheiden. Diese Pupillenerweiterung, als typische Folge der Erregung des vegetativen Systems durch Lärm, kann man mit Infrarotfotografie auch unbeeinflußt vom Licht, das heißt im Dunkeln, nachweisen.

Lärm im Bereich von 90 Dezibel, wie er oft in einem Beatlokal zu finden ist, zeigt also schon an unserer Pupille, daß außer der Wirkung im Ohr noch eine Menge anderer Dinge in unserem Körper passieren, daß Belastungen auftreten, die verarbeitet werden müssen, sei es durch starke Körperbewegungen beim Tanz, sei es durch organische Veränderungen, Ablagerungen und Störungen.

Das hat auch recht interessante Konsequenzen in bezug auf den Verkehrslärm. Die vegetative Belastung durch den eigenen Fahrlärm, die ja im Sinne einer zunehmenden Sympathikotonie wirkt, hat dadurch bei vielen Menschen auch nachteilige Effekte auf das Sehen. Diese Effekte summieren sich übrigens bei aufeinanderfolgenden Lärmstößen – anders als bei Dauerlärm – so, daß bei gleich hohen Lärmstößen die Pupillenerweiterung jedesmal um ein weiteres zunimmt und damit auch die Schärfentiefe radikal absinkt. Trotz der im Prinzip dadurch verbesserten Entfernungsunterscheidung ist aber bei den vielen Menschen mit nicht besonders guter Akkommodationsfähigkeit auf bestimmte Entfernungen nun einfach kein scharfes Sehen mehr möglich. Die Fähigkeit, die Entfernung eines entgegenkommenden Wagens oder seiner Geschwindigkeit zu erkennen, sinkt damit stark ab.[17] Direkt streßsteigernde Wechselwirkungen zwischen Sehen und Hören – wenn auch anderer Art – sind übrigens jetzt auch in Tierversuchen genauer studiert worden.[105]

Auch das Hupen ist in den meisten Fällen ein völlig unsinniges Warnsignal im Verkehr, welches vielfach nur eine unspezifische Schreckreaktion und damit Streß auslöst. Es erhöht zwar die allgemeine Aufmerksamkeit, läßt aber meist nicht erkennen, aus welcher Richtung die Gefahr droht. Die erzeugte leichte Denkblockade führt überdies nicht selten durch Hupen zu reflexartigen, unüberlegten Handlungen und kann sowohl den Fahrer wie auch den Fußgänger fehlleiten.[16] Selbst dort, wo Lärm auch heute noch als Warnsignal angewandt wird, erfüllt er also oft nicht mehr seinen Zweck. Übrigens ergibt sich aus all den erwähnten meßbaren Kreislauf- und anderen Änderungen nach schwachen und kurzdauernden Lärmreizen auch die Möglichkeit, vorauszusagen, was bei der jeweiligen Testperson bei einer weit stärkeren Streßbelastung passieren würde, das heißt, zu welcher Art von Störungen und Krankheiten und damit Gefahren der Betroffene im Ernstfall neigt. Sozusagen ein Streßtest zur Bestimmung des Typus. Eine entsprechende Typologie, wie sie zum Beispiel von Klein in Wien ausgearbeitet wurde, kann somit bei der Vorbeugung gegen streßbedingte Krankheiten eine große Hilfe sein.[106]

Bevor wir uns vom Problem des Lärms abwenden, sollten doch noch einige Worte über die Rolle der verschiedenen Arten des Lärms in unserer Umwelt und über die sehr unterschiedliche individuelle Gewöhnung und Sensibilisierung, also über den *emotionellen* Lärmstreß gesagt werden.

Individuelle Lärmkonflikte

Bei Anwohnern von stark befahrenen Straßen, in der Nähe von Flugplätzen und Industriebetrieben, kann eine gewisse *scheinbare* Gewöhnung an Lärm eintreten. Diese hängt jedoch stark von verschiedenen Faktoren, wie der

Konstitution und der Tätigkeit des einzelnen ab, und wird durch psychische Beeinflussung rasch wieder aufgehoben. In keinem Fall aber schützt diese Gewöhnung vor Schäden. Vor allem nicht bei zusätzlicher Belastung durch die vielen anderen Stressoren. Umgekehrt können auch sehr geringe Lärmemissionen bereits emotionellen Streß auslösen. Jeder kennt die höchst stressende Wirkung eines tropfenden Wasserhahns oder einer summenden Fliege. So bestehen regelrechte individuelle *Lärmkonflikte* gegenüber besonderen Tonfrequenzen. Zum Beispiel gegenüber spielenden Kindern, Radiogeräuschen, Flugzeuglärm, Toilettenspülung, Schnarchen, Türenschlagen, nervender, weil unvertrauter zeitgenössischer Musik und so weiter. Diese Form des Lärms, die den einen unberührt läßt und beim anderen zum psychogenen Streß führt, ist ebenso eindeutig gesundheitsgefährdend und kann genauso zu behandlungsbedürftigen Krankheiten führen wie das Überschreiten hoher Lärmpegel.

Durch die individuelle Aufnahme solcher Lärmreize ist der Mensch, der immer von sich auf andere schließt, gerade bei diesen in der Stärke harmlosen, aber als spezifische Streßfaktoren sehr intensiven Lärmquellen leider weit weniger einsichtig als bei Verstößen, die, wie etwa der Fluglärm, von jedem als grob empfunden werden. Denn ob die Empfindung zum echten Stressor wird, ob also die Wahrnehmung als Alarmsignal in den Hypothalamus geleitet wird oder nicht, hängt von den Gedankenverbindungen ab, die im Gehirn des einzelnen an bestimmte Geräusche oder Lärmreize geknüpft sind:

– Während der Hundebesitzer beim abendlichen Spaziergang durch das Bellen seines Tieres in eine freundliche, anteilnehmende Stimmung versetzt wird, fühlt sich der Nachbar durch das Gebell gestört. Erstens, weil er gerade jetzt einschlafen will, und zweitens, weil er Hunde überhaupt nicht ausstehen kann.

– Während sich Teenager vor Musikboxen und über den Auspuffen ihrer Fahrzeuge am Lärm ergötzen, werden andere Menschen durch solche akustische Exzesse stark gestreßt.

– Wie vielen Italientouristen ist es nicht ähnlich ergangen, wenn um 11 oder 12 Uhr nachts auf einem unter dem Hotelzimmer liegenden öffentlichen Platz plötzlich die Lautsprecherboxen angedreht wurden und ein Riesentrubel begann.

– Während der Sprengmeister mit Befriedigung die Detonation im Felsen hört – für ihn heißt das: die Sprengung hat funktioniert –, löst das Geknall beim in der Gegend befindlichen Spaziergänger durch Kriegserinnerungen furchtsame Empfindungen aus, die es bei ihm noch Stunden später nicht zur Kreislaufberuhigung kommen lassen.

– Manche Mütter und Omis sind gegenüber dem Geschrei der eigenen Kinder völlig taub, während sie durch fremdes Geplärr nervös werden. Anderen geht es genau umgekehrt, der Krach fremder Kinder läßt sie kalt, während sie beim geringsten Ton der eigenen »an die Decke gehen«.

Was diese individuelle Empfindlichkeit gegenüber Lärm betrifft, so ist also zwischen der direkten physiologischen Lärmwirkung zu unterscheiden, die auf den abgestumpften Menschen genauso schädlich wirkt wie auf den sensiblen, und der psychischen Streßwirkung des Lärms. Besonders Menschen, die ihre Umwelt stärker wahrnehmen und an Personen und Dingen größeres Interesse zeigen, sind natürlich auch durch die Signale aus dieser Umwelt weitaus stärker betroffen.[107] In all diesen Fällen gerät der Gestreßte in Zorn und Aggression gegen jene Lärmmacher, die oft ihren eigenen Streßstau gerade auf diese Art in höchst lustvoller Weise ausleben. Also bleibt nichts anderes übrig als entweder völlige Abschirmung oder mehr Rücksicht des Lärmmachers, der verstehen muß, daß Lärmstreß-Einwirkung echte Körperverletzung sein kann.

Beim anderen fehlt das Gegengift

Man muß das so verstehen, als wenn die eigene *aktive Betätigung* beim Lärmmachen einem im Blut kreisenden Gegengift entspräche, welches ja der andere nicht besitzt und das somit nur bei einem selbst das eigentliche Gift, also den psychischen Lärmstreß, neutralisiert. Genausowenig wie man aber im Besitz eines Gegengifts die dadurch erzielte eigene Immunität als Rechtfertigung dafür anführen kann, daß man seinem Tischnachbarn Gift in die Tasse streut, genausowenig kann man die unbekümmerte Ausstreuung eines von einem selbst tolerierten Lärms auf andere rechtfertigen.

Noch bleibt bei der heutigen Lärmbelastung durch unsere moderne Technik inner- und außerhalb des Berufs ein Heer von Opfern zurück. Nicht nur Schwerhörige und Taube, sondern Menschen mit Herzinfarkt, Hochdruck, Arteriosklerose, Magengeschwüren, nervlicher und seelischer Zerrüttung, Leistungsabfall und anderen Streßfolgen. Wie borniert und wie dekadent muß eine Menschheit sein, die dies erkennt und nichts oder zu wenig dagegen tut. Gegen etwas, das wir sogar selbst produzieren und deshalb im Grunde ungleich leichter vermeiden und eindämmen könnten als viele andere Arten des Streß.

Tag und Nacht im Streßgeschehen

Wir schlafen nicht mit den Ohren

Eine besondere Beziehung hat nun leider der Lärm auch zum Schlaf. Denn nicht ohne Grund schließen wir ja während des Schlafs die Augen und nicht die Ohren. Es ist also der Gehörsinn, durch den auch während des Schlafs eine Alarmbereitschaft gegeben ist. Wir kommen todmüde und abgespannt nach Hause, abgekämpft durch die mannigfaltigen Streßsituationen des Tages. Trotz aller körperlichen Müdigkeit können wir nicht abschalten, weil sich der Organismus in Dauererregung befindet, weil der Streßmechanismus bei den meisten Menschen mit seiner Überfunktion des Sympathikus den Wachzustand aufrechterhält. Der in den Abend- und Nachtstunden weiterbestehende Lärmstreß sorgt dafür, daß die Alarmreaktion auch weiterhin nicht abklingen kann. Durch akustische Belästigungen von der Straße her, aus den Nachbarwohnungen, Streit, Schreien, Geschirrklappern, Gepolter, Radio und Fernsehen wird das Einschlafen zusätzlich erschwert oder überhaupt unmöglich gemacht.

Das EEG als Indikator

Aber auch beim schlafenden Menschen zeigt sich schon nach kurzdauernden, schwachen Lärmreizen von 50 Dezibel im EEG, im Hirnstrombild, eine deutliche Abnahme der Schlaf*tiefe*. Die Versuchspersonen wachen zwar nicht auf, geraten aber in einen oberflächlichen, seichten Schlaf. Die Veränderungen im Hirnstrombild zeigen, daß auch bei einem solchen Einfluß lediglich auf die Schlaftiefe einiges im Schlafenden vor sich geht.[108]

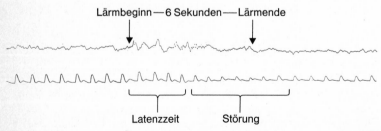

Veränderung der Schlafqualität bei Lärm, sichtbar im EEG (obere Kurve) und im EKG (untere Kurve).[108]

Hieran können wir zumindest ablesen, daß Lärmbelastungen, die während der Nacht auf den Menschen einwirken, auch dann, wenn er *nicht* wach wird, zu einer drastischen Verminderung seiner Schlafqualität führen. An dieser Störwirkung durch relativ geringe Lärmreize kann man ermessen, wie schwer der Schlaf erst durch stärkere und vor allem länger dauernde akustische Belastungen beeinträchtigt wird. Nach einer Studie des schwedischen Militärs erhöhte zum Beispiel Flugzeuglärm die unbewußten Körperbewegungen im Bett von durchschnittlich drei Bewegungen pro Minute auf ein Maximum von 17 pro Minute.[109] Bei Schlafuntersuchungen über den Effekt verschiedener Schallpegel, wie sie in Wohnungen in der Nähe von Verkehrsstraßen auftreten, wurden 23 Prozent der Versuchspersonen bei 35 dB (A) geweckt; bei 45 dB (A) waren es bereits 42 Prozent und bei 60 dB (A) sogar 80 Prozent.

Fünftausend Tonnen Schlaftabletten

Die Forschungsergebnisse der modernen Physiologie sprechen jedenfalls eindeutig dafür, daß nicht nur die Schlafmenge, sondern vor allem auch die Schlaftiefe für die Erholung des Menschen von Bedeutung ist. Ein Beweis für die doppelte Gesundheitsgefährdung des Schlafenden durch Lärm: Reduzierung der Schlafmenge *und* Abnahme der Schlafqualität.[108] Häufige Schlafstörungen durch Lärm bedeuten demnach einen Angriff auf unser wichtigstes Erholungskapital. Die Tatsache, daß nach Schlafstörungen am nächsten Tag eine vermehrte Ausscheidung der Nebennierenhormone und ein erhöhter vegetativer Erregungszustand beobachtet werden können, reiht diesen Angriff als einen der wichtigsten Faktoren in die streßbedingten Krankheitsursachen ein. Einschlafstörungen durch Lärm tragen weiterhin mit Sicherheit zu dem hohen Schlafmittelkonsum bei, der in der Bundesrepublik pro Jahr etwa 5000 Tonnen Tabletten für mehrere Milliarden DM beträgt!

Tag-Nacht-Rhythmus und die Zirbeldrüse

Warum ist nun der Schlaf-Wach-Rhythmus im täglichen Leben so wichtig? Ihm kommt gerade bei der heutigen Arrythmie, die den so wichtigen Wechsel zwischen Energieentfaltung und Energiesammlung nicht mehr erlaubt, eine echte Heilwirkung zu. So wird zum Beispiel das lichtempfindliche System unseres Gehirns, die Epiphyse oder Zirbeldrüse, selbst schon durch unseren »normalen« Tageslauf mit seinen langen, mit künstlichem Licht erhellten Abendstunden ständig belastet. Kommt zu dieser schon chronischen Störung noch eine Schlafstörung hinzu, so sehen wir an den Maximal- und Minimalkurven für Zucker, Organtätigkeit, Leistung, Nervenleitung, Schmerz, Puls, Grundumsatz und Adrenalinausschüttung sehr deutlich, wie dadurch einfach alle Regulationssysteme durcheinandergebracht werden.[110]

Die Epiphyse, die diesen Rhythmus reguliert, ist eine kleine erbsengroße Region inmitten unseres Gehirns (Abb. S. 82), und damit eines von vielen Regulationszentren unseres Organismus. Sie soll hier als Beispiel erwähnt werden, wie der Mensch äußere Reize hormonell verarbeitet: Sobald Licht durch unsere Netzhaut eintritt, werden über dicke Nervenbündel Impulse ausgelöst, von denen eine kleine Portion in den Hypothalamus abgezweigt wird und von dort über bestimmte Fasern schließlich in der Epiphyse landet. Auf diese Weise stimuliert, schüttet die Epiphyse nunmehr Adrenalin aus (das also nicht nur in der Nebenniere synthetisiert wird). Dieses beeinflußt die Umwandlung der Aminosäure *Tryptophan* in das Ermüdungshormon *Serotin* und weiter in den Farbstoff *Melatonin*.

Hier kommt nun der Tag-Nacht-Rhythmus ins Spiel. Denn nur die ersten Schritte dieser Umwandlung erfolgen bei Licht. Der letzte Schritt zum Melatonin wird erst bei Dunkelheit ausgelöst. Damit ist eine von der Umwelt regulierte Wartezeit in den Syntheseweg eingebaut. Die Synthese der Epiphysenhormone richtet sich also nach dem Tag- und Nacht-Rhythmus, wodurch die Außenwelt wie in so vielen anderen Fällen in einer Rückkoppelung mit dem hormonellen Geschehen steht. Unserer Epiphyse scheint dabei die Aufgabe zuzufallen, die Rhythmen einiger innerer Funktionen mit dem Rhythmus der Außenwelt zu synchronisieren.[111] Dabei ist die steuernde Rolle der Epiphysenhormone noch gar nicht voll erkannt. Bisher ist man lediglich einigen Einzelwirkungen auf die Spur gekommen, zum Beispiel auch, daß die künstliche Zufuhr des oben erwähnten Hormons Melatonin die Schilddrüsenaktivität unterdrückt, das Enzephalogramm verändert und einen schlafähnlichen Zustand erzeugt.

Optischer Streß

Eine weitere Belastung durch unsere moderne technische Welt finden wir im optischen Streß, in der optischen Überreizung, die uns genauso wie der Lärm praktisch den ganzen Tag begleitet. Denken wir an die schreienden Plakate und die gegenüber unserer eigenen Größe gewaltigen Verkehrsmittel. An verwirrend bunte Auslagen in den Geschäften, spiegelnde Schaufensterscheiben und immer wieder überdimensionale Reklame. Von all dem werden wir ständig symbolisch angegriffen, mit fremden, unbekannten, überraschenden, alarmierenden Wahrnehmungen überschüttet. Auch wieder, ohne daß wir mit Wegspringen, Auf-Bäume-Klettern, mit Schreien oder Kämpfen antworten können. Wir wissen ja, die Zigarettenreklame kann uns nichts tun, der

Optischer Streß durch eine Fülle visueller Reize, von denen wir laufend unterschwellig angegriffen werden, die wir jedoch nicht bewußt als solche registrieren.

Löwe von Löwenbräu frißt uns nicht auf. Mit dem Sexygirl im Schaufenster können wir doch nicht schlafen, die Straßenbahn bleibt in ihren Schienen, sie wird uns nicht überfahren, und die Spiegelung der Schaufensterscheibe schlägt uns nicht wirklich ins Gesicht.

Und gerade deshalb summieren sich hier kleinste Alarmreaktionen auf Alarmreaktionen, ohne daß der Organismus sich von der unbewußt erzeugten Spannung erholen kann, ohne daß er die mobilisierten Energien abbaut. Doch nicht nur hier, sondern schließlich auch abends vor dem Fernsehschirm werden wir mit optischen Reizen überschüttet, die genauso wie alle anderen

Wahrnehmungen, etwa wie kurzdauernde akustische Reize, schon nach einmaliger Einwirkung nachweisbare Änderungen im vegetativen Nervensystem verursachen, wie sie einer Streßreaktion entsprechen.[112]

Lärm und Licht als Waffen

Die direkte Wirkung von Lichtreizen ist durch ihre Anwendung bei bestimmten Verhörmethoden und Gehirnwäscheprozeduren bekannt geworden. Aber auch wenn sie durch das Bewußtsein gar nicht erfaßt werden, können optische und akustische Reize dramatische Erscheinungen hervorrufen. So existiert sogar der Vorschlag, mit solchen Mitteln gegen Demonstrationen vorzugehen. Zum Beispiel mit einem infraroten, also nicht sichtbaren Stroboskoplicht einer Frequenz von 15 Hertz oder mit unhörbaren, obgleich sehr »lauten« bestimmten Tonfrequenzen. Die Wirkung, die bereits ausprobiert wurde, bestand darin, daß sich im Durchschnitt von 100 Personen 25 übergeben mußten, während bei 70 Personen Ohrensausen, plötzlicher Hörverlust und Flackern in den Augen auftraten und 5 Personen sogar epileptische Anfälle bekamen. All das, obwohl niemand etwas sah oder hörte, und ohne zu wissen, warum.[113]

Wie beim Lärm können wir auch hier beim optischen Streß wieder zwei verschiedene Richtungen der Reaktion beobachten, die von dem vegetativen Typ abhängen. Die beiden unterschiedlichen Streßtypen, den Vagotoniker und den Sympathikotoniker, kann man daher auch bei einem optischen Streßexperiment relativ einfach herausfinden – natürlich, ohne daß man so weit gehen muß wie in dem obigen Beispiel.

Flackerlicht und Fernsehen

Wenn man Personen ein bis zwei Minuten lang einer noch gerade harmlosen Flackerlichtquelle (zum Beispiel 25 Watt, Flackerfrequenz 8/sec) aussetzt, so kann man nicht nur unmittelbar deutliche Streßsymptome messen, sondern man hat auch hier wieder ein einfaches Mittel, den Streßtyp herauszufinden. Unsere Bildreihe zeigt, wie gerade ein mutmaßlicher Sympathikotoniker, der Regisseur unserer Streßfilme Uwe Jens Bruhn, für die Messung vorbereitet wird. Pulswellengeschwindigkeit, Pulsfrequenz, Blutdruck, Atmung (durch die Nase) und die Mikrovibration der Muskeln sind hier an die Geräte angeschlossen.

Auf ein Kommando verlöscht das normale Studiolicht und eine grellblaue Flackerlichtquelle setzt ein. Jeder kennt so etwas aus den modernen Beat-

Der Regisseur unserer Filmserie wird für einen Flackerlichttest vorbereitet.

Der optische Streß erzeugt schon nach 40 Sekunden beginnende Übelkeit (abgesunkene Magensekretion).

Die Meßergebnisse zeigen die typische Reaktion des Sympathikotonikers wie beschleunigter Puls, erhöhter Blutdruck, gesunkener Hautwiderstand.

schuppen, wo sich die Tanzenden wie automatische Puppen ruckweise zu bewegen scheinen. Schon nach 40 Sekunden klagt unser Regisseur über Übelkeit.

Diese Zeit reichte auch bereits aus, deutliche Veränderungen auf den Registrierstreifen der Meßgeräte zu erkennen. Alle Werte waren nach oben geschnellt. Der Puls von 70 auf 110, der Blutdruck auf 150/105, die Atemfrequenz um die Hälfte erhöht, und die Pulswellengeschwindigkeit von 6 m auf 12 m/sec – also in der Tat so, wie es dem erwarteten Typus entspricht.

Denn sein vegetatives Gleichgewicht, bereits von Haus aus zugunsten des Sympathikus verschoben, wurde durch den optischen Streß noch mehr in diese Richtung gesteuert und zeigte eine sofortige Kreislaufstimulierung. Beim Vagotoniker wäre das Verhalten der Kreislauf- und Stoffwechselwerte auf das Flackerlicht wieder genau umgekehrt. Die Meßwerte würden *unter* den Durchschnitt sinken, die Magensekretion würde sich erhöhen, der Hautwiderstand ansteigen.

Das Prinzip der Streßreaktion funktioniert also mit eiserner Konsequenz, ganz gleich, ob nun akustische, optische oder andere Reize das vegetative Nervensystem treffen. Und auch unabhängig davon, ob sein Gleichgewicht zum Sympathikus oder zum Parasympathikus, dem Vagus, verschoben ist. Aus den nachgewiesenen Veränderungen von Kreislauf, Stoffwechsel und Atmungsleistung, die hier lediglich durch schwache, kurzdauernde optische Reize eintraten, kann wie beim Lärmtest auf tiefergreifende Änderungen geschlossen werden, wie sie durch andauernde oder wiederholte optische Belastungen zustande kommen würden: schwere Beeinflussungen des Nervensystems mit Folgen auf den Hormonhaushalt, den Stoffwechsel, das Immunsystem, auf Herz, Kreislauf und Organe. Kurz, auch der Zusammenhang zwischen optischem Streß und der Anfälligkeit für Krankheiten wird hierdurch plausibel.

Eine besondere Art von Flackerlicht ist im Grunde das Fernsehen, welches mit seinen 25 Bildern pro Sekunde, das sind 15 625 Zeilen oder 13,5 Millionen Lichtimpulse pro Sekunde, zwar nicht von unserem Sehzentrum, so doch von den empfangenden Nerven als eine Art Flackern registriert wird. Langdauernde Studien über die Effekte von übermäßigem Fernsehen an Krankenhäusern in den USA, wo ja das Fernsehen rund ein Jahrzehnt früher als in Deutschland seine große Verbreitung gefunden hatte, haben dies bestätigt. Die Ärzte fanden als typische Symptome Appetitlosigkeit, Kopfschmerzen und Erbrechen, die erst nach drastischer Einschränkung oder gar nach Entzug des Fernsehens verschwanden. Kinder genasen dann etwa in 14 Tagen bis drei Wochen. Selbstverständlich liegt hier eine Mischung von optischem Streß, Lärmstreß und erhöhter Bewegungslosigkeit vor, bei gleichzeitiger Angst, Aufregung und Stimulierung durch die Spielhandlung und natürlich auch einer weitverbreiteten Pervertierung der Eßgewohnheiten – von den Schlafstörungen ganz zu schweigen.[112]

Eine Welt voller Scheinbewegung

Nun, was tun? Soweit wir den Lärm und den optischen Streß nicht vermeiden können, ist die beste Abbautherapie auch hier wieder körperliche Bewegung. Also das, was von Natur aus als Folgereaktion auf Streß vorgesehen ist. Doch gerade auf diesem Gebiet müssen wir uns vor einem hüten: vor *Scheinbewegungen*.

Abgewürgter Bewegungsdrang

Ähnlich wie die passive Aufnahme vorgefertigter Information, also fernsehen, Illustrierte lesen, Musik hören und so weiter, eine *geistige* Beweglichkeit vortäuschen kann, wird unser Körper durch Scheinbewegungen in seinem natürlichen Bewegungsdrang gestillt – ohne oft überhaupt einen Schritt zu tun. Unser Bewußtsein registriert nämlich nur recht unvollkommen den Unterschied zwischen echter körperlicher Bewegung und Scheinbewegung, weil

Durchlaufende Häuserfronten vermitteln den Eindruck von Tempo, unterbrochene Fassaden – obgleich stärker gegliedert – strahlen eher Ruhe und »Verweilen« aus.

die Eindrücke unseres Körpers etwa beim Autofahren oder beim Fernsehen unbemerkt als Eigenbewegung erlebt werden. Das gleiche gilt für den Blick durch das Zugfenster oder umgekehrt die nahe Beobachtung einer zum Beispiel direkt vor unserer Nase vorüberfahrenden Straßenbahn. Selbst der Anblick von Häuserfluchten, unserer modernen Fassaden mit ihren durchgezogenen Balkonlinien, vermittelt den Begriff von Tempo gegenüber den früheren, unterbrochenen und daher eine gewisse Ruhe ausstrahlenden Häuserfronten.[114] All diese Scheinbewegungen befriedigen unser Bedürfnis nach Tätigkeit, das ja normalerweise diesen Bewegungsdrang regelt. Wir fühlen uns sogar dadurch häufig körperlich müde und scheuen nun erst recht jede Bewegung. Die aufgestaute Spannung durch den optischen Streß wird nicht abgebaut und äußert sich dann in Nervosität und Verkrampfung. Die schon erwähnte Tatsache, daß eine der häufigsten Klagen in der ärztlichen Praxis die scheinbare Erschöpfung ist, ohne daß man sich körperlich angestrengt hätte, findet hier eine weitere Erklärung.

Um die Folgen der Bewegungsarmut, darunter vor allem arteriosklerotische Ablagerungen und Kreislaufschäden, abzubauen, müssen wir also vor allem auch diese Scheinbewegungen abbauen, die unseren Bewegungsdrang dämmen und uns noch gleichzeitig durch optischen Streß erschöpfen. Das heißt leider wieder einmal: allmähliche Absage an das Auto, welches ja auch aus anderen Gründen immer weniger Zukunft hat; Absage an den optischen Streß, an zu fleißiges Fernsehen und an die schreienden Reklamen und Lichterbewegungen; Absage an eine unglaublich ungekonnte Architektur, an seelenlose Wohnsilos. Positiv angegangen, heißt das: grundsätzliche Überlegungen für eine neue Umweltgestaltung, die Ruhe ausstrahlt. Wir werden uns wundern, wie schnell dann unser Körper wieder Lust hat, selbst herumzuspringen.

Umgesetzte Alarmsignale

Wenn wir in einem ruhigen Park in die Hände klatschen, fliegen die Tauben auf. Wenn Raubtiere brüllen, klettern Affen die Bäume hoch, ein Lichtstrahl läßt eine Ratte wegspringen. Diese gesunde Reaktion auf optische, akustische und andere Streßreize durch echte körperliche Aktivität, wie sie bei allen höheren Tieren gesetzmäßig abläuft, ist auch bei uns durchaus vorhanden. Der Streßabbau würde im Grunde genommen so gut funktionieren wie früher, wenn wir ihn nicht künstlich abwürgten. Das sehen wir an Tätigkeiten, die wir sogenannten »Gebildeten« interessanterweise auf die Ebene des Unseriösen, der Unkultur verweisen: Fußballspielen, Boxen, Besuch von Tanzlokalen – und nicht zuletzt tobende Kinder. Sie haben noch Narrenfreiheit und dürfen sich den herrlichen Luxus erlauben, ihre Streßreaktionen in Bewegung umzusetzen. Sind sie einmal erwachsen, ist es damit vorbei. Nehmen wir zum

Beispiel das Anfeuern einer Fußballmannschaft oder eines Einzelkämpfers durch die Zuschauer. Was dabei passiert, ist beileibe nicht ausschließlich die Versicherung eines seelischen Rückhalts durch die eigene Partei, sondern hier spielt sich auch stofflich ein ganz konkreter Vorgang ab. Wir können das an dem Ergebnis der Heimspielerfolge beim Fußball ebenso wie schon bei jedem Amateurboxkampf beobachten, vor allem wenn schon ein paar Runden durchgestanden sind. Einer der Boxer ist zum Beispiel angeschlagen, seine Muskelkraft läßt nach, er steht nur noch schwankend auf den Beinen. Dann folgt aus irgendeinem Grund ein erstes Anfeuern durch seine Freunde und schließlich ein rhythmisches Gebrüll der Zuschauer, das auch ihn auf einmal erschauern läßt und plötzlich eine völlige Wandlung erzielt, ja, sogar noch zum Sieg über seinen Gegner führt. Nicht umsonst hat etwa in den USA jede Football-, Baseball-, Eishockey- oder Rugby-Mannschaft ihre eigene, von einem »Cheerleader« angeführte spezielle Anfeuerungsgruppe, die bei jedem Spiel zu diesem Zweck eingesetzt wird. Was spielt sich hier ab?

Die akustische Traubenzuckerspritze

Die Zurufe dringen über die Sinneswahrnehmung in das Zwischenhirn, und der gleiche Mechanismus wie bei jedem Streßsignal läuft an. Alle Kraftreserven des Stoffwechsels werden mobilisiert, und das Wunder geschieht: Unser Boxer gewinnt neue Energie, und zwar, wie wir nun wissen, materielle Energie – ähnlich wie durch eine Traubenzuckerspritze –, die über einen seelisch-hormonellen Mechanismus aus den Körperreserven freigesetzt wird. Doch anders als beim untätigen Konsumenten von Lärm oder anderen Reizen, und vor allem anders als beim Verfolgen eines Fernsehkrimis in vollends erstarrter Haltung, werden hier die mobilisierten Kräfte umgesetzt und wird die Streßbelastung abgebaut.

Vielleicht entspringt aus dieser Beziehung letztlich auch die ursprüngliche Lust zum Tanzen bei Musik, also bei rhythmischem Lärm, der als »falsches« Alarmsignal und damit als ungefährlich *erkannt* ist. Das rhythmische Tanzen ist daher als gesunde Reaktion des Körpers zu verstehen, als eine Pseudo-Alarmreaktion auf die Geräusche aus harmlosen Musikinstrumenten, die die Spannung abbaut. Wir wissen, daß die Instrumente uns weder beißen noch unsere Nahrung rauben können. Trotzdem lösen sie vor allem bei lauten Tönen eine Alarmreaktion in uns aus. Es wäre nun Unsinn, diese in Flucht oder Angriff umzusetzen, also wird sie dafür in einer mindestens ebenso großen Körperleistung beim Tanzen neutralisiert – oder bei Marschmusik durch zackiges Marschieren. Bei den stillsitzenden Zuhörern, zum Beispiel in einem Beatlokal, ist das keineswegs der Fall. Ihnen schadet der Lärm wahrscheinlich weit mehr als den Tanzenden.[115] Bei regelmäßigen Popkonzert-Besuchern wurden absolute Hörverluste um 10 bis 20 Dezibel, also ein Nachlassen des Gehörs auf ein Fünftel bis auf ein Zehntel festgestellt.[116] Das oft beobachtete rhythmische Mitzucken auch beim Sitzen ist eine, wenn auch spärliche, reflexartige Ersatzreaktion des Körpers – ganz abgesehen davon, daß natürlich die Befriedigung des Rhythmusgefühls selbst wieder ein gesunderhaltender Faktor ist. Auf diese weniger den Lärmanteil als den Inhalt der Musik berührenden therapeutischen Aspekte kommen wir jedoch in einem späteren Kapitel noch zu sprechen.

Streß und Leistung

Wie wir beim Boxer, bei den Fußballern und beim Beattanzen beobachten können, kann somit Lärm ähnlich wie andere Stressoren auch zu besonderen Leistungen anregen. Wir wollen noch einmal betonen – und damit stimmen wir mit dem Vater der Streßforschung Selye durchaus überein –, daß den körperlichen Streß sowohl der Sportler wie auch der Schwerarbeiter *braucht.* Auch eine gewisse Streßgewöhnung in kleinen Dosen, etwa zur Kälteabhärtung, ist durchaus positiv zu bewerten.[117] Ebenso kann sich ein gesunder, dosierter Streß auch als Ansporn zur geistigen Arbeit sehr positiv auswirken. Erst wenn der Organismus eine *Überfülle* solcher Streßanstöße verkraften muß, läßt seine Konzentrationsfähigkeit nach. Er gerät in Konflikt mit der scheinbar erwarteten Leistung beziehungsweise seiner eigentlichen Aufgabe. So sinkt nach ein bis zwei Stunden Lärmwirkung das Leistungsvermögen rapide ab.[231] In diesem Zusammenhang ist übrigens die kuriose Beobachtung interessant, daß selbst Pflanzen bei Lärm schneller wachsen.[118] (Vielleicht wächst deshalb das Unkraut entlang der Autobahn so gut!)

Diese Leistungssteigerung durch dosierten Streß ist völlig natürlich und sollte in unser Antistreß-Programm mit einbezogen werden.[119] Denn immer wieder müssen wir uns die wichtigste Regel klar vor Augen halten, daß Streß (im krankmachenden Sinn) nicht gleich Anstrengung ist – der große weitverbreitete Irrtum. Wie schon zu Anfang erwähnt, werden mit einem durch reine Anstrengung und selbst durch geistige und körperliche Überbeanspruchung hervorgerufenen »Streß« auch bis zur Leistungsgrenze kaum tiefgreifende Schäden verursacht. Das äußere Bild der echten, sozialpsychologisch bedingten, gesundheitsschädigenden Streßsituation ist daher vielleicht treffender mit dem Begriff des Konfliktstreß charakterisiert. Ihm liegt etwas ganz anderes als Anstrengung zugrunde: Ausweglosigkeit und Verzerrung der Leistungsmöglichkeit aufgrund zusätzlicher Belastungen und Störungen (und dazu gehört bereits Terminnot), die in diese Leistung eingreifen (Schaefer).

Nun ist es außerordentlich schwer, diese Grundregel ausgerechnet auf die Berufswelt anzuwenden. Die typischen Äußerungen des Abreagierens von Streß, wie wir sie in der Schule bei den in der Pause tobenden Kindern finden, die sich aufgrund ihrer andersartigen sozialen Stellung die natürliche Umsetzung von Streßreizen erlauben dürfen (leider wird sie auch dort vielfach von unverständigen Lehrern und durch Schulordnungsregeln zum Nachteil der Gesundheit unterdrückt!), lassen sich fast nicht übertragen. Denn wenn wir einmal tatsächlich, nachdem der Chef uns angeschrien hat, versuchen wollten, einen Purzelbaum zu schlagen, einen Schrank raufzuklettern oder einen Schreibtisch hochzustemmen, dann würden wir als Angestellter in einem normalen Betrieb mit diesem im biologischen Sinne durchaus normalen Verhalten auf das größte Unverständnis stoßen. (Umgekehrt ginge es einem durch seine Mitarbeiter gestreßten Chef natürlich genauso.)

Moderne Bequemlichkeit ist keine Erleichterung

Leider steckt also diese Bewegungsarmut (und damit die Unmöglichkeit, viele Streßreize auszugleichen) sowohl in gewissen unüberwindlichen Regeln unseres Sozialverhaltens, als auch in unserer gesamten technischen Umwelt: im Autofahren, in den Schuhputzmaschinen, in der Fernbedienung des TV-Geräts, in der Zentralheizung, in Ventilatoren und Aufzügen. Alles sogenannte moderne Erleichterungen, die zwar bequem sind, aber unser Leben verteuern, Rohstoffe und Energien vergeuden und durch die Verhinderung von Streßabbau bei gleichzeitig zusätzlicher Streßbelastung Gift für Geist und Körper sind.

So wird die Bewegungsarmut zu einem besonders hohen direkten Risikofaktor für Herz- und Gefäßkrankheiten, um so mehr, als bei ihr ja auch physiologisch so viel zusammenkommt:

– Verminderung des Atemvolumens und schlechtere Sauerstoffversorgung bei Belastung.
– Verringerte Herzleistung und dadurch nachlassende Ausdehnung der Blutgefäße.
– Verringerung ihrer Anzahl und Nichtausbildung von Umleitungsgefäßen für besondere Beanspruchung.
– Nachlassender Spannungszustand der Muskeln, verbunden mit Blutdrucksteigerung, Deponie von Fetten, die bei weiterem Streß in Cholesterin umgelagert werden.
– Sinkende Widerstandsfähigkeit eines bewegungslosen Körpers gegen Krankheiten.

Wichtigste Konsequenz: Wir müssen wieder lernen, unsere Muskulatur richtig zu betätigen. Damit ist nicht körperliche Überanstrengung gemeint, nicht Leistungssport, sondern einfach sinnvolle, individuell angepaßte Bewegung im Alltag. Jeder kann sich hier selbst das Richtige überlegen. So sollten wir möglichst wenig das Auto benutzen, zum Beispiel kürzere Strecken grundsätzlich zu Fuß gehen und zumindest jeden Tag einen Abendspaziergang machen. Statt den Aufzug zu benutzen, sollten wir, so rasch wie wir es ohne zu große Anstrengung vertragen können, die Gelegenheit zum Treppensteigen nutzen, auch auf Rolltreppen zusätzlich selbst mitsteigen. Wir sollten auf alle jene angepriesenen idiotischen Erleichterungen verzichten, die die wenigen noch verbliebenen Körperaktivitäten, wie zum Beispiel die Gartenarbeit in der frischen Luft, pervertieren: durch elektrische Unkrautrupfer und Kantenschneider, Elektro-Harken, -Hacken, -Spaten, -Heckenscheren oder knatternde Motor-Rasenmäher.

Warum vergessen wir immer wieder, daß wir während einer stundenlangen sitzenden Tätigkeit in Büros oder an Schaltpulten ohne weiteres zwischendurch mit Schreibmaschinen und Telefonbüchern, mit Bürostühlen und Arbeitstischen als Sportgeräten hantieren können, so wie es der Deutsche Sportbund schon vor Jahren in einem cleveren Trimm-dich-im-Büro-Plan vorgeschlagen hat?

Gewinn durch »zweckentfremdete« Arbeitszeit

Der Unternehmer oder der Industrieverband, der befürchtet, daß hier der Volkswirtschaft wertvolle Arbeitszeit verlorengeht, sei nur daran erinnert, daß die Folgen des Bewegungsmangels wahrscheinlich jährlich Schäden von 10 bis 20 Milliarden Mark für die Volkswirtschaft verursachen. Ihre teilweise Einsparung durch einige Minuten körperliches Training – selbst sämtlicher 23 Millionen Erwerbstätiger – würde den dadurch entstehenden jährlichen Arbeitszeitverlust von rund 2 Milliarden Mark (ein Bruchteil der durch Kaffeetrinken und Tratschen verlorenen Zeit) mehr als wettmachen.[120]

Durch die Gesamtheit solcher Gymnastik- und Turnübungen, das heißt durch ein tägliches, insgesamt vielleicht eine halbe Stunde beanspruchendes, richtig dosiertes körperliches Training kann die Sauerstoffaufnahme, die ja ein Kriterium der Leistungsfähigkeit ist, bereits nach ungefähr vier Wochen um 15 bis 20 Prozent angehoben werden. Diese Leistungssteigerung kann dann im weiteren Verlauf sogar durch ein lediglich jeden dritten Tag weitergeführtes Training der gleichen Art aufrechterhalten werden.[121] Die große Frage ist nur, was wir tun können, um uns erstens nicht nur vorübergehend dazu aufzuraffen, sondern sozusagen am Ball zu bleiben, und zweitens, wie wir außer dem körperlichen Abbau von Streß auch gleichzeitig wichtige psycho-hormonelle Gegengewichte zu seiner Neutralisierung setzen können. So sollte vor allem in der Freizeit eine Sportart betrieben werden, die nicht nur trimmt, sondern die einem durch die begleitenden Umstände wirklich Freude macht und auch nicht überanstrengt.

Eingang zum Gesundheitspark der Volkshochschule München im Olympia-Stadion.
Gruppentherapie beim gemeinsamen Malen im Gesundheitspark.

Leistungssport verschreckt die Amateure

Leider sind viele Sportarten und auch die entsprechenden Sportanlagen in unserer Leistungsgesellschaft wieder viel zu sehr auf den Leistungssport zurechtgeschnitten und nehmen vielen Amateuren die Lust, sich mit den »Aktiven« zu messen. Wir sollten daher statt auf großartige Stadien und Hochleistungssportzentren viel mehr Wert auf Einrichtungen legen, die gerade diese Hemmungen nehmen. Etwa in Richtung der großartigen Idee des Münchner Gesundheitsparks im Olympiagelände. Gerade hier hat sich nach längerem Zögern doch die Einsicht durchgesetzt, daß schon ein geringer Abbau der streßbedingten Soziallasten die geringen Mittel, die so etwas kostet, mehr als wettmacht. Solche Einrichtungen gehen in ihrem Angebot weit über die heute ins Kraut schießenden Freizeit- und Trimm-dich-fit-Anlagen hinaus. Sie beziehen auch psychotherapeutische Übungen, Bildungsaufgaben, menschliche Kontakte und nicht zuletzt eine Fülle kreativer Tätigkeiten in das angebotene Programm mit ein, verbinden diese mit der zwischenmenschlichen Begegnung im körperlichen Training und in nicht auf Leistung programmierten Sportarten und Ballspielen. Durch Streßabbau, körperliche und seelische Entspannung wird die Erholungsphase zurückerobert, das vegetative Gleichgewicht wiederhergestellt. Also: ein »Trimm dich«-Programm zur Erholung von Körper *und* Seele.

Es scheint mir sehr wichtig, gerade eine solche *Kombination* anzubieten. Nur so gibt es genug Auswahlmöglichkeiten, um den individuell zusagenden Körperausgleich zu finden. Und nur ein solches Programm ist für den Nichtsportler genügend attraktiv und werbewirksam. Denn die meisten Menschen raffen sich ohne zusätzlichen Anreiz nicht auf, ein derartiges Programm zu verwirklichen. Gerade geistig Tätige und Manager glauben, keine Zeit dafür zu finden. Körperlich Tätige wiederum meinen, daß sie das Plansoll an Muskelleistung schon erfüllt haben. Doch in beiden Fällen kommt es darauf an, eine individuell angepaßte Körperaktivität zu finden, die vor allem der Entspannung dient.

Biologie der entstressenden Bewegung

Was bringt nun die Muskelaktivität, was bringt körperliches Training für die Biologie unseres Organismus? Dazu brauchen wir nur die weiter oben aufgestellte Liste mit den Nachteilen der Bewegungsarmut umzukehren: Die Muskulatur wird besser durchblutet, die abgelagerten Stoffwechselprodukte werden rascher abtransportiert, die Gefäße erweitern sich, neue und Reservegefäße bilden sich aus, Herzarbeit und Atmung werden ökonomischer, das Blut in den Arterien und Venen zirkuliert besser, die Sauerstoffversorgung aller Organe einschließlich des Gehirns (!) steigt an. Durch die Nahrung aufgenommene Kalorien werden durch die allgemeine Stoffwechselmobilisierung rascher verbrannt, das Körperfett reduziert sich, die Blutgerinnungsbereitschaft nimmt ab. Mit einem Satz, all das passiert, was der natürlichen Abreaktion des Streß dient und seine schädlichen Auswirkungen eindämmt. Für die beiden Streßtypen heißt das folgendes: Beim Sympathikotoniker wird alles, was den Sympathikus erregt hat, mehr oder weniger neutralisiert. Das vegetative Gleichgewicht, durch den Daueralarm permanent in die Sympathikusphase des Streßgeschehens verlagert, wird wiederhergestellt, die vom Vagus beherrschte Erholungsphase kann sich wieder einschalten. Beim Vagotoniker bewirkt ein dosiertes Körpertraining eine günstige Umstimmung, indem das starke Überwiegen des Parasympathikus ausgeglichen wird und die Gefahr der für den Vagotoniker typischen Krankheiten wie Magengeschwüre, Darmkrämpfe und kollapsartige Zustände vermindert wird. Für beide Konstitutionstypen bedeutet nicht zuletzt das mit solchen Tätigkeiten verbundene Erfolgserlebnis einen zusätzlichen Antistreß-Impuls. Schon allein der Erfolg, sich zu solchen Übungen und Tätigkeiten durchgerungen – und vielleicht sogar etwas Übergewicht verloren zu haben, bedeutet eine Verstärkung der mit den Sexualhormonen zusammenhängenden positiven Seiten unserer psycho-hormonellen Struktur. Genauso wie ja umgekehrt ständige Frustrationserlebnisse oder das Gefühl, nichts gegen die täglichen Belastungen zu tun, zusätzliche psychische Stressoren sind, die, sobald sie uns ins Bewußtsein dringen, den bestehenden Streßphasen weitere hinzuzufügen.

Arbeitsbedingungen, die Milliarden sparen

Längst sind in unserer Berufswelt die inhumanen Arbeitsbedingungen, wie sie noch in den Anfängen der Industrialisierung gang und gäbe waren, weitgehend abgeschafft. Längst haben wir auch eine moderne soziale Fürsorge. Bei all diesen öffentlichen Leistungen wird jedoch auch heute in der beruflichen Umwelt noch kaum auf die Streßbedingungen geachtet. Lärm, Isolation, Monotonie, Sinnlosigkeit, mangelndes Erfolgserlebnis und Frustration scheinen nebensächlich. Obwohl doch gerade diese Faktoren in ihren Schäden für die Gesamtgesellschaft wie für den einzelnen weitaus tiefgreifender sind, als wenn etwa in einem Betrieb die Toilette noch auf dem Hof steht.

Drei Viertel Vorbeugung, ein Viertel Heilung – oder wir gehen bankrott

Die beherrschende Gesundheitsfürsorge legt ihr Schwergewicht – einmal abgesehen von der Hygiene – fast immer noch ausschließlich auf Heilung, also auf Reparatur von Schäden und nicht auf deren Vermeidung. Wenn wir in unserer volkswirtschaftlichen Planung jedoch ökonomisch denken wollen, dann verlangt die Situation ein radikales Umschwenken von Heilung auf Vorbeugung. Selbst bei einer allmählichen Umstellung unserer Gesellschaft auf weniger turbulentes Wachstum wird sich im Jahr 2000 die Notwendigkeit ergeben, zum Beispiel für die *Vorbeugung* der streßbedingten Herz- und Kreislaufkrankheiten gut 75 Prozent der zur Verfügung stehenden Mittel einzusetzen und für die *Heilung* mit 25 Prozent auszukommen. Wenn eine solche Verteilung nicht eintritt, werden sich die Gesamtkosten vervielfachen und unser gesamtes Wirtschaftssystem unter den Folgen zusammenbrechen. Und wir werden mit Neid auf China blicken, wo schon heute die Prävention an erster Stelle steht.[122]

Sehen wir uns in diesem Zusammenhang noch einmal ein paar der üblichen Gesundheitsschlagworte an: zum Beispiel »gesündere Lebensweise« – etwa in bezug auf weniger essen, nicht rauchen, weniger Auto fahren, mehr Bewegung, mehr Zärtlichkeit. Als zweites vielleicht: »Optimale Verhältnisse am Arbeitsplatz« – und zwar nicht nur, was die heutzutage zweifellos guten Sozialleistungen betrifft, sondern auch in bezug auf Kommunikation, auf körperliche Betätigung, auf Erfolgserlebnisse, auf die Vermeidung von Lärm, auf einsichtige Arbeit, konfliktloses Rollenspiel. Und drittens: »sinnvollere Erholung« – etwa in bezug auf das Familienleben, auf schöpferische Hobbys, Ausgleich von Prestige und Ehrgeiz im Spiel, Einbeziehung und nicht Abtrennung des Berufslebens, vermehrte menschliche Kontakte. Das sind im Grunde wohlbekannte Dinge, die längst von medizinischer Seite empfohlen

*gesündere
Lebensweise*

*optimale
Verhältnisse
am Arbeitsplatz*

*sinnvollere
Erholung*

werden. Vielleicht nehmen wir sie aber jetzt etwas ernster, da uns der enge Zusammenhang zwischen den Einflüssen aus der Umwelt und den konkreten Schäden an unserem Organismus so deutlich – und sogar meßbar vor Augen steht.

Die unmögliche Anpassung

Noch sind wir weit davon entfernt, in diesem Sinne eine Humanisierung des Berufslebens zu erreichen. Unsere Arbeitswelt verlangt zunehmend eine »unmögliche« Anpassung. Unmöglich deshalb, weil unsere innere biologische Programmierung noch die gleiche ist wie vor zehntausend Jahren und dies auch die nächsten tausend Jahre so bleiben wird. So gibt es letztlich gar keine andere Möglichkeit für die Gesellschaft, als ihre Berufsstruktur den biologischen Gegebenheiten des einzelnen anzupassen, und nicht umgekehrt: den einzelnen für eine immer komplexere und stressendere Struktur des Berufslebens hinzubiegen, wie wir dies bis in das computerangepaßte Denken und Handeln beobachten können. Eine solche Anpassung ist vielleicht gerade noch zu bewältigen, wenn in den anderen Lebensbereichen, vor allem im Familienleben, Kompensation möglich ist. Die Beschaffenheit dieses Familienlebens, die Art der Ehe, die Art der Belastung durch Kinder, Schwiegermütter und heimliche Freunde und Freundinnen ist daher einfach nicht zu übergehen, ja sie ist mitbestimmend, wenn es um die Berufs- und Arbeitsplatzwahl beziehungsweise um einen entsprechenden Berufswechsel geht.

Wir haben gesehen, wie heute zahlreiche psychologische, soziale und wirtschaftliche Einflüsse Streßreaktionen auslösen, denen man gerade im Beruf nicht mehr mit Muskelleistung begegnen kann, die man nicht in körperliche Aktivität umsetzen kann. Ja, in vielen Fällen ist es nicht einmal möglich, auf symbolische Weise, durch kreative Gestaltung, durch Aussprachen oder künstlerische Erlebnisse den Streß abzubauen. Nehmen wir wieder den Fall, wenn ein Angestellter vom Chef angebrüllt wird; weiter, daß dieser Angestellte noch nicht gelernt hat, durch entsprechende Bewußtseinsübungen, wie sie im zweiten Kapitel beschrieben wurden, das Anbrüllen anders zu interpretieren als einen starken Angriff auf seine Person; weiterhin, daß es ihn seine Stellung kosten würde, wenn er (was für seinen Organismus zwar ein Segen wäre), wie angedeutet, auf die Schränke springen, Purzelbaum schlagen oder den Schreibtisch hochstemmen würde. Bei ihm kann der Streßabbau daher nur auf eine *Symbolisierung,* das heißt bestenfalls auf ein kluges verbales Sich-Wehren hinauslaufen. Doch viele Menschen können nicht einmal dies, können nicht einmal »nein sagen«, weil es ihnen in Schule und Elternhaus schon frühzeitig abgewöhnt wurde.

Die Neinsage-Therapie

Nein sagen können heißt, sich nicht von allem verlocken lassen, nicht alles mit sich machen lassen, wenn es einem nicht entspricht. Viele Menschen haben jedoch Angst und Hemmungen, falsche Anforderungen der Umwelt zurückzuweisen, oder sie neigen aus Trägheit dazu, einfach alles zu akzeptieren. Diese Haltung läßt frühzeitig altern und macht zum seelischen Krüppel. Es beginnt damit, den Mumm zu haben, eine Zigarette abzulehnen, ein Glas Whisky abzulehnen, zu sagen, daß man dieses oder jenes nicht kann. So etwas befreit, entspannt und macht einen stark, dann vielleicht auch einmal eine

Beförderung auf einen Posten abzulehnen, der einem nicht entspricht und einen kaputtmachen würde. Im Max-Planck-Institut für Psychiatrie in München gab es vor einigen Jahren eine Therapie, die darin bestand, nein sagen zu lernen.[123] Eine solche Therapie ist für die ewigen Ja-Sager der beste Urlaub und damit ein kleines Beispiel – es gibt Dutzende dieser Art –, wie man Möglichkeiten zur Regeneration, zur Stärkung und Gesundung des ganzen Menschen nicht nur durch einen Erholungsurlaub, sondern auch mitten im Berufsleben angehen kann.

Beruf als Rollenspiel

Eine andere Hilfe ist es, das in der Berufswelt so häufige Freund-Feind-Bild nur als Spiel innerhalb eines engen Rahmens zu betrachten und in der übrigen Wirklichkeit, auch wenn es sich um die gleichen Menschen handelt, von diesem Bild und den damit verbundenen Schwarz-Weiß-Urteilen abzugehen. Ähnlich wie man beobachten kann, daß in der Politik die sich im Wahlkampf bekämpfenden Parteien in der Praxis oft eng zusammenarbeiten, kann auch in der Arbeitswelt die Einteilung Chef–Angestellter–Arbeiter als Spiel betrieben werden, einfach, damit die Arbeit klappt, sich für alle lohnt. Ein Spiel jedoch, welches im privaten, persönlichen Bereich, in der persönlichen Beziehung zueinander wieder zu Ende ist. Sobald man zum Beispiel die Hierarchie in einem Betrieb als Rollenverteilung erkannt hat, wird man aufhören, sich immer als ganzer Mensch mit seinem jeweiligen Rollenspiel zu identifizieren. Ja, nun läßt sich dieses Rollenspiel außerhalb des Berufs, auf persönlicher Ebene sogar umkehren, und man entdeckt Bereiche, wo durchaus auf einmal Anweisungen und Ratschläge vom »Untergebenen« zum »Chef« erlaubt sind.

Wir entdecken hier immer wieder enge Zusammenhänge des Streßgeschehens mit der zwischenmenschlichen Kommunikation und dem damit verbundenen Lebensgefühl. Es wundert daher nicht, daß in einer der gründlichsten und umfangreichsten Studien (über die Anfälligkeit für Herzinfarkt bei 3102 Bewohnern eines amerikanischen Landkreises) die Einstellung zum Leben, der Lebensstil, als der überragende Faktor erkannt wurde; als noch ausschlaggebender, als die bereits so wichtigen Infarktfaktoren Essen, Trinken, Rauchen, Arbeitsbelastung, mangelnde Freizeit und Erholung.[124] Wundern muß man sich lediglich darüber, daß die untersuchenden Mediziner von diesem 1971 erhaltenen Ergebnis so überrascht waren; denn das Bild paßt nahtlos in unsere Kenntnisse von den psycho-somatischen Wechselwirkungen beim Streßgeschehen.

Abgesehen vom einzelnen, für den wir nun eine Reihe von Abhilfemöglichkeiten und Orientierungshilfen kennengelernt haben, können aber auch Staat, Behörden und gesellschaftliche Gruppen heute durchaus ihren Teil zu einem weiteren Abbau wesentlicher Stressoren beitragen. Dieser Anteil liegt im Schutz und der Erhaltung der noch vorhandenen Erholungslandschaft, in einem sinnvolleren Wohnungsbau, einer entsprechenden Stadt- und Verkehrsstruktur und vielen anderen Ansatzpunkten, deren Antistreß-Gestaltung von einer ungeheuren volkswirtschaftlichen Auswirkung wäre. Vieles davon ließe sich sofort verwirklichen, wenn Forscher, Techniker und Politiker eine gemeinsame Basis fänden. Denn viele dieser prophylaktischen Maßnahmen sind nicht nur erst in ihren späteren Auswirkungen, sondern schon in ihrem augenblicklichen Effekt profitabel. Wenn sie klug konzipiert sind, kann man meist mehrere Fliegen mit einer Klappe schlagen, da gleichzeitig auch andere Stressoren und Umweltbelastungen wie Luftverschmutzung, Enge, Hetze, ja, selbst Arbeitslosigkeit, Rohstoffknappheit, Abfallsorgen und Energieprobleme vermindert werden können.[125] Sehr viel ist möglich, wenn nur der Druck der Öffentlichkeit groß genug ist. Er wird es sein, wenn diese Öffentlichkeit informiert und aufgeklärt ist – was unter anderem ja auch der Grund für die Verwirklichung unserer Streßfilmserie und dieses Buches war.[126]

Steigende Verkrampfung, Mißtrauen, Vorwürfe, Aggressionen. Gesundes Ventil oder unnötiger Stress für die ganze Familie?

4 Familie und Zusammenleben

Der Junge kann nicht schlafen. Er studiert die Lichtmuster an der Decke seines Zimmers, die von draußen durch die Jalousien fallen. Seine Eltern sind in der Küche. Er fühlt sich unwohl, fühlt sich bedrückt, ohne zu wissen warum. Unbewußt quält ihn etwas. Seine Gedanken, halb im Traum, vermischen sich mit den Außengeräuschen. Die Atmosphäre draußen ist nicht gut. Gesprächsfetzen dringen durch die Tür: »... ach nee, genau wie damals. Jedesmal tust du so, als wenn du nichts davon wüßtest ...« – »...Verdammt noch mal, ich laß mir das doch von dir nicht immer wieder vorhalten! Wie war's denn mit dir im Urlaub, wohl vergessen, was? ...« – »...Fang doch nicht damit wieder an! Herrgott, das ist ja wie im Irrenhaus. Du willst einfach nicht kapieren, weil du ein schlechtes Gewissen hast ...« – »... Ach, sieh mal da, die Madam spielt sich auf. Na, ich werd dir's zeigen ...« –

Seelischer Streß – ein unsinniger Mechanismus?

Streß. Steigende Anspannung zwischen den Partnern. Alarmreaktion auf Alarmreaktion. Doch im Grunde tut sich gar nichts. Man dreht sich im Kreise. Depression, Kopfschmerzen, bruchstückhafte Unterhaltung. Der eine starrt ins Leere, der andere beißt sich auf die Lippen. Das Kind im Nebenzimmer fällt nun doch in einen unruhigen Schlaf. Träumt von häßlichen Fratzen, von düsteren Landschaften, in denen es umherirrt – und schreckt wieder auf. Draußen Vorwürfe, und dann wieder Schweigen. Wer bedroht eigentlich wen? Wer hat Angst wovor? Hier sind die Bereiche kaum noch zu trennen. Sind es Verständigungsschwierigkeiten mit Frau und Kindern, die den Mann im Beruf versagen lassen, frustrieren, aggressiv werden lassen? Sind es berufliche Einflüsse, die das Familienleben stören, der Frau nicht das Gefühl geben, Partnerin zu sein? Wahrscheinlich liegt dieser verfahrenen Situation vieles zugrunde, was man gar nicht damit in Zusammenhang bringt. Bei ihm ein Prestigeverlust bei Kollegen, bei ihr Unsicherheit in ihrer Rolle gegenüber den Kindern, Aggressionsstau in der Autoschlange, ein paar Tage kein Austausch von Zärtlichkeiten – und immer wieder jene unbestimmten Ängste vor dem Leben und das Gefühl, den Sorgen nicht entrinnen zu können. Um dann der Kommunikation in der Familie eine negative Richtung zu geben, genügen oft nur geringe äußere Belastungen.

Die Zwänge unserer Zivilisation

So ist beispielsweise bereits bloßer Lärmstreß bei der Arbeit in der Lage, die Harmonie in der Familie zu stören. Bei Arbeitern in lärmreicher Umgebung fanden sich nach einer Studie des Max-Planck-Instituts für Arbeitsphysiologie wesentlich öfter gestörte Beziehungen an der Arbeitsstätte wie auch in der Familie als bei Arbeitern in ruhigen Betrieben. Der Lärm hatte sie gewissermaßen rundum sensibilisiert, so daß auch innerhalb der Familie weit häufiger Konflikte auftraten.[127]

Erinnern wir uns: Wenn ein Lebewesen in freier Wildbahn sich bedroht fühlt – auf fremde Geräusche und andere Gefahrensignale anspricht –, dann reagiert es naturgemäß spontan mit seinem Körper, zum Beispiel mit Flucht oder Angriff. Ein Reh springt ins Gebüsch. Ein Hund verbellt den Störenfried. Ein Hase beginnt Haken zu schlagen. Doch beim modernen Menschen werden solche instinktiven Impulse immer mehr durch die verschiedensten Zwänge unserer Zivilisation abgewürgt.

Und gerade bei ihm jagt oft pausenlos ein Alarmsignal, ein Streßreiz den anderen. Und jedesmal: beschleunigter Herzschlag, steigender Blutdruck,

Abschlaffen des Verdauungssystems und andere körperliche Veränderungen, die uns eigentlich alle für das Kämpfen präparieren. Ein Mechanismus, der sinnvoll sein mag für den stürmenden Soldaten – nur durch Streß hält er die Gefahr überhaupt aus –, sinnvoll für Jungen, die sich im Schulhof balgen. Doch das allein gelassene Kind, von einem nächtlichen Geräusch verängstigt, wird durch den ausgelösten Streß noch ängstlicher. Die angestauten Effekte dieser laufenden Frustrationen, dieser nicht zustande gekommenen körperlichen Reaktionen, schädigen das Kreislaufsystem, den Verdauungstrakt, die Lunge, die Muskeln und Gelenke und beschleunigen den allgemeinen Alterungsprozeß. Und der ehrgeizige Familienvater, der sich vom Kollegen oder gar von der eigenen Frau ausgestochen fühlt, auf ihn hat dieser Streß auf die Dauer einen tödlichen Effekt.

Multiplizierte Alarmsituationen

Dabei müßte vieles gar nicht sein. Warum holt man ein und dieselbe Streßsituation immer wieder aus der Erinnerung hervor und vervielfacht so die Alarmreaktionen seines Organismus? – »... damals hast du gesagt, es wäre dir schnurzegal, so was vergeß ich nicht, ich kenn' deine Scheinheiligkeit, ich weiß, was ich von dir zu halten habe.« – Hier hat jeder selbst die Hand im Spiel. Denn man kann sich *einmal* über eine Sache aufregen oder auch tausendmal, wie hier bei dem stupide wiederholten Thema: »... aber du hast doch damals schon bei den Kindern ...« Die seelische Alarmstufe wird ständig aufrechterhalten und zum Dauerstreß. Und dabei bleiben auch die körperlichen Änderungen bestehen und werden chronisch. Das komplizierte Spiel von Körper und Psyche geht kaputt, ohne daß uns das Ganze nur einen Deut weiterbringt.

Und doch sind Streßkrankheiten in manchen Teilen der Welt praktisch nicht vorhanden. Die Unterschiede sind enorm. Von Kulturkreis zu Kulturkreis, von Bevölkerungsgruppe zu Bevölkerungsgruppe, aber auch von Mensch zu Mensch. Wie wir schon sahen, trifft Streß nicht alle Individuen gleichermaßen. McQuade betont, daß einige Leute überhaupt nur durch ihn leben können, Streß scheint Nahrung für sie zu sein – wobei er Churchill anführt. Andere wiederum würden zwar keinen Streß erstreben, würden jedoch in dem Bewußtsein, etwas zu tun, das ihnen ein Anliegen ist, eine enorme Portion von Stressoren aushalten. Die meisten Menschen reagieren allerdings anders, wobei, wie wir sahen, auch die Berufswahl ein Wörtchen mitzureden hat. LKW-Fahrer, Fluglotsen, Fließbandarbeiter, Schrankenwärter, Personalchefs, Studenten vor dem Examen und nicht zuletzt unser frustriertes Ehepaar, sie sind in den meisten Fällen alles andere als immun gegen Streß.

Was also tun? Zunächst heißt es, eine Streßsituation als solche zu erkennen. Dann heißt es aufpassen, daß wir sie nicht künstlich verlängern, sondern uns aus ihr erheben und sie von einer anderen Seite anpacken. Gerade im Zusammenleben der Menschen in der modernen Zivilisationsgesellschaft mit ihren vielen Regeln, Traditionen, Gewohnheiten und Tabus werden streßerzeugende Ängste und Verkrampfungen durch eingefrorene Verhaltensweisen künstlich aufrechterhalten und so zu einer steigenden Qual. Unsere Wechselbeziehungen sind auf einmal durch gegenseitige Bedrohungen gestört, deren Mechanismus wir kaum verstehen.

Ganz gleich, welche der drei fundamentalen Bedrohungen im Spiel ist: drohender körperlicher Kampf, auch Berufskampf oder Konkurrenzkampf, die bedrohte Ernährung als Teil des Existenzkampfes mit seinem Zwang zu verdienen oder der Gedanke an den Tod, der uns Menschen als unausweichlich bewußt ist, der uns in jeder Krankheit begegnet und den wir doch, wo es geht, leugnen, beiseite schieben – alle Streßreaktionen auf diese Bedrohungen dienen ursprünglich dem Überleben unserer Art. Doch wir selbst pervertieren heute unsere Umwelt, unser Verhalten so, daß wir unter diesen (im Grunde lebensrettenden) Mechanismen beschleunigt zugrunde gehen.

Blicken wir also in diesem Kapitel einmal etwas tiefer in das Leben der Familie. Dorthin, wo Erwachsene mit Kindern leben, Kinder mit Greisen, wo Freizeit, Entspannung, Essen und Schlafen neben Hausarbeit, Organisation und Erziehung »betrieben« werden, und wo die beteiligten Menschen miteinander durch eine manchmal schwache, manchmal auch – wie bei unserem Ehepaar – sehr intensive Kommunikation verbunden sind. Durch Wechselbeziehungen, die schon sehr früh beginnen.

Streß und Kindheit

Es sind nämlich gerade die ersten Monate im Leben des Menschen, die Säuglingszeit, die durch die ersten Wahrnehmungen, die ersten Wechselbeziehungen mit der Umwelt ein Grundmuster für das spätere Verhalten prägen. Denn in dieser Zeit erfolgen die wichtigsten anatomischen Verdrahtungen im Gehirn. Die stärksten Umwelteinflüsse wirken also dann, wenn man ein Kind fälschlicherweise noch als passiv bezeichnet. Ja, die allergrößten vielleicht sogar in den ersten Stunden nach der Geburt.[94]

Die sanfte Geburt

So ist es nicht ausgeschlossen, daß gerade bei der in unserer Zivilisation eingerissenen Gebärweise, wie sie in den technisierten Entbindungsstationen heute stattfindet, große Fehler passieren – zumindest was die Ausbildung der Grundmuster in den Beziehungen des Menschen zu seiner Umwelt betrifft. Statt die Geburt harmonisch ablaufen zu lassen, das Kind zunächst auf den Bauch der Mutter zu legen und dann erst abzunabeln, statt zunächst die gewohnten Schwingungen und Laute zu belassen, mit denen es im Bauch der Mutter vertraut war, statt das Neugeborene im Dämmerlicht lange im Hautkontakt mit der Mutter zu belassen, bis die Nabelschnur nicht mehr pulsiert, und statt die radikal neue Umwelt eines fremden Planeten möglichst mit Eindrücken zu verbinden, die schon von vorher vertraut sind (die so behandelten Kinder schreien übrigens nach der Geburt nicht) – statt dessen wird laut geredet, das Baby auf den Rücken geklopft, sofort abgenabelt, von der Mutter getrennt, gewaschen, gemessen, gewickelt und gewogen. Alles oft noch unter grellem Licht und harten Temperaturänderungen. Diese Babys sehen dann auch entsprechend verkrampft statt glücklich aus.[129]

Das hormonelle Grundmuster

Viele Tierexperimente zeigen, daß es, abgesehen von der vorgeburtlichen Entwicklung, die ersten Stunden, Tage und Wochen sind, lediglich diese kleine Zeitspanne in der Kindheit, in der viele Seiten des sozialen Verhaltens, des Sexualverhaltens und des Streßverhaltens geprägt werden, also wichtige Zusammenhänge in unserem Hormonhaushalt.[128] Erst sehr viel später wird dann die hormonelle Struktur über das Grundmuster unseres Gehirns mit Gedanken und Wahrnehmungen, Worten und Eindrücken verknüpft.

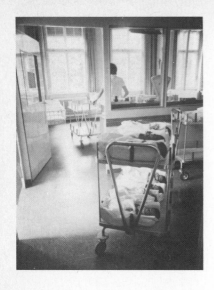

Moderne Säuglingsstation

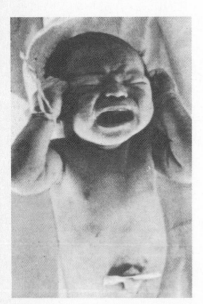
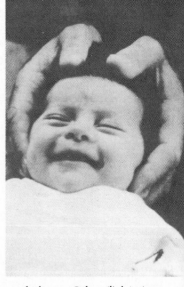

Typisches gestreßtes Aussehen eines Neugeborenen nach »harter« Geburt (links). Aussehen eines Neugeborenen nach »sanfter« Geburt. Ein entspanntes Lächeln, wie es sonst erst von mehrere Monate alten Kindern bekannt ist (rechts).

Aber nicht nur das Kind, sondern auch die Mutter erfährt durch den Kontakt der ersten Stunden nach der Geburt eine Art Prägung, die die spätere Entwicklung des Kindes entscheidend beeinflußt. Nicht umsonst heißt es: Die besten Mütter entstehen im Kreißsaal. Da an all diesen Erkenntnissen nicht mehr zu zweifeln ist, werden die Mütterstationen der Kliniken ihre Praxis grundlegend ändern müssen.[129]

Nahrung und Liebe

Auch die ersten Fütterungserlebnisse des Kindes spielen dabei eine entscheidende Rolle. »Wird dem Kind Nahrung gegeben, so empfängt es gleichzeitig Aufmerksamkeit, Anerkennung und Liebe. Wird ihm die Nahrung vorenthalten, so werden ihm auch die anderen Dinge vorenthalten. Auf diese Weise vermischt das Kind sehr früh die Nahrungserfahrung mit allen Arten von anderen Erfahrungen (nicht nur gegenüber ihm selbst, sondern auch vor

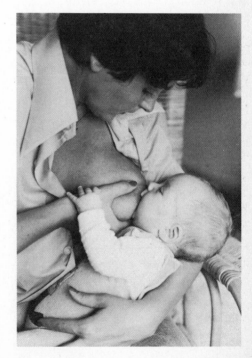

Hautkontakte und Stillen prägen das spätere Verhalten von Mutter und Kind.

allem was das Geben und Nehmen zwischen zwei Menschen betrifft. Nicht umsonst heißt es ja, Liebe geht durch den Magen). Auch später entwickeln Menschen mit Abhängigkeitsproblemen, Leute, die das Gefühl haben, im Leben nicht das zu erhalten, was sie eigentlich verdienen, daher häufig Magenbeschwerden. Die Wünsche machen sie hungrig, und zwar buchstäblich.«[7]

In den ersten Lebenswochen ist dieser Mechanismus natürlich noch viel ausgeprägter und nachhaltiger. Wenn ein Kind nicht genügend Liebe und Sicherheit während der Nahrungsaufnahme empfängt, dann entwickelt es fast immer Störungen in seinem Verhalten, zumindest aber in seinem Verdauungsapparat. Solche Kinder haben dann später oft Gewichtsprobleme, weil sie ständig naschen.[7] Oder sie gesellen sich zu den 2 bis 3 Millionen Bundesdeutschen, die an Magengeschwüren und Darmentzündungen leiden.

Die Nahrungsaufnahme hat also eine weitreichende Bedeutung – auch auf andere Lebensbereiche. Ihre enge Verbindung mit anderen Lustgefühlen zeigt sich in vielen Verhaltensweisen. Eine Störung in dieser wichtigen Verbindung bedeutet daher nichts anderes als emotionalen Streß, der so häufig aus dem Bereich des Sozialverhaltens in den Sexualbereich hinüberspringt, von dort vielleicht in den Berufsbereich und wieder zurück in die Familie, wo er jeweils die gleichen Grundphänomene vorfindet: streßauslösende Momente wie Angst, Konflikte, Handlungsblockaden, Alarmreize, Bedrängungen, Erfüllungsnot und wie diese vielen Begriffe alle heißen, mit denen man im Grunde nur die vielen Gesichter der beiden Urformen von Flucht und Angriff bezeichnet. Umgekehrt ist es daher auch nicht verwunderlich, daß schon bei Tieren in diesem Fütterungs- und Brutpflegeverhalten ganz wesentliche Elemente eines friedlichen Zusammenlebens versteckt sind: Antistreß-Faktoren für das spätere Überleben in der Gruppe.

So hat sich aus der Mund-zu-Mund-Fütterung bei Jungtieren im späteren Sozialleben ein Ritual entwickelt, das wir beim Menschen Kuß nennen. Der Starnberger Verhaltensphysiologe Wickler berichtet, daß Vögel nicht nur ihre

Das »Kindchenverhalten« wirkt auch beim erwachsenen Tier als Schlüsselreiz und dämpft Aggressionen.

Jungen auf diese Weise füttern, sondern oft auch den Ehepartner. Wenn zwischen erwachsenen Tieren bestimmter Vogelarten ein Streit ausbricht, so beginnt der Bedrohte oft wie ein Jungvogel um Futter zu betteln. Die kindliche Haltung wirkt dann wie ein Schlüsselreiz und löst im anderen Tier statt der Aggression Beschützerinstinkte aus. Die Folge: Der Angriff kann verhindert werden. Ohne daß wirklich Futter überreicht wird, drängt der bettelnde Partner den anderen in die Rolle des älteren Tieres, wobei ein ursprünglicher Angriff oft auch in dem bekannten Beknabbern, Putzen und Streicheln in der Halsgegend des anderen eine friedliche Fortsetzung erfährt.[130] Solche Arten der sozialen Körperpflege, wie etwa auch das Lausen bei den Affen, dienen zum Entspannen einer aggressiv geladenen Situation. Oft auch direkt zur Hemmung eines Angriffs.[130]

All das sind wichtige Kommunikationselemente, die eng mit Zärtlichkeit zusammenhängen und den Zusammenhalt in der Gruppe fördern. Bei vielen Lebewesen, auch beim Menschen, tritt daher häufig dieses Kindchenverhalten auf, um Zuneigung zu erzeugen. Aus dem Fütterungsverhalten hat sich, wie gesagt, letzten Endes ja auch das Grußzeremoniell des Kusses entwickelt.

Schmollmündchen und Aggressionshemmung

Es wäre nun Unsinn, diese Doppelbenutzung vieler angeborener Verhaltensweisen wie etwa des Brutpflegeverhaltens als Zweckentfremdung abzutun. In Wirklichkeit ist es eine weise Einrichtung der Natur, die ja auch sonst möglichst mehrere Fliegen mit einer Klappe schlägt. Das gleiche gilt für die sexuellen Elemente aus dem Paarungsverhalten. Auch die Sexualität wird von der Natur für grundverschiedene Aufgaben eingesetzt. Sie dient außer zur Fortpflanzung auch dem Zusammenhalt von Partnern – und damit der Dämpfung von Aggressionen.[130]

Wer kennt das nicht: Man regt sich auf, entdeckt im Büro, daß wichtige Akten und Papiere auf einmal ganz woanders liegen, Notizen, Fotos und Zeichnungen auf einen Haufen geschoben wurden, während man kurz seinen Arbeitsplatz verlassen hatte. Man schreit ins Büro: »Welcher Idiot hat denn bloß das ganze Durcheinander hier gemacht! Der kann vielleicht was erleben!« ... und dann kommt ein hübsches Mädchen rein, Schmollmündchen, Kulleraugen: »Das war ich ...« Man schmilzt dahin, muß lächeln, das Ganze ist auf einmal gar nicht mehr so wichtig. »Ach so, Sie waren das ...« – Wir sehen, ein bißchen Erotik, und der Zorn ist verraucht. In solchen Fällen kann man sagen, daß ein Teil unseres Sexualverhaltens ins Soziale umfunktioniert wird. Es wäre daher falsch, eine solche Reaktion zu unterdrücken oder sie als ungerechte Bevorzugung abzustempeln.

Wie sehr wir auf solche Schlüsselsignale ansprechen, zeigt sich nicht zuletzt in der Ausbildung bestimmter Schönheitsideale in Anlehnung an ausgesprochene »Kindchen-Proportionen«. Die Bevorzugung eines niedlichen Gesichts mit Stupsnase und Kulleraugen, das jeden Chef in die Rolle des väterlichen Beschützers drängt, selbst da, wo diese Rolle fehl am Platze ist, spiegelt im Grunde lediglich das Funktionieren dieser biologischen Schlüsselsignale wider. Der Ärger über die Bevorzugung von Kolleginnen, über auf diese Weise zustande kommende Ungerechtigkeiten würde vielleicht einem Schmunzeln weichen, wenn man sich ein wenig diesen biologischen Wirkungsmechanismus klarmachte. Jedenfalls wäre es ein nutzloses Bemühen, diese »Zweckentfremdung« bestimmter Instinkte abschaffen zu wollen.[130]

Das Mehrzweckprinzip der belebten Natur

Wir würden damit auch an einem sehr weisen Grundprinzip der Natur vorbeigehen: an ihrer energiesparenden Arbeitsweise. Tatsächlich gibt es kaum einen biologischen Vorgang, der nicht gleichzeitig für mehrere Zwecke eingesetzt wird – allein schon weil die belebte Natur anders wohl kaum überlebt hätte. Dies ist ein Grundprinzip der Kybernetik lebender Organismen[131] – im Gegensatz zu unserer heutigen technokratischen Denk- und Konstruktionsweise, die äußerst unklug und mit hohen Energieverlusten immer nur auf einen einzigen Zweck gerichtet ist.

Ein Blick in die Natur, und wir sehen, wie es anders geht: die Bestäubung von Blüten, gekoppelt mit der Ernährung von Insekten; den Regenwurm, der nicht nur den Vögeln als Futter dient, sondern gleichzeitig den Boden durchlüftet; Blätter, die die Feuchtigkeit zwischen Pflanze und Luft regeln, aber auch die Fotosynthese besorgen, als Nahrung und als Dünger dienen. Wir müssen uns daher nicht wundern, daß wir das gleiche rationelle Prinzip auch im Hormonbereich finden, daß die erwähnte Koppelung der Sexualität mit anderen Aufgaben sogar noch weitergeht. Erinnern wir uns, daß die Abwehr gegen Krankheiten bei Angst oder Gefahr, also im Streß, schlagartig absinkt. Aufkeimende Erotik und die Ausschüttung von Sexualhormonen lassen dagegen, das kann man messen, die Krankheitsabwehr wieder ansteigen. Diese Hormone stärken das Immunsystem und schützen uns vor Infektionen und krebsartigen Erkrankungen.

Sex als Antistreß

Die Bedeutung der Sexualität als eine zwischenmenschliche Beziehung mit Antistreß-Charakter ist bisher kaum durchgedrungen. Die besonders intensive Wechselwirkung zwischen Streß und Sexualität als einem der wichtigsten

Phänomene in unserem Gruppenverhalten wird offensichtlich, wenn wir bedenken, daß der ganze Bereich der Nebennierenhormone und der daran beteiligten Hypophysenhormone in einer Art Gegenwirkung zu der Gruppe der Sexualhormone steht und damit auch in einem ähnlichen Antagonismus zu dem damit eng verbundenen krankheitsabwehrenden Immunsystem. So kann bei der Frau auf Streßreaktionen und emotionale Erregung hin eine starke, 5- bis 8fache Erhöhung des Prolaktinspiegels, des milchfördernden Hormons festgestellt werden, während die sexuell stimulierenden Hormone stark absinken – ganz im Sinne der Alarmreaktion auf Gefahr, bei der sämtliche für Flucht oder Angriff nicht benötigten Körperfunktionen wie Verdauung, sexuelle Aktivität und hier auch die Milchproduktion schlagartig gehemmt werden.[32]

Solche Zusammenhänge gehen über hormonelle Verschiebungen hinaus bis in den Bereich des Krebsgeschehens, wo man beispielsweise längst eine enge Beziehung zwischen jenem hohen Prolaktinspiegel und Brustkrebs und viele andere Wechselwirkungen beobachtet hat.[132] Auch diese Ergebnisse demonstrieren letztlich nur wieder die starke Abhängigkeit des Einzelorganismus von seiner Umwelt; Wechselbeziehungen, die tief in das körperliche Geschehen eingreifen. Jeder Therapieversuch von ärztlicher Seite ist daher zum Scheitern verurteilt, wenn er nicht das Verhältnis des einzelnen zu seiner näheren Umwelt wie auch zur Gesellschaft mit einbezieht, dort pathologische Zustände und Verhaltensweisen aufspürt und sie zum Krankheitsgeschehen in Beziehung setzt.[32, 189]

Leider wird heute im Bereich von Sexualität und Erotik lediglich eine intellektualisierte Aufklärung betrieben, welche die so wichtigen Gefühlsmomente völlig mißachtet. Der vieldiskutierte ›Sexualkundeatlas‹ ist als Prototyp zu nennen. Solche Halbaufklärung, die sich in ein wenig Anatomie und einigen Turnübungen und Techniken erschöpft, wird leider in der Wirklichkeit oft nur noch dadurch ergänzt, daß Liebe und Erotik in unserer verkrampften Zivilisation nicht mit Freude und Schönheit, sondern mit Angst, Gewalt und Verbrechen gekoppelt werden. Also mit höchstem Streß. Die Unterdrückung eines harmonischen und lustvollen Sexualverhaltens zerstört eines der größten Gegengewichte gegen Streßeinflüsse, deren Bewältigung so immer schwerer wird.[133]

Dieser tiefere biologische Hintergrund in den Beziehungen zwischen Mensch und Umwelt, den man heute zu verstehen beginnt, dürfte auch – um unser voriges Thema über die Bedeutung der ersten Streßerlebnisse des Menschen abzuschließen – dem bisherigen Trend einer zunehmenden Technisierung der Säuglingspflege endgültige Grenzen setzen, wenn wir wollen, daß unsere Kinder sich in ihrem Verhalten normal entwickeln. Denn der Säugling kann selbst die perfekteste Pflege in der Klinik psychisch nicht verwerten, weil er offenbar schon in seinem Erbmaterial auf ein ganz bestimmtes Rollenspiel mit einer Person, der Mutter oder der Amme, angelegt ist.

Wenn wir die Gesamtheit all dieser mit dem Brutpflege- und Sexualbereich zusammenhängenden zwischenmenschlichen Beziehungen und Kommunikationsarten betrachten, so finden wir, daß sie eminent lebenswichtig sind. Ihr Funktionieren verhindert die sonst tödliche Aufstapelung nicht mehr abbaubarer, nicht mehr umlenkbarer noch vermeidbarer Streßreaktionen. Der friedliche Zusammenhalt gerade innerhalb dichter Gruppen würde ohne diese Mechanismen in vielen Fällen für den einzelnen unmöglich und könnte eine Population durchaus in die Katastrophe reißen.

Versuche aus früherer Zeit, die Entwicklung dieser sozialen Verhaltensweisen im Keim zu ersticken, wie sie von manchen Potentaten der Geschichte mit einzelnen Kindern durchgeführt wurden (Kaspar-Hauser-Syndrom), zeigten, daß die radikale Abtrennung eines Kindes von jeglicher Pflegeperson, Zärtlichkeit, Kommunikation und Sprache, selbst wenn es ansonsten hygienisch und ernährungsmäßig voll betreut wurde, für den Menschen tödlich ist. Sämtliche auf diese Weise »versorgten« Kinder siechten dahin und starben.

Das autistische Kind

Jeder wird sich an Kinder erinnern – vielleicht war man selbst so –, die einen fremden Gast nicht anschauen, kein Händchen geben, nichts sagen. Diese häufigen und typischen Verhaltensstörungen werden, wenn sie stark ausgeprägt sind, fälschlicherweise oft als genetischer Schaden, Schizophrenie, Psychose, Taubheit, Gehirnschaden und anderes diagnostiziert. In Wirklichkeit kann das gestörte Verhalten – man nennt es Autistik, ein Fachausdruck für »fremdeln« – dadurch behoben werden, daß man dem Kind lediglich die Angst nimmt und ihm dafür die verlorene emotionale Sicherheit wiedergibt. Autismus scheint ähnlich wie Hospitalismus ein typisches, durch frühen Umweltstreß zu Tage tretendes Krankheitsbild zu sein.

Nikolas Tinbergen, Nobelpreisträger für Medizin, erkannte, daß kurze Phasen dieses gestörten Verhaltens auch bei jedem normalen Kind zu beobachten sind, und baute von da aus seine sensationelle Therapie des Autismus auf. Eine Therapie, die im Grunde nichts anderes als ein Triumph des gesunden Menschenverstandes ist und alle bislang verkrampften Versuche der Medizin, hier mit besonderen Techniken, Arzneimitteln, Spezialübungen und psychoanalytischer Behandlung weiterzukommen, mit einer Handbewegung beiseite schiebt.

Nach Tinbergen verhindert eine Art Angstneurose zunächst den normalen Kontakt mit anderen Menschen (und später auch das Einfinden in die Gesellschaft, die Sozialisierung). Entweder waren solche Kinder ungewollt das Opfer einer gestreßten Atmosphäre in ihrer Umwelt oder zwischen den Eltern, oder sie selbst hatten als Säugling oder Kleinkind ein schweres Angsterlebnis. Wie sehr hierzu bereits eine unnatürliche Gebärweise den Keim legen mag, wurde schon weiter oben diskutiert.

Durch ausgebliebene Kontakte wurde dann schon bald die Entwicklung des freien Sprechens unterdrückt, aber auch eine Reihe von Lernprozessen wie das Aufnehmen von Information durch Lesen, das Erforschen der Umwelt und andere. So kommt es, daß das Kind weiterhin in einer Furcht vor der Umwelt lebt, in die es hineingeboren wurde. Dadurch gerät es in einen Konflikt: Es möchte sich körperlich und geistig von dieser Umwelt zurückziehen, gleichzeitig aber doch seinem Verlangen nach Kontakten, nach Erforschung der Umwelt nachgeben. Es möchte die Welt erobern und hat doch gleichzeitig Angst vor ihr.

Weder dem extrem schüchternen Kind, noch dessen Eltern sind hier Vorwürfe zu machen. Oft waren diese einfach unerfahren und haben übereifrig und aufdrängend das Kind mit zu viel Aufmerksamkeit überschüttet, oder sie standen selbst unter starkem Streß. Doch wer dies liest, sollte wissen, daß man solchen Kindern mit Sicherheit nicht dadurch die Welt öffnet, daß man sie, etwa wenn ein lieber Besuch kommt, bedrängt: »Nun gib schön Händchen, sieh die Tante an, sag schön guten Tag« und ähnliches. Ein Vorgang dieser Art wirft das Kind jedesmal wieder um einige Schritte zurück. Und auch die »Tante« sollte die Zuneigung des Kindes nicht zu erzwingen versuchen, sondern besser nach einem Rezept vorgehen, das den im Grunde völlig natürlichen Streßmechanismus abbaut. Es ist das Rezept des Zähmens, und zähmen heißt *Vertrauen* gewinnen.

Sieben Regeln zur Kontaktaufnahme

Hier die wichtigsten Regeln von Tinbergen, in sieben Punkten zusammengefaßt:[134]

1. Nach einem kurzen freundlichen Blick bei der Begrüßung das Kind zunächst völlig ignorieren. Kein Tätscheln, kein Ausfragen. Sich mit den Eltern freundlich unterhalten, wobei man aus dem Augenwinkel bald bemerken wird, daß das Kind den Fremden aufmerksam studiert.

2. Nun ab und zu einen kurzen Blick auf das Kind werfen und, falls das Kind ausweicht, den Augenkontakt sofort wieder abbrechen. Das Anblicken ist nämlich einer der *letzten* Schritte des Öffnungsvorganges und darf in keinem Fall dadurch aufgezwungen werden, daß man sagt: »Nun schau doch den Onkel an, wenn du ihm guten Tag sagst« und was dergleichen künstliche Verhaltensweisen unserer Zivilisation mehr sind.

3. Das Kind wird sich bald schüchtern nähern und seinem im Grunde starken Verlangen nach Kontaktknüpfung eine erste Berührung folgen lassen. Vielleicht, indem es einen versuchsweise am Knie berührt. Dies ist oft ein kritischer Moment. Würde man jetzt das Kind voll ansehen, dann würde man den Annäherungsprozeß wiederum um mehrere Schritte zurückwerfen, nicht dagegen, wenn man das Kinderhändchen beispielsweise mit seiner eigenen Hand bloß zart berührt.

4. Dieses Spiel allmählich fortführen, das Händchen mal kurz drücken oder signalartig mit dem Finger kurz antippen, die eigene Hand zwischendurch schnell wegziehen und so weiter. Oft wird das Kind dann lachen, worauf man auch mit Lachen antworten kann.

5. Bald wird das Kind mutiger und den Kontakt durch weitere Berührung und durch Vor-sich-hin-Sprechen festigen. Erst jetzt ist der Moment gekommen, in dem man den ersten vollen Augenkontakt wagen darf. Auch dies sehr vorsichtig, Schritt für Schritt, auf jeden Fall mit einem Lächeln und nur für einen kurzen Moment.

6. Übergehen ins Spiel, zum Beispiel das Gesicht mit den Händen kurz auf- und zudecken, was von dem Kind sehr bald mitgemacht wird. Jetzt ist vielleicht auch das erste Sprechen möglich, wobei das Kind meist die Initiative ergreift.

7. Jetzt wird das Kind sehr rasch immer längeren Augenkontakt durch direktes Ansehen dulden. Generell sollte man sich bei allen Schritten jedoch immer zurückhalten und das Kind kommen lassen, wonach sich dann oft ein sehr intensiver Spielkontakt einstellt.

Der ganze Prozeß kann, wenn er vorsichtig gesteuert ist und sich über längere Zeit und öftere Versuche erstreckt, selbst schwerste Fälle von emotionalen Störungen so weit heilen, daß diese Kinder ihre frühen Streßerlebnisse nicht bei jeder Begegnung reproduzieren. Sie können lernen, normal zu sprechen und auch im späteren Leben guten sozialen Kontakt zu finden. Nach und nach lassen sich auf diese Weise in vielen Fällen sogar schwerer Hospitalismus ebenso wie hartnäckige Autistik aus ihrer Schale herauslösen. Die Kinder werden anschmiegsam und beginnen die Welt ohne Angst zu erobern.

Das Draht- und Kuschelmutter-Experiment

Berühmt geworden sind die Experimente des britischen Forschers Harlow mit der »Drahtmutter« und der »Kuschelmutter«, die auch der Anthropologe Alland für seine Aggressionstheorie heranzieht.[135, 136] An Rhesusaffen zeigte er die äußerst unterschiedliche Entwicklung kleiner Äffchen auf, je nachdem, ob sie ihre Nahrung von einer »Mutter« aus Draht oder aus kuscheligem Stoff erhielten. Da in beiden Fällen die normale Milchnahrung gegeben wurde, war es keinesfalls die Nahrungsquelle, die die Äffchen in ihrem Verhalten zur jeweiligen »Mutter« prägte. Welches waren nun die Unterschiede?

Alle Äffchen der Kuschelmutter kletterten auch nach dem Trinken noch lange Zeit auf dieser herum, während die Äffchen der Drahtmutter sofort von dieser abließen, sobald der Hunger gestillt war. In der späteren Entwicklung zeigte sich bei den Kindern der Drahtmutter dann ein typisches autistisches Verhalten, ein Fremdeln, und später ein Hospitalismus, wie er nur zu gut von geschädigten Kindern bekannt ist. Die Tiere saßen entweder zurückgezogen in ihren Käfigen, oft den Kopf zwischen den Händen vergraben, andere gerieten in Wut, wenn man sich ihnen nur näherte, oft zerrten sie an ihren eigenen Gliedern so stark, daß sie sich weh taten, kurz, sie waren hochgradig neurotisch.[137]

Ein von Harlow eingeleitetes Fortpflanzungsexperiment mit diesen Äffchen scheiterte auf erschreckende Weise. Das Sexualverhalten war durch die frühe Kindheit komplett gestört, das Zusammensein mit einem Partner führte zu heftigen und bösartigen Kämpfen, die Tiere mußten getrennt werden, damit sie sich nicht umbrachten. Selbst wenn sie später tatsächlich einmal Junge bekamen, dann behandelten sie diese wie Ungeziefer, das auf ihnen herumkriecht, stießen sie von sich, schlugen und bissen sie oder drückten sie mit dem Gesicht auf den Boden.[137]

All dies erinnert uns in beunruhigender Weise an Berichte von recht ähnlichen Kindesmißhandlungen, aber auch an Vorkommnisse in vielen sogenannten normalen Familien. Schließen wir von diesem Experiment auf den Menschen, so mag der Keim zu einem ähnlichen Verhalten bereits in den Säuglingserlebnissen der *Mutter* zu suchen sein, vielleicht ist gar wiederum die Art und Weise, wie unsere Babys zur Welt kommen, also die erwähnte Technisierung des Geburtenbetriebs daran nicht ganz unschuldig.

Wir haben nun auf der einen Seite erfahren, welche dauerhaften Spuren Erlebnismuster der frühkindlichen Phase hinterlassen können und haben andererseits auch die enge Beziehung von geistigen Eindrücken und Wahrnehmungen mit der körperlichen Entwicklung kennengelernt: die meßbaren biochemischen Wechselwirkungen zwischen Wahrnehmungssignalen, Hormonen und dadurch ausgelösten Stoffwechselerscheinungen. Vielleicht werden wir nun nicht nur aus Sentimentalität und Romantik, sondern auch einmal aus naturwissenschaftlicher Erkenntnis heraus etwas mehr Wert auf die Harmonie dieser ersten Kontakte legen. Inzwischen ist in den USA wieder ein starker Trend zum Stillen durch die Mutter zu beobachten, und zunehmend erlauben Kinderkliniken der Mutter unbeschränkten Zugang zum Kind, besonders, wenn es krank ist. Denn eine seelische Schädigung des Kindes wiegt auch für spätere körperliche Leiden, für ein späteres Streßverhalten weit schwerer als etwa eine Ansteckungsgefahr durch den häufigeren Kontakt mit der Mutter. Selbst die perfekteste Pflege und Hygiene in der Klinik mag die gesunkenen Abwehrkräfte eines gestreßten Kindes, auch was die Infektionsgefahr betrifft, nicht voll kompensieren können.[130] All das, was über Hautkontakte und den emotionalen Kanal zur Stärkung des kindlichen Immunsystems beitragen kann, stellt mit Sicherheit das, was statt dessen unpersönliche Hygiene leisten kann, weit in den Schatten.

In vielen Fällen weiß man heute nicht nur *daß*, sondern auch *wodurch* Säuglinge einerseits interessiert, andererseits gestreßt werden können und wie groß die Handlungsbreite zwischen diesen beiden Polen einer positiven Neugier und einer negativen Furcht liegen. Ein dem Kind zu heftig, zu schnell oder zu groß vorgeführter Reiz wandelt Neugier sehr rasch in Furcht um. Nehmen wir Geräusche: Auf einen unerwarteten Ton von 70 Dezibel schließt ein Neugeborenes sofort die Augen und reagiert mit beschleunigtem Puls. Wenn der gleiche Ton jedoch seine Endstärke über einen Zeitraum von mehreren Sekunden allmählich aufbaut, dann öffnet der Säugling die Augen, blickt herum und verlangsamt den Herzschlag.[138] Im Gegensatz zum ersten Verhalten sind dies typische Zeichen für beginnendes Interesse. Das Prinzip dieses kleinen Beispiels läßt sich auf viele andere Reize übertragen und wird zumindest von den Müttern meistens instinktiv befolgt. Wir sollten uns also klarmachen, daß auch Stressoren für den Säugling durchaus erforderlich sind. Er muß lernen, sie zu interpretieren und auf sie zu reagieren. Vor allem muß er lernen, daß Reize, die zunächst als Streß empfunden werden, nicht immer gefährlich, sondern auch durchaus bekömmlich sein können. Zwischen positiver Stimulation und negativem Streß ist allerdings nur ein schmaler Grat, den es gerade für den Säugling sehr sorgfältig zu beobachten gilt.

Sprache und Überleben

Vertrautheit mit dem Code

Eine wichtige Einführung in die spätere Kommunikation mit der Umwelt ist dabei zum Beispiel das scheinbar so sinnlose Reden und Babbeln der Mutter mit dem Säugling. Die Mutter tut es instinktiv, obgleich sie weiß, daß das Kind nichts versteht. Aber das Kind fühlt die Zärtlichkeit der Stimme. Neben dem Hautkontakt ein wichtiges Element für ein gutes Gedeihen des Kindes, für die Entwicklung seiner Sinne und seines allmählichen Interesses an der Umwelt. Darüber hinaus wird das Gehirn des Kindes auf diese Weise mit den Elementen und Schwingungen, sozusagen mit der Bandbreite unseres sprachlichen Codes vertraut gemacht.

Ein Kind, das ohne dieses Reden aufwächst, hat es beispielsweise schwer, beim späteren Lernen und festeren Einprägen des Gelernten den Stoff verbal zu verarbeiten und ihn an Begriffe zu assoziieren. Es wird sich immer schwer in Worten ausdrücken können und das Gelernte lieber in Gefühlen und Bildern von sich geben.

Wie schon mehrfach erwähnt, bedeutet eben die Sprache, dieses an Kodifizierungsmöglichkeiten überaus reichhaltige Werkzeug, für den Menschen als das »sprechende Tier« die wesentlichste Hilfe zum Überleben. Ihr richtiger Gebrauch ist das A und O für die heute unentbehrliche Zusammenarbeit der Menschen, für das friedliche Zusammenleben in der Gruppe – so die Grundthese der Allgemeinsemantik. Dies außer acht zu lassen, wäre nach dem schon erwähnten Hayakawa genau so unwissenschaftlich, als wenn wir zum Beispiel eine Theorie über das Überleben des Bibers bilden und dabei den interessanten vielfältigen Gebrauch nicht berücksichtigen würden, den ein Biber von seinen Zähnen und seinem flachen Schwanz macht.[139] Und doch glaubt man bei so vielen Streßsituationen, Depressionen und Angstzuständen, daß man miteinander nicht reden könne. Man traut der Sprache nicht das zu, was sie tatsächlich leistet. Man glaubt, man käme besser zurecht, wenn man weniger offen zueinander sei, weniger die Dinge beim Namen nenne, weniger ausspreche, was einen bedrückt. Ehe wir darauf näher eingehen, wollen wir noch einmal auf das »Babbeln« der Mutter mit dem Säugling zurückkommen.

Der wichtige Small-talk

Hier treffen wir nämlich schon sehr früh auf eine wichtige Nebenfunktion der Sprache. Wir kennen sie auch im späteren Leben, wo sie oft abfällig beurteilt wird. Es ist das Plaudern, der *small talk*, das Sprechen um des

Sprechens willen. Hier werden nicht Worte ausgetauscht, weil man sich informieren oder gar den anderen beeinflussen will. Die Kommunikation ist lediglich ein Mittel, um Gemeinsamkeiten zu entdecken und somit die Angst gegenüber einem fremden Menschen abzubauen.

Das Sprechen über das Wetter, die flache gesellschaftliche Konversation schafft solche gemeinsamen Übereinstimmungen, baut dadurch den Streß des Unbekannten ab und gibt ein Gefühl der Sicherheit. Der Gesprächsstoff selbst ist dabei völlig nebensächlich. Mit jedem neuen Einverständnis, gleichgültig, wie abgedroschen oder wie selbstverständlich es auch ist, schwindet die Furcht, Vertrautheit stellt sich ein, und die Möglichkeit einer Freundschaft erweitert sich.[140]

Ja, in vielen Fällen dienen die Worte nicht einmal hierzu, sondern sie sind einfach ein Zeichen, daß die Kommunikationswege noch offen sind. Jeder kennt Situationen, wo Mann und Frau, jeder mit sich selbst beschäftigt, der eine näht, der andere liest Zeitung, im gleichen Raum sitzen, bis irgendwann einer von beiden durch die Schweigsamkeit unbewußt beunruhigt ist:

»Warum sagst du nichts, ist was?«

»Was soll ich denn sagen, ist ja nichts los.«

»Na ja, dann ist es ja gut.«

Völlig richtig. Jetzt ist es gut. Denn damit war festgestellt, daß die Verbindung noch offen war. Allein diese Feststellung vermittelt bereits Wärme, überwindet die Einsamkeit.

Doch genauso kann uns das Sprechen in große Schwierigkeiten bringen; Mißverständnisse, Beleidigungen, Lügen. All dies ist möglich, weil Worte nicht die Wirklichkeit sind, sondern Symbole von der Wirklichkeit. So richtet der Mensch in seiner Symbolwelt eigene Ordnungen ein, die ihm die Möglichkeit geben, abstrakt zu denken und die Wirklichkeit zu simulieren. Das hilft ihm zwar auf der einen Seite, besser mit den Reizen der Umwelt fertig zu werden und zu überleben, auf der anderen Seite läßt es ihn aber sehr oft vergessen, daß diese Symbolordnungen eben nicht die Realität selbst sind, sondern, wie die Semantiker betonen: Landkarten vom Gelände.[141]

»Alles o.k.?« – *Small talk zeigt, daß die Kommunikationswege noch offen sind.*

Wenn auf der einen Seite die verbale Kommunikation für das Überleben des Menschen in der Gruppe also eine Notwendigkeit ist und andererseits ausgerechnet die Sprache dazu führt, Konflikte zu schaffen und zu vertiefen, dann stimmt etwas nicht. Eigentlich dürfte das Sprechen immer nur zu erhöhter menschlicher Kooperation führen. Doch gerade der Austausch von Worten, von Bemerkungen, wie zwischen unserem anfänglich geschilderten Ehepaar, zwischen zwei Betrunkenen an der Bar, zwischen zwei feindlichen Delegierten im Sicherheitsrat der UNO führt statt dessen auf beiden Seiten häufig – und je mehr man spricht – zu der Überzeugung, daß es unmöglich sei, mit dem anderen zu kooperieren.[142]

Während wir in unserem einseitigen Intellektualismus die Symbolwelt der Worte pervertieren, die Abstraktion zum Idol erheben, uns scheuen, »reine« Theorien durch die »schmutzige« Wirklichkeit zu beleidigen – und dadurch viele Aufgaben unseres Überlebens ungelöst lassen, haben wir im Grunde vergessen, was eigentlich das großartige Instrument der Sprache tatsächlich für unser Zusammenleben leisten kann. Ja, auf der anderen Seite trauen wir naiverweise gerade der rohen Gewalt außerordentlich viel bei der Aufgabe zu, unser Zusammenleben zu regeln. Das beginnt mit dem schon beschriebenen Gebärverfahren: Mit Gewalt wird der Wechsel in die neue Welt vollzogen, statt einen sanften Übergang zu erlauben. Mit Gewalt werden Kinder aufs Töpfchen gesetzt. Mit Gewalt werden die Kinder wildfremden Personen auf den Schoß gesetzt und die natürliche Barriere und die allmähliche Annäherung, wie wir sie beschrieben haben, zerbrochen. Mit Gewalt preßt die Schule langweilige, uninteressante Begriffe, Daten und Fakten in unseren Kopf, ohne uns in deren Bezug zur Wirklichkeit einzuführen. Mit Gewalt werden sogenannte Außenseiter zum Konformismus gezwungen, ohne daß man jemals bewiesen hätte, welche Norm wirklich normal ist. Und mit Gewalt werden schließlich Konflikte zwischen menschlichen Gruppen und Staaten ausgetragen.

Letzten Endes ist all dies möglich, weil eben die Sprache oft nicht mehr zur Information und Verständigung dient, sondern zur Anti-Information, zur Anti-Kooperation pervertiert wird. Wir brauchen uns dann nicht zu wundern, wenn die Fülle der täglichen Begegnungen, Wahrnehmungen, Erlebnisse, Situationen und Rollenverteilungen eine Alarmreaktion nach der anderen erzeugt und wir über den Streßmechanismus nur noch zwischen der Bereitschaft zur Flucht und der Bereitschaft zum Angriff hin- und herpendeln, ohne daß es jedoch zum einen oder anderen je kommen darf.

Doch leiden wir wirklich nur darunter, daß wir die so angestauten Aggressionen nicht ausleben können? Ist dieses Streben nach Nicht-Kooperation in uns nun eine Zivilisationskrankheit, eine Entartung des Streßmechanismus, oder ist es unausweichlich, weil tief in uns verankert? Die letztere Auffassung von einem in allen Lebewesen eingeborenen »Aggressionstrieb« wird jedenfalls vielfach bestritten. So gibt es eine ganze Reihe von Untersuchungen, die dem angeborenen Bösen, wie es von Lorenz proklamiert wird, den Boden entziehen. Danach ist nicht die Aggression selbst genetisch in uns verankert, sondern nur die *Fähigkeit* zur Aggression, die auf gewisse Reize hin »herausgekitzelt« werden kann.[143]

Feldstudien bei primitiven Kulturen haben längst gezeigt, daß aggressive Züge wie auch die Territorialität, die Verteidigung des Reviers, nicht angeboren sind. Sie treten, wenn überhaupt, dann erst später bei den Ackerbauern auf. So leben zum Beispiel auf der Philippineninsel Mindanao die vor einigen Jahren entdeckten Tasaday wie viele primitive Gruppen noch heute auf der Kulturstufe der Altsteinzeit. In Sippen von maximal 30 Personen sind sie noch völlig an die natürliche Umwelt angepaßt. Das Klima bietet den ausschließlichen Sammlern genügend Pflanzennahrung, ohne daß sie Tiere jagen und Vorräte anlegen müssen. Sie kennen keine aggressiven Verhaltensweisen, keine Häuptlinge oder Führer, leben in einer psychisch und sozial sehr verständnisvollen Gesellschaftsstruktur mit Gleichberechtigung ohne Eigentumsbegriff.[144]

Sie sind einer der vielen Beweise, daß im Gegensatz zu der Lorenzschen Instinkttheorie nicht die Aggression selbst, sondern lediglich die Möglichkeit, aggressiv zu werden, in unseren Genen verankert ist. Diese Möglichkeit konnte sich dann beispielsweise beim Übergang zum Großwildjäger in der Entwicklung spezieller Angriffstechniken äußern, mußte dann aber *innerhalb*

Zeichnungen der Steinzeitkultur der Mimbreños (Neu-Mexiko).

der Gruppe – denn nur die Gruppe war in der Lage, ein Großwild zu erlegen – ständig ungenutzt bleiben. Im Unterschied zur *Verdrängung* der tatsächlich eingeborenen sexuellen Triebe konnte dies ohne Schaden geschehen.[145] Ähnlich ent-streßte Verhältnisse wie bei den Tasadays finden wir bei den friedliebenden Semai auf Malaya, denen Zärtlichkeit über alles geht, bei den Abron von der Elfenbeinküste, die Streßsituationen nicht in Aggressionen, sondern in Tänzen und Symbolspielen ausleben, bei den polygamen Yanomami-Indianern Südamerikas mit ihrem großen Streichelbedürfnis und bei vielen anderen Jäger- und Sammlerkulturen.[146]

Doch auch wir sind biologisch noch dieselben Menschen – selbst unser Denken ist nicht etwa von Grund auf weiter entwickelt oder logischer als das der Primitivkulturen. Darüber sind sich die modernen Ethnologen längst einig. Wie nah wir letzten Endes der Steinzeit sind, zeigen die vielen Beweise, daß »der Schritt vom Steinzeitmenschen bis zum verfeinerten, der Natur völlig entfremdeten Städter in einer einzigen Generation vollzogen werden kann«.[147] Das heißt aber, daß dies natürlich auch umgekehrt gilt und daß ein Urlaub in die »Steinzeit«, wo wir unsere Streßreaktionen auf natürliche Reize ebenso natürlich umsetzen können, wo wir unsere biologischen Funktionen sozusagen *in natura* erleben können, auch uns jederzeit möglich ist.

Worte sind Landkarten, nicht das Gelände

Solche Ausflüge ins »Gelände« sind wichtig. Kaum noch erleben wir ja heute unsere natürliche Umwelt, unsere Biosphäre, von der wir ja ein untrennbares Glied sind, wirklich hautnah, fast immer nur noch mittelbar. Und selbst unseren eigenen Organismus *erleben* wir kaum noch, seit der von ihm abgetrennte Intellekt versucht, *ohne* ihn die Welt zu verstehen.[148] Kein Wunder, daß die Menschen in der Verherrlichung des abstrakten Denkens vergessen haben, daß Worte immer nur Landkarten vom Gelände sind und nicht das Gelände selbst.

Oft erleben wir selbst die unmittelbare Umwelt nur noch in Symbolen – weil wir das Erlebte gleich in Worte fassen und so gewissermaßen *ad acta* legen. Ein kleines Beispiel soll dies veranschaulichen:

Nehmen wir an, wir hatten längere Zeit warmes, trockenes Wetter. Die Luft war staubig, drückend. Dann treten wir morgens aus der Tür und sagen: »Oh, es regnet!« – rufen es nach drinnen, damit die Kinder die Mäntel anziehen.

Mit den Worten »es regnet« hat man eine Fülle von Eindrücken vom »Gelände« auf die »Landkarte« gebannt. Und nur noch sie ist es, die wir dann betrachten. Kaum noch spüren wir das Erlebnis des Regnens, den würzig-frischen Geruch der Luft, die veränderte Feuchtigkeit und Temperatur, das leise Geräusch der fallenden Wasserperlen, dazwischen das Platschen der dickeren Tropfen von den Bäumen, die veränderten Straßengeräusche, das andere Licht. Alles zusammen das unmittelbare Erlebnis des lange fälligen Regens.

Es wurde in einem einzigen Wort zusammengefaßt – äußerst praktisch für viele Zwecke, bedauerlich aber für den verringerten Erlebnisreichtum des »sprechenden Menschen«.

Doch hier kann auch etwas sehr Gefährliches eintreten: Die Wirklichkeit mag sich verändern, ohne daß wir in unserem Kopf die *Begriffe* von der Wirklichkeit verändern, und plötzlich finden wir uns nicht mehr zurecht. Doch wir scheuen weiter vor der Realität. Der Mensch, der die Symbolwelt mit der Wirklichkeit verwechselt, sträubt sich, einmal eingeprägte Landkarten dem Gelände neu anzupassen – selbst wenn es dabei um sein Leben geht. Und warum sträubt er sich? Es ist das Verlangen nach Sicherheit, nach Verhaltenssicherheit. Denn die Rückkehr auf das Gelände, welches er nicht mehr kennt, erzeugt Angst vor dem Ungewissen, erzeugt Streß.

Die Angst vor dem Umlernen

Jede Art von gesellschaftlicher Veränderung beunruhigt uns, da wir durch die Unsicherheit über das, was eintreten wird, etwas Unbekanntem und damit Feindlichem gegenüberzustehen glauben. So strebt die Gesellschaft nach Verhaltensnormen, die möglichst für eine ganze Gruppe gelten. Ein Zug zur Standardisierung, zum Konformismus setzt ein, und sobald sich Menschen mit dem Verhalten einer Gruppe identifizieren, haben sie ihre besondere Art, die Dinge zu sehen. Sie denken nicht mehr selbst, sondern *als* Kommunist, *als* Kapitalist, *als* Soldat, *als* Anthroposoph, *als* Beamter – und jeder neigt zu dem Glauben, daß sein Verhaltensmodell die Wirklichkeit selbst sei. Jede Korrektur an diesem Modell würde den Menschen aus seiner Sicherheit entlassen, würde ihn zwingen, die Dinge neu zu sehen. Das aber bedeutet Begegnung mit dem Fremden, Unbekannten, bedeutet Angststreß, den man vermeiden will. So kann man das Festhalten an veralteten, längst nicht mehr sinnvollen gesellschaftlichen Normen erklären: Angst vor dem Umlernen.

Neben dieser *Angst* vor dem Umlernen gibt es nun auch eine *Unfähigkeit* umzulernen, eine Trägheit allem Neuen gegenüber, die verschieden stark ausgeprägt sein kann. Auch diese Eigenschaft hängt wieder indirekt mit dem Phänomen Streß zusammen, wobei es verblüffend ist, daß solchen scheinbar rein geistigen Eigenschaften wie Sturheit, Denkträgheit, Traditionsbewußtsein, »Nur nichts Neues« wieder einmal ganz materielle biologische Vorgänge zugrunde zu liegen scheinen, die mit einer Überforderung unserer Hormondrüsen zu tun haben. Das zeigen verschiedene Tierversuche mit dem Hypophysenhormon ACTH bei Ratten.

Ratten mit künstlich erhöhtem ACTH Spiegel, die einmal gelernt hatten, einen Hebel zu drücken, um Futter zu bekommen, drückten diesen Hebel auch noch mit Verbissenheit weiter, ...

... wenn sie schon längst kein Futter mehr, sondern jedesmal einen unangenehmen elektrischen Schlag erhielten. Eine ehemals sinnvolle Verhaltensweise war sinnlos geworden. Trotzdem wurde sie weiter befolgt.

Ratten mit normaler ACTH-Konzentration dachten dagegen schon nach ein paar schlechten Erfahrungen nicht mehr daran, den Hebel zu drücken – selbst wenn man sie mit sanfter Gewalt dazu bringen wollte.

ACTH (eine Abkürzung für *adrenocorticotropes* Hormon = auf die Nebennierenrinde gerichtetes Hormon) bildet sich im Gehirn unter Angst und Streß
und veranlaßt die Nebenniere, das Hormon Hydrocortison auszuschütten.
Sobald das geschehen ist, meldet dieses Hormon seine Anwesenheit, und die
Produktion von ACTH wird wieder gestoppt.

Wenn man nun zum Beispiel einer Ratte die Nebenniere entfernt, so fehlt
die Rückmeldung, und die ACTH-Produktion im Kopf kann ungehemmt
ansteigen. Das hat man gemacht. Und da geschah etwas sehr Eigenartiges.
Die so operierten Tiere waren zwar zunächst noch in der Lage, wie normale
Tiere etwas Bestimmtes zu lernen. Sie konnten jedoch nicht mehr vergessen.
Der normale Auslöschungsvorgang, etwa eines nicht mehr benötigten Lern-
stoffs, war völlig blockiert. Während eine gewisse ACTH-Konzentration
nötig ist, um überhaupt etwas Gelerntes zu behalten – auch darüber liegen
eine Reihe von Tierversuchen vor –, scheint eine zu hohe Konzentration
dieses Gelernte dann regelrecht zu zementieren. Bei solchen Tieren lief daher
ein angelerntes Verhalten, zum Beispiel die Betätigung eines Tretrades, mit
dem sie einen Stromstoß vermeiden konnten, unverändert weiter, auch wenn
dieses Verhalten nicht mehr mit einer Belohnung gekoppelt war. Ja, selbst
dann noch, wenn die äußeren Bedingungen sich inzwischen so geändert hatten, daß diese Verhaltensweise tödlich war.[149]

Einen ähnlichen Versuch illustriert die folgende Bildreihe:

Der hohe ACTH-Spiegel hatte in all diesen Fällen die Tiere unfähig gemacht umzulernen, neue Erfahrungen zu berücksichtigen. Eine hormonbedingte Sturheit, die zumindest im Tierversuch eine weitere eindeutige Koppelung zwischen geistigen und materiellen Vorgängen bedeutet.

Die Frage, ob es eine solche hormonbedingte Sturheit auch beim Menschen
gibt und vielleicht für eine besonders traditionsgebundene oder experimen-
tierfeindliche Haltung verantwortlich ist, wurde noch kaum untersucht. Den
Extremfall kennen wir unter dem Namen Addisonsche Krankheit, die tatsächlich durch Nebennierenschäden zu einer frühzeitigen Vergreisung führt.
Aber auch im Normalfall läßt eine überstrapazierte oder degenerierte Nebenniere das Hormon ACTH in der Hypophyse unverhältnismäßig hoch ansteigen. Denn die Streßreize wirken ja weiterhin auf den Organismus ein und
stimulieren nun das Gehirn zur Ausschüttung von steigenden ACTH-Men-
gen, weil deren Produktion nicht mehr durch eine normale Rückkoppelung
aus der – geschädigten – Nebenniere gebremst wird. Die mangelnde geistige
Beweglichkeit mancher Menschen, die Angst vor dem Umlernen, die Unfähigkeit, die Umgebung zu wechseln, könnten durchaus damit zusammenhängen.

Daß zuviel Streß, aber auch natürlich sein völliges Fehlen, die Funktion der
Nebenniere beeinträchtigen kann, ist keine Frage mehr. Auch nicht, daß all
das, was wir von außen wahrnehmen, über eine hormonale Reaktion des

Körpers wieder zurück auf unser geistiges Verhalten wirkt – wodurch sich unter Umständen die psychische Belastung und die Streßwirkung vervielfachen können. Unser Beispiel von den sturen Ratten sollte hier nur einmal eine von den vielen möglichen Wechselwirkungen zwischen organischen Störungen, Hormonhaushalt und Verhaltensweisen etwas näher beleuchten.

Gerade im Familienleben, wo verschiedene Generationen die verschiedensten Einflüsse von außen zusammentragen und durch das enge und dauerhafte Zusammensein sogar häufig verstärken, können nun bestimmte organische Störungen auf diesem psycho-hormonellen Hintergrund nur allzu leicht Fuß fassen. Die starke Streßbelastung durch eine emotional leere Familienbeziehung, das Ausbleiben eines erotischen Gegengewichts oder von Erfolgserlebnissen und das damit verbundene Absinken der Immunabwehr – sie alle haben einen weit größeren Anteil daran, als wir denken.

Familie und Herzinfarkt

Beim Risiko der Herzkrankheiten – ein typischer Vertreter dafür ist der hart arbeitende Mann, der rastlos nach mehr Verantwortung, Erfolg und Aufstieg strebt – wird daher der berufliche Faktor oft überbewertet, der Einfluß des modernen Familienlebens dagegen eher übersehen. Nach neueren amerikanischen Untersuchungen ist nämlich außer dem typischen Konfliktstreß und der Sorge um die Karriere vor allem ein bestimmter Aspekt des modernen Familienlebens für das steigende Herzinfarktrisiko verantworlich: Es ist die geschwächte Rolle des Vaters. Längst ist er nicht mehr automatisch das Familienoberhaupt, die Leitfigur, wie es unsere patriarchalische Gesellschaftsstruktur von ihm erwartet. Vielleicht versucht der moderne Mann deshalb so krampfhaft, das, was ihm an Stellung und Erfolg in der Familie oft versagt ist, im Beruf wieder wettzumachen. Doch auch das ist kaum noch möglich. Früher konnte man zeigen, was man am Tage Sinnvolles geschafft hatte. Unsere moderne Berufsstruktur ist jedoch so kompliziert geworden, daß man das Ergebnis nur noch selten so wie ein Handwerker vorweisen kann. Den beruflichen Erfolg kann der Mann heute also fast nur noch indirekt durch die Höhe des Einkommens, ja oft erst durch eine Gehalts*aufbesserung* – nicht einmal durch das Gehalt selbst – demonstrieren.

Es zählt nicht mehr das, was man in der Arbeit selbst geleistet hat, sondern in erster Linie die durch die Arbeit gewonnene erhöhte Kaufkraft. Der Scheck im Pelzgeschäft, die Automarke, all das, was man sich leisten kann. So entsteht dann die Sucht, immer mehr zu verdienen. Die Folge des finanziellen Aufstiegs ist weiterer Zwang zum beruflichen Fortkommen bis zur Grenze der geistigen Begabung und Anpassungsfähigkeit. Doch das heißt mehr leisten, mehr Verantwortung, Angst zu versagen, steigender Streß.

Der Arbeitsmediziner Hochrein stellte fest, daß das Herzinfarktrisiko zu dem Zeitpunkt einsetzt, an dem der Gefährdete beginnt, an seiner Verant-

Der Vater als Familienoberhaupt (Foto 1917).

Seine veränderte Rolle in der modernen Gesellschaft.

Nur noch wenige Berufe erlauben, so wie beim früheren Handwerk, eine direkte Beziehung zum Endprodukt.

wortung zu leiden. Sobald man einer beruflichen Anforderung nicht mehr gewachsen ist, die Kompetenz zu fehlen beginnt, schafft dies Aggressionen. Der Streßmechanismus nimmt seinen Lauf und beschleunigt die kreislaufschädigenden Prozesse, etwa den Bluthochdruck, die Arterienverkalkung und die Ablagerung der durch das »Angriffshormon« Noradrenalin mobilisierten Fette.[150]

Nach Berichten der Weltgesundheitsorganisation sind es die erhöhte Emanzipation und Selbständigkeit der Frauen und Kinder, die den Vater als dominanten Haushaltsvorstand nicht länger akzeptieren. Der Nachwuchs verlangt einerseits finanzielle Unterstützung für sehr viele Jahre, gleichzeitig aber völlige Freiheit für sein eigenes Leben. Diese Gleichgültigkeit, Respektlosigkeit und fehlende Anhänglichkeit gegenüber dem Familienoberhaupt ist in primitiven Kulturen, in denen der Mann als die dominante Figur akzeptiert ist, praktisch unbekannt. Aber dort wird eben auch Armut als materielle Notwendigkeit, ja als Selbstverständlichkeit betrachtet, und nicht als Folge von sozialem Versagen. So fehlt der Druck, mehr zu verdienen. Im Gegenteil, eine starke Unterstützung durch die Familie und gegenseitiges Helfen und Verständnis durch den Nachbarn wirken hier direkt als Antistreß-Faktor. Wie hoch der Prozentsatz an Streß ist, der demgegenüber bei uns aufgrund des fehlenden Haltes durch die Familie heute zustande kommt, ist nicht

Es zählt nicht das, was man leistet, sondern die durch die Leistung gewonnene Kaufkraft.

In primitiveren Wirtschaftsformen sind Arbeit und Familienleben oft eng verknüpft.

bekannt. Ich vermute jedoch, er ist äußerst hoch. Und letzten Endes ist er ein Zeichen unseres längst nicht mehr funktionierenden Patriarchats.[151]

Der Fall Roseto

Ein interessantes Beispiel bietet eine von der Weltgesundheitsorganisation durchgeführte zwölfjährige Untersuchung einer amerikanischen Kleinstadt: Roseto. Die Todesrate durch Herzinfarkte lag dort *unter der Hälfte* derjenigen der umliegenden Gemeinden. Alle üblichen Faktoren wie Fettleibigkeit, Rauchen, Bewegungsarmut waren die gleichen, und auch genetische Veranlagung schien keine Rolle zu spielen, da Verwandte, sobald sie etwa in New York oder Philadelphia lebten, die übliche Todesrate aufwiesen. Der einzige Grund für diese geringe Zahl von Herz-Kreislauf-Störungen konnte daher nur in der besonderen gesellschaftlichen Struktur dieser Gemeinde liegen. Die Untersuchungen bestätigten dies auf verblüffende Weise.

Die Männer waren die unbezweifelbaren Bosse des Haushalts, die Alten wurden verehrt und behielten ihren Einfluß in Familienangelegenheiten. Es gab keine Armut, aber auch keinen Reichtum und kaum Verbrechen. Man fand einen stark ausgebildeten Bürgerstolz und sofortige und großzügige finanzielle Hilfe, wenn ein Nachbar in Not war. Das Gesamtrezept hieß: gegenseitige Unterstützung und Verständnis. Der typische Einsamkeits- und Konfliktstreß, wie er durch fehlenden Familien- oder Gruppenzusammenhalt beim einzelnen auftritt, schien zu fehlen.[152]

So weit der WHO-Bericht aus dem Jahr 1971. Das Experiment hat inzwischen eine überraschende Wendung gefunden und damit eine dramatische Bestätigung der Bedeutung dieser rein sozialen Streßkomponenten. In der lebensfrohen kleinen Gemeinde, die ihren italienischen Sippengeist seit ihrer Einwanderung im Jahr 1882 beibehalten hatte und alle Theorien über die typischen Risiken für Herz-Kreislauf-Störungen wie etwa zu reichliches Essen, Rauchen, genetische Veranlagung über den Haufen zu werfen schien (die Risiken waren natürlich da, sie wurden lediglich durch diese Lebensweise kompensiert), kamen drei Jahre später von den Verstorbenen, die auf den Friedhof getragen wurden, allein 60 Prozent auf das Konto des Herzinfarktes. Die Infarktrate war plötzlich weit *über* den amerikanischen Durchschnitt geschnellt.

Was waren die Gründe? Die Ärzte und Soziologen fanden – so ein ›Spiegel‹-Bericht im April 1973 –, daß sich außer der Küche in Roseto praktisch alles geändert hatte. Die traditionsbewußten Italiener hatten sich dem *American way of life* angepaßt. Die Männer gingen in Freizeitklubs und spielten Golf, die Kinder fuhren schnelle Autos und gingen ins College, und jeder

Erste Frustrationserlebnisse im Kindesalter.

machte Geld, um es so schnell wie möglich wieder auszugeben. Das mittlere Familieneinkommen war im letzten Jahrzehnt von 7000 auf über 11 000 Dollar pro Jahr gestiegen. Viele von ihnen bekamen einen sitzenden Job und erledigten einen täglichen Pendlerverkehr von 30 bis 50 Kilometer.

Aber auch das Verhältnis der Menschen untereinander hatte sich geändert. Früher hatten alle ihre Probleme wie auch ihre Freuden miteinander geteilt. Das alte Gemeinschaftsgefüge hatte den täglichen Streß und die täglichen Sorgen erträglich gemacht. Heute wollen sie sich gegenseitig ausstechen, und der Leistungsdruck und die Entfremdung werden zur zusätzlichen Last. Der Sozialmediziner Bruhn, der das unfreiwillige Experiment weiter verfolgt hatte, erzählt, daß sich in den sechziger Jahren keine Familie an den Tisch setzte, wenn nicht alle beisammen waren. Heute käme jeder, wann es ihm paßte, hereingerannt, stopfte sich etwas in den Mund und sauste wieder los.[153] Nun konnten auch die sonstigen Risikofaktoren wie Rauchen, Übergewicht und so weiter, die vorher keine Wirkung zeigten, offenbar voll durchschlagen und die Infarktanfälligkeit sogar weit über den Durchschnitt erhöhen.

So, wie man in der klassischen Medizin die Ursachen von Krankheiten gerne in Zufällen, in einem Bakterienbefall, in der Schwäche eines Organs sieht und den Vorgang auf den Patienten selbst fixiert, statt ihn auf die Wechselbeziehungen dieses Menschen mit seiner Umwelt auszudehnen, neigt

Kinder beim Mittagstisch unter starrem Reglement.

man natürlich auch bei den steigenden Herz-Kreislauf-Schäden dazu, diese seelische Seite des Streßmechanismus zu vernachlässigen und alles durch die bekannten Mechanismen des Zusammenspiels von Zigarettenrauchen, Fettablagerung, Bewegungsarmut und so weiter zu erklären. So gehen unsere Ärzte leider nur sehr zögernd dazu über, endlich auch solche psychischen Streßfaktoren und die besonderen Konstellationen innerhalb der Familie in die Diagnose und Therapie mit einzubeziehen.

Umwelt und Asthma

Ein typisches Beispiel hierfür sind die allergisch bedingten asthmatischen Erkrankungen. Ihre erste Auslösung liegt häufig in frühen Frustrationen, in Entmutigungen während der Kindheit. Oft wird ja einem Kind von seiner Umgebung bis in Einzelsituationen hinein ein bestimmtes Verhalten aufgedrängt, so daß es nicht mehr seiner Persönlichkeit entsprechend handeln kann.

Die Weltgesundheitsorganisation berichtet von eindrucksvollen Experimenten verschiedener Institute, aus denen diese starke Beziehung des Bronchialasthmas zu seelischen Schwierigkeiten hervorgeht.[154] Danach beginnt es häufig mit tiefgreifenden Streßsituationen, ausgelöst durch einen stark beherrschenden Elternteil. Über das vegetative Nervensystem wird der natürliche Atemrhythmus gestört, und bei entsprechender Anlage oder Vorbelastung geraten die natürlichen Bewegungen von Muskulatur und Bronchien beim Ablauf des Ein- und Ausatmens durcheinander und verkrampfen sich. Statt zu kämpfen, zu schreien, zu weinen, zu fliehen, atmet das Kind so, als ob seine Brust von einer Last gepreßt würde. Im Wechselspiel mit den gleichzeitig ausgeschütteten Streßhormonen schwellen nun die Schleimhäute an und werden auch weniger resistent gegenüber Bakterien. Die Folge sind oft Infektionen. Ebenso dringen Fremdstoffe wie Stäube, Pflanzenpollen, Sporen und chemische Reizstoffe besser ein, kurbeln eine Antikörper-Reaktion an und werden so zu Allergenen. Und nun genügen oft rein psychische Reize, um einen Asthmaanfall jederzeit auszulösen.

Die Familientherapie

Einige Ärzte, die diese Beziehungen erkannt hatten, versuchten nun etwas ganz Ungewöhnliches. Anstatt jetzt, wie üblich, die kranken Kinder mit Medikamenten und Hormonen vollzustopfen, entschlossen sie sich, die Kinder überhaupt nicht zu behandeln, sondern die Eltern. Und sie hatten glän-

*Kinder in »schön« ausstaf-
fierter Kleidung, die zum
Gespött der Gleichaltrigen
werden.*

*Unlustiges Kind beim
Geigenüben.*

zende Heilerfolge: Die asthmatischen Beschwerden besserten sich schlagartig, als zum Beispiel mit der Mutter eine Psychotherapie durchgeführt wurde – selbst dann, wenn das Kind den Therapeuten niemals zu sehen bekam.[154]

Dieser Familienansatz der ärztlichen Behandlung dürfte auch in vielen anderen Fällen höchste Beachtung verdienen. Das bestehende Krankenversicherungssystem behindert natürlich zur Zeit noch eine entsprechende Entwicklung. Ja, wir können froh sein, wenn überhaupt erst einmal psychotherapeutische Einzelbehandlungen von den Kassen bezahlt werden. Und doch würde sich wahrscheinlich volkswirtschaftlich, und damit in erster Linie auch zum Vorteil der Kassen, eine solche Familientherapie bezahlt machen.

Der Gießener Psychoanalytiker Richter zeigte, daß die Familientherapie nicht nur bei Kindern, sondern auch bei Erwachsenen funktioniert. So berichtet er über eine Patientin, die über sieben Jahre hinweg mit Diätkuren, Elektroschocks, Medikamenten und selbst Hypnose vergeblich gegen ihre Kopfschmerzen, Herzbeschwerden und Atemnot behandelt wurde. Sie genas erst, als ihre Mutter, eine beherrschende Beamtenwitwe, und der eingeschüchterte Ehemann der Patientin in die Therapie einbezogen wurden. Gerade Streß als Krankheitsursache entsteht ja meistens in der Wechselwirkung mit anderen Menschen und nicht im Menschen allein. So ist es naheliegend, daß man in einer vernünftigen Psychotherapie nicht ausgerechnet diejenigen Menschen, mit denen der Patient ständig zu schaffen hat, von der Behandlung fernhält, sondern daß man sie möglichst mit einbezieht.[156] In einem solchen Fall richtet sich die Therapie dann eigentlich weder auf den Patienten noch auf seine Mitmenschen, ja im Grunde überhaupt nicht auf die Menschen, sondern auf die Beziehung *zwischen* ihnen.

Diese mehr kybernetische Auffassung, die das Krankheitsgeschehen im Regelkreis mit der Umwelt des Menschen sieht, betrifft die Therapie einer Krankheit natürlich ebenso wie ihre Entstehung.

Krebs und Psyche

Wie eng eine gestörte Beziehung zur Umwelt (und damit beispielsweise Depressionen und die psychische Lage in Konfliktsituationen) über den Hypothalamus mit der Resistenz des Organismus zusammenhängen, ist jedenfalls heute keine Frage mehr. Damit rückt aber auch der Krebs, als fehlgeleiteter Informationsmechanismus im Innern der Zellen, automatisch in nächste Nähe zu geistig-psychischen und selbst schicksalsmäßigen Umwelteinflüssen. Dieser mögliche Zusammenhang zwischen Krebsgeschehen und Psyche – und damit Streß – wurde zwar schon immer diskutiert, inzwischen ist er jedoch durch mehrere Tagungen der großen wissenschaftlichen Akademien aus der Outsiderrolle ins Licht gerückt.[189]

Seit 1940 wurden von mehreren Arbeitsgruppen systematisch die Zusam-

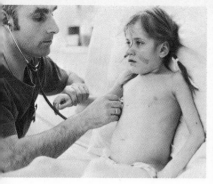

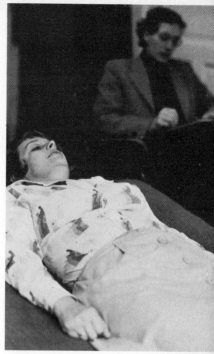

Gerade bei Asthma bringt oft eine psychotherapeutische Behandlung eines Elternteils mehr, als die bloße ärztliche Versorgung des Kindes.

menhänge zwischen bestimmten psychologischen Abläufen und einer späteren Krebsentstehung untersucht. So wurden über mehrere Jahrzehnte Studien an Leukämie-Patienten durchgeführt. Man fand, daß die Krankheit sich in fast allen Fällen im Anschluß an Lebensperioden entfaltet hatte, in denen der Patient sich von einer Schlüsselperson trennen mußte (was auch mit der Trennung von einem Beruf zusammenhängen kann) und in denen diese Trennung zu schweren Depressionen, Hoffnungslosigkeit und Angst führte.

Doch nicht alle Depressionen dieser Art führen zu Krebs. Eine dänische Forschergruppe fand heraus, daß die später an Krebs Erkrankten zu ihren Eltern auffällig unbefriedigende und mechanische Beziehungen hatten, unter emotionaler Leere und Kälte aufwuchsen, und daß insbesondere die Mutter dem Kind keine Wärme und Liebe geben konnte. So entstanden im Kind große Schwierigkeiten, intime und bedeutsame menschliche Beziehungen aufzubauen. Im Erwachsenenalter war dies dann mit schweren Konflikten verbunden und mit der Neigung, seine Gefühle nicht zu zeigen. Auf dieser Basis mußte dann der erneute Verlust einer nahestehenden Person für den Kranken zu schwerem Streß führen. Die ursprüngliche traumatische Kindheitsatmosphäre lebte wieder auf und ließ dann die schon länger bestehende Krankheitsvorstufe in die eigentliche Krankheit umkippen. Wie typisch dieser Ablauf für die Krebsentstehung war, zeigte sich besonders deutlich im Vergleich von Patienten mit Lungenkarzinom gegenüber solchen mit nichtkrebsartigen Lungenerkrankungen.[157]

Abgesehen vom Herzinfarkt, vom Asthma und vor allem vom Krebs mit seinen immer stärker zu Tage tretenden psychosomatischen Grundlagen, kann man auch eine besonders hohe Zahl von Magen- und Darmkrankheiten registrieren, deren Ursache nicht immer verdorbene Speisen oder Infektionen sind oder gar die immer wieder betonte Veranlagung zu schwachem Magen oder schwacher Verdauung – das ist in den meisten Fällen erst die Folge –, sondern einwandfrei Streß im Bereich des Familienlebens.

Wie kommt das? Was liegt diesem offenbar unsinnigen, unkontrollierbaren Zusammenhang zugrunde?

Magensäfte zwischen Flucht und Angriff

Gehen wir hier wieder einmal zu dem Leben in freier Wildbahn zurück. Ursprünglich hängt ja die Nahrungsbeschaffung eng mit einem aggressiven Vorgang zusammen. Man ergreift ja etwas, zum Beispiel eine Frucht, oder man greift etwas an, ein Beutetier, tötet es dann und verschlingt es. Eine erhöhte Magensaftaktivität bei Ärger und Wut entsprich also dem Zustand, wie er beim früheren Leben in der Wildnis dem Essen häufig vorausging.

Was liegt näher, als daß der Organismus seit Hunderttausenden von Jahren darauf programmiert ist, die zum Essen nötigen Verdauungssäfte möglichst rechtzeitig bereit zu haben. Vielleicht liegt hierin das Geheimnis, warum eine angestaute Aggressivität so häufig mit einer Überaktivität des Magens einhergeht.

In unserem Kulturbereich wird nun Aggressivität hauptsächlich durch unterdrückte Konflikte und Frustrationen angestaut – und nicht wie beim Jäger und Sammler, wenn dieser auf Beute ausging. Die ausgelöste Überaktivität des Magens bedeutet in beiden Fällen eine starke Durchblutung und Anschwellung der Schleimhaut. Wenn jedoch diese Bedingungen anhalten, ohne daß Entspannung erfolgt, wird das zarte Schleimhautgewebe brüchig. Blutungen treten auf, die Übersäuerung greift die Schleimhaut weiter an, Entzündungen und Geschwüre entstehen. Auch die Darmschleimhaut wird auf diese Weise durch emotionalen Streß in Mitleidenschaft gezogen, und die Aufnahme der Nährstoffe durch die Wandung funktioniert nicht mehr. So weit die Aggression.

Umgekehrt bedeutet Furcht ursprünglich nichts anderes als baldige Flucht. Alle Aktivität wird daher auf die früher vielleicht einmal lebensrettende Muskelleistung konzentriert. Die Verdauung hat zu schweigen. Auch Depressionen, die ja oft mit einem bitteren Geschmack, mit dem Gefühl von giftigen

Aggressivität und Wut waren ursprünglich vor allem mit der Nahrungsbeschaffung gekoppelt.

Substanzen einhergehen, stoppen daher die Magensafttätigkeit und führen zu Appetitlosigkeit und Übelkeit. Auch dies höchstwahrscheinlich ebenfalls wieder einem lebensrettenden Prinzip folgend, so als wollte der Körper die schädlichen Substanzen entfernen. In Konfliktsituationen mit Gefühlen der Bedrohung und Furcht erfolgen dann – auch hier wieder über das vegetative Nervensystem und die angeschlossenen Hormondrüsen – übertriebene Darmbewegungen, während der Mastdarm zu einem engen, steifen Rohr wird. Die Entwässerung funktioniert nicht mehr, und Durchfall ist die Folge. Übertriebene Entwässerung dagegen, wie sie durch vegetative Störungen in der hormonalen Aktivität des Hypophysen-Hinterlappens häufig ist, verlangsamt den Transport und resultiert in Verstopfung. Ein Vorgang, der nach WHO-Berichten häufig bei milden Depressionen auftritt oder bei Situationen eines verbissenen Durchhaltens.[99]

Bekannt sind die ungewollten Darmentleerungen bei höchster Angst, wie sie beispielsweise von Soldaten in besonders kritischen Frontsituationen berichtet werden. Sich in freier Wildbahn vor Angst in die Hosen zu machen, war natürlich völlig belanglos, weil man keine Hosen anhatte. Hier war die Darmentleerung ein sinnvoller Schutz gegen mögliche Sepsis bei zu erwartenden Verletzungen und erhöhte die Heilungschancen. Ähnliche Schutzfunktionen hat wahrscheinlich auch die bei Angst oft automatische Entleerung der Blase.

Bauchweh und Familienstreß

Die häufigen Verdauungsstörungen in der einen oder anderen Richtung, gerade bei Kindern, sollten daher die Eltern auch einmal nach *solchen* Ursachen suchen lassen. Sie werden wahrscheinlich überrascht sein, wie oft ein Kind Darmstörungen hat, nur weil vielleicht in der Familie Spannung herrscht oder weil die Eltern Streit haben. Erinnern wir uns hierzu an die Streßvorgänge bei

Durch aggressive Haltungen, durch Ärger und Rachegefühle entsteht eine Überfunktion der Schleimhäute. Magen und Zwölffingerdarm werden mit Enzymen und Säuren überschüttet. Schleimhautentzündungen sind die Folge, Gastritis und schließlich Geschwüre entstehen. Es sind selbst Fälle bekannt, in denen Menschen durch Streß-Ulkus akut verblutet sind.

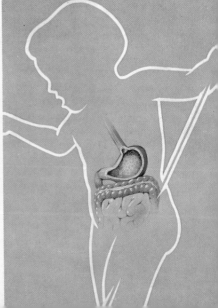

den jungen Tupajas. Dort trat eine solche Reaktion fast nur unter Streitereien der Erwachsenen auf. Sobald die Alten sich nicht vertrugen, sträubten sich bei den Jungen die Schwanzhaare. Geschah dies häufig, so litten sie darunter und wuchsen langsamer.[9]

Auf der internationalen Pädiater-Konferenz 1975 wurde zum Beispiel von einer finnischen Untersuchung über die Ursache chronischer und gehäufter Bauchschmerzen bei Kindern berichtet. Nur 14 Prozent der Darmstörungen hatten körperliche Ursachen. In 86 Prozent der Fälle dagegen entpuppten sich Schule und Familie als die auslösenden Streßfaktoren. Hier konnten die Beschwerden dann auch zu 90 Prozent über psychiatrische Familienberatung geheilt, beziehungsweise gebessert werden.[159]

Vielleicht geben diese Erkenntnisse einen kleinen Anstoß, Verdauungsbeschwerden bei Kindern als Warnsignal aufzufassen, daß es sich um eine körperliche Reaktion auf Streßreize handeln könnte. Und vielleicht hilft uns das dann in entsprechenden Fällen, bestimmte Familienkonflikte als Ursache zu erkennen. Wenn wir Glück haben, entpuppen sich vielleicht deren Ursachen dann wieder als vermeidbare Pseudostressoren, das heißt als Eindrücke, Worte, Wahrnehmungen, die fälschlicherweise wie ein Stressor aufgenommen wurden. Vielleicht finden wir aber auch als Ursache äußere Stressoren

Umgekehrt sind Furcht, Depression, Überforderung Stimmungen, die über das vegetative Nervensystem im allgemeinen zu einer Unterfunktion des Magens führen. Er scheidet nicht mehr genügend Säfte aus. Übelkeit, Völlegefühl und Verdauungsstörungen sind die Folge.

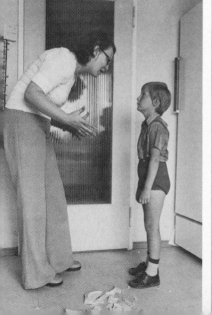
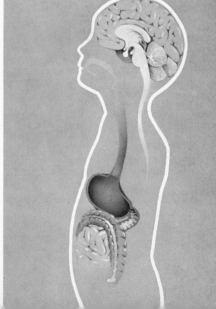

Kinder leiden unter streitenden Eltern. Der Streß schlägt meist auf die Magen/Darm-funktionen.

wie Lärm, falsche Ernährung, optische Überreizung durch übermäßiges Fernsehen und natürlich auch echte psychische Streßmomente, wie sie oft von der Arbeit in die Familie hineingetragen werden. Dies würde dann selbstverständlich nicht nur ein Erkennen, sondern eine Änderung der Verhältnisse verlangen.

Unbekömmliches Fernsehdinner

Ganz ähnlich wie bei den streßbedingten Verdauungsstörungen, wenn auch in milderer Form, wirken natürlich Aufregung und Ablenkung beim Essen selbst. Insbesondere natürlich, wenn wir dabei fernsehen. Ganz gleich, was wir auf der Mattscheibe sehen, die Erwartung des weiteren Ablaufs auf dem Bildschirm bringt immer eine mehr oder weniger starke Erwartung von etwas Unbekanntem mit sich. Das bedeutet leichten Streß, leichte Adrenalinausschüttung und eine gewisse Fluchtbereitschaft. Eine Unterfunktion des Magens ist die Folge, so daß die Speisen schlecht verdaut werden; der umgekehrte Vorgang also, wie er bei Wut oder Aggression (im Vorgriff auf eine zu verspeisende Beute) zur Übersäuerung führt. Streß beim Essen, auch in dieser leichten Form, verhindert wieder einmal die längst fällige Entspannung und läßt dann das Essen gerade beim Einschlafen schwer im Magen liegen.

Nerven und Muskeln im Regelkreis

Das EKG des Sesselsportlers

Was so ein richtiger emotionaler Streß beim Fernsehen auch für die Erwachsenen bedeutet, ist schon mehrfach, zum Beispiel durch die Arbeitsgruppe des Heidelberger Kardiologen Hüllemann, über ein angeschlossenes EKG-Gerät verfolgt worden. Auch während der Dreharbeiten zu unserer Serie über den Streß war unsere Assistentin an ein EKG-Gerät angeschlossen, das die Herztätigkeit registrierte, während sie eine entscheidende Phase einer Aufzeichung des Fußball-Länderspiels Zaire gegen Jugoslawien bei der Weltmeisterschaft 1974 verfolgte. Während die aktiven Sportler den inneren Dampfdruck eines aufregenden Spiels in Muskelarbeit umsetzen, gleicht unsere Sesselsportlerin, wie es die Kardiologen ausdrücken, einer Lokomotive im Stand, deren Kessel immer weiter aufgeheizt wird – was bei brüchigen Kesseln leicht zum Platzen führen kann. Bei der Beobachtung des parallel mitlaufenden Kardiogramms stieg auch bei unserer Assistentin schon sehr bald – bei der ersten spannenden Situation – die Herzfrequenz von 90 auf 125 an. Selbst normalerweise praktisch nie auftretende Extrasystolen waren zweimal zu beobachten und wurden in einem elektronischen Speicher festgehalten. In den Heidelberger Versuchen traten übrigens bei einem herzgeschädigten Patienten vor dem Fernsehschirm die gleichen Zacken im EKG auf, als wenn er sich körperlich angestrengt, etwa einen 1000-Meter-Dauerlauf unternommen hätte. Ein interessantes Ergebnis war auch, daß die hohen inneren Spannungen, wie sie im EKG deutlich zu erkennen sind, im Unterschied zum aktiven Sport beim bewegungslosen Zuschauer noch sehr lange über die ei-

Die Ablenkung beim Fernsehmenü führt oft zur Unterfunktion des Magens (links).
EKG-Messung einer »Sesselsportlerin« (rechts).

gentliche Aktion hinaus anhalten und erst eine halbe Stunde später abzuklingen beginnen.[160]

Also wieder einmal ein Plädoyer für mehr Bewegung. Denn letzten Endes wird gerade dann, wenn bei der Gesamtstreßbelastung wenig Essen, Nichtrauchen oder die Vermeidung unnötiger psychischer Stressoren nicht ausreichen, die körperliche Tätigkeit hinzukommen müssen, damit uns unsere bewegungsarme Zeit nicht vollends kaputtmacht. Allerdings heißt aktives Training: mindestens einmal in der Woche wirklich außer Puste kommen, eine Stunde Radfahren, Schwimmen, Tanzen, Umgraben oder 1000 Meter Höhenunterschied bezwingen. Alles, was darunter liegt, bedeutet zwar Vorbeugung, aber doch keinen nennenswerten Streßabbau, keine ausreichende Aktivierung der Blutgefäße, noch entsprechenden Kalorienverbrauch. Erinnern wir uns daran, daß bei einem 20minütigen Spaziergang lediglich der Gegenwert eines halben Butterbrots abgebaut wird.

Bequem ist noch nicht entspannt

Trotzdem bringt gegenüber einem erstarrten Sitzen jede kleine Bewegung bereits eine bessere Durchblutung und ein erhöhtes Durchatmen der Lunge. Außerdem führt sie zu einem, wenn auch noch so kurzen, erholsamen Ausspannen oder wenigstens zu einem Wechsel aus einer oft einseitigen Körperhaltung wie beim Fernsehen, wo wir oft über Stunden in der gleichen Muskelanspannung vor dem Gerät sitzen. Wenn wir also demnächst wieder vor der Mattscheibe sitzen, sollten wir einmal versuchen, uns in unsere Nackenmuskeln hineinzudenken, sie zu entspannen, locker zu lassen, herabfallen zu lassen. Dasselbe dann mit den Armmuskeln, mit den Muskeln unseres Oberschenkels – und wir werden merken, wieviel davon sich im Grunde in einer falschen Lage befand oder unnötig angespannt war. Diese Anspannung hat aber die ganze Zeit auf unser Nervensystem zurückgewirkt. Legen wir uns also zwischendurch ruhig einmal auf den Boden, setzen wir uns im Schneidersitz hin, in die Hocke und dann wieder in den Sessel, wobei wir jedesmal versuchen, unsere Muskeln, soweit es die Lage erlaubt, zu entspannen.

Januskopf Fernsehen

Solche kleinen Übungen können mithelfen, dem offenbar unvermeidlichen Fernsehen einige seiner vielen Nachteile zu nehmen und von seinen positiven Elementen bei weniger Nebenwirkungen zu profitieren. In der richtigen Dosierung kann ein Fernsehgerät selbst früher entfremdete Familien wieder zusammenführen, nicht nur gespräch*stötend,* sondern auch gespräch*anregend* sein. Immer beschert es uns eine Mischung von gesundem Streß, Veränderungsreizen, Konfrontierung mit dem Unbekannten und gleichzeitig wieder Bestärkung von Klischees; von *Erweiterung* des Weltbildes und gleichzeitiger *Verengung,* von pathologischem Streß der Fernsehsüchtigen und entspannenden streßabbauenden Faktoren; dazu aufklärende, die Angst *nehmende* Information und wiederum Angst *erzeugende;* insgesamt ein Phänomen, welches immer das ist und gibt, was der einzelne aus ihm macht. Gefährlich wird daher ein solches Medium vor allem, wenn es uns vergessen läßt, daß auch wir »machen« können, wenn es den schöpferischen Trieb des einzelnen tötet statt ihn anzuregen. Wenn es uns hindert, selbst zu gestalten, selbst zu produzieren, selbst zu spielen.[126]

Denn wir leben in einer Umwelt, die sich mehr und mehr zu standardisieren droht. Designer und Zukunfsforscher setzen sich daher zunehmend mit der Bedeutung des schöpferischen Triebes auseinander. Der Architekt Hugo Kükelhaus weist neue Wege, damit unser Organismus und seine Sinne die Umwelt wieder unmittelbar erleben können.[237] Robert Jungk versucht zukunftweisende Möglichkeiten der Kreativität aufzuspüren, weil der Gestaltungstrieb dem einzelnen Menschen immer mehr entzogen wird und dafür auf große Mechanismen, auf Automatismen wie das Fernsehen übertragen wird.[238] Mit ungeheuren Energien eingesetzt, werden diese Medien immer weniger Ausdruck des Individuums und immer mehr Ausdruck der Masse und von Interessengruppen, aber auch Ausdruck einer sich verselbständigenden Technik.

Macht das Wohnen zum Spiel!

Der englische Architekt Cederick Price fragt sich mit Recht, warum man nicht schon das Wohnen zum ständigen Spiel machen kann, das Zubettgehen der Kinder zu einem kleinen Fest? Zu einem Fest, das in Entspannung und Traum übergeht.[36] Wie leicht können Möbel verwandelt werden, ein bißchen Musik gezaubert; und wenn es nur mit Kamm, ein paar Hölzern, Töpfen oder Gläsern ist – denn alle Dinge können tönen. Mit einfachsten Mitteln können Lichttapeten an die Wand projiziert werden, Schattenbilder und -spiele, die Wände selber bemalt, statt mit akkuraten Tapeten zusätzlich standardisiert werden. Warum läßt man die Räume, in denen man lebt, nicht auch selber leben, statt sie zu Ausstellungsräumen zu machen, die uns von einer weiteren Seite mit Verhaltenszwängen stressen?[161]

Wir selbst haben versucht, einige dieser Überlegungen bei den äußerst anstrengenden Dreharbeiten zu unseren Streßfilmen zu verwirklichen, trotz Hektik und Zeitnot ein wenig von diesen entspannenden Faktoren in die Arbeit im Fernsehstudio einzuführen. Und wir mußten feststellen, daß es

Auch das Aufnahmeteam genoß die vielfältigen Entspannungsmöglichkeiten des »Antistreß-Studios«.

selbst da gelang – also unter weit ungünstigeren Umständen als etwa im eigenen Heim. Selbst die Musik kam nicht zu kurz, wir entdeckten einige Talente im Team, die die anderen ansteckten, und die Wirkung der so erzeugten Harmonie und zwischenmenschlichen Resonanz übertrug sich auf vieles andere, nicht zuletzt auf die Arbeit (Seite 238).

Bei alldem geht es um eine Lockerungsübung gegenüber der uns umgebenden materiellen Umwelt. Wenn wir ihr die Starrheit nehmen, unter der wir oft unbewußt verkrampfen, dann werden auch wir wieder gelöst und ein Großteil des in dieser Umwelt einst entstandenen psychischen Streß wird ausbleiben. Vielfach haben wir vergessen, daß wir nicht nur als Masse, als »Industriegesellschaft« unsere Umwelt *verunstalten* können, sondern daß wir als Individuum sie auch *gestalten* können, doch daß uns ausgerechnet dazu vorläufig der Mut fehlt! Versuchen wir einmal diesen inneren Sprung schon gleich bei der nächsten Gelegenheit zu üben. Man glaubt gar nicht, wieviel Spaß das macht und wie einem in einer solchen neu gestalteten Umgebung auf einmal manche der früheren Streßreaktionen ganz unverständlich vorkommen. In vielen Fällen ist ja eine Streßauslösung, die Erregung unseres vegetativen Nervensystems und die Nebennierenaktion, überhaupt nicht notwendig. Sie fand nur statt, weil wir uns selbst zum unbewußten Auslöser des Streßmechanismus machten, und dies wiederum tun wir nur allzuleicht, wenn wir durch unsere Umgebung seelisch und körperlich verkrampft sind.

Streß und Haltungsschäden

Dieser verkrampfende Streß unserer modernen Gesellschaft ist schon in der deformierten Weise wiederzufinden, in der die Mehrzahl der Menschen sitzt, steht und sich bewegt. Geistig-seelische Wahrnehmungen können in der Tat nicht nur den Streßmechanismus oder Sexualfunktionen oder andere hormonale Aktivitäten im Körper auslösen. Sie manifestieren sich auch in der Architektur, in der Bewegung und Stellung unseres Körpers. Sehen wir uns die drei typischen Haltungen auf der umseitigen Abbildung an:

   a) Zusammengesackt mit starker Deformierung des Halswirbels.
   b) Übertrieben aufrecht mit verkrampft S-förmigem Rückgrat.
   c) Ausgeglichen, wach, aber entspannt.

Auf diese Weise führen störende psychische Einflüsse unweigerlich zu Haltungsschäden, Muskelverkrampfungen, ja zu einem regelrechten Mißbrauch all der an die motorischen Nerven angeschlossenen tausend verschiedenen Muskelregionen.

Abgesehen von der Region der Wirbelsäule, weisen so bestimmte typische Verkrampfungen in Rücken, Hals und Schulter auf den gestreßten Sympathikotoniker hin. Nach entspannender Behandlung – besonders erfolgreich ist hier auch die Selbststeuerung über Biofeedback – können diese in kurzer Zeit

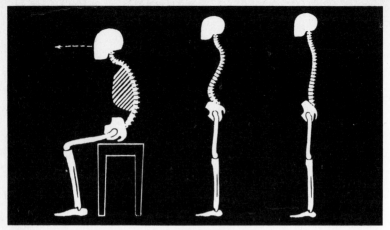

Körperhaltungen, die auch auf die Psyche zurückwirken.

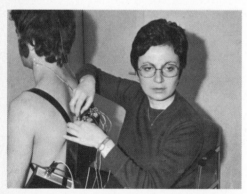

Ein Biofeedback-Gerät lehrt einen nicht mehr gehfähigen Patienten, seine Muskelverspannungen zu lösen, so daß er sich allmählich wieder normal fortbewegen kann (Univ. Nervenklinik München).

völlig verschwinden. Es geht hier um mehr als um eine Massage. Hier muß durch Berührung und Manipulierung einzelner Muskelpartien – von Mensch zu Mensch unterschiedlich – ein Teil des Körpers nach dem anderen korrigiert werden. Der Effekt ist entsprechend. Denn eine solche umfassende Korrektur unserer Verspannungen scheint nun ihrerseits wieder eine starke Rückwirkung auf unsere psychischen Verkrampfungen zu haben – und damit kommen wir zu dem eigentlichen Punkt.

Denn über diese Rückwirkung finden wir ganz eigenartige Ergebnisse aus der Arbeit des wegen seines etwas missionarischen Eifers zunächst recht skeptisch beurteilten australischen Praktikers Alexander.[134] Nach einer eingehenden Studie des Nobelpreisträgers Tinbergen scheinen die Ergebnisse einer solchen über den Körper betriebenen Psychotherapie jedoch gesichert und zeigen in einer fast dramatischen Weise, wie eben nicht nur der Geist auf den Körper wirkt und zum Beispiel durch Meditationen oder autogenes Training gesundheitliche Schäden behandelt werden können, sondern auch umgekehrt, wie durch bloße Behandlung typischer Muskelverspannungen geistig-psychische Schwierigkeiten beseitigt werden können. Der Regelkreis ist damit geschlossen: Mit der »verbesserten« Psyche können nun wieder rückwirkend organische Leiden gebessert werden, wobei wir von den Vorteilen jedes Kreisprozesses profitieren: daß wir an jeder beliebigen Stelle, nämlich da, wo es für den Einzelfall optimal ist, steuernd in ihn eingreifen können.

Entspannte Muskeln: entspannter Geist

Diese von der Ärzteschaft weitgehend ignorierte Methode arbeitet also auf höchst einfache und effektive Weise mit dem Regelkreis zwischen dem komplizierten Spiel unserer Muskeln und dem diese Muskeltätigkeit steuernden Gehirn. Sobald sich Alarmreaktionen summieren, nicht abgebaut werden und krankhafter Streß einsetzt – und dies ist praktisch täglich der Fall – funktioniert auch die Rückkoppelung zwischen Gehirn und Muskeltätigkeit nicht mehr. Meldungen die »Befehl richtig ausgeführt« oder »Korrektur ist nochmals erforderlich« verlaufen nur noch äußerst gestört. So, als würde der Funkverkehr zwischen zwei Stationen unter ständigen starken Gewittern leiden, und die Informationen würden nur bruchstückhaft oder gar verfälscht ankommen.

Bei jahrelangem Mißbrauch bestimmter Muskelregionen, etwa durch zu langes Sitzen, zu wenig Gehen, durch Krummsitzen mit emporgerecktem Kopf beim Zuhören in der Schule, durch verkrampfte Schreibhaltung, durch ständige unbewußte Ängstlichkeit unter eingezogenen Schultern und was nicht alles mehr, ist schließlich das gesamte System so gestört, daß praktisch alles verkehrt läuft. Das Gehirn findet auf einmal Stellungen als durchaus bequem, obgleich in dieser Stellung der Körper extrem stark abgenutzt wird – zum Beispiel bei unserem Sitzen vor dem Fernsehschirm. Das, was der Umweltstreß, aber auch der psychosoziale Streß uns antut, kann er uns nur antun, weil unsere körperliche wie seelische Anpassungsfähigkeit falsch gelenkt, falsch eingesetzt und damit überfordert ist. Dieser Streß im weitesten

Entstressende Familienspiele.

Sinne strahlt in die Gesundheit des einzelnen ebenso wie in die Gesundheit und das Zusammenleben der Gruppe und damit direkt in die Überlebensfähigkeit unserer Art.

Versuchen wir also, wo immer wir können, die vielen einzelnen Verkrampfungen auszumachen und sie, sei es körperlich, sei es seelisch, sei es in unserer häuslichen Umwelt, zu lockern. Machen wir dieses Lockern zum Familienspiel, und beziehen wir, wie schon beschrieben, das Wohnen mit ein – üben wir die vielen ungenutzten Anpassungsmöglichkeiten unseres Organismus und vermeiden wir solche, die uns vergewaltigen.

Die Wirkung des echten Familienspiels, das wird jeder feststellen, der diese im Grunde trivialen Ratschläge befolgt, ist vielfach: Der Tagesstreß wird abgebaut – durch Erfolgserlebnisse, körperliche Bewegung, durch Hautkontakte und das Interesse an anderen. Verhaltenszwänge werden aufgelöst – durch künstlerische Tätigkeit und gemeinsames Spiel. Unser subtiles vegetatives Gleichgewicht wird gestärkt, und alles zusammen gibt uns dazu noch wesentliche Impulse zur Streßvermeidung für den nächsten Tag.

Der Verfasser in der Maske des »Kulissenurlaubers« im Fernsehstudio.

5 URLAUB UND ERHOLUNG

Brütende Hitze über einem westafrikanischen Palmenstrand. Walter lehnt in dem auf den Sand gezogenen Schlauchboot und liest die ›Bild-Zeitung‹. Die Sonne brennt ihm auf die Glatze, seine Frau Herta hat sich in den Schatten zurückgezogen und schmollt. Längst hat sie diese Ferien bereut.

Ihr fehlt das tägliche Fernsehen, das Essen schmeckt ihr nicht, aber vor allem weiß sie nichts Richtiges mit ihrer Zeit anzufangen. An die herrliche Gegend hat man sich nach zwei Tagen gewöhnt, und selbst die anfangs aufregenden Sonnenuntergänge und der Anblick der Eingeborenen werden allmählich langweilig. Walter wiederum sehnt sich ins Hotel zu seinem Bier zurück, was ihn allein schon in eine permanent ärgerliche Stimmung versetzt.

Er blickt sinnend in die Brandung, schwitzt und denkt an die gemütlichen Skatabende zu Hause am Stammtisch:

»Mensch, Herta, jetzt 'n kühles Dortmunder!« seufzt er. Er hätte es nicht tun sollen, denn nun bricht aus seiner Herta der ganze Urlaubsjammer hervor: »Du denkst immer nur an dein Bier, daß wir zusammen Urlaub machen, interessiert dich überhaupt nicht. Und wie ich mich hier fühle, schon gar nicht. Meinen Urlaub habe ich mir ganz schön anders vorgestellt. Aber der Herr Gemahl hat ja verlernt, sich um seine Frau zu kümmern, und ist im Urlaub genauso gleichgültig zu ihr wie zu Hause. So fies, daß ich immer nur heulen könnte.«

Das hat noch gefehlt. Während sie schluchzt, verhärtet sich Walter aus einer Art Abwehr dann vollends: »Heul du man, wat de heulst, brauchste nich' zu pissen!« Er ist verbittert. Da bietet er ihr hier eine der teuersten Urlaubsreisen, phantastische tropische Kulisse, wo er lieber zu Hause geblieben wäre, ein paar Tausender gehen dabei drauf, aber die Madame ist immer noch nicht zufrieden.

Nun, so schlimm, wie hier geschildert, ist es natürlich nur selten. Doch was die Art dieses »Kulissenurlaubs« angeht, der eben außer dem Szenenwechsel kaum etwas von dem abstreift, was uns auch zu Hause umgibt – vom Zivilisationskomfort bis zum Dortmunder Bier –, und der es dadurch auch fast unmöglich macht, das heimatliche Rollenspiel abzustreifen, so kann man doch recht viel von dieser Szene verallgemeinern.

Der Video-Trip

Nur um eine andere Kulisse vor Augen zu haben, brauchen wir nicht zu verreisen. Schließlich ist selbst der komplette Video-Trip in den Illusionsurlaub gar nicht mehr so fern: die Wand des Wohnzimmers ein einziger holographischer Fernsehschirm mit Tiefenwirkung, Salzwasserluft aus der Düse, Wind und Strandgeräusche nach Bedarf und Hitze aus der Solariumdecke – viel anders war es bereits schon nicht mehr in unserem Antistreß-Studio, als wir das Urlaubskapitel dieses Buches verfilmten. Und viel anders ist es letztlich auch für manche Leute nicht im Urlaub. Für viele ist dieser Urlaub in der Tat nur ein Wechsel von Kulissen, Geräuschen und Temperaturen. Die heimatliche Lebensweise und Ernährung wird komplett mitverfrachtet. Touristenorganisationen übernehmen die Garantie dafür: deutsches Café, deutsches Bier, deutsche Tanzdiele, deutsche Konserven, deutsche Strichmädchen, deutsche Kameras und Harpunen, Schlauchboote, Friseure und Zeitungen. Möglichst Dinge, wie wir sie schon von zu Hause gewohnt sind.

Warum also nicht gleich zu Hause bleiben und sich den Streß der Reise ersparen? Der Himmel ist der gleiche, wenn auch nicht Tag für Tag – man spart Geld, braucht nicht zu packen, nicht zu hetzen. Und doch – das Erstaunliche ist: Trotz strapaziöser Reisevorbereitung, Autoschlangen, Hitze, Ärger und trotz ebenso strapaziöser Heimreise fühlen sich viele Menschen echt erholt.

Was geht da vor sich? Gehen sie wirklich mit neuen Kräften an die Arbeit, oder haben sie vielleicht nur Abstand gewonnen? Beides hat wohl seinen Antistreßwert, wenn auch vielleicht eher vorbeugend für das neue Arbeitsjahr als heilend.

Prestigeurlaub macht krank

Es sei denn, wir haben es zugelassen, daß der Streß *im* Urlaub am Ende gar noch größer als bei der Arbeit ist. Dann können wir uns einen solchen Urlaub – was Erholung und Gesundheit betrifft – getrost schenken. Er verschlimmert nur noch die Situation. Das gleiche betrifft den Streß *für* den Urlaub. Nicht wenige Menschen schuften sich krumm, damit sie einen standesgemäßen Urlaub vorweisen können. Schaffen sich einen teuren Wagen an – im Grunde nur für die Urlaubsreise –, benutzen ihn dann natürlich auch für die Fahrt zur Arbeit, obwohl sie bequem mit der Straßenbahn fahren könnten.

Viele Menschen schaffen sich krumm, damit sie sich einen standesgemäßen Urlaub leisten können.

Sie müssen sich entsprechende Ausrüstungen besorgen, ein kostspieliges Hobby haben: vielleicht Unterwassersport mit teuren Tauchgeräten,

ein Motorboot, für dessen Anschaffung die Ehefrau arbeitet und die Oma das Kind versorgen muß. Und vor allem müssen sie hinterher Fotos und Filme zeigen können.

Vieles davon – wenn man ehrlich ist – oft nur aus Prestige. Man glaubt, mithalten zu müssen, Erfolg zeigen zu müssen.

Macht man eine Bilanz, dann kostet dieser Urlaub nicht nur das, was er kostet, sondern ein Vielfaches davon.

*Beginnt die eigentliche Erholung am En-
de erst nach dem Urlaub? Mußte man
vielleicht nur den Blick von der Enge des
Alltags lösen –*

*um nach dem Urlaub diesen Alltag und
seine Sorgen, etwa den vorgefundenen
Zahlungsbefehl, die Querelen mit Chef
und Kollegen oder die Schulschwierigkei-
ten der Tochter, etwas souveräner beurteilen und damit leichter verkraften zu
können?*

*Es sieht wirklich so aus, als ob man sich
vor allem nach der Rückkehr erholt. Zumindest so lange, wie man sich der Lage
gewachsen fühlt –*

*bis sie einen nach ein paar Wochen wieder
fest in den Klauen hat und eigentlich
schon wieder ein neuer Urlaub fällig ist.*

Eine Menge Ärger, Streß und Nerven – schon während der Vorbereitung. Überstunden, die einen kaputtmachen, nur, damit man sich diesen Urlaub leisten kann. Während des Urlaubs dann Verkehrschaos, Unfälle, Lärm, Langeweile, Ärger, Enttäuschung, Krankheiten, Streit. Und hinterher stehen einer zweifelhaften Erholung und einem bißchen Prestigegewinn oft nur Erschöpfung, Enttäuschung und neue Schulden gegenüber. In vielen Fällen ist also Urlaub ein schlechtes Geschäft. Nicht nur vorher und nachher, auch währenddem. Und doch haben wohl alle, die Urlaub wollen, in einem recht: daß sie etwas brauchen, was sie wieder auf die Beine stellt, weil wir den Streß des Alltags, rund um die Uhr, rund ums Jahr – vor allem in der Großstadt – einfach nicht mehr schaffen. Über 300 000 jährliche Todesfälle allein durch Herz-Kreislaufschäden sprechen schließlich eine deutliche Sprache.

Die Urlaubsbilanz

Die Überforderung im Beruf, die so häufig allein als Ursache angegeben wird, läßt sich – das haben wir längst gesehen – nicht mehr isoliert betrachten. Und wenn wir uns fragen, was man denn eigentlich mit dieser Überforderung anstrebt, dann entdecken wir, daß man groteskerweise diese Überforderung im Alltag, diese Jagd nach dem Geld im Grunde deshalb in Kauf nimmt, weil sie einem erhöhtes Wohlbefinden und vermehrte Freizeit verspricht. Unsere Bilanz zeigt aber nur zu deutlich: Was man an Unabhängigkeit, an Entspannung und Gesundheit im Alltag aufgibt (und durch Verkehrschaos, Ärger und Erschöpfung sogar im Urlaub selbst), um dort genau dasselbe, nämlich Freiheit, Entspannung und Gesundheit zu erringen, das kostet oft ein Mehrfaches dessen, was es uns bringt. All das paßt nur zu gut in den Gesamtkomplex unserer widersprüchlichen Zivilisationsgesellschaft, die unfähig ist, echte Kosten/Nutzen-Analysen zu erstellen, geschweige denn zu befolgen: Auf der einen Seite zerstören wir durch ungezügeltes Produktionswachstum unsere Umwelt, damit wir auf der anderen Seite (mit hohen Kosten und einem bezahlten Urlaub) diese Umwelt dann möglichst als unberührte Natur genießen können.

Wo können wir nun aber ansetzen, wenn wir uns echt erholen wollen, wenn wir nicht auch noch Freizeit und Urlaub mit in das Streßgeschehen einbeziehen wollen? Nun, eine Möglichkeit wäre, daß wir uns wenigstens für diese Zeit von der inneren Sklaverei eingebildeter Bedürfnisse freimachen. Eingebildet, weil sie oft nur von Prestige, Geltungssucht und einem stumpfen Komfortdenken abhängig sind. Schließlich reicht es ja schon, daß wir zu Hause ununterbrochen von Dingen umgeben sind, über deren Notwendigkeit wir nicht nachgedacht haben: von Scheinbedarf, für den wir uns kaputtmachen. Für Dinge, die, wie der Erziehungswissenschaftler von Hentig sagt, nicht echter Lebens*bedarf*, sondern künstliche Lebens*bedürfnisse* sind, die uns auf eine neue Weise versklaven.[163]

Er betont, daß wir zwar nicht mehr in der klassischen Sklaverei leben, das heißt nach den Vorstellungen eines Despoten, dafür aber nach den Vorstellungen dessen, was uns das Wechselspiel zwischen Industrieproduktion, Werbung und Berufsstruktur als »die Verhältnisse« hinstellt. Der *way of life* wird zum Tabu, zum Idol, obgleich er nur zufälliges Produkt aus unseren Verhaltensgrundlagen und den äußeren Bedingungen des Industriezeitalters ist.

Arbeitsflucht, Freizeitpathologie und das vegetative System

Fragen wir also als nächstes, was in uns eigentlich jenen in den letzten Jahren so stürmisch um sich greifenden Drang zu mehr Urlaub, Freizeit und Erholung bewirkt. Vielleicht erkennen wir daran, wie wir jenen Urlaub gestalten müßten, damit er dieses Bedürfnis auch wirklich erfüllt. Die Sozialmediziner Hochrein und Schleicher haben diese Frage untersucht. Die Diagnose ergab eine ganze Kette von Vorkommnissen, die sich gegenseitig verstärken und insgesamt eine solche Flucht zur Freizeit begünstigen: zum Beispiel mangelnde Berufserfüllung, das Gefühl leichter Ersetzbarkeit, vermehrte nervös-vegetative Belastung durch unschöpferische, vorzugsweise kontrollierende Tätigkeit. Auf der nächsten Ebene stellt sich dann aber gleichzeitig heraus, daß gerade die so angestrebte Freizeitwelt die materiellen Ansprüche wachsen läßt und die soziale Unzufriedenheit, die nach ihr so sehr verlangt, eher schürt als dämpft.[150]

Das ehrgeizige Streben nach beruflichem Aufstieg, der Kampf gegen den Konkurrenten, die Angst, von ihm überspielt zu werden, bedeuten bekanntlich starke Stressoren, mit denen die Infarktbedrohung ihren Lauf nimmt. Doch gleichzeitig damit beginnt jener eigenartige Mechanismus, den wir schon unter dem Namen Peter-Prinzip kennengelernt haben. Immer mehr Menschen leiden an ihrer Verantwortung, weil ihre Kompetenz überfordert wird – und dies nicht nur im Beruf! Oft genügt es, wenn die Kinder in die Schule kommen, daß neue Probleme auftauchen, denen man sich nicht gewachsen fühlt, und prompt macht das Herzinfarktrisiko einen Sprung nach vorn. Jedes Versagen schafft Aggression, über den Streßmechanismus steigert sich die Ausschüttung von Noradrenalin, und die kreislauf- und gefäßschädigenden Prozesse beginnen. Freie Fettsäuren werden im Übermaß mobilisiert und, da sie nicht durch Muskelarbeit verbraucht werden, direkt in die Gefäßwand eingebaut – der Teufelskreis nimmt seinen Lauf.

Selbst das Autofahren, über dessen vielfache Streßwirkung wir schon sprachen, wird aggressiver und, wie wir sahen, vom vegetativen Nervensystem als Schwerarbeit eingestuft, ohne daß der Körper etwas tut. Wenn schon beim normalen Fahren im Verkehr die Streßhormone um das Doppelte in die Höhe schnellen, treibt aggressives Fahren sie jedoch auf eine zehnfache Konzentration – ganz abgesehen von der sprunghaft steigenden Unfallgefahr. Verstört und verspannt vom Tagesablauf, erfolgt dann anschließend die Flucht in ein suchtartiges Fernsehen; erneute Bewegungsarmut bei weiterer Reizung des vegetativen Systems.

Unter diesen Aspekten sehen wir den Herzinfarkt deutlich als Ausdruck einer Anpassungskrise an fast schlagartig veränderte Umweltbedingungen, denen die Spezies Mensch praktisch in allen Lebensbereichen ausgesetzt ist. Eine intelligente Säugetierart, die jedoch *biologisch* fast noch genau die gleiche wie vor zehntausend Jahren ist und deren autonomes Nervensystem daher auch heute praktisch nicht viel anders reagieren kann als damals.

Bei der Suche nach dem, was uns heutzutage so übermäßig belastet, machen wir es uns daher sicher zu leicht, wenn wir der Arbeit die meiste Schuld geben und irrtümlicherweise glauben, mit mehr Freizeit und Urlaub sei es getan. Denn das Arbeiten selbst ist das allergeringste Risiko für jene streßbedingten Herz-Kreislaufstörungen. Das zeigen die niedrigen Zahlen bei den »Freiberuflichen«, die im allgemeinen weit mehr als die übliche 40-Stunden-Woche arbeiten, dafür aber ihre Erfüllung am Arbeitsplatz finden. Diese Erfüllung am Arbeitsplatz, die Einsicht in den Sinn der Arbeit, das Gefühl, ganz gleich auf welcher Stufe etwas Wertvolles und Nützliches geleistet zu haben, sind Erfolgserlebnisse, welche weit mehr wiegen als das Gefühl, eine bestimmte, im Grunde ja immer nur relative Sprosse auf irgendeiner beruflichen Leiter erreicht zu haben, und sie bringen auch weit mehr Freude, Gesundheit und Erholung, als es je von verkürzter Arbeitszeit oder von der Freizeit allein erwartet werden kann.

Bedarf und Scheinbedarf: eine Besinnungsliste

Es wäre interessant, einmal einen Fragenkatalog über die tatsächlichen Bedürfnisse in bezug auf unser seelisches Gleichgewicht aufzustellen. Darin sollten wir nur einmal aufzählen, was wir uns alles im zurückliegenden Jahr »geleistet«, »erlaubt« oder »angeschafft« haben. Und dann haken wir auf dieser Liste ehrlich ab, welche dieser Bedürfnisse für unser seelisches Gleichgewicht wirklich nötig waren, welche davon Anschaffungen waren, die im Endeffekt größere Opfer und Störungen des seelischen Gleichgewichts verursachten, als beseitigten; welche Bedürfnisse nur eingebildet waren, welche den echten Bedarf unbefriedigt ließen und welche zu denen gehörten, deren Befriedigung vielleicht überhaupt nur Nachteile brachte.

Haben wir uns die neue Stereoanlage (Wagen, Wohnzimmer, Flugreise, Saunabesuch, Popkonzert, Kuraufenthalt, Bausparvertrag, Schwabingbummel, Goldarmband, Filmkamera, Sprachkurs und so weiter) unseretwegen oder wegen unserer Nachbarn oder Kollegen geleistet? Wiegt die durchaus positiv zu bewertende Befriedigung durch das Angeben mit dem neuen Wa-

Welche Bedürfnisse (ehrlich abhaken)	waren für unser seelisches Gleichgewicht unbedingt notwendig?	verursachten im Endeffekt größere Opfer und Störungen unseres seelischen Gleichgewichts, als sie beseitigen?	waren nur eingebildet und ließen den echten Bedarf unbefriedigt?
Neue Stereoanlage gekauft			×
Neuen Wagen gekauft			×
Taucherausrüstung		×	
Wohnzimmer	?		?
Flugreise Paris		×	
Bausparvertrag	?		?
Party für Anni	×		
Tennis-Abonnement	×		
Renovierung obere Etage		×	
Neuer Geschirrspüler	×		
Ausflug nach Dinkelsbühl	×		
usw.			

Komfort-Urlaub ...

gen tatsächlich den dadurch nicht gestillten Bedarf auf, mit unseren Kindern zu Hause zu spielen, statt mit ihnen sonntags über verstopfte Straßen zu kriechen?

Wird unser echter Bedarf an Körperbewegung durch das Bedürfnis, mit dem Wagen zu fahren, nicht vielleicht unverhältnismäßig stark verringert? Gehen wir mit unserer Taucherausrüstung wirklich gerne ins Wasser und schießen die Uferzone von Fischen kahl, oder reisen wir nur ans Rote Meer, weil wir zeigen wollen, daß wir mithalten können? Diese und viele andere Fragen sollten wir uns gelegentlich stellen, um ein wenig zwischen echtem und Scheinbedarf zu sondieren. In manchen Momenten kann dies eine wichtige Entscheidungshilfe sein.

Eines ist jedenfalls sicher: Das Bedürfnis, sich von unserer technischen Umwelt zu erholen, wächst mit der von ihr ausgehenden Reizüberflutung. Und diese wächst mit dem steigenden Großeinsatz von Energie und Arbeitskraft für die Anschaffung von Wohlstandsgütern, die wir wiederum hauptsächlich für unsere Freizeitgenüsse, also letztlich für die Erholung von jener Reizüberflutung als unentbehrlich ansehen. Wie kommen wir aus diesem Teufelskreis heraus? Ein starkes Hemmnis, die vielen Aspekte unserer Lebensweise richtig zu beurteilen, liegt wieder einmal in dem großen Abstand, in der abstrakten Beziehung, die wir gerade zu dieser technischen Realität haben. Wir benutzen und genießen sie und sind im Grunde doch meilenweit von ihr getrennt, weil wir das, was sie an Gütern und Möglichkeiten bietet, kaum verstehen.

Von der Landkarte ins Gelände

Wieder einmal orientieren wir uns auf Landkarten – den Gebrauchsanweisungen all jener unverständlichen Güter und Werkzeuge – und nicht im Gelände. Wir bedienen komplizierte Geräte, steuern Autos, ohne sie zu durchschauen, nehmen Medikamente, deren chemische Zusammensetzung und Wirkung uns ein Buch mit sieben Siegeln ist, und geraten immer öfter in die Situation, daß wir plötzlich wichtige Grundregeln des Zusammenlebens verletzen, ohne dies zu wollen: Wir treten eine Sekunde zu spät auf die Bremse und werden zum Mörder. Wir geben unserer Frau während der Schwangerschaft ein Schlafmittel, Contergan, und müssen feststellen, daß wir unser Kind dadurch zum Krüppel machen. Wir nehmen niemandem etwas weg, wenn wir elektromagnetische Wellen aus dem Äther auffangen und

... oder Primitiv-Urlaub? Empfehlenswerter ist der letztere.

fernsehen, und doch betrachtet man uns als Dieb, wenn wir die Gebühren nicht bezahlen.

Der Soziologe Bahrdt, der sich eingehend mit diesem Dilemma beschäftigt hat, sagt, daß unsere heutige Welt uns immer mehr zwingt, darauf zu verzichten, die Sache, die wir tun, unmittelbar anzuschauen, zu erkennen. Wir sind immer mehr auf Zeichen, auf Signale angewiesen, mit denen die eigentliche Sache *stellvertretend* mitgeteilt wird.[164]

Das Erlebnis der Primitivität

Statt das Wasser aus der Tiefe des Brunnens zu holen, ein Gefühl für das Wesen einer Quelle, für das Grundwasser und sein Absinken oder Steigen zu bekommen, statt die Schwere des Wassers beim Tragen zu fühlen, drehen wir an einem Hahn und lassen das Wasser laufen, ohne noch irgend etwas von der Kostbarkeit des Elements zu spüren. Gerade deshalb ist aber auch die Hilflosigkeit groß, wenn einmal irgend etwas von dieser technischen Umwelt versagt, wenn der Erfolg ausbleibt. Man braucht fremde Hilfe, denn das eingetretene Ereignis ist uns so unerklärlich wie für den Primitiven das Auftreten einer Seuche. »Er wendet sich an den Medizinmann, der moderne Radiobesitzer an eine Reparaturwerkstatt.«[165]

Das Unvermögen, uns im täglichen Umgang an der Realität, an der Sache selbst zu orientieren, führt uns in einen steigenden Verhaltensstreß. Unsicherheit und Verwirrung binden dann die einen noch stärker an das einzige, was bleibt: mit den Symbolen der Realität zu leben, mit den Worten statt mit der Sache zu leben und zum Beispiel auch den Urlaub nur noch symbolisch zu erleben – genauso wie im später abgespulten Film. Andere wieder spüren gerade dadurch einen zunehmenden Drang, wenigstens im Urlaub zur Primitivität der Steinzeit hinzufinden, den Drang, nicht nur die Kulisse zu wechseln und sich das Paradies sozusagen *vorführen* zu lassen, sondern es mit dem ganzen Organismus zu *erleben* und vielleicht ein wenig zu verstehen.

Camping als Streß und Antistreß

Das Kampieren im Zelt kann so zu einer idealen Hilfe werden, uns wenigstens im Urlaub von den Zwängen der Zivilisationsgesellschaft zu lösen. Es kann uns viele Dinge bewußt machen, die wir im Alltag als selbstverständlich hinnehmen. Und je primitiver Camping ist, desto besser:

Wasserholen, zehn Minuten den schweren Zapfhahn drücken, viele hundert Meter den Eimer schleppen, das läßt den Städter wieder erleben, was

Trockenheit ist. Täglich den Sand aus dem Zelt kehren, die Flasche zur Kühlung unter der Erde vergraben oder einen Pfosten in den Boden rammen, läßt wieder ein wenig erleben, was eigentlich Erde ist. Eine Glut anfachen und den beißenden Rauch spüren, läßt wieder erleben, was Holz und Feuer ist. Wahrnehmungen, die selbst mancher hochtechnisierte Landwirt heute nicht mehr hat. So sollten wir auch im Urlaub, wenn wir schon Camping machen, unser Prestige nicht in noch höherem Luxus, in noch höherem Konsum sehen – nach dem bekannten Motto: »Ich kann es mir finanziell leisten, schwachsinnig zu sein« –, sondern mal darin, auf die geschickteste Weise unsere Umwelt zu nutzen. Vielleicht überträgt sich dann davon auch etwas auf das Leben zu Hause.

Wenn wir auf einmal die Zeit damit ausfüllen, echte Grundbedürfnisse zu befriedigen, so kann das ungeheuer entspannen, unsere Gedanken wieder in das richtige Lot bringen und uns helfen, wieder Wesentliches von Unwesentlichem zu unterscheiden.

Der gleiche Primitivurlaub kann natürlich auch – das liegt ganz an uns – zu einem nicht mehr zu überbietenden Streß werden. Etwa wenn wir, statt dieses Erleben zu genießen, uns ständig ärgern. Darüber, daß es kein fließendes Wasser gibt, daß wir das Sonnendach immer wieder neu befestigen müssen, daß man hier nicht mit dem Auto fahren kann, daß man die Lebensmittel über den buckligen Boden schleppen muß. Das Ergebnis: Man ist kaputter als vorher. Dies ist gewiß nicht der eigentliche Sinn des Campings. Die Folge ist oft, daß wir aggressiv werden, anfangen, unsere Familie herumzukommandieren, uns bei der Campingleitung beschweren und von einer Streßsituation in die andere geraten. Dies ist dann nicht etwa eine Folge des Steinzeitlebens, sondern davon, daß wir einen Teil unseres seelischen Zivilisationsballasts mit in den Urlaub geschleppt haben.

Urlaub als Zivilisationserscheinung

Wenn man diese unterschiedlichen Effekte ein und desselben Urlaubs sieht, dann merkt man, daß unsere Kenntnisse über Notwendigkeit und Wirksamkeit eines bestimmten Urlaubs noch sehr bescheiden sind. Fragen wir daher als nächstes, was der einzelne Mensch selbst überhaupt vom Urlaub erwartet.

Urlaubsmenge und Freizeit

Er erwartet offenbar doch etwas ganz anderes und sehr viel mehr als von der täglichen Freizeit und den Wochenenden. Obgleich diese mit rund 150 freien Tagen im Jahr gut sechsmal soviel ausmachen wie die 24 Tage Jahresurlaub, die doch als Gesprächsthema eine so große Rolle spielen. Es kann daher nicht gut die Erholungs*menge* des Urlaubs sein, die uns so beeindruckt, sondern

Die durchschnittliche Zeiteinteilung des Bundesbürgers.

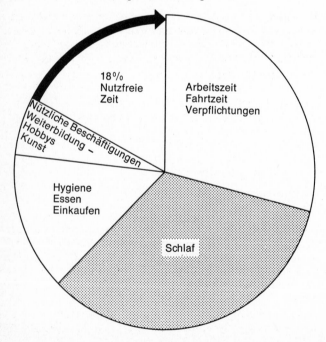

18% Nutzfreie Zeit

Arbeitszeit Fahrtzeit Verpflichtungen

Nützliche Beschäftigungen – Weiterbildung Hobbys Kunst

Hygiene Essen Einkaufen

Schlaf

etwas ganz anderes: Die zusammenhängende Länge ermöglicht völlig andere Erlebnisse, und diese ermöglichen wiederum das Abschalten von den Alltagsproblemen. Wenn wir Urlaub mit Nichturlaub vergleichen, kommt daher automatisch die Frage auf, was denn der Durchschnittsbürger eigentlich im *Alltag* treibt? Nun, von den 168 Stunden der Woche sind über ein Viertel Arbeitszeit inklusive der damit zusammenhängenden Fahrten und Verpflichtungen. Bleiben noch 122 Stunden sogenannter Freizeit. Knapp die Hälfte der Gesamtzeit und damit zwei Drittel dieser Freizeit gehen mit Schlaf, Hygiene, Ernährung und Einkauf drauf, wobei der Schlaf den Löwenanteil trägt. Das restliche Viertel von rund 41 Stunden besteht immer noch zu einem guten Teil aus Verpflichtungen familiärer und sozialer Art, denen man nicht entrinnen kann. Hinzu kommen materielle oder geistig nützliche Tätigkeiten wie Fortbildung, Heimwerkerei, freiwillige politische, karitative oder religiöse Beschäftigungen, die wir zusammen mit wöchentlich gut 10 Stunden ansetzen wollen. An echter nutzfreier Zeit bleiben dann pro Woche noch rund 30 Stunden übrig. Runde 18 Prozent oder 1600 Jahresstunden.[165]

Freizeit als Konfliktzeit

Und diese »nutzfreie« Zeit ist gefährlich. Sie scheint frei von Belastungen zu sein, frei von Konflikten, frei von Spannungen, und doch trägt gerade sie in vielen Fällen und in vielen Familien oft mehr zu dem psychischen Streß bei als die 82 Prozent der übrigen, sozusagen festgelegten Zeit. Danach nimmt es nicht mehr allzusehr wunder, daß die Freizeit des Alltags so wenig ins Gewicht fällt und daß man sich vom Urlaub weit mehr verspricht. Zum Beispiel eine Zeit ohne äußeren Zwang, wo alles Tun aus natürlichen inneren Antrieben heraus erfolgt, wo statt verkrampfter Haltung gelockerte Bewegung entsteht. Einigen Menschen wird diese innere und äußere Auflockerung sehr gut gelingen, andere wieder werden sich auch im Urlaub äußeren Zwängen unterwerfen, sich in der Kommunikation mit anderen Menschen verkrampfen und von Freiheit und Spiel nicht viel spüren lassen.

Eine Befragung darüber, was der einzelne vom Urlaub tatsächlich erwartet, zeigte folgendes Resultat:

41 Prozent der Befragten erwarten einfach extreme Freiheit; 32 Prozent betrachten den Urlaub als Gegenpol, als Abstandnahme zum Alltag, als Rückkehr zum Nichtstun, zum Spiel; 20 Prozent als eine Chance, neue menschliche Kontakte zu knüpfen.[166] All das heißt für viele: weite Welt, fort aus der häuslichen Enge. Für rund die Hälfte unserer Bevölkerung bedeutet Urlaub daher dasselbe wie eine Reise. Und die geht wiederum in der Hälfte dieser Fälle ins Ausland.[165]

Was drängt uns dazu? Nun, wir haben schon erfahren, daß die sich übers Jahr aufstauenden, nicht abgebauten Reste täglicher Streßreaktionen weder

durch den normalen Schlaf ausgeglichen werden, noch durch den Kulissen-
wechsel am verlängerten Wochenende – oft über mehrere hundert Kilometer
hin und zurück. Weiter wissen wir, solange der Effekt der körperlichen
Bewegung durch Wandern, Schwimmen, Klettern und so weiter, ausbleibt,
ist ebensowenig an den Abbau von kreislaufschädigendem Übergewicht zu
denken wie an den Abbau von Streß. Im Gegenteil, der Streß akkumuliert.
Trotz Freizeit und Wochenenden also ein Streßstau (daher die »Montags-
Infarkte«!), zu dessen Auflösung wir einfach eine längere, zusammenhängende Zeit benötigen.

Die Natur kennt keinen Urlaub

Ein solches Bedürfnis ist neu. Bis zum vorigen Jahrhundert war Urlaub noch
völlig unbekannt und, ähnlich wie auch heute noch in primitiven Kulturen,
offenbar biologisch nicht notwendig – auch Tiere kennen ja keinen Urlaub.
Das rhythmische tägliche Ausruhen durch Schlaf scheint von Natur aus für
die Regeneration eines Organismus auszureichen.[166] In unserer modernen
Zivilisationsgesellschaft bleibt jedoch offenbar ein unerledigter Rest emotionaler Spannungen zurück.

Im Gegensatz zu früher scheint unser Alltag mit seinem Rollenspiel und
unsere aufgepfropfte »Persönlichkeit« schon im Laufe weniger Monate zu
einer unerträglichen Belastung für uns anzuwachsen – zu einer *Unnatur,* von
der sich unser innerstes Wesen befreien will. Plötzlich braucht man die be-

Was die Menschen im Urlaub suchen:

Extreme Freiheit:	*Rückkehr ins Spiel:*	*Neue Kontakte:*
41%	32%	20%

rühmten »Ferien vom Ich«, wie sie Paul Keller einmal formuliert hat. Bleiben sie aus, so wird nicht nur das Leben mit sich selbst, sondern auch sehr rasch das Zusammenleben mit anderen, etwa in der Familie, zu einer Selbstzerfleischung statt zur Entspannung. Urlaub kann daher nur dann etwas bringen, wenn wir auch seelisch davon profitieren. Nur dann erkennt man seine Sorgen in ihrem tatsächlichen Gewicht, gewinnt ein neues Verhältnis zu seiner Umwelt, reflektiert die eigene Lage, stellt das innere Gleichgewicht wieder her und unterscheidet wieder das Wesentliche vom Unwesentlichen.

Fragt man Urlaubssuchende nach dieser seelischen Seite, dann glauben immerhin 85 Prozent, daß sie im Urlaub endlich einmal ihre Konflikte in Ruhe durchdenken und Lösungen finden können, und gut die Hälfte von diesen 85 Prozent gibt an, daß ihr das auch gelungen ist.[166] Vielleicht nicht zuletzt durch die erhöhte Kommunikation: durch neue menschliche Kontakte, durch das Zugehen auf den anderen, durch das Überwinden der Passivität.

Freizeit gestalten, Freizeit erleiden

Gerade der durchgedrehte Städter wird sich nur dann echt erholen, wenn er in der Freizeit geistige und körperliche Aktivität entfaltet. Denn selbst bei völliger Erschöpfung ist ein gänzliches Abschalten und Passivsein – außerhalb des eigentlichen Schlafs – das Verkehrteste, was wir tun können. Leider scheuen wir gerade dann, wenn wir gestreßt sind, die körperliche Anstrengung, die wir ja irrtümlich so oft mit Streß gleichsetzen, und kommen dann zu einem ganz falschen Verhalten, verharren in Bewegungslosigkeit, statt einfach loszurennen. Doch die Anstrengung, von der wir uns erholen müssen, die wir im Beruf erlitten haben, ist nicht körperlicher, sondern nervlicher Art. Die ständigen optischen Reize des Alltags, Scheinbewegungen wie das Autofahren, gaukeln uns nur körperliche Bewegung vor, und aus einem reinen Mißverständnis heraus glauben wir, unser Bewegungssoll erfüllt zu haben.

Auch die Freizeit beginnen wir nun ebenfalls nicht mehr zu gestalten, sondern nur noch zu erleiden: vor dem Fernsehschirm, beim Zuschauen im Fußballstadion, beim Betrachten der Landschaft durch das Autofenster. Gerade der Umstand, daß wir oft im Beruf nur Ausführende sind, Zwängen unterliegen und selbst nichts unternehmen können, hat uns durch Verdrängungen und Verkrampfungen erschöpft. Vielleicht wäre es ein guter Ausgleich, dann wenigstens in der Freizeit einmal als »Unternehmer« tätig zu sein und dieses Unternehmertum dann anschließend auch ein bißchen mit in die neue Arbeit hinüberzunehmen.[167]

Doch leider bleibt eine solche ausgleichende geistige Aktivität meist ebenso aus wie die körperliche Bewegung, und wenn es nur ein wenig Wandern oder

Klettern wäre oder auch nur eine halbe Stunde Schwimmen – das ideale und für jeden vegetativen Typ sinnvolle Mittel zur Erholung. Hierzu noch ein paar Worte mehr.

Nach dem Berliner Urlaubsmediziner Henke hält uns kaum eine andere körperliche Übung wie das Schwimmen so beweglich, beeinflußt so günstig die Muskulatur, das Knochensystem, die Atmung, Herz- und Kreislauf und unser vegetatives Gleichgewicht. Und kaum eine andere Übung kann so wie das Schwimmen bis ins hohe Alter hinein betrieben werden. Er warnt lediglich vor der einzigen gesundheitlichen Gefahr – die eigenartigerweise wenig bekannt ist –, nämlich vor Unterkühlung. Wenn die Körpertemperatur durch zu langes Schwimmen im kalten Wasser um 2 oder gar 3 Grad unter ihren normalen Wert, also etwa auf 34 Grad absinkt, so kommt es zu Bewußtseinstrübungen, die ein Zurückschwimmen zum Ufer oft unmöglich machen. Wahrscheinlich ist dies auch eine Ursache für die oft ungeklärten Unfälle, die man irgendwelchen Strömungen zuschreibt.[167]

Streß braucht Urlaub, Arbeit nicht

Halten wir also noch einmal grundsätzlich fest, daß das Verlangen nach Urlaub und Erholung eine ausgesprochene Zivilisationsfolge ist, die nicht durch normale körperliche Arbeit entsteht, sondern durch die gewaltige Reizüberflutung und Streßbelastung unserer Zivilisationsgesellschaft. Damit ist klar, daß wir in keinem Fall Urlaub als Faulenzen verstehen dürfen, sondern versuchen sollten, die gerade im Anfang des Urlaubs nicht ausbleibenden typischen Urlaubsstressoren wie mangelndes Erfolgserlebnis, beginnende Frustration, Nervosität, Lebensangst und so weiter durch Bewegung umzusetzen. Erscheint uns körperliche Tätigkeit – und seien es nur Treppensteigen oder ein Lauf an frischer Luft – nach psychischer Erschöpfung und einem gestreßten Tag zu *anstrengend,* dann sollten wir sie eben nicht als Anstrengung ansehen, sondern als *Austoben* angestauter Verspannungen. Vielfach kann uns schon allein diese gedankliche Umdeutung plötzlich Lust dazu verschaffen. Abgesehen davon, daß Bewegung für das Training von Herz und Gefäßen unerläßlich ist, werden wir überrascht sein, wie schnell uns ein kräftiges Rennen, ein Nachlaufspielen mit unseren Kindern, das Erklettern eines hohen Baumes von unseren Ängsten befreit – und uns nicht zuletzt durch die körperliche Ermüdung in einen erquickenden Schlaf fallen läßt.[168]

Die Erholung im Schlaf

Bevor wir auf die eigentliche Urlaubsgestaltung näher zu sprechen kommen, sollten wir uns daher noch etwas mit einigen Erholungsfaktoren unseres *Alltags* beschäftigen. Zunächst mit dem wichtigsten von allen: mit dem Schlaf. Denn das Schlafen, mit dem wir ein Drittel unseres Lebens zubringen – ein Vierteljahrhundert reine Schlafzeit, bis wir 80 sind –, ist ein gesondertes Kapitel im Streßgeschehen. Ursprünglich, das heißt im Laufe der Evolution der Arten, mag der Schlaf vielleicht deshalb entstanden sein, um die Tiere zu besonders gefährdeten Tageszeiten – die einen nachts, die anderen tagsüber – aus dem Verkehr zu ziehen. Denn wenn die äußeren Bedingungen, etwa die Dunkelheit, so beschaffen sind, daß ein Lebewesen hilflos wird und alles, was es tut, mißlingt oder gefährlich wird, dann tut es natürlich am besten gar nichts.

Auch Yogis müssen schlafen

Selbst wenn der Schlaf aus ähnlichen Gründen entstanden sein sollte, so muß er doch darüber hinaus inzwischen weit mehr Funktionen zu erfüllen haben. Doch welche sind dies? *Eine* Funktion wäre die der Entspannung unseres Kreislaufsystems, das Abschalten der geistigen und körperlichen Konzentration. Doch dies kann, wie wir schon in unserem zweiten Kapitel sahen, auch durch geeignete Meditationsübungen erreicht werden. Der Schutz vor der Gefährlichkeit des Dunkels ist ebenfalls in unserer, durch künstliches Licht sich auch nachts zurechtfindenden Gesellschaft als Schlafgrund weggefallen. Die Nahrungsbeschaffung könnte rund um die Uhr weitergehen. Auch Körperenergie zu sparen dürfte bei unserer bewegungsarmen Lebensweise erst recht kein Grund mehr sein, schlafen zu müssen.[169] Es scheint so, als ob der moderne Mensch eigentlich auf Schlaf verzichten können müßte.

Das Eigenartige ist jedoch, daß auch Yogis schlafen müssen, ja daß der geistig Arbeitende den Schlaf sogar noch mehr zu brauchen scheint, als der körperlich Arbeitende. Was ist also das Einmalige, das offenbar nur während des Schlafes stattfindet?

Biologie des Schlafs

Zunächst einmal existiert im Hirnstamm ein Regulationszentrum des Schlafes, das eine Schutzmaßnahme darzustellen scheint, um den Organismus vor

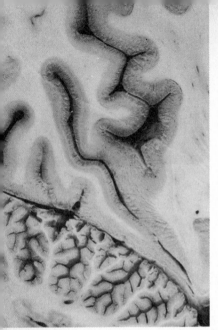 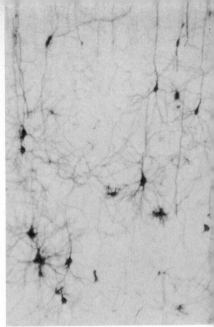

Die Welt, in der das Denken – und Träumen – stattfindet.

Teil der Großhirnrinde (unten Kleinhirn) im Schnitt (3 : 1).

Einige der 15 Milliarden miteinander verfaserten Neuronen, der sogenannten »grauen Zellen« (300 : 1).

den Schäden einer durch ständiges Wachsein entstehenden Überreizung zu bewahren. Reizt man die entsprechende Region des Hirnstamms elektrisch, so löst man die typischen Symptome der Müdigkeit und des normalen Schlafes aus – selbst wenn man, wie dies im Tierversuch durchgeführt wurde, das Großhirn, also die gesamte Denktätigkeit entfernt. Offenbar ist es also auch nicht das Denken, von dem wir uns während des Schlafes erholen müßten. Untersucht man die unterschiedlichen Gehirnregionen, so fällt in der Tat auf, daß vor allem große Teile des Mittelhirns während des Schlafes gehemmt sind, wodurch dessen erschöpfte Nervenzellen offenbar vor Überbeanspruchung geschützt werden. Es handelt sich um Nervenzellen des unbewußten Bereichs, die normalerweise ständig in Aktion sind – im Gegensatz zu den Nervenzellen unseres Großhirns. Denn diese – die berühmten kleinen grauen Zellen – können wir ja auch tagsüber sowohl mehr oder weniger denken als auch ausruhen lassen (nämlich wenn wir Alphawellen produzieren). Dafür sind gerade sie wiederum während des Schlafes gar nicht so untätig. Ja, diese besondere nächtliche Aktivität unserer grauen Zellen, nämlich das Träumen, ist offenbar ein weiterer Grund dafür, warum wir ab und zu schlafen müssen.

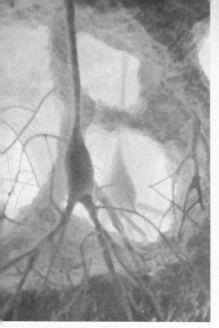

Einzelnes Neuron mit seinen Verzweigungen (3000 : 1)

(Beide Modelle: Vester/Roderjan).

Transkription (Ablesen) eines Gen-Abschnittes im Chromatin des Zellkerns durch die Bildung einer RNA-Kopie (3 000 000 : 1).

Träumen als genetische Buchprüfung

Während des Träumens scheint ein Vorgang an den Genen unserer grauen Zellen abzulaufen, bei dem sich unser Bewußtsein erholt. Darauf deuten immer mehr Untersuchungen über unsere Gehirnaktivität und die Vorgänge beim Denken und Erinnern hin. Außer bei Reptilien scheint das Träumen bei allen höheren Tieren stattzufinden.

Im Schlafzustand werden offenbar unsere genetischen Programme, die ja in jeder Zelle, also auch in den Chromosomen jeder Gehirnzelle vollständig vorhanden sind, während des Träumens noch einmal gewissermaßen »abgeklappert«. Dieser Prozeß einer nächtlich wiederholten Kontrolle unserer genetischen »Buchhaltung« löst dabei auch eine Menge von gedanklichen Assoziationen in der Hirnrinde aus. Denn unsere dort gespeicherte Erinnerung ist ebenfalls eng mit einem Vorgang an den Genen verknüpft. (An ihnen werden sämtliche Wahrnehmungsimpulse, falls sie im Gedächtnis gespeichert werden sollen, in Materie umgewandelt, wobei die Gene als Matrize für die Synthese von Erkennungsmolekülen dienen.) Bei dem nächtlichen Abklappern unseres Genmaterials schwingt dann sozusagen unsere Gesamterinnerung auf einer Reihe von Assoziationswellen mit und produziert dabei die so bekannten Traumbilder. Soviel zur biologischen Seite des Träumens.[170]

Schlaf und Hormone

Nun wird der Schlafmechanismus nicht nur durch das erwähnte Regelzentrum und durch entsprechende Hormone wie etwa das Serotonin ausgelöst – wir erinnern uns, daß dieser Mechanismus durch den Wechsel von Licht und Dunkelheit von der Epiphyse im Mittelhirn in Gang gesetzt wird –, sondern der eingetretene Schlaf wirkt selbst wieder auf eine Reihe wichtiger Regulationsvorgänge zurück. So steuert er in einem bestimmten Stadium die Ausschüttung von Hypophysenhormonen, unter anderem von Wachstumshormon.[171]

Hierzu eine interessante Beobachtung: Der amerikanische Pädiater Gartner berichtet aus seinen langjährigen Studien über zurückgebliebene Kinder, daß eine gefühlsarme Umgebung bei Kindern meist zu anormalen Schlafmustern führt und damit zur Verschiebung oder Hemmung entsprechender Hormonproduktionen. Hier dürfte eine Erklärung dafür liegen, daß Kinder in einem solchen Milieu oft geistig und körperlich in der Entwicklung zurückbleiben. Wenn dies tatsächlich der Fall ist, so liegt übrigens auch hier wieder der Therapieansatz nicht im Kind selbst, sondern, wie wir das zum Beispiel auch beim Asthma sahen, in den Wechselbeziehungen des Kindes mit seiner Umwelt.[172]

Während in einer gesunden Umwelt bis ins hohe Alter hinein ein gesunder Schlaf selbstverständlich ist (wir werden im nächsten Kapitel noch besonders auf die Untersuchungsergebnisse bei Menschen mit besonders hohem Alter eingehen), beginnt in unserer Gesellschaft vielfach bereits zwischen dem 45. und 60. Lebensjahr die Schlaflosigkeit. Mit siebzig schließlich klagt fast jeder über Einschlafstörungen, langes Wachliegen und zu frühes Aufwachen. Je zivilisierter unsere Welt wurde, desto schlaffeindlicher zeigte sie sich. Denn gerade unsere modernen Unterhaltungseinrichtungen wie Radio, Fernsehen, Kino, Diskothek und so weiter, die zur Entspannung dienen sollten, hindern die Menschen oft, früh ins Bett zu gehen und ihrem Schlafbedürfnis rechtzeitig nachzugeben. Hinzu kommen dann aufputschende Alkoholika, Nikotin, gar noch ein später Mokka und ein aufregender Krimi im Bett, und der Regelmechanismus gerät aus den Fugen. Doch auch ohne all dies reichen natürlich Gefühle der Angst, ungelöste Spannungen, seelische Konflikte und unterbewußte Schuldgefühle aus, um über die dadurch veränderten Hormonmuster genauso wie bei Schmerzen, Herzerkrankungen oder Kreislaufstörungen das Einschlafen zu verhindern.

In vielen Fällen kommt jedoch zunächst einmal lediglich die Schlaf*bereit-schaft* nicht zustande, ohne die ja selbst übermüdete Menschen nicht einschlafen können. In diesem Stadium krankt der Mensch noch längst nicht an Schlaflosigkeit. Und doch geht man auch bei diesem deutlichen Warnzeichen nicht etwa daran, die eigentlichen Ursachen der Einschlafstörung zu vermeiden, sondern greift bereits zum Schlafmittel. Und damit beginnt dann der Teufelskreis der eigentlichen Schlaflosigkeit als Krankheit.

Anstatt im Vorstadium der Schlaflosigkeit die Ursachen von Einschlafstörungen zu vermeiden, wird der Mensch so das Opfer der pausenlosen Werbetrommel der Pharmaindustrie.

Neuere Forschungen mehrerer amerikanischer Spezialkliniken über die Gehirn- und Körpervorgänge beim Schlaf lassen den Schluß zu, daß die Hauptursache für die permanente Schlaflosigkeit von fünf Millionen Amerikanern in der Tat jener Gebrauch von Schlafmitteln ist. Den Wissenschaftlern war es ein leichtes, bei Versuchspersonen mit gesundem Schlaf innerhalb von acht Tagen durch normale Schlafmittelzugaben chronische Schlaflosigkeit zu erzeugen. Diese konnte dann nur wieder durch noch stärkere Mittel – bis zur erlaubten Maximaldosis – weiter bekämpft werden. Doch nur für kurze Zeit, dann nutzten auch diese Mittel nichts mehr.

Geplante Sucht?

So wandeln die unbedenklich verschriebenen Schlafmittel vielfach eine vorübergehende Schlaflosigkeit, zum Beispiel durch Atembeschwerden oder Lärmbelästigung, in ein chronisches Leiden um.

Die äußerst komplizierten, in ihrer Bedeutung noch kaum erforschten Schlafphasen, die nach einem fast dramaturgisch aufgebauten Programm ablaufen, zeigen genau meßbare, sehr unterschiedliche Gehirn-, Nerven- und Stoffwechselaktivitäten und sind je nach der individuellen inneren Uhr des einzelnen aus vier bis fünf miteinander rückgekoppelten Sequenzen von jeweils rund 90 Minuten aufgebaut. Ein solches Programm kann durch ein Schlafmittel niemals hergestellt, sondern nur brutal aus dem Gleichgewicht gebracht werden. Durch das Zusammenwirken von Unwissenheit beim Patienten wie auch beim Arzt, durch die Bequemlichkeit von Ärzten und Pflegepersonal und durch das Geschäftsinteresse bei der Pharmaindustrie findet hier, wenn auch vielleicht nicht immer bewußt, die gleiche Erzeugung einer die Gesundheit zerstörenden Drogenabhängigkeit statt, wie sie im Falle des sich einen abhängigen Kundenkreis aufbauenden Heroinhändlers längst als ein schweres Verbrechen bestraft wird.[84, 173]

Profitable Vorbeugung

So kann man von dem Menschen unserer Zivilisationsgesellschaft allein anhand seines Verhältnisses zum Schlaf ein recht trauriges Bild entwerfen: Hilflosigkeit, Verhaltensunsicherheit, Konfliktsituationen, Verwirrung und Verlorenheit.

Wieder spiegelt sich hier im kleinen jener andere Gesamtaspekt unseres Industriezeitalters wider, das nicht vorbeugen will, sondern heilen. Diese falsche Gesundheitspolitik wird sich schon sehr bald aus nüchterner volkswirtschaftlicher Berechnung heraus ändern müssen. Aber auch jeder für sich kann hier schon überraschend viel verbessern. Der erste Schritt dazu ist, daß wir überhaupt die Dinge einmal von dieser Seite sehen. Der zweite Schritt, daß es letztlich nur wir selbst sind, die etwas tun können. Und wenn wir sagen, »ich kann nichts daran ändern«, dann heißt das meist nur, daß wir im Grunde die Änderung gar nicht selbst vornehmen wollen, sondern daß wir erwarten, daß sie von der Umwelt vorgenommen wird. Die Umwelt, die Gesellschaft ist es jedoch, die hier in Wirklichkeit nichts tun kann, wir selbst dagegen sehr wohl.

Wohlbefinden senkt soziale Lasten

Nur durch Vorbeugung, nur durch eine, unserem Organismus entsprechende Lebensweise wird es möglich sein, die zunehmend gestörte Leistungsfähigkeit des Bürgers wirklich zu bessern, die um sich greifenden Streßkrankheiten allgemein abzubauen und damit die uns allmählich erdrückenden sozialen Lasten zu senken. Dieses Bestreben, Kosten zu sparen – so materiell auch seine Basis ist –, geht hier zum Glück auch einmal völlig parallel mit dem Wohlbefinden des einzelnen. Für die große Mehrzahl der Menschen bedeutet letzten Endes ihre soziale Leistungsfähigkeit die Sinnerfüllung ihres Lebens. Diese gestört zu wissen, ist der tiefste Schock, den der Mensch erfahren kann. Gerade von schwer Körperbehinderten ist bekannt, mit welchem Gefühl der inneren Befreiung sie es erleben, wieder arbeits- und berufsfähig, im Grunde also wieder sozial nützlich zu werden. Das Gefühl, nicht gebraucht zu werden, ist wohl auch bei Arbeitslosigkeit der Hauptbelastungsfaktor für den Organismus. Die Wiedereinfügung in den Leistungsprozeß ist daher durchaus für beide, Gesellschaft wie Patient, eine Wohltat.

Eine Ausnahme machen die Menschen, für die umgekehrt eine Flucht in die Krankheit zugleich eine Rettung ihres seelischen Gleichgewichts ist. In solchen Fällen sollte man wiederum erwägen, ob der Mensch nicht ein Recht auf Krankheit hat, statt hier die Eingliederung in den Wirtschaftsprozeß frühzeitig durch moderne Radikalkuren zu erzwingen.

Eine über 2 Wochen »voll ausgekostete« Infektionskrankheit, deren (auch nach neuesten Untersuchungen[234]) so heilsames Fieber nicht schon in den ersten Tagen durch Antibiotika kupiert wird, kann, abgesehen von der Stärkung der körpereigenen Abwehr, durchaus auch bewußtseinserweiternd wirken und Erkenntnisse bringen, die einen Menschen privat oder beruflich zu einer neuen Einstellung im Leben führen und ihn nachhaltig positiv beeinflussen. Wir haben hier einen ganz ähnlichen Effekt, wie ihn der »Abstand vom Alltag« im Urlaub bringt. Hier kann die Krankheit auch für die Gesellschaft wiederum weit profitabler sein als etwa die Einsparung eines vierzehntägigen Krankseins durch rasche medikamentöse Behandlung.[174] Eine richtige Beurteilung der jeweiligen Situation verlangt allerdings auch vom Arzt, daß er mehr ist als ein Organmechaniker und auch die psycho-soziale Situation seines Patienten in Diagnose und Therapie mit einbezieht.

Gesundheitspolitik als Krankheitspolitik

Erstaunlich ist nur, daß gerade Urlaub und Freizeit in ihrer so wichtigen Funktion der Vorbeugung gegen alle Arten von Streßbelastungen und deren folgenschwere Krankheiten weder kaum untersucht sind noch von den Ärzten dem Typ entsprechend verordnet werden. Oder ist dies vielleicht doch nicht so überraschend? Begegnet nicht gerade der Mediziner im Grunde jeder Art von Vorbeugung mit Skepsis? Tatsächlich könnte man aus den Handlungen der ärztlichen Standesorganisationen schließen, daß ihre Maxime unerschütterlich diejenige ist, keine Krankheiten zu verhüten, sondern Krankheiten zu heilen, wobei zugegebenermaßen weit mehr verdient wird.

Diese Zurückhaltung gegenüber der Vorbeugung betrifft jedoch nicht nur die ausübenden Ärzte, sondern auch die medizinische Forschung. Obwohl wir heute wissen, daß viele, wenn nicht die Mehrzahl der Krankheiten durch eine falsche Lebensweise hervorgerufen werden, haben wir die verwickelten Vorgänge bei der Krankheitsentstehung, bei denen zum Beispiel das Verhalten der Menschen eine wesentliche Rolle spielt, bis heute nur sehr sporadisch untersucht. Dabei sollten wir uns klarmachen, daß im Grunde alles, was unserer sozialen und technischen Umwelt als krankmachende Faktoren angelastet werden kann, sich prinzipiell beseitigen läßt, daß hier Vorbeugung technisch durchführbar ist. Denn soweit Krankheiten durch den Menschen entstehen, müßten sie sich auch durch den Menschen verhindern lassen.

Während viele Dinge, über die ich hier schreibe, ein Umdenken und ein Eingreifen vom einzelnen verlangen, betrifft doch, wie die vorausgegangenen Kapitel gezeigt haben, ein großer Teil eine Neugestaltung unserer unmittelbaren Umwelt. Hier regulierend einzugreifen, ist jedoch Sache der Gesundheitspolitik, und die müßte eigentlich, ganz ähnlich wie die Versicherungen, schon aus kühler volkswirtschaftlicher Berechnung heraus daran interessiert sein, Krankheiten zu verhindern, um damit eine gestörte Leistungsfähigkeit des Bürgers so rasch und gründlich wie möglich zu beseitigen.

Gemessen an dem, was unsere öffentlichen Einrichtungen für eine vorbeugende Lebensweise tun könnten, ist unsere Gesundheitspolitik jedoch in vieler Hinsicht ein Skandal, ja, sie verhindert nicht einmal, daß sogar von staatlicher Seite selbst vielfach das Gegenteil von Vorbeugung betrieben wird. 40 Milliarden DM wurden in der Bundesrepublik allein 1970 für Alkohol und Tabak ausgegeben. Rund 600 000 Alkoholiker und mindestens 100 000 Herz-Kreislauf-Geschädigte sind das Ergebnis.[233] Abgesehen von einigen ersten Einschränkungen in der Fernsehwerbung, wird weder die allgemeine Verführung durch Zigarettenreklame und Alkoholikawerbung, noch der leichte jederzeitige Zugang zu beiden (Zigarettenautomaten!) von staatlicher Seite erschwert oder gar eine durchschlagende Aufklärung über die tatsächlichen Folgen propagiert.

Ein besonderes Übel, welches bestimmt seine negative Wirkung hat, (zu welchem andern Zweck würde es sonst wohl von der Alkoholbranche eingesetzt), ist dabei die Werbung mit bekannten Persönlichkeiten und Stars, in der schon direkt auf makabre Weise der Alkoholismus verherrlicht wird. So posiert zum Beispiel eine Schauspielerin mit gekonnt glasigem Blick in der ganzseitigen Anzeige einer Spirituosenfirma: »Ich trinke Jägermeister, weil es die unverfänglichste Art ist, an 35 Prozent Alkohol zu kommen.« Erstaunlich, wie ignorant diese Persönlichkeiten sein müssen, daß sie sich dafür hergeben. Entweder haben sie noch nie die Tragik eines Alkoholikers erlebt, oder mit ihrem Verantwortungsgefühl ist es nicht besser bestellt als vielfach in der Werbebranche selbst. Eher nimmt man schon einem Parteiboß seine Bemerkung in einem Interview mit der ›Bild-Zeitung‹ ab: »In der Politik ist es so, daß man diesen Beruf nicht ohne Alkohol ausüben kann.« – Ein immerhin eindeutiges Statement.

Genußgifte und die Prostitution des Staates

Nun, die offizielle Laschheit gegenüber der Werbung für Genußgifte scheint zunächst verständlich. Denn von beiden, Rauchern wie Trinkern, werden in einer Art staatlicher Prostitution Steuern kassiert. Viele Milliarden Mark jährlich, derentwegen man glaubt, beide Augen zudrücken, ja, die Goldesel »Trinken« und »Rauchen« sogar weitgehend hätscheln zu müssen. So werden auch die auf diese Weise eingenommenen 9 Milliarden DM zu allem anderen verwendet, als etwa gesundheitliche Vorsorge zu treffen. Volkswirtschaftlich gesehen, ist das Ganze eine unverständlich kurzsichtige, weil teure Politik. Denn diese Einnahmen sind im Verhältnis zu den entstehenden Krankheitskosten und Soziallasten einfach lächerlich und rechtfertigen es nicht einmal, rein materiell gesehen, den entstehenden Schaden dafür in Kauf zu nehmen. Da die Konsumierung von Alkohol und Tabak, auf deren biologische Wirkung wir nachher noch näher zu sprechen kommen, in der Urlaubsgestaltung eine nicht unwesentliche Rolle spielt, sollte wenigstens mit diesen kurzen Bemerkungen auf jenes peinliche Manko in unserer Gesundheitspolitik eingegangen werden.

Auf welche Weise können Freizeit und Urlaub am ehesten zur gesundheitlichen Vorbeugung, zur Erholung vom Streß beitragen? Denn sie sollten ja im Gegensatz zu jenen Pseudofreuden, wie sie die Genußgifte bieten, Lebensqualität und Wohlbefinden echt verbessern. Hier hilft, wie gesagt, mit Sicherheit kein bloßes Faulenzen, sondern nur eine aktive Urlaubsgestaltung. Und diese wiederum kann nie allgemeingültig sein. Sie muß auf den einzelnen zugeschnitten sein.

Warum? Die Biochemie der Streßreaktion selbst ist zwar bei allen Menschen gleich. Die Folgereaktionen laufen jedoch bei jedem Menschen sehr verschieden ab. Wir erinnern uns an die auf Streß so unterschiedlich reagierenden Typen: an den zu Hochdruck und Aggressivität neigenden Sympathikotoniker und an den ganz anders gelagerten Vagotoniker, der auf Streßreize eher mit Ermattung, Depressionen und Magenbeschwerden reagiert. Beide gibt es nur selten in Reinkultur, und wir haben eine große Zahl von Zwischentypen und Mischformen. Sie alle setzen die verschiedenen Streßreize jeweils anders um, so daß es leider auch kein allgemeingültiges Erholungsrezept gibt.

So etwas stört einen. Man möchte gern vereinheitlichen. Und man fragt sich, was eigentlich diese Verschiedenheit soll, die wir im Gegensatz zur so schön normierten Technik immer wieder in der Lebewelt antreffen. Warum gibt es nicht *den* normalen Menschen, warum muß jeder auf ein und dieselbe Umweltbedingung immer wieder *anders* reagieren? Nun, diese Variationsvielfalt innerhalb einer Art – sei es bei Pflanzen (denken wir nur an die vielen Wildarten der Getreide) oder bei Tieren, wie bei der hier abgebildeten Schneckenart –, diese Schwankungsbreite ist wieder mal ein typischer Trick der belebten Natur.[175]

Fünf unterschiedlich gezeichnete und gefärbte Exemplare (von schwarzgelb bis rot) als Beispiel für die Streubreite einer einzigen Schneckenart (Cepaea nemoralis). Nur diese genetische Uneinheitlichkeit, die Abweichung von der Norm, erlaubte es der lebenden Welt, Millionen Jahre zu überstehen.

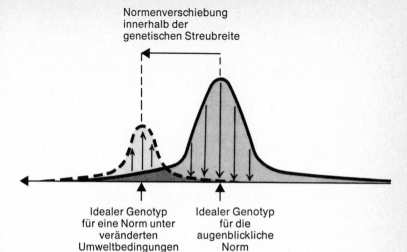

Normenverschiebung
innerhalb der
genetischen Streubreite

Idealer Genotyp
für eine Norm unter
veränderten
Umweltbedingungen

Idealer Genotyp
für die
augenblickliche
Norm

Die Streubreite einer Art sichert ihr Überleben.

Variationsbreite garantiert das Überleben der Art

Während für unsere mechanisch-technische Welt die Standardisierung ein Segen ist, ist es in der lebendigen Natur gerade jene Variationsvielfalt, mit der sie überhaupt die wechselnden Umweltbedingungen über Millionen Jahre überdauern konnte. Jeder Versuch zu vereinheitlichen, jede Sucht zum Konformismus im lebenden Bereich, so auch bei uns Menschen, bedeutet (vor allem wenn er durch Traditionen und Tabus verstärkt wird) in der letzten Konsequenz nicht etwa nur eine Schädigung aller nicht in ein solches Schema passenden psycho-biologischen Strukturen, sondern eine vitale Schädigung der ganzen Art. Längst wäre unsere Rasse ausgestorben, wenn sie aus einem genetisch einheitlichen Typus bestünde, denn jede Standardisierung bedeutet Tod, weil keine Weiterentwicklung, keine Anpassungsmöglichkeit mehr gegeben ist. Es ist gerade die Vielfalt der Typen innerhalb einer großen Variationsbreite, die nach jeder von außen aufgezwungenen Selektion gleich wieder eine große Zahl von »passenden« Einzelindividuen parat hält. Eine Änderung der Umweltbedingungen, – und gerade diejenigen, die vielleicht vorher als Außenseiter betrachtet wurden, zeigen nunmehr die beste Anpassungsfähigkeit. Die Norm, nach der wir streben, die Einengung auf ein genetisches Idealbild, nach dem alle Rassisten streben, bedeutet in recht kurzer Zeit das Ende der Art. Auch für das *Verhalten* der Menschen können wir daher keine endgültigen Gesetze aufstellen. Denn auf der Uneinheitlichkeit, auf der Streubreite einer Art beruht letzten Endes ihre Anpassungsfähigkeit und ihre – ständige – Evolution.[175]

So viel nur, um die Fragwürdigkeit einer Standardisierung im lebendigen Bereich zu betonen. Auch in der Medizin gibt es in diesem Sinne keine Norm. Das läßt sich an den Meßdaten jeder Klinikkartei deutlich ablesen. Denn gerade durch die modernen medizinischen Meßmethoden und das dadurch mögliche große statistische Material trat inzwischen deutlich zutage, daß die Schwankungsbreite der Daten des gesunden Menschen viel größer ist, als früher angenommen. Weder für den Blutdruck, noch für die Konzentration eines Hormons im Blut, noch für den Cholesteringehalt oder den Hämoglobinwert gibt es »feste« Daten. Genausowenig wie für Gewicht, Körpergröße, Hautfeuchtigkeit oder was auch immer. Nirgendwo gibt es einen feststehenden einzelnen Meßwert, der an sich als normal zu betrachen wäre. Höchstens Meßbereiche. Es ist immer das *Zusammenspiel* aller Stoffe, Kräfte und Wirkungen, das zu einem stabilen oder instabilen Gleichgewicht führt, das gesund oder nicht gesund ist. Und was für den einen ein zu hoher Wert ist, mag für den anderen viel zu niedrig sein. Und so wird auch ein und dieselbe Urlaubsart für jeden wieder einen völlig anderen Erholungswert besitzen. Je nach der individuellen Konstitution.

Dem einen bringt ein Hobby Entspannung, und ein Flirt strengt ihn an. Ein anderer läßt sich von seinem Hobby tyrannisieren, während der Flirt für ihn ein wichtiges Erfolgserlebnis ist. Kurz, es gibt grundverschiedene Urlaubstypen, und man fragt sich, ob man sie vielleicht messen kann. Ob man nicht einen Streßtest entwickeln sollte, der den einzelnen über das informiert, was ihm am ehesten Erholung bringt: wie er *seine* gestörten Regelmechanismen stabilisieren und die Eigenkräfte fördern kann. Ein solcher Typisierungstest wäre in der Tat längst möglich.

Ein Streßtest für den Urlaubstyp

Die folgende Bildreihe soll einmal andeuten, wie solch ein Test im Prinzip aussehen könnte:

Das Beispiel sei hier näher ausgeführt. Der Innsbrucker Professor Hittmair, ein Vorkämpfer der Urlaubsmedizin, gibt an, daß wir allein aus dem Verhältnis von Puls und Atmung schon etwas darüber erfahren, ob jemand überhaupt urlaubsreif ist oder nicht. Beim Gesunden ist aber dieses Verhältnis je nach Typ oft recht unterschiedlich. So kann es beim Sympathikotoniker im Streß des Tageslaufs bis 10:1 erhöht sein. Umgekehrt beim Vagotoniker auf 2:1 absinken. Sobald man jedoch richtig »in Puste kommt«, etwa nach 30 tiefen Kniebeugen, also nach entsprechender Muskelleistung und vegetativer Entspannung, sollte es sich bei *beiden* Konstitutionstypen auf den optimalen Leistungswert von 4:1 einpendeln, auf vier Pulsschläge pro Atemzug.

So könnte man unterschiedliche Urlaubstypen durch eine Kreislaufanalyse unter
der Einwirkung eines Streßreizes, zum
Beispiel durch ein rasches Zufahren auf
das Gesicht, untersuchen und feststellen,
ob das vegetative Gleichgewicht mehr
zum Sympathikus oder mehr zum Parasympathikus neigt.

An den feinen Vibrationen unserer Mus-
kelfasern – einmal bei Ruhe und einmal
unter Lärmbelastung – könnten wir den
genauen Ablauf der Streßreaktion verfolgen.[177]

Ein Hirnstrombild, bei dem wir zum Beispiel die Störungen der Alphawellen bei
emotionaler Erregung beobachten können, zeigt uns, wie weit wir fähig sind zu
entspannen.[176]

Die Messung der Pulswellengeschwindigkeit vor und nach einem Streßreiz läßt
etwas über die vegetative Regulation erkennen,[177] und am Vergleich von Puls-
und Blutdruckanstieg unter körperlichem
Streß sehen wir die Grenze der Belastbarkeit.[176]

273

Jeder Urlaubstyp verlangt seinen Urlaubsort

So braucht der Sympathikotoniker vege-
tativ ausgleichende Reize: ein Gelände
für körperliche Trainingsmöglichkeiten,
Strand, Meeresklima . . .

. . . oder auch Hochgebirgsklima, damit
sich seine Blutruck- und Pulsschwankun-
gen stabilisieren.

Nun gibt es natürlich viele Fälle, wo dieses Einpendeln auf vier Pulsschläge pro Atemzug nicht mehr funktioniert. Das ist dann ein deutliches Zeichen für eine Fehlregulation. Man ist reif für einen Urlaub. Da aus den so gewonnenen Meßdaten außerdem noch eine grobe Zuordnung nach Sympathikotoniker, Vagotoniker oder indifferentem Typ, nach dem schlecht regulierenden Wärmetyp, nach dem gut durchbluteten Kältetyp möglich ist, läßt sich schon eine Menge über die richtige Urlaubsart und die individuelle Erholung sagen. Schließlich sollte in solch einem Test auch die Möglichkeit des Einzelnen herausgefunden werden, wie er irrtümlich als Stressor interpretierte Reize durch Bewußtseinsübungen wirkungslos machen kann und wie er andererseits echte Stressoren am besten bewältigt, umsetzt oder abreagiert, wobei zum Beispiel zu zeigen wäre, inwieweit im Einzelfall autogenes Training, Sauna, Sport oder schöpferische Tätigkeiten eingesetzt werden sollten.

Ist er zum Beispiel schon schlafgestört und hat er bereits einen hohen Blutdruck, dann hilft ihm wieder mehr eine bewaldete Mittelgebirgslage.

Anders beim stark abgesunkenen Vagotoniker. Abgesehen von der Höhenlage, ist es für ihn vor allem das helle Licht von Schneelandschaften – gerade im sonst so dunklen Winter –, das seine vegetativen hormonellen Funktionen günstig stimuliert. Der Kreislauf beantwortet ankommende Reize kräftiger.[178]

Urlaubsort und Klimareize

Soviel zur Diagnose der Urlaubs*reife* und des Urlaubs*typs*. Aber auch für den Urlaubs*ort* sollte man die individuelle Reaktionslage kennen. Allein schon für die beiden Reaktionstypen gegenüber der Wärme ist der Urlaubsort von größter Bedeutung. Der schon erwähnte Typ A besitzt eine schlechtere Wärmeregulationsfähigkeit und kühlt schnell aus. So kann man messen, daß seine Hauttemperatur beim Auskleiden rasch absinkt und die Wiedererwärmungszeit länger ist. Er friert leicht und braucht daher zur Erholung Wärme. Beim Typ B dagegen rötet sich in der Kälte schnell die Haut, die Wiedererwärmungszeit ist kurz, er liebt Wind und Wetter.[178] Meist von stämmigem oder rundlichem Körperbau, unterscheidet er sich auch äußerlich von dem eher mageren, langgliedrigen Wärmemenschen. Beide können nun darüber hinaus in ihrem vegetativen Nervensystem mehr vom Sympathikus oder mehr vom Parasympathikus, vom Vagus, beherrscht werden.

Damit hätten wir als individuelle Urlaubskriterien bereits Wärme- und Kältereaktion, vegetative Streßdisposition, Schlafverhalten, Körperbau, Leistungs*verhalten* und mitgebrachte körperliche Leistungs*fähigkeit.* Hinzukommen als weitere Kriterien für die richtige Urlaubsart schließlich noch Alter und Geschlecht, so daß sich für jeden Menschen all diese verschiedenen Hinweise überschneiden und zu recht speziellen Empfehlungen führen. Ähnliche, sogenannte balneologische Überlegungen werden für einen *Kur*aufenthalt angestellt. Sie führen natürlich zu wieder ganz anderen Empfehlungen. Denn im Gegensatz zum vorbeugenden Urlaub setzt die heilende Kur sozusagen am betroffenen Organ selbst ein. Während hier meist speziell Herzstörungen, Magengeschwüre, Gallenleiden und so weiter vorliegen, soll der Urlaub durch Stabilisierung der gestörten Regelmechanismen ganz *allgemein* die Eigenkräfte des Körpers fördern. In diesem Stadium erfolgt die jeweils notwendige Organbeeinflussung dann ganz von selbst.[168]

Das dürfte genügen um wenigstens anzudeuten, was man vom Typ her für einen Urlaub beachten könnte, der wirklich vom Streß erholen soll. Viele Enttäuschungen, manch nutzloser und selbst schädlicher Urlaub ließen sich durchaus vermeiden, wenn es mehr Möglichkeiten gäbe, sich hierfür seine individuelle psychosomatische Beratung zu holen.

Neben dem individuellen Konstitutionstyp ist übrigens für die Streßdisposition (und dementsprechend auch für die geeignete Erholungsart) allein schon eine grobe Einteilung nach den Geschlechtern möglich – als Folge der hormonell bedingten psycho-biologischen Unterschiede zwischen Mann und Frau.

Hormone und Hobby

So ist kaum bekannt, daß Frauen grundsätzlich eine andere Erholungsart als Männer benötigen, auch wenn sie zum gleichen vegetativen Typ gehören. Die Folge ihrer unterschiedlichen hormonellen Aktivität zeigt sich zum Beispiel bei den diuretischen Hormonen der Hypophyse, die die Wasserregulation bei Mann und Frau unterschiedlich steuern – sichtbar daran, daß Männer meist sehr viel besser ins Schwitzen kommen, wie man es in jeder Gemeinschaftssauna beobachten kann. In anderen Fällen sind es wieder bestimmte Sexualhormone, die zum Beispiel eine andere Neigung zu bestimmten Arbeiten, Erholungstätigkeiten und Hobbys hervorrufen.

So ist es zum Beispiel interessant, daß nach Arbeiten des Londoner Neurologen J. Pye[179] dieselben Gehirnregionen, die die Nahrungsaufnahme und das Gewicht regeln, auch die Neigung zum Sammeln und Aufstapeln kontrollieren. Schon bei Ratten kann beobachtet werden, daß weibliche Tiere rund um die Uhr sammeln und horten – mit geringen Schwankungen in Abhängigkeit vom Östrogenspiegel (bei höherer Hormonkonzentration geringere Hamstertätigkeit und umgekehrt). Männliche Tiere dagegen horten nur in Notzeiten. Daß tatsächlich das geschlechtsbestimmende Hormonmuster hierfür verantwortlich ist, unterliegt keinem Zweifel. Verabfolgte man nämlich weiblichen Ratten das männliche Hormon Testoteron, so vergaßen diese prompt ihre ständige Vorsorge und fraßen kräftig wie die Männer darauflos, ohne etwas zurückzulegen. In ähnlicher Weise legen auch beim Menschen die Frauen eher Nahrungsmittelvorräte an als die Männer. Alte Damen in Krankenhäusern sind bekannt für ihre unter der Bettdecke versteckten Gebäcksammlungen. Auf der anderen Seite machen Männer weit mehr als Frauen eine gewisse Art des Sammelns zum *Hobby*. Und zwar nicht das Sammeln von nützlichen Dingen wie Nahrung, sondern meist von Abfall und nutzlosem Plunder: Bierdeckel, Briefmarken, Schützenpreise, Ehrentitel und ähnliches.[179]

Warum sollten sich also nicht Mann und Frau, jeder den anderen, gerade im Urlaub und in der Freizeit den natürlichen Anlagen gemäß leben lassen: *Er* soll ihr ruhig erlauben, genügend Nahrungsmittel und Kleider auf die Reise mitzunehmen, ob nötig oder nicht – es wird ihre Streßproduktion vermindern. *Sie* sollte ihn wiederum ruhig seine Briefmarkensammlung in den Koffer packen lassen, auch wenn er kein einziges Mal während des Urlaubs hineinschaut. Hier könnte bereits der Beginn eines entstressenden Urlaubs ein verständnisvolles Schmunzeln sein und nicht mehr das Startsignal zum Steit über prinzipiellen Sinn oder Unsinn, über Logik oder Unlogik, der eine ständige Streßquelle werden kann und die Urlaubsreise dann eigentlich schon von vornherein unnötig werden läßt.

Hormone und das Wetter

Neben der Urlaubsart, dem Urlaubsort und den Erfordernissen des jeweiligen Urlaubstyps spielt nun doch wohl das Wetter für die Erholung mit die allergrößte Rolle. Ein kleiner Ausflug in das Wettergeschehen und seine Streßwirkung kann daher an dieser Stelle nicht schaden. Auch hier wieder finden wir einen wichtigen ebenfalls über Hormone laufenden und daher von Mensch zu Mensch verschiedenen Faktor: die Wetterfühligkeit. Dieses Phänomen ist nun keineswegs nur weil es der eine spürt, der andere nicht, Einbildung oder Hysterie, sondern hat wieder einmal mit handfester Biochemie zu tun. Die unterschiedliche Wirkung von Mensch zu Mensch ist nicht überraschend, da die Hormone als die Mittler zwischen unserem Innenleben und der Umwelt praktisch jede Wechselbeziehung, also auch die Einwirkung von Hitze, Föhn oder Klimawechsel, individuell gestalten, je nach unseren Erbanlagen, der frühen Prägung in der Kindheit und den später erworbenen Verhaltens- und Reaktionsweisen.

Die gesundheitsstörenden Reaktionen, die man vor allem so bekannten Winden wie Föhn, Chirocco, Chamsin und anderen zuschreibt, sind schon aus alten Überlieferungen bekannt. Aber erst in diesem Jahrzehnt kam man dem Geheimnis der Wetterfühligkeit wirklich auf die Spur. Es war vor allem eine Studie mit mehreren hundert Versuchspersonen in Israel, die zeigte, daß der dortige Sharraff, ein heißer, föhnähnlicher Wind, die Ausscheidung des Hormons Serotonin im Gehirn ebenso erhöhte wie die Konzentration von Adrenalin, Hydrocortison, Histamin und selbst von Natrium- und Kalium-Ionen – ohne daß man die Wirkungsweise zunächst erklären konnte. Doch die Forscher hatten eine Spur. Auffallend erschien ihnen nämlich, daß gut die Hälfte der Personen den Sharraff *voraussagen* konnte, daß sie eine Vorfühligkeit von zehn Stunden bis über einen Tag besaßen. Und dadurch kam man einem weiteren Übeltäter in all diesen Wettererscheinungen auf die Schliche.

Föhn und Ionisierung

Man untersuchte nun einmal genauer, welche physikalisch-chemischen Eigenschaften der Luft dem Sharraff vorausgingen. Die Überraschung war groß: Weder der Luftdruck, noch die Temperatur, noch die Feuchtigkeit, noch die Windstärke hatten sich zu diesem Zeitpunkt geändert. Lediglich ein Faktor, die Ionisierung der Luft, und zwar die Aufladung mit negativen Ionen war stark abgesunken, so als ob der Wind diese Ionenänderung wie eine Bugwelle vor sich herschöbe. Nun war aber aus anderen Untersuchungen bekannt, daß der Mangel an negativen beziehungsweise der Überschuß an positiven Ionen in der Atemluft und damit im Blut in der Tat den Gehalt an Serotonin ansteigen läßt; es werden die Enzyme gehemmt, die dieses Hormon normalerweise abbauen. Der Rest des Föhnmechanismus schien nun klar. Ein Überschuß an dem Ermüdungshormon Serotonin bedeutet bekanntlich Nervosität, Spannung, Übermüdung und gleichzeitig Schlaflosigkeit, statische Aufladung der Haare, Migräne, Brechreiz, Schüttelfrost, Bindehautentzündung und Ödeme, wovon das eine oder andere je nach den schwachen Stellen des Betroffenen auftritt. Weiterhin steigt bei Föhnbelastung die Adrenalinausschüttung durch die Nebenniere, die sich dadurch Jahr für Jahr mehr erschöpft. Unterdruck, Müdigkeit, Apathie, Erschöpfung, Depressionen sind die Langzeitfolgen. Sie treten bei manchen Menschen nach Wohnungswechsel in ein Föhngebiet erst im Laufe der Jahre auf, während im Anfang das Klima oft als angenehm euphorisch empfunden wurde.[180] Das Ganze ein weiteres Beispiel, wie der menschliche Organismus und seine Funktionen in die Umwelt eingebettet sind – neben Luftdruck, Temperatur und Feuchtigkeit hier sogar über Luftelektrizität und hormonelle Steuerung. Und gleichzeitig ein weiterer Hinweis, wie sorgfältig wir angesichts dieses delikaten Wechselspiels auf eine intakte Umwelt achten sollten.

Der Schmutzföhn jeder Großstadt

Interessant ist z. B., daß der Faktor Luftelektrizität auch über die Luftverschmutzung in unseren Hormonhaushalt und damit auch wieder in das Streßgeschehen eingreift. Bereits die Abgase, Rauchteilchen, Aerosole und Stäube einer normalen Großstadt, die durchaus nicht in einer Industriegegend liegen muß, genügen, um einen Mangel an negativen Luftionen hervorzurufen. An den Staubteilchen und Aerosolen sammeln sich praktisch alle Ionen, mit denen nunmehr unser Blut durch die Atmung nicht mehr angereichert werden kann. Im geschlossenen Raum genügt selbst der Rauch einiger Zigaretten, um die normale negative Ionenaktivität aus der Luft völlig wegzufangen. Jedenfalls hat uns der Faktor Luftverschmutzung im Grunde heute in jeder Großstadt, ganz gleich, ob diese nun im Alpenvorland liegt oder nicht, gewissermaßen ein Föhnklima mit all seinen psychischen Folgen beschert.

Ganz abgesehen davon, reagiert etwa jeder dritte, auch Säuglinge und Kleinkinder, auf Wettereinflüsse aller Art: Luftdruckänderungen, Luftfeuchtigkeit, Ionengehalt und -verteilung, Lichtverhältnisse und Winde. Bei den Kindern sind es im negativen Fall Unruhe, Weinerlichkeit, Spielunlust, Müdigkeit und Schlafstörungen; bei den Erwachsenen, außer den schon beim Föhn genannten Merkmalen, Arbeitsunlust, Kopfdruck, Konzentrationsstörungen, Vergeßlichkeit, Fehler am Arbeitsplatz, Kreislaufstörungen, erhöhte Thromboseneigung, Schmerzen an Operationsnarben und immer wieder gedrückte Stimmung. Alle diese Prozesse laufen über materielle, das heißt hormonelle Regulationen, greifen auf chemischem Wege in unser körperliches Befinden ein, machen uns geneigter, alle möglichen Wahrnehmungen und Reize als Streß zu interpretieren, ja, wirken selbst als Stressoren und können eine Erholung nachhaltig verhindern.

Mit Wetter und Klima eng zusammen hängt die Wirkung äußerer Rhythmen. Nicht nur, daß im Winter eine Reise in den sonnigen Süden zum Störfaktor wird, weil sie den Rhythmus der Jahreszeiten unterbricht[181], auch der Lichtrhythmus sollte als wichtiger Faktor in eine Klimatherapie mit einbezogen werden.

Wenn wir uns klarmachen, daß das Licht in seinem Tag- und Nachtrhythmus nicht nur vom Auge zur Wahrnehmung von Formen und Farben aufgenommen wird, sondern, wie schon beschrieben, über unser Gehirn wichtige Hormone steuert, dann könnten so nebensächliche Zivilisationserscheinungen wie das Tragen von dunklen Sonnenbrillen oder umgekehrt unsere künstliche abendliche Beleuchtung durchaus als zusätzlich irritierende Streßreize verstanden werden. Wie weiter oben schon erwähnt wurde, wird eine kleine Portion des durch das Auge eintretenden Lichts in das Zwischenhirn abgezweigt und landet schließlich in der Epiphyse, jenem kleinen Zentrum für Lichtsteuerung, das übrigens früher für den Sitz der Seele gehalten wurde. Neben Adrenalin und anderen Stoffen regt die Epiphyse auch die Bildung unseres Müdigkeitshormons, des Serotonins, an und reguliert damit teilweise unser Schlafbedürfnis, das sich so auch am Licht, am Tag- und Nachtrhythmus orientieren kann.[182]

Jeder optische Streß, sowohl zu starke Lichtreize als auch solche unphysiologischer Art wie das aus vielen Punkten zusammengesetzte Fernsehen oder eine das normale Spektrum des Tageslichts verfälschende Sonnenbrille, stört im Grunde den normalen Rhythmus und kann in der Summierung fortlaufender Streßwirkungen den Ausschlag zu größeren Störungen geben.[183]

Der Antistreßurlaub

Nach diesem ausführlichen Ausflug in die äußeren Bedingungen von Erholung und Urlaub und auch in die inneren Bedingungen, die Rolle des Konstitutionstyps und unserer Verhaltensnormen – alles Dinge, die gewissermaßen vorgegeben sind – wird es Zeit, die aktive Seite von Urlaub und Erholung anzusprechen, nämlich das, was wir in einem richtigen Antistreß-Urlaub *tun* sollten. Dazu möchte ich drei Seiten der Erholung näher auf den Leib rücken: der geistig-seelischen Aktivität, der Rolle des Vergnügens und drittens, was es mit dem Eintauchen in die Lebensweise eines anderen Landes oder fremden Milieus auf sich hat.

Innere Aktivität entfalten.

Wir sahen ja schon, daß nicht nur körperliche Aktivität, sondern vor allem auch seelische Aktivität zur Erholung nötig ist. Wie und wo läßt sie sich ankurbeln? Zunächst einmal überall: Ob im Hotel, ob im Zelt, auf dem Bauernhof, am Strand oder selbst zu Hause.

Und wie? Nun, vom ersten Urlaubstag an können wir beginnen, aus uns herauszugehen, können wir Mutlosigkeit und Nervosität, angestaute Aggressionen und Ängste durch eine wirksame Methode abbauen: indem wir sie symbolisieren. Indem wir all das, was uns drückt, auf irgendeine Weise gestalten. Im Unterschied zum Tier kann ja der Mensch bestimmte Spannungen sowohl symbolisch erzeugen wie auch symbolisch auflösen, das heißt unter Kontrolle bringen: durch Dichten, Schreiben, Puppenspiel, durch Basteln, Malen, Zeichnen oder Modellieren. Auch schon durch bloßes Aufschreiben, durch ein sichtbares Ordnen unserer Sorgen auf dem Papier, etwa in einem Tagebuch, fällt viel unnötig in uns aufgebauter Streß, sozusagen irrealer Streß, in sich zusammen.[184] Zu diesen speziell menschlichen Möglichkeiten können wir in Freizeit und Urlaub durchaus zurückfinden und uns von einem gewaltigen Ballast befreien. Allein schon durch Gespräche mit neuen Bekannten, mit Eisenbahnbekanntschaften, die oft tiefer gehen, rückhaltloser und ehrlicher sind als Gespräche im gewohnten Familien- oder Freundenkreis.

In der Tat findet man in Gesprächen mit völlig fremden Menschen, wie sie im Urlaub weit eher als im Heimatort zustande kommen, den Mut zur Mitteilung, der einem bisher gerade seinem Partner, seinen Kindern, seinen Eltern gegenüber gefehlt hat. Es ist die Anonymität, die hier ähnlich wie in den bekannten »Dunkelzimmer-Experimenten« von Gergen an der Swathmore University zur natürlichen unverkrampften Intimität führen kann. Bei den

Ganz gleich, wo wir uns im Urlaub be-
finden:

im Hotel,

im Zelt,

auf dem Bauernhof,

am Strand

oder selbst zu Hause –

*die zur Erholung nötige seelische Aktivität
läßt sich überall ankurbeln ...*

... durch Dichten, Schreiben, Puppenspiel

*... durch Basteln, Malen oder Model-
lieren*

... durch Ordnen und Aufschreiben

*... oder einfach durch ein Hingeben an
die uns umgebende ewige Natur, an der
gemessen viele Sorgen nichtig werden.*

erwähnten gestalterischen Tätigkeiten sollten wir übrigens nicht vergessen, daß jede Mechanisierung eine Verminderung der Ausdrucksmöglichkeit mit sich bringt. Welch eine Verarmung liegt zum Beispiel darin, am Urlaubsort die idyllische Ecke des Zeltplatzes unter den Pinien zu fotografieren, statt sie – wie unvollkommen auch immer – zu zeichnen! Erst dabei entwickelt sich in einem eine direkte Beziehung zu den Details der Umwelt. Ihre Schönheit, Komik, Stimmung und gestaltliche Eigenart wird über Auge, Gehirn, Muskel und Tastsinn der Hand fast körperlich erfaßt. Da hier durch die stärkere Einbeziehung des Gesamtorganismus auch weit mehr Gehirnpartien in Funktion sind als beim Fotografieren, spürt man plötzlich um ein Vielfaches mehr, daß man wirklich da ist. Und was in einem selbst an Spannungen existiert, scheint bei diesem Durchgang durch unseren Körper gleichsam mit auf das Papier zu fließen.

Echtes Vergnügen von Pseudofreuden unterscheiden

Die zweite wichtige Seite ist das Vergnügen, sind Freude, Spaß und Blödsinn. Alles Antistreß-Faktoren, die zu den wesentlichsten Dingen gehören, die wir zu unserer Erholung suchen und genießen sollten.

Nun, was ist eigentlich Vergnügen? Was nutzt es uns? Ist Vergnügen wirklich Vergnügen? Fragen, die durchaus berechtigt sind. Längst ist festgestellt, daß Streßreaktionen nicht nur mit unangenehmen Wahrnehmungen und Gefühlen verbunden sind. Auch freudige Änderungen können physiologische Streßreaktionen erzeugen. Bei Versuchspersonen, die komische oder erotische Filme ansahen, wurde gegenüber den Betrachtern von langweiligen Filmen eine Erhöhung der Nebennierenhormone im Blut gemessen. Eine zu rasche und dramatische Aufeinanderfolge von freudigen oder anregenden Erlebnissen im Leben, wie Hochzeiten, Geburten, beruflicher Erfolg, können sogar manchmal Ursache von Krankheiten werden, wie wir sie allgemein als Folge von pathologischem Streß kennen.[185]

Und doch wirken freudige Ereignisse und Erfolgserlebnisse durch die gleichzeitige Stimulation der Hormone des Sexualbereichs und der damit zusammenhängenden Drüsenfunktionen – wenn die Aufregung nicht zu groß ist – ausgleichend und als Antistreß-Faktor. Über diesen Hormonbereich erhöhen sie die körpereigene Abwehr gegen Krankheiten genauso, wie umgekehrt die Streßhormone die Sexualfunktionen unterdrücken und die Infektionsgefahr erhöhen.

Leider ist jedoch gerade der Sexualbereich vor allem in unseren westlichen Kulturen mit drei Streßfaktoren der Verhaltensunsicherheit verknüpft, auf die wir gleich noch zu sprechen kommen: mit falschen Gewohnheiten, mit Gewissenskonflikten, mit Tabus. Das Bekenntnis, daß Sexualität ganz einfach Spaß macht, kommt selbst unseren liberalen Studenten nach einer Untersuchung des Hamburger Sexualforschungsinstituts heute noch genauso schwer von den Lippen wie ehemals ihren Vätern und Großvätern.[186] Gerade die Regungen, die uns vor Streß schützen könnten, werden hier durch Unverstand oder auch – vor allem bei Diktaturen und religiösen Machtgruppen – durch Berechnung der einschüchternden Folgen mit dem Streßbereich gekoppelt. Das beginnt bereits in der frühesten Kindheit und reicht bis in die schon erwähnte künstliche Koppelung von *Sex and Crime* in Film und Literatur. Diese Koppelung zweier an und für sich gegenläufiger biologischer Tendenzen scheint eine der wesentlichen Ursachen für bedeutende Streßquellen im späteren Leben zu sein. Vor allem ist sie wohl mit daran schuld, daß auch unser Alter, von dem im nächsten Kapitel die Rede sein wird, statt zu einem erholsamen Ausklingen des Lebens nur noch zur Qual wird und den Körper zur frühzeitigen Aufgabe seiner Funktionen zwingt.

So können in der Tat Zärtlichkeit, Erotik und Sexualität ihres eigentlichen Inhalts, der Freude, verlorengehen und somit auch ihre natürlicherweise gegebene Entspannungs- und Erholungsfunktion einbüßen. Recht Ähnliches gilt auch für eine Reihe anderer geistiger, seelischer und körperlicher Genüsse, die oft unbemerkt zu stark stressenden Pseudofreuden werden und unseren Organismus belasten, wie Fressen, Saufen und Rauchen. Über die biologischen Hintergründe des ersteren ist bereits einiges gesagt worden. Konzentrieren wir uns also hier noch auf diejenigen von Alkohol und Tabak.

Die Biochemie des Alkoholikers

Der Alkohol, zu biblischen Zeiten noch eine Quelle der Einweihung, durch die man dem Herrn näher kam, ist heute zu einem Psychopharmakon besonderer Art geworden. Seine Gefährlichkeit liegt darin, daß er nach eingetretener Änderung unseres Stoffwechsels einem Menschen gleichzeitig als Energiequelle dienen kann und dadurch mit den natürlichen Kohlehydraten konkurriert. Je mehr Alkohol getrunken wird, desto mehr wird der Glukosestoffwechsel geschädigt. Je weniger dieser funktioniert, um so mehr Alkohol wird benötigt und als Nahrung verwertet. Insulin, welches den Zuckergehalt des Blutes senkt und dadurch eine natürliche Energiequelle versiegen läßt, macht Ratten in der Tat geneigter, Alkohol zu trinken.[187]

Das starke Bedürfnis »geheilter« Alkoholiker nach Süßem und die Tatsache, daß andererseits Diabetiker sehr selten dem Alkohol verfallen, bestätigen diese Ergebnisse. Das Wort geheilt steht deshalb in Anführungsstrichen, weil hiermit nicht die körperliche, sondern mehr die seelische Seite gemeint ist. Denn Alkoholismus ist eine echte Stoffwechselkrankheit wie Diabetes. Genauso wie ein Diabetiker praktisch keinen Zucker mehr zu sich nehmen darf – und darin auch gar nichts Ehrenrühriges findet (nie hört man von ihm: »Ich werd doch noch etwas Zucker vertragen können, deshalb brauch ich noch lange nicht umzukippen«) –, verlangt der labile Stoffwechsel eines einmal Alkoholkranken die komplette Abstinenz von jedem Tropfen Alkohol – selbst von einem kleinen Glas Bier. Die »Heilung« des Alkoholikers besteht daher hauptsächlich darin, ihn über diese biologischen Zusammenhänge zu informieren und ihm klarzumachen, daß es nicht etwa darum geht, nicht zu viel zu trinken oder sich nach ein paar Gläsern beherrschen zu können. Sobald der erste Alkohol im Körper ist, kippt der Stoffwechsel um, der Teufelskreis beginnt, nur weiterer Alkohol scheint nun Körper und Geist am Laufen zu halten, der Regelkreis gerät außer Kontrolle, und die Zerstörung beginnt von neuem.

Doch auch beim Nichtalkoholkranken, beim sogenannten Säufer (dessen Stoffwechsel auch bei steigenden Alkoholmengen normal bleibt) verändert Alkoholgenuß einen wichtigen organischen Bereich: die Biologie des Gehirns. Chronische Alkoholzufuhr, wie sie im Grunde an jeder Arbeitsstätte erfolgt oder wie sie in bestimmten Kulturkreisen, etwa in Frankreich, für alle Mahlzeiten selbstverständlich ist, beeinträchtigt das, was beim Denken und Lernen passiert: die Umwandlung von Wahrnehmungsimpulsen in Nukleinsäuren und Proteine durch unsere Gehirnzellen. Damit verändern sich wichtige Aktivitäten der Gedächtnisspeicherung und bei der Bestimmung des Verhaltens.

Diese selbst bei Mäusen nachweisbare Störung des Nukleinsäuren- und Proteinstoffwechsels durch Alkohol erklärt vollauf die bekannten Veränderungen bei laufendem Alkoholgenuß: Verwirrtheit, Gedächtnisstörungen und Affektstörungen. Viel zu sehr wurde bisher von medizinischer Seite immer nur die Auswirkung des Alkohols auf die Leber studiert und die Schädigung des Gehirngewebes vernachlässigt – wie so viele sogenannte »geistige« und daher fälschlicherweise nicht in das Gebiet der Medizin fallende Einflüsse.

Rauchen, Krebs und Herzinfarkt

Ähnliches gilt für das Vergnügen des Rauchens. Der Raucher mag zwar für seinen eigenen Risikofaktor selber verantwortlich sein wollen, er sollte ihn dann aber auch genau kennen: zum Beispiel die Tatsache, daß starke Raucherinnen im Durchschnitt 19 Jahre eher sterben als Nichtraucherinnen, um nur eine Zahl zu nennen.[188] Darüber hinaus sollte er wissen, daß er aber auch zum Risikofaktor der anderen beiträgt. Die Statistik zeigt, daß man dadurch, daß man andere zum passiven Rauchen zwingt, diese anderen mit einem Faktor belastet, der ähnlich wie die Abgase des Autofahrers einen echten Eingriff in die Gesundheit des Mitmenschen bedeutet, den man im Grunde nicht verantworten kann.[188] Hierzu eine statistische Aufstellung, die sich lediglich auf die Krebshäufigkeit bezieht. Sie zeigt nicht von ungefähr, daß an der Spitze des

Lungenkrebses die Gaststättenberufe stehen, bei denen sich aktives und passives Rauchen addieren.[189]

Häufigkeit des Lungenkrebses in einzelnen Berufsgruppen
in Prozent des Gesamtdurchschnitts

Gaststättenberufe 215
Chemiewerker 147
Verkehrsberufe (bes. Eisenbahnwärter und Kraftfahrer) 137
Papierhersteller und -verarbeiter 135
Nahrungs- und Genußmittelhersteller 133
Maschinisten und zugehörige Berufe 107
Metallerzeuger und -verarbeiter 107
Forst-, Jagd- und Fischereiberufe 100
Steingewinner und -verarbeiter 98
Acker-, Gartenbauer, Tierzüchter 86
Bauberufe 84
Kaufmännische Berufe 76
Ingenieure und Techniker 70
Erziehungs- und Lehrberufe, Seelsorger 67
Gesundheitsdienst und Körperpflegeberufe 64

Und doch scheint bei der Beziehung zwischen Rauchen und erhöhter Anfälligkeit sowohl für Lungenkrebs als auch für Herzinfarkt die Persönlichkeitsstruktur des Rauchers eine Rolle zu spielen, die immer noch nicht genau erfaßt ist. Obwohl Raucher wahrscheinlich aufgrund dieser Persönlichkeitsstruktur zunächst mehr leisten und weniger oft krank feiern als Nichtraucher, ist ihre Lebenserwartung weitaus geringer und damit auch, materiell gesehen, ihr volkswirtschaftlicher Nutzen.

Die Raucherpersönlichkeit

Beim Raucher sind offenbar neben dem Verlangen nach der Nikotineinwirkung sehr komplizierte Antriebe zu berücksichtigen, teils Beschäftigungssucht, teils Ersatzbefriedigung, teils orale Lusttendenzen im Freudschen Sinne. Damit stünden die nachweislich gesundheitsschädigenden Wirkungen des Rauchens am Ende einer Wirkungskette, in der die Persönlichkeitseigenschaften des Menschen den Anfang machen. Eigenschaften, die ihn vielleicht so oder so zu irgendeiner gesundheitlichen Risikopersönlichkeit gemacht hätten. Andererseits gibt es starke Argumente *gegen* diese Auffassung von der Raucherpersönlichkeit; Ergebnisse, die bezweifeln lassen, daß ein Raucher – ganz abgesehen vom Rauchen selbst – stärker kreislaufgefährdet sei als der Typ des Nichtrauchers. Es ist dies der Befund, daß die Sterbewahrscheinlichkeit auch ehemaliger Raucher mit zunehmender Dauer des Nichtrauchens zurückgeht. Diese Sterberate beträgt übrigens bei Lungenkarzinomen das Zehnfache gegenüber Nichtrauchern, bei Bronchitis das Sechsfache, bei Magengeschwüren das Dreifache, bei Leberzirrhose, Herzkrankheiten und Arterienverkalkung rund das Doppelte. Diese Zahlen nähern sich jedenfalls mit dem Beginn des Nichtrauchens immer mehr dem Durchschnittswert.[190]

Inwieweit die Psyche des Menschen den Raucher und seine erhöhte Anfälligkeit bestimmt, ist also noch umstritten. Nicht zu bezweifeln ist dagegen, daß umgekehrt der Zigarettenrauch auf die menschliche Gefühlslage und Aktivität wirkt und dadurch auch weitere, sehr vielfältige körperliche Auswirkungen hat, von denen eine zunächst harmlos erscheinende besonders riskant ist: Durch das Rauchen wird ganz allgemein die Motivation, also der Antrieb, etwas zu tun, über das Zentralnervensystem gesteigert. Damit wird natürlich auch gleichzeitig die Motivation für das Rauchen selbst verstärkt. Dieser Rückkoppelungsmechanismus kann zu einem Sich-Aufschaukeln führen, das die Entstehung einer Sucht erklärt.[199]

Wie *sehr* das Rauchen unser Gleichgewicht verändert, zeigt die Tatsache, daß bereits ein einziger, sogar nicht einmal inhalierter Zug aus einer Zigarette zu einer eindeutig meßbaren Verschlechterung der Beindurchblutung führt.[67] Das gleiche gilt für den unmittelbaren Effekt auf die Kreislauffunktionen, die Reaktionen des Sympathikus, der Nebenniere und der Nebennierenrinde – alles Wirkungen, die direkt mit dem Streßgeschehen verknüpft sind.[191]

Angesichts solcher Wirkungen und der mit ihnen verbundenen psychologischen Hintergründe wird klar, daß hier vielfach auch die drastische Aufklärung und die Verschickung von Aufklärungsschriften nichts nutzen. »Wer so lebt, wird eher aufhören zu lesen, also aufhören zu rauchen«, kommentierte die ›Medical Tribune‹. Es sei denn, es gelingt, einen anderen Lustgewinn anzubieten. Der Herzinfarkt als schriller Schlußakkord eines langjährigen Fehlverhaltens läßt sich, wie es im gleichen Blatt heißt, als Massenproblem nur durch Umerziehung einer ganzen Generation verhüten.[192]

Medizinisch ist weder gegen die Schäden des Rauchens, noch des Alkohols, noch des übermäßigen Essens viel auszurichten. Und somit nutzt auch ein Urlaub wirklich nur dann etwas, wenn er den müden und vom psychosozialen Streß angeschlagenen Menschen auch in dieser Beziehung aus dem Alltagstrott herausholt und ihm zeigt, wie man zu leben hat.

Hier liegt es an uns, ob wir auch im Urlaub weiterhin zum Alkohol oder zur Zigarette greifen und unseren Streßpegel um einige Striche erhöhen oder ob wir dazu übergehen, in uns selbst und im Kontakt mit anderen Menschen unsere fehlgeleiteten Streßreaktionen abzubauen, vielleicht auf eine Weise, die in punkto Genuß, Vergnügen, Lust und Freude alles, was jene Pseudofreuden geben können, wahrscheinlich weit in den Schatten stellt.

Hier gibt es heute die vielfältigsten Möglichkeiten: sei es die Terrainkur in der Höhenrieder Spezialklinik, sei es das Eintauchen in einen ganz anderen Lebenskreis (ursprünglich ja wohl das *Ziel* jenes degenerierten Kulissenurlaubs im Ausland), wie es aber auch die Rehabilitationsklinik in Hochegg bei Wien bietet, oder eine Gruppentherapie über Hautkontakte im Edelin-Institut in Florida oder in der Psychosomatischen Klinik Bad Herrenalb und vielen ähnlichen Instituten, oder sei es lediglich das Zurückkehren zu gewissen Bedingungen der Steinzeit im Camping oder in einer Primitiv-Safari, wie sie als heilsame Strapaze jetzt immer mehr unter den Stichwörtern »Abenteuertourismus« und »Überlebenstraining« angeboten werden.[193]

Die allerorten aus dem Boden schießenden Zentren für Gruppentherapie, Sensitivity-Training, autogenes Training, in denen eine andere Einstellung zu sich selbst und damit zum Leben und seiner Umwelt gewonnen werden soll, zeigen an ihrem steigenden Zulauf, daß die Menschen aus dem alten Trott heraus wollen. Sie lernen dort aus Dingen, gegen die wir heute abgestumpft sind, lustvolle Erlebnisse zu machen; merken, was es bedeutet, wenn man die vom täglichen Streß verbrauchten Gefühle reaktiviert und trainiert. So kommt man bald dahinter, daß Ersatzbefriedigungen, wie zum Beispiel das Rauchen oder Trinken nur im Moment ihrer Durchführung etwas geben, daß jedoch eine neue Einstellung zu den täglichen Dingen, zum Leben in der Gemeinschaft, zur Kommunikation mit anderen Menschen, zur Erotik, zum Sexualleben und zum eigenen Körper mit seinen Funktionen und Bewegungen, zur Arbeit, die man durchführt, und zu ihrem Ergebnis – daß hier eine neue Einstellung zur ständigen und weit tieferen Quelle von Freude, Erholung, schöpferischer Aktivierung, Erfolgserlebnis und vielem anderen werden kann.

Die Übung mit dem Unbekannten

Kommen wir nun noch einmal zu den Streßerkrankungen in ihrer größeren biologischen Bedeutung zurück, nämlich als Folge nicht verkrampfter Umweltanpassung – in der Medizin sagt man »Adaptationssyndrom«. Wenn wir die Rolle des Urlaubs in diesem größeren Zusammenhang sehen, dann gehört neben einer Ankurbelung der geistig/seelischen Aktivität und dem Einsatz von echtem Vergnügen zur seelischen Stärkung gegen den Streß unbedingt noch ein dritter Punkt: das immer erneute Üben, sich anzupassen, mit etwas Unbekanntem vertraut zu werden.

Die Chance beweglich zu bleiben

Nehmen wir wieder unseren Kulissenurlaub als Beispiel, in welchem wir selbst im Ausland alle unsere Zivilisationsgewohnheiten beibehalten. Ein solcher Urlaub erschwert das Abschalten vom Alltag, denn wir tauchen ja gar nicht erst in ein anderes Lebensmilieu ein. Zweitens verpassen wir auch die in einem Urlaub mögliche Chance, beweglich zu bleiben und mit dem Streß unserer sich immer schneller verändernden Umwelt besser fertig zu werden. Mit diesem Punkt berühren wir noch einmal unser Thema von der instinktiv angestrebten *Verhaltenssicherheit*. Denn hier geht es auch darum, sie gegenüber dem *Unbekannten* zu erlangen.

Die immer wieder erwähnte Angst als einer der Hauptauslöser der Streßreaktion ist ja selbst wieder mit einer Reihe von ihr vorausgehenden Phänomenen verbunden, durch die sie erst ausgelöst wird. Vor allem, wie wir wissen, mit dem Gefühl von etwas Fremdem, Unbekanntem und damit Feindlichem, mit einem Gefühl der Unsicherheit und der Ungewißheit. Auf der Suche nach diesen angstauslösenden Momenten finden wir eine Reihe von Situationen in unserer Zivilisationsgesellschaft, die zunächst mit Streß kaum in Beziehung gebracht werden, obwohl sie durch die Summe der übermittelten Reize letzlich massiv zu seiner Auslösung beitragen.

Wenn wir heute unter einer sogenannten Reizüberflutung leiden, so erklärt dies z. B. der Göttinger Soziologe Bahrdt mit einem Überfluß an Signalen, die auf uns zuströmen, ohne uns jedoch mehr Informationen und damit mehr Orientierung zu liefern. Sie führen im Gegenteil zur völligen Desorientierung, zu Unsicherheit und damit zu der Angst eines im Walde verirrten Kindes. Doch Wälder gibt es viele, und weit wichtiger als einen bestimmten Wald zu kennen, ist es heute, das Zurechtfinden in unbekannten Wäldern zu üben, so daß zwar nicht das Unbekannte, aber der *Umgang* mit dem Unbekannten vertrauter wird. Beleuchten wir auch hierzu ein wenig die Hintergründe.

Die Gesellschaft, in die wir hineingeboren werden, liefert zunächst feste Normen und Werte, an denen sich unser Verhalten orientieren kann. Wie wir das dann in der Praxis anstellen müssen, wird uns schließlich in langwierigen Lernprozessen eintrainiert. Nach Bahrdt wachsen wir so in eine Gesellschaft hinein, ohne die wir auf der einen Seite als Gruppenwesen nicht leben können, die wir jedoch andererseits auch als fremde Macht empfinden, weil sie unser Verhalten kanalisiert.

Da wir auf ein regelmäßiges Verhalten unserer Mitmenschen angewiesen sind (wir müssen uns darauf verlassen können, daß sie – prinzipiell – nicht morden, nicht stehlen, unsere Privatsphäre ebenso respektieren, wie den Wunsch nach Hilfe und vieles andere), ist diese Kanalisation zunächst ein starker Antistressor. Denn sie gibt uns das Wissen und die einigermaßen sichere Erwartung, daß sich die anderen Menschen ebenfalls so verhalten. Welcher Art die festgelegte Norm ist, spielt dabei keine Rolle.

In der einen Kultur wird *diese* Verhaltensnorm, in der anderen oft eine entgegengesetzte als richtig angesehen. Leben läßt sich sowohl unter dieser wie unter jener Norm. Ja, wie die jüngste Geschichte unseres Volkes zeigt, können sogar dieselben Menschen unter mehreren Normen im Laufe ihres Lebens existieren. Bahrdt leitet davon ab, daß das wichtigste *überhaupt* irgendeine Norm ist, weil sonst unser Verhalten unter den vielen Möglichkeiten nicht entlastet würde.[164] Ein aus der Unsicherheit mehrerer Normen entstehender Streß wäre unerträglich – wahrscheinlich unerträglicher als die strengste Diktatur.

Dies nur, um klarzulegen, daß immer das Unbekannte bis zu einem gewissen Grad durch etwas Bekanntes abgelöst werden muß – ganz gleich welcher Art dieses Bekannte ist –, um überhaupt menschliches Leben zu ermöglichen. Nur so läßt sich unsere tiefste Angst mindern, nämlich die vor dem Leben selbst, die Angst vor einer unbekannten Zukunft, für die wir kein Verhaltensrepertoire haben. Über diese Angst und ihre Entstehung sei hier noch einiges gesagt.

Gewöhnung, Gewissen, Tabu

Viele Bereiche des Verhaltens werden ja nicht durch äußere Reize gesteuert, sondern von innen heraus – nachdem man in einem langwierigen Erziehungsprozeß entsprechende Regeln gelernt hat. Diese Steuerung geschieht auf dreierlei Weise, die ebenfalls Bahrdt eingehend beschrieben hat.[164]

Erstens durch Gewöhnung, zweitens durch die Bildung eines moralischen Gewissens und drittens durch Tabuisierung. Kommen wir mit einem dieser drei inneren Steuersysteme in Konflikt, so äußerst sich das in unterschiedlichen Streßreaktionen.

Die *Gewöhnung* betrifft meist unser mehr technisches Handeln. Die Art, wie wir essen, wie wir unser Hemd zuknöpfen, wie wir Treppen steigen, schreiben oder Auto fahren. In dieser Hinsicht umzulernen, zum Beispiel wenn wir uns den rechten Arm gebrochen haben und mit dem linken schreiben müssen, wenn wir mit chinesischen Stäbchen essen lernen oder in einem neuen Freundeskreis auf neue Art diskutieren lernen, bringt keine ernsthaften Schwierigkeiten mit sich. Gewohnheiten sind, wenn auch oft mühsam, korrigierbar. Als Stressor tritt dabei vor allem das Gefühl der Hilflosigkeit auf. Erst ein totaler Umweltwechsel, der alle gut funktionierenden Verhaltensgewohnheiten völlig unbrauchbar macht, würde uns überfordern – so, wie wenn ein Australneger in ein hochzivilisiertes Milieu überwechselt.

Das *Gewissen,* die innere moralische Stimme, die ebenfalls eine Steuerungshilfe, damit unser Verhalten nicht jedesmal durch Furcht vor Strafe oder durch Hoffnung auf Belohnung entschieden werden muß. Sie sagt uns in vielen Situationen, welches Tun das richtige ist, und erhebt sich, wenn wir trotzdem das Falsche tun. Wir bereuen und versuchen, das Unrecht wiedergutzumachen. Unsicherheit in diesem Bereich erzeugt aber bereits Konfliktstreß, da zwar die Möglichkeit der Abweichung, die Möglichkeit, das Verhalten in Frage zu stellen, oder die Möglichkeit, das Gewissen auf verschiedene Weise zu interpretieren, durchaus gegeben sind, für unseren Seelenfrieden jedoch unangenehme Konsequenzen haben.

Das *Tabu,* unsere dritte Verhaltenssteuerung, ist von ganz besonderer Art. Interessanterweise wird hier die Möglichkeit, sich anders zu verhalten, völlig aus dem Gesichtskreis *verbannt.* Sie wird, auch wenn sie vielleicht biologisch durchaus sinnvoll wäre, ins Gebiet des völlig Unbekannten, des gar nicht Existenten verlagert. Begegnet uns eine solche Möglichkeit trotzdem, so wirkt sie *selbst* schon als Stressor und erzeugt die übliche Angst vor dem völlig Fremden, welches ja immer als feindlich betrachtet wird, Da es, um dem auszuweichen, oft genügt, lediglich nicht mehr daran zu denken, funktioniert gerade dieses Vermeidungsverhalten vorzüglich. Während über die Sünde oder über Fragen des Gewissens nachgedacht und diskutiert wird, bleibt das Tabu unberührbar. Das durch ein Tabu Verbotene gibt es eigentlich nicht, hat keinen Platz in dieser Welt. Der innere Widerstand gegen Tabuverletzungen äußert sich daher neben der Furcht vor allem als Scheu, Ekel und – falls das Tabu trotzdem übertreten wird – in Form von Scham, von nicht wiedergutzumachender Beschmutzung. Somit setzen Tabus einem Umlernen den wohl stärksten Widerstand entgegen. Das Aufbrechen von Tabus kann daher, wie auch Bahrdt betont, die ganze Persönlichkeit gefährden, über den damit verbundenen starken Streßmechanismus Neurosen auslösen, psychosomatische Störungen und schwere Krankheiten hervorrufen.

In den verschiedenen Gesellschaftssystemen und Kulturen ist übrigens die Rolle dieser drei verschiedenen inneren Verhaltensregulatoren, der Gewöhnung, des Gewissens und des Tabus, sehr unterschiedlich verteilt. So liegen

Tabus oft in unbedeutenden Verhaltensbereichen des täglichen praktischen Handelns, während die eigentlich dorthin gehörenden Gewöhnungen oft denjenigen Sektor besetzen, den das moralische Gewissen steuern sollte.

Politischer Widerstand und Magengeschwüre

Der Grad der Unsicherheit bei mangelnder Norm spiegelt sich nun in der Tat in den typischen streßbedingten Krankheiten wider. Essentieller Hochdruck, eine der Hauptodesursachen in Japan mit seinem Nebeneinander von uralter Tradition und modernster Entwicklung, ist zum Beispiel in Neuguinea oder in bestimmten pazifischen Inseln mit einheitlichen Verhaltensnormen völlig unbekannt. Magengeschwüre oder Tuberkulose sind unter verwitweten oder geschiedenen Leuten weit verbreiteter als unter verheirateten, wo die vertraute und vielleicht sogar ärgerliche Anwesenheit des Partners immer eine gewisse Verhaltenssicherheit gibt. Ein interessantes Beispiel liefert auch folgender Vergleich, der von der Weltgesundheitsorganisation berichtet wird:

Nach der deutschen Invasion in Holland 1940 war bei der Bevölkerung ein steiler Anstieg an Magengeschwüren zu verzeichnen. Er hatte offensichtlich nichts mit der Lebensmittelknappheit zu tun (denn der Hunger war in der Nachkriegszeit, wo die Zahl der an Ulkus Erkrankten sofort absank, weit größer), sondern offenbar mit der Verhaltensunsicherheit der Bevölkerung angesichts der nebeneinander existierenden Systeme von äußerer deutscher Militärordnung und innerem holländischen Widerstand. Und nun der Vergleich: In den damaligen Konzentrationslagern waren im Unterschied zu dieser frei lebenden Bevölkerung Erkrankungen an Magengeschwüren äußerst selten – trotz der oft grausamen und lebensbedrohenden Bedingungen. Das Leben war jedoch hier von äußerster emotionaler Einfachheit. Ein Widerstand war von vornherein unmöglich. Es gab keine Verantwortung, keine Konflikte gegenüber Pflicht oder Gewissen, keine Versuche, das Gesicht zu wahren, Entscheidungen zu fällen. Gegenüber dem normalen bürgerlichen Leben herrschte also in einem Konzentrationslager gerade wegen seiner grausamen Disziplin *keine* Verhaltensunsicherheit.[28, 194] Etwas Ähnliches geschah mit den asthmatischen Erkrankungen, die wir im vorigen Kapitel besprochen haben. Sie verschwanden in auffälliger Weise bei den Lagerinsassen mit dem Beginn der Internierung und kehrten nach der Befreiung prompt wieder zurück – ganz im Gegensatz zu einer Vielzahl anderer schwerwiegender Organerkrankungen, wie sie in den Lagern grassierten. Diese Beispiele zeigen den ungeheuren Einfluß der Angst vor etwas Unbekanntem im Vergleich zu der Erwartung selbst grausamer Ereignisse, die man jedoch kennt, die man mehr oder weniger voraussagen kann. Wir erinnern uns an das Rattenexperiment mit der Erwartungsangst bei Stromstößen in unserem zweiten Kapitel.

Springen wir nun wieder zurück in unser engeres Thema, zu Urlaub und Erholung. Was bedeutet, mit dem Unbekannten bekannt werden? Es heißt, mit ihm zu kommunizieren. Nun sahen wir schon, daß die Kommunikation, die so nützlich für den Austausch von Kenntnissen und Ansichten verwendet werden könnte, zum großen Teil für intellektuelle Prestigekämpfe zum Hervorholen und Erneuern längst vergangener Streßimpulse, kurz, für einen Scheinkampf vergeudet wird, der nichts über den anderen, sondern höchstens einiges über uns selbst in Erfahrung bringt und der somit das Zusammenleben in der Gruppe weniger erleichtert als stört. Wie kommt es zu dieser Scheu vor echter Kommunikation mit anderen? Warum besteht sie auch gegenüber einer fremden Umwelt – wo wir doch gerade erfahren haben, daß die Anonymität die offene Kommunikation begünstigen kann?

Betrachten wir unsere Landleute im Spanienurlaub, die sich ihr deutsches Milieu dorthin mitnehmen. Oder die Japaner, die im Ausland fast nur in Gruppen auftauchen, wo sie von der Hülle ihrer Muttersprache umgeben sind, die sie – ähnlich den Franzosen – sehr viel mehr als wir zur Absicherung ihres Verhaltens benötigen. Oder sehen wir uns die Busladungen amerikanischer Touristen an, wie sie geschlossen aussteigen, durchs Museum oder zum Shopping geführt werden, in die Restaurants, aus den Restaurants und wieder

Die Kehrseite des Massentourismus.

in die Busse, dann müssen wir Rokeach, dem Philosophen des »offenen Verstandes«, recht geben, wenn er sagt, daß eigentlich viele Menschen gleichzeitig mit zwei Aufgaben beschäftigt sind: Sie alle suchen zwar mehr von der Welt zu erfahren, sie wünschen jedoch gleichzeitig auch, sich vor der Welt zu schützen. Besonders natürlich vor Informationen, die ihre bisherigen Anschauungen umwerfen.[141] Denn das würde zunächst einmal Verhaltensunsicherheit erzeugen. Und solange die besteht, sind wir gestreßt.

Leute, die nur bis zwei zählen können

Um diesen vordergründigen Streß zu vermeiden, flüchten sich viele Menschen in eine sogenannte zweiwertige Logik. Man ordnet ein in falsch und richtig, gut und böse und vergißt ganz, daß dieses Einteilen der Realität nach Schwarz und Weiß, wie sie das Argumentationsrepertoire einer Bildzeitung darstellt, die Logik eines Menschen ist, der in der Tat nicht bis drei zählen kann. Sehr bald wird dieser vordergründige Streßschutz dann zu einer ständigen Quelle von erneutem Streß, wie er halt auf einem reinen Freund-Feind-Schema basiert. Wer nicht *für* mich ist, ist *gegen* mich. Das Andersartige wird schließlich unzugänglich und damit feindlich. Man fühlt Bedrohung und begegnet ihr automatisch mit Aggression. Bis man sich schließlich, da die Dinge in Wirklichkeit natürlich ganz anders liegen und man weder angreifen noch fliehen kann, in die Rolle der Tupajas hereinmanövriert, die dem Anblick des überlegenen Gegners ständig ausgesetzt sind. Die Folgen können verheerend sein. Und all dies nur, weil man sich im Grunde vor einer bestimmten Streßart schützen wollte, vor dem Streß der Verhaltensunsicherheit.

Tatsächlich ist gerade dieser Streß, vor allem mit dem allmählichen Verschwinden der Religiosität und des Geborgenseins in der Kirche heute stark angestiegen. Ihn durch eine neue Haltung gegenüber unserer Umwelt und unseren Artgenossen abzubauen, ist eine der wichtigsten Aufgaben unserer Zeit. Wenn wir uns bewußt werden, daß wir wesentliche Zusammenhänge der Welt – zum Beispiel die Gesetze des Dichtestreß – heute verstehen können, daß wir uns in unserem Wechselspiel mit der Umwelt selbst beobachten können, daß wir unsere Streßreaktion nicht nur erleiden müssen, sondern sie ebenfalls erkennen, beurteilen und sogar steuern können, dann können wir uns damit eine neue Sicherheit schaffen, die der zweiwertigen Schwarz-Weiß-Einstellung nicht mehr bedarf, ja, ihr weit überlegen ist.

Deshalb finden wir die Schwarz-Weiß-Einstellung hauptsächlich bei wenig aufgeklärten Menschen, aber auch bei jedem von uns, dort, wo wir am wenigsten aufgeklärt sind, wo wir denkfaul sind. Wir brauchen sie, weil wir uns nur in ihr geborgen fühlen. Aufklärung aber ist nicht möglich, ohne daß wir zunächst einmal die Zweiwertigkeit verlassen – und darin liegt die Schwierigkeit. Ein Bewußtseinssprung, das Überschreiten einer Schwelle wird verlangt.

Anstatt unsere bürgerliche Welt in den Urlaub komplett mitzuverfrachten,

... sollten wir den Urlaub benutzen, das Fremde zu suchen,

... uns auf den Umgang mit dem Fremden trainieren;

... denn Vertrautheit bedeutet Verständnis, bedeutet Liebe.

Eine Art Mutprobe, zu der wir uns – und dies berührt besonders unser Thema Urlaub – vielleicht weit eher aufraffen können, wenn wir uns wenigstens einmal im Jahr *radikal,* das heißt mit den Wurzeln, aus den Alltagsverhältnissen lösen. Vielleicht werden dann viele von uns erkennen, was wir im Grunde immer wieder in unserem Urlaub versäumt haben.

Experiment mit Nonsenswörtern

Um die Streßreaktion auf etwas Unbekanntes zu testen, sie mit der Wirkung einer allmählichen Gewöhnung an dieses Unbekannte zu vergleichen, wurde an der Universität von Michigan ein interessantes Experiment unternommen. Heimlich, still und leise begann eine Forschergruppe eines Tages, unverständliche Wörter wiederholt in Schlagzeilengröße in die offiziellen Anschläge und Mitteilungen zu streuen; die einzelnen Wörter jedoch mit unterschiedlicher Häufigkeit und nach einem genauen Plan. Jeder rätselte herum, was diese Wörter wohl bedeuten sollten, bis man dann nach einiger Zeit verkündete, daß es sich um die Eigenschaftswörter einer völlig fremden Sprache, eines türkischen Dialektes handle, mit denen ein semantischer Test durchgeführt werden solle.

Den Studenten wurde nunmehr die komplette Liste der im Laufe der Versuchszeit eingeschleusten Wörter vorgelegt, mit der Bitte, herauszufinden, welche Wörter ihrer Meinung nach in jener unbekannten Sprache wohl eine gute und welche eine schlechte Bedeutung hätten. Das Ergebnis war verblüffend: Je häufiger ein solches Wort – für die Amerikaner waren es reine Nonsens-Wörter – in den Mitteilungsblättern aufgetaucht war, desto eher tippte man auf eine sympathische Bedeutung. Je seltener es erschienen war, desto unsympathischer wurde es eingeschätzt. »Das bloße Wiederauftauchen eines fremden Reizes genügte also, um diesen Reiz attraktiver erscheinen zu lassen. So werden Wörter als positiver gewertet, Speisen als appetitlicher. Menschen als umgänglicher.«[195]

Fremdheit, Vertrautheit, Liebe

Dieser Weg von einem anfänglichen Ablehnen über die Neugier bis zu freundschaftlichen Gefühlen ist ja auch der Grundvorgang allen Lernens. Vielleicht stehen manche ihm nur so ablehnend gegenüber, weil uns die Lernwilligkeit durch unser unvollkommenes Schulsystem schon frühzeitig ausgetrieben wurde.

Gerade deshalb sollten wir, wenn wir schon im Urlaub ins Ausland fahren, bei dieser Gelegenheit üben, schrittweise in die jeweils fremde Welt einzutauchen, sie uns durch immer wieder erneute kleine Begegnungen vertraut machen. Etwas Vertrautes – ganz gleich, ob gut oder böse – erscheint uns, wie das Experiment mit den Nonsens-Wörtern beweist, sehr bald ungefährlicher als jedes im Grunde noch so harmlose Fremde. Und das bedeutet nachlassenden Streß gegenüber dem Unbekannten und somit eine zusätzliche Hilfe bei der Bewältigung zukünftiger Probleme.

Das heißt vor allem, daß wir im Urlaub endlich einmal *nicht* unsere heimatliche Welt, die eigenen Konserven, die eigenen Sitten und Gebräuche, die eigene Sprache, die gewohnte Bequemlichkeit mit fließendem Wasser, Tageszeitungen und Kasettenrekorder so komplett um uns herum aufbauen, wie das manchmal geschieht. Vielmehr, daß wir den Urlaub von Anfang an benutzen, das Fremde zu suchen, uns auf das Fremde zu trainieren, den Umgang mit dem Unbekannten zu üben. So wird nicht nur das Unbekannte selbst, sondern wie schon gesagt, auch der »Umgang mit dem Unbekannten« mehr und mehr vertraut. Vertrautheit bedeutet Verständnis, bedeutet Liebe. Und darauf werden wir in Zukunft auch im Alltag immer stärker angewiesen sein.

Urlaub im Alltag

Nun kann natürlich auch der beste Urlaub heute längst nicht mehr alle Sünden des Jahres kompensieren. Wir sollten deshalb – zurückgekehrt in den Alltag – solche Antistreß-Übungen fortsetzen, im stärkeren Kontakt mit anderen Menschen an uns selbst arbeiten, um auch weiterhin fehlgeleitete Streßreaktionen abzubauen.

Psychozentren, Musik und Medizin

Die schon erwähnten und hierzu äußerst hilfreichen, manchmal auch noch etwas dilettantischen Zentren für Gruppentherapie, Sensitivity-Training, Yoga, autogenes Training und Bio-Training scheinen nicht umsonst einen steigenden Zulauf zu haben und überall aus dem Boden zu schießen. Wenn sie gut geführt sind, kann man dort eine neue Einstellung zu sich selbst und seiner Umwelt gewinnen, die einem weiterhilft.

Der Verfasser mit einer Yogagruppe bei den Fernsehaufnahmen zur TV-Folge ›Phänomen Streß V – Urlaub und Erholung‹.

Instinktiv treiben wir ja in unserer Freizeit schon längst ganz ähnliche Dinge, wie sie bei Primitivkulturen große Bedeutung haben. So ist unser Tanz, ganz abgesehen davon, daß er laute Musik erträglicher macht und den Lärmstreß umsetzt, im Grunde das Überbleibsel einer der wesentlichsten Gruppentherapien vorindustrieller Kulturen. Denken wir an den Veitstanz im Mittelalter und an die Eingeborenentänze heutiger Jäger- und Sammler-kulturen. Welchen bedeutenden Platz dort die seelische Betreuung einnimmt, sehen wir daran, daß in solchen Gesellschaften auf 20 bis 50 Mitglieder je ein Medizinmann kommt. Das ist ein traumhaft hoher Grad psychotherapeuti-scher Versorgung, wenn man daran denkt, daß selbst in den USA mit ihrer ausgedehnten Psychotherapie auf 50 000 Einwohner höchstens ein Psychiater kommt. Die Medizinmänner benutzen bei diesen Kulttänzen ein rhythmi-sches Hinführen in den Trancezustand als wesentliche Gruppentherapie, wie sie heute von den modernen Sensitivity-Zentren und ähnlichen Einrichtun-gen bei uns wiederentdeckt wird.[144]

Die Wirkung von Rhythmus und Musik reicht dabei natürlich je nach Art und Stärke von subtilsten Wirkungen auf Geist und Psyche über tiefgreifende psychogene Vorgänge bis hin zu krasser, streßerzeugender Lärmbelästigung. Meist ist im Urlaub nur das letztere vertreten. Denkt man nur an die abendli-che Lautsprechermusik in italienischen Touristenorten, an den beträchtliche Phonzahlen erreichenden Badebetrieb oder an die mit Transistorradios über-füllten Strände, dann können viele Menschen dieses Musikangebot nur noch als Beschimpfung empfinden. Denn es tötet viel von dem, was wir gerade in der Erholung zur Stärkung brauchen: Musikalität, Schönheit, anregende Un-terhaltung und Natur. Hier hilft dann tatsächlich oft nur, den Lärm durch Bewegung abzubauen, aus der Not eine Tugend zu machen und möglichst wild mitzutanzen.

Auf der anderen Seite kann Musik psychologische Anregung und Stimula-tion des Intellekts sein, wodurch die Motivation entsteht, etwas zu schaffen oder zu unternehmen. In ihrer zarten aufbauenden Form kann sie ernstzu-nehmende Medizin sein. Menschen mit Schwierigkeiten in der sprachlichen Kommunikation oder mit Schwierigkeiten in der Koordination ihrer Glieder – natürlich auch den erwähnten autistischen Kindern – hilft Musik in erstaun-licher Weise. Sie hilft atmen und gehen, baut Furcht ab und Verwirrung.[196] Die Tatsache, daß heute bei Schlaflosigkeit von Kindern keine Wiegenlieder mehr gesungen, sondern Barbiturate oder Valium verabfolgt werden, zeigt wie barbarisch wir mit unseren biologischen Funktionen umgehen, an welch falschen Hebeln wir ansetzen und wie wir, nur um ein Symptom zu beseiti-gen, den ganzen übrigen Mechanismus stören.

Um über diesen ausführlichen psychosomatischen Betrachtungen nicht ganz den Körper als Ansatzpunkt für eine sinnvolle Erholung zu vergessen, soll zum Schluß dieses Kapitels noch einmal die physikalische Therapie und Vorbeugung zu Worte kommen. Ähnlich wie Töne und Rhythmen uns sowohl stressen als auch erholen können, aufregen oder beruhigen – wir sahen das gleiche bei der Wirkung von Worten –, so können auch andere physikalische Reize wie Wärme und Kälte, je nachdem, wie unser Bewußtsein sie verarbeitet, unseren Organismus in höchste Alarmstufe versetzen, aber auch ihn zutiefst entspannen und erholen.

Ein hervorstechendes Beispiel dieser Art gibt die Sauna. Obwohl hier Temperaturen herrschen, die uns unter anderen Umständen in höchste Panik versetzen würden, steht sie ähnlich wie das Schwimmen unter den streßabbauenden und vorbeugenden Mitteln mit an oberster Stelle, und zwar fast für jeden. Für Alte wie für Junge, für Kreislauflabile und Sportler, Nervöse und Schwangere. In den gut dreieinhalbtausend öffentlichen Saunas der Bundesrepublik sind heute rund zwei Millionen Leute Stammgast – und die Beliebtheit wächst weiter. Denn zu anderen Nackten in eine Gemeinschaftssauna zu gehen und einmal bei 90 Grad Celsius mit eiskalter Abkühlung seinen Kreislauf hautnah zu spüren, läßt in der Tat alle anderen Alarmreize und Ängste verblassen – ganz abgesehen von dem physiologischen Effekt einer großzügigen Mobilisierung und Durchblutung eines unserer wichtigsten Organe: der Haut.

Allein in den Saunas der Bundesrepublik sind rund 2 Millionen Leute Stammgast.

Das Gute bei all diesen geistigen, seelischen und körperlichen Aktivitäten, die wir aus Urlaub und Freizeit mit in den Alltag hinübernehmen, ist, das soll noch einmal wiederholt werden, daß es letzten Endes unser eigener Wille ist, mit dem wir uns zu einer veränderten Lebensführung durchringen müssen – während man ja bei all den Psychohilfen der Chemie, also bei Koffein, Alkohol, Nikotin, Weckaminen, Hasch und Tranquilizern weiterhin passiv und »eingeschlafen« bleiben kann. So hält das Ganze noch eine weitere Belohnung parat, sozusagen eine Prämie für die erwähnte Mutprobe, für den Sprung über unseren eigenen Schatten: denn wenn wir uns einmal zu so einer neuen Einstellung gegenüber Freizeit und Erholung durchgerungen haben, so ist das schon wieder ein Erfolgserlebnis an sich und damit ein wesentlicher Antistreß-Faktor, von dem wir doppelt profitieren.

Zwei Aspekte des Alters:

Abgeklärte Zufriedenheit

Verbitterung in Einsamkeit.

6 ALTER UND EINSAMKEIT

In der Fußgängerzone der Münchner Innenstadt hält ein Student den Leuten das Mikrophon vor die Nase: »Entschuldigen Sie, wir machen eine Meinungsumfrage. Was verbinden Sie mit dem Alter? Nennen Sie einfach schnell ein paar Begriffe, die Ihnen dazu einfallen ...« Er untersucht ein Problem der Altersforschung: die Stellung des alten Menschen in unserer Gesellschaft. Von jedem kommen spontan drei, vier Gedanken, und schon nachdem er wenige Leute befragt hat, etwa nach 30 Antworten, wiederholen sich die Begriffe. Das Auffallendste an ihnen: extreme Widersprüchlichkeit. Auf der einen Seite werden mit dem Alter so positive Faktoren verbunden wie Weisheit, Souveränität, Gelassenheit, Ruhe, große Erfahrung, Abgeklärtheit, keine äußeren Pflichten mehr, schöne Erinnerungen, Reisen, viel Freizeit für eigene Interessen, Anerkennung, Verehrung ... Und auf der anderen Seite findet sich eine Negativliste, die kaum zu überbieten ist: Einsamkeit, Isolation, Ausgeschlossensein, nicht mehr für voll genommen werden, Traurigkeit, Todesangst, Gebrechlichkeit, häßlicher Körper, geistige Verkalkung, Frustration, Aussichtslosigkeit, freudloses Dasein, kein Sex mehr, Interesselosigkeit, keine Anerkennung mehr, Armut und Verbitterung.

Auch unsere beiden Fotos spiegeln diese große Spannweite wider. Im Gegensatz zu den beiden fröhlichen beiden Alten links haben wir im rechten Bild das Schlüsselproblem alter Menschen: Einsamkeit, Quelle von Krankheiten und frühem Tod. In dieser Einsamkeit verbergen sich 90 Prozent der Begriffe unserer Negativliste.

Was heißt Einsamkeit? Sie bedeutet Angst vor drohender Hilflosigkeit, Angst, von niemand geliebt zu sein, zur Last zu fallen, vergessen zu werden – kurz, erhöhten Streß. Alles dadurch verstärkt, daß so wichtige Gegengewichte wie Erfolgserlebnisse und Sexualität fehlen – und noch viel mehr. Den alten Menschen fehlt zum Beispiel weit mehr als den Jungen die Umsetzung von Streß durch Körpertätigkeit, fehlt die Möglichkeit, Depressionen symbolisch auszuleben, weder durch schöpferische Tätigkeit, noch durch Kommunikation mit anderen.

Aber muß das alles sein? Wie kommt es, daß selbst in der Bundesrepublik Deutschland seit 1970 – trotz immer besserer medizinischer Versorgung – die Lebenserwartung des älteren Menschen wieder abgesunken ist? Sind seine Leiden wirklich biologisch bedingt? Muß er wirklich ohne Erfolg leben, ohne Erotik und Lust? Muß sein Leben ernst sein, ohne echten Spaß? Muß er sich überhaupt schonen, pensioniert werden, nicht arbeiten, wenig essen, untätig herumsitzen? Was unterscheidet diese Einsamkeit von der des Kindes? Ist die Einsamkeit des unnützen, *nicht mehr* arbeitsfähigen Menschen die gleiche wie die des *noch nicht* arbeitsfähigen Säuglings, nur daß dieser im Gegensatz zum Alten seinem Unglück durch Schreien Luft machen kann? Sind seine Stressoren die gleichen oder vielleicht ganz andere? Versuchen wir wieder einmal von biologischer Seite der Angelegenheit auf den Grund zu gehen.

Das Alter ist noch sehr jung

Um die Jahrhundertwende waren von 100 Menschen 7 Leute über 60 Jahre alt. 1950 waren es bereits 14, und heute sind es 20 von 100. Diese stetige Zunahme älterer Menschen – und damit auch älterer Patienten brachte sowohl für die Soziologie als auch für die Medizin ein ganzes Paket neuer Probleme mit sich. Längst ist eine eigene Altersmedizin, die Geriatrie entstanden.[197]

Verschiebung der Todesursachen

Das Ganze ist eine Entwicklung, die zu erwarten war. Denn sobald bei einer Bevölkerung die Hygiene und die medizinische Versorgung verbessert werden und dadurch mehr Menschen ein höheres Alter erreichen, stellen sich automatisch neue Krankheiten ein, gegen die diese Population dann kaum gewappnet ist. Unter diesen sind es wieder einmal die Herz- und Kreislaufkrankheiten, die so eng mit dem Streßmechanismus zusammenhängen und um die man sich auf einmal im besonderen Maße kümmern mußte. Auf der Basis von vegetativen und Kreislaufstörungen, Arterienverkalkung und dem Verschleiß des Herzens sind sie in den letzten 20 Jahren als Todesursache in den zivilisierten Ländern gerade für die beginnende zweite Lebenshälfte noch einmal um rund die Hälfte angestiegen. Wenn aber ein so spektakulärer Anstieg von Todesursachen beobachtet wird, der dazu noch eng mit psychischen und sozialen Stressoren, den Smogfaktoren und anderen Gesundheitsbelastungen unserer Umwelt zusammenhängt, dann bedeutet diese hohe *Mortalität* natürlich immer für diejenigen, die überleben, einen nochmal um ein Vielfaches höheren Anstieg der Krankheitsbelastung, also der *Morbidität*.

Der Anteil der über 60-Jährigen hat sich seit 1900 verdreifacht.

von 100 Menschen

von 100 Menschen

1900

1975

über 60 Jahre

über 60 Jahre

Die Entwicklung in Richtung eines allgemein höheren Lebensalters hat sich also allen Bemühungen zum Trotz offenbar längst selbst eine Grenze gesetzt. Denn auch bei einer noch so drastischen Verschiebung im Altersaufbau der Bevölkerung, wie man sie etwa in dem ganz anderen Bild der Alterspyramiden in Deutschland von 1910 gegenüber 1970 sehr drastisch vor Augen hat, bleibt doch immer eines bestehen: die seit eh und je gültige maximale Lebensspanne von rund 100 Jahren – mit den ebenfalls schon seit eh und je berichteten Ausnahmen von 120 oder gar 150 Jahren.

An der möglichen Lebenszeit für den einzelnen hat sich also durch alle unsere medizinischen Kunstgriffe nichts geändert. Nur an der Zahl derer, die von dieser Möglichkeit Gebrauch machen können. Daß das Alter damit schöner geworden sei, kann man ebenfalls nicht behaupten. So kann auch das Ziel einer realistischen Geriatrie nicht darin liegen, die obere Grenze der menschlichen Lebensspanne heraufzusetzen, sondern vielmehr darin, die Jahre über 60 nicht nur lebend, das heißt vegetierend durchzustehen, sondern sie auch *er*leben zu lassen, und damit lebenswert zu machen.

Zwei Alterspyramiden

Vielleicht sollte man hier einmal auf den weit verbreiteten Irrtum hinweisen, daß die sogenannte Überalterung einer Bevölkerung (verbunden mit einem

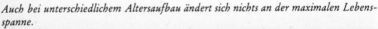

Auch bei unterschiedlichem Altersaufbau ändert sich nichts an der maximalen Lebensspanne.

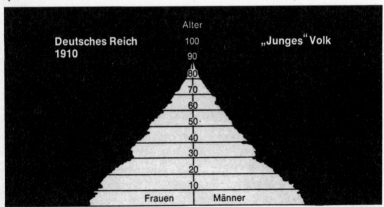

Geburtenrückgang) etwas Bedrohliches sei, gar etwas wirtschaftlich Bedrohliches! Mir scheint eher das Gegenteil der Fall. Denn Kinder und Jugendliche kosten rein materiell die Volkswirtschaft weitaus mehr als alte Leute. Sowohl in Versorgung und Pflege als auch in Ausbildung und Ausstattung. Vor allem, da der Einstieg ins Berufsleben Jahr für Jahr später erfolgt. Die Soziallasten einer Population mit der Altersstruktur eines sogenannten »alten Volkes« (entsprechend der Pyramide von 1970) sind daher weitaus geringer, als wenn wir eine Verteilung haben, wie sie der Pyramide von 1910 entspricht.[198]

Genau solch einen Altersaufbau – den man fälschlicherweise oft als den eines »gesunden Volkes« bezeichnet, hat ja zum Beispiel auch Indien. Ein Land, in dem Not und Elend herrscht! Ganz abgesehen davon, daß ein Geburtenrückgang wie bei uns immer nur eine vorübergehende Überalterung bedeutet. Sobald die jüngste Generation herangewachsen und die älteste Generation ausgestorben ist, haben wir sowieso wieder einen gleichmäßigeren Aufbau. Wenn dann die Bevölkerungsdichte später insgesamt sogar auf ein vernünftiges Maß verringert ist – um so besser für die Population.

Doch zurück zum Alter selbst und zu der Frage, was es mit dieser Beschwerlichkeit der zweiten Lebenshälfte auf sich hat.

Der zweiten Lebenshälfte fehlt der Prüfstand

Ich glaube, wir dürfen heute mit Sicherheit annehmen, daß diese Beschwerlichkeit genetische Ursachen hat, die weit in der Vorzeit liegen. Und diese Ursachen hängen wiederum mit der Kulturstufe der Jäger und Sammler zu-

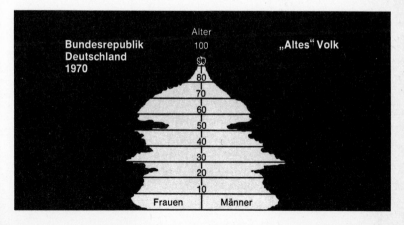

sammen. Denn so erstaunlich es klingt, selbst eine *kulturelle* Evolution hat –
wenngleich auch erst im Laufe von Jahrtausenden – immer Auswirkungen
auf die *genetische* Evolution.

So macht es die Wirtschaftsform des Jägers und Sammlers in der Steinzeit
wahrscheinlich, daß – sobald sich aus dem Nachwuchs eine neue Gruppe
formierte – diese sich notwendigerweise anfänglich durch Inzucht fort-
pflanzte. Selbst heute ist, trotz schon sehr früher Inzestverbote, in Primitivkulturen Inzucht unter entfernteren Verwandten immer noch eher die Regel
als die Ausnahme. Nun, genetisch bedeutet dies, daß sich dadurch sonst über
lange Zeit verborgene Anlagen, sowohl positive als auch negative, rasch aus
dem genetischen Material herauskristallisieren. Die für den Überlebenskampf
günstigen pflanzen sich gehäuft fort, und die ungünstigen werden rasch aus-
gemerzt. So konnte die Kulturform der kleinen Gruppe mit den gestellten
Verhaltensregeln durchaus den genetischen Evolutionsprozeß beeinflussen.
Umgekehrt konnte sich aber durch die Isolierung vieler voneinander unabhängiger Jäger- und Sammlergruppen – wiederum auf der Basis des damit
verbundenen Inzests – auch eine Unzahl der verschiedensten kultursoziologi-
schen Formen ausbilden, die eine breitgestreute Vielfalt von Verhaltensfor-
men schafften.[199] Davon waren nicht zuletzt natürlich auch die Streßreaktion
und ihre Verarbeitung betroffen. Auch war diese kulturelle Variationsbreite
natürlich eine nicht zu unterschätzende weitere Garantie für das Überleben
der Art – ganz ähnlich wie es die genetische Variationsbreite für die biologische Anpassung an eine sich verändernde Umwelt ist.

Was hat dies nun mit den Krankheiten der zweiten Lebenshälfte zu tun?
Wie es der Anthropologe Schmidbauer ausdrückt, kann man ziemlich sicher
sein, daß über diesen »potenzierten« Ausleseprozeß die Natur über viele
hunderttausend Jahre zwar durchweg gesunde und kräftige Männer und
Frauen verlangte, daß jedoch, sobald die Kinder einmal geboren und großge-
zogen waren, das weitere Schicksal der Erwachsenen für das Überleben der
Art nicht mehr viel bedeutete. Sie konnten sterben.

Die Jäger und Sammler der Steinzeit werden daher wohl durchschnittlich
nicht länger als 30, vereinzelt vielleicht 40 Jahre lang gelebt haben. Der gene-

*Die Spanne des Steinzeitmenschen zwischen Geburt und Tod entsprach unserer ersten
Lebenshälfte. Nur sie war genügend lange auf dem Prüfstand (Zeichnungen der Mim-
breño-Kultur).*

Der zweiten Lebenshälfte des Menschen fehlt die genetische Auslese. Ausschnitte aus Pieter de Breughels ›Streit des Karnevals mit den Fasten‹.

tische Ausleseprozeß arbeitete also bei dem Menschen der Steinzeit immer nur bis zu diesem Lebensalter.[199] Und ein solcher genetischer Ausleseprozeß fehlt natürlich dem heutigen längeren Leben, fehlt unserer zweiten Lebenshälfte. Ihr fehlen die Äonen Jahre auf dem Prüfstand.

Altersversorgung ersetzt nicht genetische Auslese

Möglicherweise sind daher viele unserer heutigen Zivilisationskrankheiten nichts anderes als eine Folge dieser bis vor wenigen tausend Jahren, also praktisch die gesamte Evolution des Menschen über gültigen Maximal-Lebenszeit. Aber nicht nur, daß an dem Lebensalter ab 35 Jahren erst seit wenigen tausend Jahren eine Selektion ansetzte, um auch die zweite Lebenshälfte frei von Krankheiten, Belastungen und Leiden zu halten, diese Selektion funktioniert auch um ein Vielfaches langsamer. Es werden ja in der zweiten Lebenshälfte weit weniger Kinder gezeugt als in der ersten. Somit können sich die im höheren Lebensalter robusteren Individuen nicht einmal durch bevorzugte Fortpflanzung durchsetzen, wie dies für die genetisch günstigen Faktoren der ersten Lebenshälfte der Fall gewesen war. Moderne Altersversorgung, Pensionierung und ärztliche Fürsorge scheinen zwar genau die Hilfen zu sein, die die kulturelle Entwicklung der menschlichen Gruppe inzwischen hervorgebracht hat, um die fehlende genetische Auslese zu ersetzen und um auch unser Alter sorglos und schön zu machen, doch irgend etwas scheint dabei nicht zu funktionieren. Weder was den einzelnen betrifft noch die Fortentwicklung der Gesellschaft.

Der Altersstreß

Tatsächlich werden unsere Alten durch eine noch so gute äußere Versorgungsweise weder glücklicher noch gesünder, noch leistungsfähiger. Nachdem unser Leben von einem Schutzwall moderner Medizin und Hygiene umgeben ist und auch die höheren Jahrgänge trotz der bei ihnen fehlenden genetischen Auslese am Leben erhalten werden, sind es nun auf einmal soziokulturelle Faktoren, die in unvorhergesehener Weise, fast könnte man sagen, aufgrund von Mißverständnissen, hier zusätzlich belastend eingreifen. Über eine Unzahl psychischer Stressoren, wie Angst, Ungewißheit, Mißtrauen, Frustration, kurz über den Streßmechanismus, wird mit zunehmendem Alter die Kommunikation mit der Umwelt meist ins Negative gekehrt. Statt Liebe und Vertrautheit entsteht verminderte Anpassungsfähigkeit, kommen Verbitterung auf und Aggressivität. Aus Kommunikation wird Mißverständnis, wird schädliche Belastung.

Schon mehrfach sahen wir in diesem Buch, daß der Mensch im Grunde nur als Gruppenwesen eine Überlebenschance hat. Einzig das Gruppenleben ist in der Lage, die genetischen Mängel der Menschenrasse, die dem einzelnen ein Überleben in der Wildnis nicht erlauben, voll zu kompensieren. In gewisser Weise – auch dafür sind inzwischen genügend Beispiele genannt worden – liegt jedoch eine Pervertierung dieses Gruppenlebens vor, die nicht nur das persönliche Wohlergehen des einzelnen in Frage stellt, sondern an den Nerv unserer Existenz rührt, an das Überleben der Menschheit als solcher. Nicht zuletzt ist diese Pervertierung eine Folge dessen, daß man die Realität der engen Verbindung zwischen geistig-psychischen und biologischen Vorgängen nicht erkannte und somit zunehmend vernachlässigte.

Die Trennung von Geist und Körper

Die biologische Wissenschaft hat durch den experimentellen und meßbaren Nachweis der direkten Verknüpfung von Psyche und Körper und damit auch von seelischen mit organischen Leiden eine Bresche in diese wachsende Voreingenommenheit des sogenannten aufgeklärten Menschen geschlagen. Man muß zugeben, daß es vor allem die den Geist in Beschlag nehmenden Religionen waren, die in einer im Grund blasphemischen Weise – zumindest in der Praxis, wenn auch nicht in ihren Mysterien – diese ursächliche Verbindung von Körper und Geist leugneten. Mit dieser künstlichen Trennung wesentlicher Lebensvorgänge haben wir, vor allem in der unserer wissenschaftlichen Entwicklung immer etwas nachhinkenden Medizin auch heute noch zu kämpfen.

Diese Tendenz, zusammenhängende Phänomene auseinanderzureißen, drückt sich leider in noch weit mehr Bereichen aus, etwa in der Trennung der wissenschaftlichen Fakultäten, in der so völlig getrennten Kompetenz von Geistesleben und Naturwissenschaften. Sie ist unter anderem auch das Grundübel des mangelnden Verständnisses der heutigen Umweltproblematik und vor allem der so stümperhaften und hilflosen Versuche, dieser Problematik mit genau jenem unrealistischen Vorgehen Herr zu werden, das sie eigentlich auf dem Gewissen hat.

Von Schamanen lernen

Man sollte sich nicht scheuen, in dieser Frage der künstlichen Trennung körperlicher und geistiger Vorgänge einen Blick auf die Heilgebräuche primitiver Kulturen zu werfen. Beschämt muß man feststellen, daß man dort – zumindest in der Grundhaltung – den letzten wissenschaftlichen Erkenntnissen vielfach nähersteht, als dies in manchen unserer modernen Kliniken der Fall ist. Aus allem, was man aus den eingehenden Studien primitiver Kulturen, aus Ritualtänzen und der schamanistischen Heilkunst erfahren hat, ist dort die Einheit zwischen dem Leiden eines Patienten und den Bemühungen des Medizinmannes weitaus größer als etwa in unserer Kultur. Der schon erwähnte Schmidbauer sieht die typische Diskrepanz unserer Klinikbehandlungen mit Recht darin, daß der Patient sein subjektives Wohlbefinden schmerzlich gestört empfindet, während der Arzt nach einem sogenannten objektiven Befund sucht und diesen behandeln will. Dabei läuft er das Risiko, daß der Kranke, der ja nur sein subjektives Wohlbefinden kennt, sich gegenüber dieser Versachlichung zutiefst vernachlässigt fühlt. Die lange Zeit verspotteten Medizinmänner und Schamanen scheinen jedoch gerade aus dieser Einheit mit dem Patienten heraus ihre Erfolge gestaltet zu haben. Erfolge, die wir nun auch wissenschaftlich durchaus für möglich halten. Längst zeigen unzählige Beispiele, daß man, wie Schmidbauer es ausdrückt, über die subjektive Seite einer Krankheit auch die objektiven Befunde ändern kann. Dies scheint sogar weit eher zu gelingen als lediglich durch hypnotische und autogene Techniken, die schließlich immer nur auf einen Teil der Persönlichkeit wirken – und dies meist in »zudeckender« und nicht wie in der steinzeitlichen Psychotherapie gleichzeitig auch in »auflösender« Weise.[200]

Das Geheimnis des Tabutods

Welche außerordentlichen körperlichen Effekte sich auf psychischem Wege erzielen lassen, zeigt nichts deutlicher als das negative Extrem einer solchen

Wirkung: der sogenannte *Tabutod,* wie er gelegentlich auch in dem modernen Voodoo-Kult ausgeübt werden soll. Schmidbauer berichtet, daß ein Eingeborener, der auf diese Weise von einem mächtigen Medizinmann verhext, also psychisch beeinflußt wurde, in der Regel binnen weniger Tage stirbt, auch wenn er sich in größerer Entfernung befindet. In Australien seien einige solcher Fälle medizinisch verfolgt worden. Einen durch einen solchen Fluch erkrankten Australier mußte man mit der eisernen Lunge beatmen und mit einer Sonde füttern. Nur so konnte man ihn über den angegebenen Todeszeitpunkt hinaus am Leben erhalten und ihm quasi beweisen, »daß die Magie des weißen Mannes stärker sei als die seines Schamanen«. Man konnte feststellen, daß der Vorgang dabei auf einen Tod durch Versagen der Nieren und des Kreislaufs hinausläuft, also ein regelrechter *Streßtod* ist. Die Nebennieren entleeren ihren gesamten Hormonvorrat, das Blut wird durch ein Hochschnellen der Gerinnungsfaktoren eingedickt und das am Anfang dieses Buches beschriebene erste Selye'sche Stadium der Alarmphase geht rasch über die Phase des Widerstands hinweg, direkt ins Stadium der restlosen Erschöpfung über, dem der Körper dann keinen Widerstand mehr entgegensetzt.

Wir ignorieren die subjektive Heilung

Diesem sehr seltenen, jedoch medizinisch des öfteren genau verfolgten Tabutod stehen natürlich auf der positiven Seite weit mehr – über ähnliche psychogene Mechanismen laufende – Heilerfolge gegenüber. Wie Schmidbauer weiter beschreibt, erfährt ein Kranker bei der Behandlung vor allem, wie er sein Leiden innerhalb seines Daseins deuten muß – ähnlich wie in der Psychoanalyse. Auf diese Weise stößt der Schamane zur Ursache des subjektiven Leidens vor. Sobald der Kranke zu diesen Ursachen ja gesagt hat, beginnt die Heilkraft der gewaltigen Suggestivwirkung des Schamanen, der nunmehr über eine regelrechte Antistreß-Therapie die »Geister beschwichtigen« und die »Krankheitsdämonen besiegen« kann.[200] Dem gegenüber steht das in unseren modernen Kliniken völlige Alleingelassensein des Kranken mit seinem subjektiven Leiden. Trotz der glänzenden Behandlung objektiver Befunde heißt das aber, daß in unserer Gesellschaft, ähnlich wie beim gesunden, im Arbeitsprozeß stehenden Menschen, auch beim Kranken die enge Verbindung zwischen seelischen und körperlichen Abläufen ungenutzt bleibt. Ja, diese Verbindung wird nicht nur für die Therapie ungenutzt gelassen, sondern sie wird über eine Unzahl psychischer Stressoren wie Angst, Ungewißheit, Mißtrauen und Entmutigung, also über den Streßmechanismus letztlich sogar ins Negative gekehrt (ganz ähnlich wie beim kirchlichen Exorzismus); statt zur Hilfe wird sie zur zusätzlichen Belastung.

Dies alles vorausgeschickt, mag uns vielleicht ein wenig die Hilflosigkeit erklären, wie sie aus den üblichen medizinischen Ratschlägen spricht, die bekanntlich für das Alter meist ganz versagen. Die Frage, ob dies an dem mangelnden volkswirtschaftlichen Interesse für diese medizinische Sparte liegt oder nicht, ist fast schon dadurch beantwortet, daß es in der Bundesrepublik Deutschland bislang erst einen einzigen geriatrischen Lehrstuhl (in Erlangen) gibt. Und nicht von ungefähr betrifft jene Hilflosigkeit typischerweise die mit dem Alter zunehmenden, obgleich doch recht gut definierbaren Leiden wie Herz-Kreislaufschäden, Arterienverkalkung, Magengeschwüre, Verdauungsstörungen, Nierenschäden und andere streßbedingte Krankheiten.

Blutdruck, Infarkt und Übergewicht – Zucker und Bewegung

Greifen wir als Beispiel für unser Teilwissen nur den Schlaganfall und den Herzinfarkt heraus.[201] So ist zwar die Beziehung zum Bluthochdruck durch statistische Beobachtungen an vielen tausend Menschen einwandfrei bewiesen: Ab Blutdrucken von 180/110 ist die Infarkthäufigkeit fast fünfmal so hoch wie bei normalem Blutdruck. Ähnlich gesichert ist der Zusammenhang des Blutdrucks mit dem Übergewicht. Aus Untersuchungen des Medical Centers der Duke University läßt sich die durchschnittliche Erniedrigung des Blutdrucks nach drastischer Gewichtsabnahme Fettleibiger errechnen. Nach einer mittleren Gewichtsverringerung um 28 Kilogramm ist er von einem Durchschnittswert von 170/107 auf 120/81 abgesunken. Die Beziehung von Übergewicht zum Schlaganfall ist daher ebenso eindeutig: Während von normalgewichtigen Männern 38 pro Tausend betroffen sind, sind es von Übergewichtigen 59 pro Tausend und von solchen, die bereits im Alter von 20 Jahren zu dick waren, sogar 90 pro Tausend. Ein anderer bekannter Faktor ist der Cholesterinspiegel. Von Männern mit einem Choleringehalt über 240 starben sieben Jahre später an einer Schädigung der Herzkranzgefäße genau doppelt soviel wie von solchen, deren Cholesterinwerte darunter lagen. Der nächste Zusammenhang: Bei Rauchern (20 Zigaretten pro Tag) ist die Herzinfarkthäufigkeit dreimal so hoch wie bei Nichtrauchern. Ähnliches gilt für die Bewegungsarmut: Von 1000 Männern mit *mangelnder* körperlicher Bewegung bekamen innerhalb des Beobachtungszeitraums von sieben Jahren 128 ein Leiden der Herzkranzgefäße. Von 1000 körperlich Arbeitenden nur 62 (!).[201] Trotz all dieser handfesten statistischen Hinweise hat unsere Medizin das Phänomen nicht im Griff. Die Hilflosigkeit bleibt bestehen, ja der eigentliche Entstehungsmechanismus jener Krankheiten ist nach wie vor nicht voll geklärt.

So ist die Frage, ob ein Herzinfarkt durch die Verstopfung der Gefäße entsteht oder ob diese erst eine Folge der aus anderen Gründen immer schlechter gewordenen Durchblutung ist, mittlerweile zu einem ernsthaften

Streit um die Infarktursache geworden – und damit natürlich auch zu einem Disput um die richtige Art der Vorsorge. Ähnliche Widersprüche betreffen den Mechanismus der Zuckeraufnahme. So zeigten neuere statistische Untersuchungen, daß Zucker allein wahrscheinlich überhaupt nicht dick macht; denn je dicker die Leute waren, desto weniger Zucker aßen sie. Auch wenn dies erst *nach* der Gewichtszunahme aus Einsicht geschehen sein mag, so bleibt doch die Tatsache, daß dünne Leute, die mehr Zucker aßen, offenbar deshalb nicht dick wurden, weil sie wiederum nachweislich mehr Körperbewegung hatten.[202] Danach scheint die Beziehung zwischen Zuckerverbrauch und Körpertätigkeit wichtiger zu sein als die Vermeidung von Zucker in der Ernährung. Solche Ergebnisse zeigen einfach eine starke Verkettung von physiologischen, psychologischen und Verhaltensfaktoren in Form komplizierter Regelkreise. Auch mit zunehmender Kenntnis von Einzelheiten hilft hier ein simples Ursache-Wirkungs-Denken wie bisher nicht mehr weiter.[201, 202]

Angesichts der vielen, zum Teil widersprüchlichen Ansichten darüber, was für unsere Gesundheit und ein langes Leben wichtig sei, war es nicht verwunderlich, als sich einige Wissenschaftler, die sich mit den Alterskrankheiten befaßten, einmal von dem Für und Wider akademischer Überlegungen abwandten und, statt weiter über das Alter zu *theoretisieren*, sich einfach für die ältesten Menschen zu interessieren begannen, die auf dieser Erde *leben*. Schon lange wurde von Völkerkundlern und von Geographen immer wieder aus Gebirgsgegenden, aus bestimmten Dörfern oder von einzelnen Stämmen berichtet, in denen die Menschen bis weit über hundert Jahre gesund und munter wie ein Fisch im Wasser leben. Man konnte also hoffen, durch ein Studium ihrer Lebensweise die besonderen Gründe herauszufinden, die *uns* weit weniger lang leben lassen – und die vor allem unsere sowieso schon kürzere Alterszeit noch dazu so beschwerlich machen.

Das Hochland von Aserbeidschan. Neben Kaschmir, dem Tal von Vilcabamba und dem Kaukasus eine der Gegenden mit den ältesten Einwohnern der Welt, die wir hier unter die Lupe nehmen.

Unter anderem machte sich auch eine Gruppe Mediziner von der Harvard University wie auch vom University College in London auf den Weg. Es ging nach Rußland, ins georgische Hochland, in den Kaukasus, nach Aserbeidschan, zu den Hunza nach Kaschmir sowie nach Ecuador ins Vilcabamba-Tal. Man wollte endlich wissen, was bei den uralten Einwohnern dahintersteckt: der spezielle Joghurt, die vegetarische Kost oder umgekehrt viel Fleisch und wenig Kalorien? Die Enthaltsamkeit? Die Ginseng-Wurzel oder Johimbin – oder am Ende gar nur eine gute Erbanlage? Jedenfalls war man sicher, daß man dort, wo eine große Zahl gesunder, weit über hundert Jahre alter Menschen in relativ abgeschlossenen kleinen Populationsgruppen leben, weit mehr aus deren typischer Lebensweise schließen konnte, als bei den vereinzelten Hundertjährigen in unserer so völlig durchmischten und damit uneinheitlichen Industriegesellschaft.

Ihr hohes Alter, welches nicht durch medizinische Kunstgriffe und medikamentöse Behandlung erreicht wurde, mußte jedenfalls relativ verbindliche Aussagen über die Rolle der Lebensweise und der Beziehungen zur Umwelt zulassen. Zumindest konnte man sicher sein, daß eine Befragung nicht so verlaufen würde wie manchmal bei uns:

Ein uralter Mann mit listigen Äuglein sitzt im Lehnstuhl.

Er wird von einem Interviewer befragt: »Nun, worauf führen Sie es zurück, daß Sie dieses hohe Alter von 117 Jahren erreicht haben?«

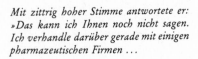

Mit zittrig hoher Stimme antwortete er:
»Das kann ich Ihnen noch nicht sagen.
Ich verhandle darüber gerade mit einigen
pharmazeutischen Firmen ...

... ?!«

Zunächst mußten die Wissenschaftler in diesen für die Vitalität ihrer Bewohner berühmten Dorfgemeinschaften erst alle Personen ausschließen, deren hohes Alter nicht einwandfrei durch Dokumente, Archive oder durch die nachweisliche Beziehung zu genau datierten, zurückliegenden Ereignissen abgesichert war. Die Untersuchung der dann noch verbliebenen eindeutigen »Methusalems« ergab nun zur Überraschung der Forscher fast nichts von dem, was man vermutet hatte, sondern in der Tat etwas völlig Neues. Und dabei gerieten einige bisherige Alterstheorien stark ins Wanken.[203]

150 Jahre Antistreß

Bei den untersuchten Personen – die Ältesten waren über 150 Jahre alt – schienen all die eben genannten Faktoren kaum eine Rolle zu spielen: weder eine strikte Kaloriendiät (selbst ausgesprochen fettleibige Hundertjährige wurden gelegentlich angetroffen) noch strikte Abstinenz (etwa von Tabak und Alkohol), noch die Abwesenheit von Krankheit (manche der Untersuchten hatten schon mehrere Herzattacken erlebt), noch eine besonders schonende Lebensweise. Als ein ausschlaggebender Faktor erwies sich hingegen ihr Verhältnis zur Umwelt.

»Oma« Lasuria mit 135 Jahren. Noch mit 128 Jahren war sie schnellste Teepflückerin ihres Distrikts im georgischen Hochland.

Ein lebenslustiger 123jähriger aus Shangri-La läßt sich beim Dorfbarbier verschönern.

Nun, wie sah dieses Verhältnis aus? Es war ein Leben im aktiven Kontakt mit der Gemeinschaft – auch der Ältesten. Eine so einschneidende Änderung im Arbeitsrhythmus, wie wir sie etwa durch die Pensionierung erfahren, gab es nicht. Täglich wurde nützliche, meist körperliche Arbeit verrichtet. Weiter registrierten die Forscher eine auffallende Anerkennung der Alten durch die Jüngeren, von denen sie noch häufig um Rat gefragt wurden. Selbst die Ältesten nahmen jederzeit an Vergnügungen und Festen teil, und nicht zuletzt führten sie sämtlich eine glückliche Ehe und ein aktives Sexualleben bis weit über hundert Jahre. Manche dieser Personen heirateten noch einmal mit 120. Diese Bedeutung einer ehelichen Beziehung hat dann eine russische Großuntersuchung an 15 000 Fällen noch einmal überzeugend bestätigt: Fast nur Verheiratete erreichten ein so hohes Alter.

Nach einem eindrucksvollen Bericht der Forschergruppe von Leaf gab eine rund 135jährige Landarbeiterin im georgischen Hochland (Abb. oben links) ihre Tätigkeit erst mit 128 Jahren auf – nachdem sie kurz zuvor noch einen Wettbewerb als schnellste Teepflückerin gewann! Erst 1976 ist sie im Alter

1 February 1973

Weekly 15p

Australia 35 cents/
Canada 60 cents/
New Zealand 35 cents/
South Africa 35 cents/
USA (by air) 90 cents/
BF 25/FF 3/DM 2.80/
hfl 1.75/skr 3.00/

Born
1830
and
still
going
strong

1830 geboren und heute immer noch aktiv.

von annähernd 140 Jahren gestorben. Was ein solches Alter bedeutet, merkte man daran, wenn die alte Dame von früheren Zeiten erzählte, etwa wie sie im Jahre 1910 – damals schon als rüstige Siebzigerin(!) – mit ihrem Sohn den zwei Meter hohen Schnee vom Dach schaufelte, als sie in jenem strengen Winter einmal völlig zugeschneit waren.

Was die Erotik betrifft, so erzählte die 98jährige Tochter eines 123jährigen Bergbewohners aus den Anden (Abb. S. 319, rechts) schmunzelnd von der ungetrübten Freude ihres Vaters, mit »Mädchen« (wahrscheinlich 80jährigen) zu flirten. Amüsiert gab er zu, daß er sie wegen seiner zunehmenden Blindheit zwar kaum noch sehen, aber jederzeit durch Betasten als Frau erkennen könne.

Bei allen untersuchten Gemeinden zeigte sich so ein sehr ähnliches Bild der Beziehung ihrer Alten zur Umwelt. Durch die große Rolle, die hier Freude, Erfolgserlebnisse, körperliche Tätigkeit und Zärtlichkeit spielten, entsprach ihre Lebensweise auffallend genau den Bedingungen, unter denen die typischen Stressoren unserer Leistungsgesellschaft gar nicht erst aufkommen können. Offenbar stabilisierte sich die hormonale Regulation durch diese Eindrücke aus der Umwelt und die Art der Erlebnisse auf der Seite der mit dem Sexualbereich und der körpereigenen Abwehr zusammenhängenden Funktionen, das heißt auf der Gegenseite der Nebennieren – und Streßhormone – ein gesunderhaltendes hormonales Gleichgewicht, das bis ins hohe Alter in Gang gehalten wurde. Durch die enge Koppelung der Hormonregulation mit dem körpereigenen Abwehrsystem wurde damit aber auch dessen Überwachungsfunktion gegenüber eindringenden Krankheitserregern oder einer Entartung der eigenen Zellen ebenfalls weit länger als bei uns intakt gehalten.[32]

Selbstverständlich trägt auch das, was wir bei uns als gesunderhaltend erkannt haben, mit zu dem langen Leben bei: zum Beispiel wenig Essen. Die Einwohner von Shangri-La im Tal von Vilcabamba nehmen nach dem Bericht des britischen Forscherteams von Davies im Durchschnitt nur 1700 Kalorien täglich ein. Etwa die Hälfte wie wir. Weitere günstige Faktoren wie das ausgeglichene sonnige Klima, eine ständige Brise aus gleicher Richtung, nicht zuletzt auch die Tatsache, daß starke künstliche Stressoren wie Lärm, optische Überreizund und Abgase fehlen, sind sicher mit dafür verantwortlich, daß hier weder Bluthochdruck noch Herzkrankheiten, noch Krebs verbreitet sind. Der Tod tritt gewöhnlich durch einen Unfall ein oder durch eine Erkältung, die von Fremden eingeschleppt wurde. Als »Medizin« spielten dabei lediglich die verschiedenen Kräutertees eine Rolle, die recht häufig getrunken wurden. Unter solchen Bedingungen scheinen dann selbst die täglichen zwei bis drei Becher Rum keinen schädlichen Einfluß zu haben. Auch »Zigaretten« werden gelegentlich geraucht, stammen allerdings von im eigenen Garten wachsendem Tabak und sind meist in Blätter statt in Papier gewickelt.[204]

Vergnügtheit und Erfolgserlebnisse

Obgleich die langlebige Population in manchen Dörfern die gleiche genetische Abstammung hat wie andere Gemeinden mit normaler Altersstruktur, konnte natürlich nicht völlig ausgeschlossen werden, daß die Superalten vielleicht von Siedlern abstammen, die besondere Katastrophen durchmachen mußten, Hungersnöte oder Epidemien, und so durch *Auslese* der Überlebenden eine biologische Elite darstellen.[205] Die Untersuchungen von Davies zeigen jedoch, daß dem keineswegs so ist, sondern daß das lange Leben tatsächlich auf das Konto der entstressenden Umweltbedingungen ging. Außerdem sind sämtliche dort vorgefundenen Faktoren auch einzeln und durch ganz andere Untersuchungen als typische Antistreß-Faktoren bekannt geworden. Neben Gesundheit und Naturverbundenheit war zum Beispiel das Auffallendste die Vergnügtheit dieser alten Menschen. Ein bedeutender Antistreß-Faktor, den sie durch viele Schnurren und lustige Geschichten ständig aufrechtzuerhalten wußten. Das Altwerden machte sie offenbar lustig – statt grantig. Und durch den Spaß, den sie dabei hatten, wurden sie dann noch einmal um ein Stück älter. Kein Wunder; denn längst weiß man, daß durch Lachen Streß abgebaut und die geistige Aktivität gefördert wird. Ähnlich wie dadurch auch Examensangst und die damit verbundenen Denkblockaden abgebaut werden können. Humorvolle Fragen des gleichen Lerninhaltes wurden beispielsweise in einer entsprechenden Untersuchung weit öfter richtig beantwortet als humorlose Versionen.[206] Und genauso wie Freude und Vergnügen offenbar eine entspannte geistige Beweglichkeit dieser Alten garantieren, so war auch ihr aktives Sexualleben mit Sicherheit nicht nur für ihre entspannte souveräne Haltung, sondern – durch Steigerung ihrer Immunabwehr – auch für die auffällig geringe Infektionsanfälligkeit ein wesentlicher Grund.

Gesunder Leistungsstreß

In einer solchen Atmosphäre trägt dann sogar eine tüchtige Portion Leistungsstreß – nicht Konfliktstreß – zur Aktivierung und Gesunderhaltung bei. Dazu gehören auch die aktivierenden Reize durch das Leben in freier Natur mit Kälte, Wärme, Wind, Wasser und abzuwehrenden Krankheitserregern. Im Vergleich dazu haben etwa die ungarischen Hundertjährigen, die in anderem Zusammenhang untersucht wurden, gerade diesen Leistungsstreß nicht aufzuweisen. Denn sie werden frühzeitig pensioniert, arbeiten also nicht bis kurz vor ihrem Tode und werden hauptsächlich durch die moderne Medizin am Leben erhalten. Dort sind auch die Todesursachen meist Arteriosklerose oder bösartige Tumoren.[204]

Nun, gerade zu dem hier offenbar fehlenden positiven Streß gibt es interessante Experimente. Wissenschaftler des Cleveland Psychiatric Institute haben schon vor Jahren seine gesunderhaltende Wirkung auch im Tierversuch nachweisen können. Eine Gruppe von Mäusen hat man einem häufigen Temperaturwechsel ausgesetzt, sie oft angefaßt und ihnen dazu noch gelegentlich ganz leichte Stromstöße verabfolgt. Sie bekamen also – in dosierten Dosen – Streß angeboten. Durch ein Tretrad konnte ihr Organismus auf natürliche Weise, also durch viel Bewegung, darauf reagieren. Das Ergebnis: Die Mäuse gewöhnten sich daran und härteten ab. Auf diese Weise gestreßte Tiere blieben nun tatsächlich nicht nur länger am Leben als Mäuse, die ihre Tage bequem, in gleichmäßiger Temperatur und völliger Ruhe verbringen, sondern sie verkrafteten nun auch stärkere gesundheitliche Eingriffe weitaus besser. Zum Beispiel eine tüchtige Dosis radioaktiver Strahlen.[207]

So wie hier bei den Mäusen finden wir in den Reaktionen eines lebenden Organismus immer wieder, daß er als *offenes System* eine gewisse Kommunikation mit der Umwelt braucht und daß er deshalb auch bis zu einem gewissen Grad auf Reize aus dieser Umwelt angewiesen ist, um zu überleben. Die gleichen Reize, Temperaturunterschiede, Geräusche, Aufregung, Freude, Spannung oder Angst, deren völliges Fehlen lebensuntüchtig und anfällig macht und frühzeitig vergreisen läßt, diese Reize werden zu tödlichen Faktoren, wenn sie in großer Stärke und unaufhörlich auf den Organismus eintrommeln. Die vegetative und hormonale Regulation, die diese Reize im Normalfall wie einen Treibstoff benötigt, bricht dann vor Überlastung zusammen. Genauso, als würde man ein kompliziertes elektrisches Gerät statt mit Haushaltsstrom mit 2000 Volt betreiben.

Alter und Intelligenz

Ähnlich ist es auch mit dem Funktionieren unseres Gehirns, mit der Denkfähigkeit im Alter. Beim vollkommen gesunden Menschen mit normalem Blutdruck laufen die Impulse zwischen den Gehirnzellen ebenso geordnet wie in der Jugend. Bis zu 75 Jahren und mehr kann daher kaum von echten Störungen oder von einem natürlichen Intelligenzabbau gesprochen werden. Es ist lediglich die im Alter etwas nachlassende Nukleinsäuren- und Proteinsynthese, durch die das Kurzzeitgedächtnis neu aufgenommene Informationen weniger gut verankert als früher. Die Langzeiterinnerung, die oft bis in früheste Jugenderlebnisse hinein jederzeit greifbar bleibt, läßt auch im höchsten Alter nicht nach – und ebensowenig die damit arbeitende Kombinationsfähigkeit und schöpferische Leistung. Das ändert sich erst, wenn krankhafte Vorgänge hinzukommen, meist psychosomatischer Art, die dann die Nebenniere schwächen und durch übermäßige Streßbelastung, durch Depression, Frustration und hormonale Störungen bei gleichzeitigem Bewegungsmangel und Bluthochdruck die geistigen Fähigkeiten verringern.[208]

So kann es durchaus sein, daß eine gestörte Nebennierenreaktion das mit ihr gekoppelte Hypophysenhormon ACTH ungehemmt ansteigen läßt. Wir sahen ja bereits, daß ein solcher Überschuß von ACTH zumindest bei Ratten eine einmal angelernte Verhaltensweise fixiert – auch wenn sie noch so unsinnig geworden ist. Die häufig beobachtete starre Haltung alter Menschen, ihre Angst vor dem Umlernen oder vor einem Umgebungswechsel könnten mit einer solchen Störung zusammenhängen. Auch hier scheint es nicht das Alter selbst zu sein, welches die geistige Aktivität absinken läßt, sondern wie immer der Effekt auftretender Krankheiten und Schäden, wie sie offenbar in dem harmonischen Gruppenleben unserer Weltmeister im Altwerden weitgehend vermieden sind.

Der Teufelskreis der Vergreisung

Das Gift der Pensionierung

Allmählich beginnt man den eigentlichen Vorgang des Alterns und der Vergreisung ein wenig zu verstehen. Ein Teufelskreis ist es, der einem plötzlich bewußt wird: Es beginnt damit, daß durch unsere heutige Lebensweise, durch Ablagerungen und vegetative Störungen und durch die mit Lärm und Gift verseuchte Umwelt der Mensch des Industriezeitalters in der Tat mit 65 Jahren körperlich und auch psychisch etwas weniger beweglich ist. Das reicht, daß man ihn in diesem Alter zum alten Eisen schiebt. Durch die damit verbundene Frustration und die völlige Wegnahme von Erfolgserlebnissen beschleunigt man aber dadurch rapide die Vergreisung. Es genügen dann nur noch wenige Jahre, um einen Menschen völlig hilflos zu machen, bis er schließlich auch geistig nicht mehr mithalten kann und selbst die Ratschläge, die er den Jüngeren gibt, nichts mehr taugen. Derselbe Teufelskreis bestätigt natürlich dann dem oberflächlichen Beobachter die Richtigkeit der Pensionierung und daß es sinnvoll sei, mit über 60 Jahren aus dem Arbeitsprozeß auszuscheiden.

Mit Pensionierung und Zum-alten-Eisen-Schieben beginnt der Teufelskreis der rapiden Vergreisung unserer Alten.

Isolationsexperiment mit Mäusen.

Viele alte Menschen wären durchaus fähig, ein aktives und nützliches Leben zu führen. Doch sie bekommen eingeredet, daß sie ihre Ruhe haben wollen. Für sie ist dieser *circulus vitiosus* ein echter Krankheitsfaktor, ganz abgesehen davon, daß die Praxis der erzwungenen Pensionierung und der Nichtbeschäftigung älterer Jahrgänge auch eine volkswirtschaftliche Verschwendung ist.[210] Eine Umfrage in bayerischen Altenheimen ergab eindeutig, daß viele alte Menschen ein unterschwelliges Bedürfnis haben, etwas Vernünftiges zu tun, daß sie irgend etwas arbeiten *wollen* – auch ohne Bezahlung. Viele von ihnen empfanden die Einsamkeit, die Isolation, die Langeweile und das Gefühl, völlig überflüssig zu sein, schlimmer als den Gedanken an den Tod.[209] Die simultane Tendenz, im Alter ausruhen zu wollen und doch Beschäftigung zu haben, ist ein typisches Zeichen unserer gestreßten Gesellschaft. Es spiegelt im Großen genau dasselbe wieder, was wir auch in jüngeren Jahren Tag für Tag im Kleinen erleben: den Effekt der Scheinbewegung. Ähnlich wie wir dort durch optische Reize, Autofahren, ständige Alarmreaktionen und maschinelle Aktivitäten das falsche Gefühl haben, am Ende des Tages körperlich erschöpft zu sein, und uns gerade noch vor den Fernseher schleppen können, scheinen wir im Alter, am Ende des Berufslebens, erschöpft durch die vielen passiven Reize und Streßsituationen des Arbeitsprozesses, nur noch auf die Pensionierung zuzustreben. Doch die hat dann natürlich den gleichen katastrophalen Effekt auf unseren Organismus wie die körperliche Untätigkeit nach einem gestreßten Tag.

Moderner Wohnblock.

Die Weltgesundheitsorganisation hat sich dieses Umstands angenommen und ist dabei, internationale Empfehlungen für eine völlig andere Einstellung gegenüber alten Menschen auszuarbeiten.[210] Großuntersuchungen wurden gestartet und eine Reihe neuer Erkenntnisse gewonnen. Vor allem, was die Folgen der Isolation betrifft. Schon im Tierversuch erweist sich die Isolation – ganz ähnlich wie das andere Extrem, die zu große Dichte – als einer der schlimmsten Stressoren.

Isolationsstreß

Bei Mäusen, die man nicht in sozialen Gruppen, sozusagen als glückliche Familie, sondern von ihren Artgenossen getrennt in totaler sozialer Einsamkeit leben ließ – ähnlich wie die in Wohnsilos voneinander isolierten Menschen –, beobachtete man meßbare Veränderungen in den Gehirn-und Nervenprozessen. Der Mangel an körperlichen und emotionalen Kontakten mit den Artgenossen führte bei den Mäusen zu einer biochemischen Fehlsteuerung des zentralen Nervensystems bis zu Hormon- und Enzymstörungen und dadurch auch zu extremer Aggressivität.[211]

Zusammen mit einigen anderen Streßfaktoren betrifft gerade dieses Isolationsproblem auch die besondere Situation der Strafgefangenen und ihrer Resozialisierung. Wir sahen bei den alten Menschen, wie wichtig eine sinnvolle Tätigkeit und Erfolgserlebnisse für ihre soziale Integration in den Kreis der Jüngeren sind. Sie wurden mit zunehmendem Alter nicht bissig, sondern zufrieden und lustig. Ganz abgesehen von der moralischen Hilfe, wäre es wahrscheinlich auch volkswirtschaftlich (durch verringerte Sozialkosten) äußerst profitabel, wenn man Delinquenten nicht in einer Zelle völlig lahmsetzt, sondern ihnen ebenfalls Erfolgserlebnisse verschafft. Wenn man ihnen ermöglichte, sich im Laufe ihrer Strafverbüßung für die Gesellschaft nützlich zu fühlen, würden manche von ihnen, statt aus der Isolation heraus Bösartigkeit und Verbitterung zu entwickeln, aus der neuen Kommunikation mit der Gesellschaft heraus ihren angestauten Verhaltensstreß abbauen. Viele Beispiele zeigen, daß es kein Problem wäre, Strafgefangene als Helfer für Alte, Kranke und leidende Menschen einzusetzen oder ihnen wichtige, wenn auch einfache Arbeiten anzuvertrauen, für die wir heute zunehmend Gastarbeiter einsetzen. Nichts resozialisiert, nichts bindet mehr an die Gesellschaft als ein gut dosierter Teil Verantwortung für andere.

Leider wird auch von den Planern unserer bebauten Umwelt weder die Streßwirkung jener Isolation noch die Streßwirkung bei zu großer Dichte entsprechend berücksichtigt. Der Stand unseres Wissens würde jedoch längst ausreichen, solche Planungen nicht nur von Architekten, Städtebauern und Verkehrsexperten, sondern immer auch gemeinsam mit Biologen, Medizinern, Ökologen und Verhaltensforschern durchführen zu lassen. Die verringerte Streßbelastung würde nicht nur dem einzelnen, sondern auch hier wieder ebenso der Volkswirtschaft zugute kommen.[205, 206]

Diese hier angesprochene Abkehr von einer stümperhaften, Gesundheit und Umwelt zerstörenden Architektur und einem ebenso unüberlegten Städtebau, der sich keinen Deut um biologische oder kybernetische Grundgesetze kümmert, zeigt sich auf der einen Seite in dem nicht mehr aufzuhaltenden Zusammenbruch der großen Metropolen. Je explosionsartiger ihre Entwicklung verläuft, um so früher werden sie in den letzten Zuckungen liegen – wie bereits heute New York. Auf der anderen Seite steht diesem Imperativ der Wirklichkeit eine Besinnung auf die oben geforderte Zusammenarbeit gegenüber, die sich bereits in ersten interdisziplinären Fachtagungen und Publikationen und nicht zuletzt auch im Umdenken einiger Behörden zeigt.[213]

Das Beispiel von Hochegg

Ein atypisches und positives Beispiel dafür, wie sich selbst die beamtete Bürokratie durch plausible Information und Argumentation zum Besseren bekehren läßt, ist das Österreichische Rehabilitationszentrum in Hochegg bei Wien. Hier wäre um ein Haar ein großer Gebäudekomplex mit dem Ziel der

Selbst südamerikanische Slums scheinen die sozio-biologischen Voraussetzungen eines glücklichen Zusammenlebens eher zu erfüllen als unsere seelenlosen Betonsilos.

Nachbehandlung von Herzkranken und anderen streßgeschädigten Patienten in der Art errichtet worden, wie sie üblicherweise in der isolierten Arbeit von in ihrer Fachdisziplin vergrabenen Architekten zustande kommt. Die Aufklärung über die große Chance, hier durch interdisziplinäre Arbeit eine Anlage zu schaffen, die den entstressenden Zwecken, für die sie ja eigentlich gedacht ist, auch tatsächlich dienen kann, hat den Behörden zu dem wahrhaft ungewöhnlichen Entschluß verholfen, die Vernunft sprechen zu lassen und die bereits erteilte Genehmigung für eines der typischen technokratischen Klinikmonstren (Prototyp: Großklinik München in Großhadern) zugunsten einer therapeutisch und biologisch sinnvolleren Architektur zu revidieren.

Erotik nur im Produktionsprozeß

Ganz ähnlich wie hier die Art unserer Wohnungen, Gebäude und Städte, sozusagen der äußere Rahmen, in dem wir leben, die zwischenmenschliche Kommunikation erschwert und die Isolation des einzelnen, besonders des alten Menschen, schon fast von allein erzwingt, wird durch den psychologischen Rahmen unserer angelernten Verhaltensweisen, nämlich durch die künstliche Ausklammerung von Zärtlichkeit, Erotik und Sexualität aus dem Leben alter Menschen ein anderer wesentlicher Kommunikationsfaktor vernichtet. Ein Fehler, der bei unseren vitalen Greisen aus den Gebirgsdörfern klar vermieden wurde. Wir sahen schon, daß das sexuelle Verhalten von Natur aus mehrere Aufgaben zu erfüllen hat: einmal die Fortpflanzung, dann seine hohe entspannende Antistreß-Wirkung, dann die Stärkung der Krankheitsabwehr und schließlich wichtige soziale Aufgaben für ein friedliches Zusammenleben in Gruppe und Familie.

In unserer Zivilisation fand nun hier etwas sehr Eigenartiges, wenn auch durchaus Erklärliches statt: Mit der aufkommenden Abstraktionsfähigkeit suchte man die Welt immer mehr aus rein geisteswissenschaftlicher und religiöser Sicht zu erklären und begann den Geist schließlich völlig getrennt von dem körperlichen Organismus zu sehen, mit dem er nichtsdestoweniger eine untrennbare Einheit bildete. Was lag näher, als der »körperlichen« Sexualität nur noch die Funktion der Zeugung zuzubilligen und ihren anderen Aufgaben immer weniger Bedeutung beizumessen, ja diese schließlich völlig zu ignorieren. Seitdem sieht unsere Zivilisation über viele Jahrhunderte hinweg den Sinn der sexuellen Betätigung ausschließlich in der Fortpflanzung. Und das bedeutet ganz folgerichtig das Ausklammern der Erotik aus ganzen Lebensabschnitten, nämlich aus Jugend und Alter.

Vor der Pubertät ist keine Fortpflanzung möglich und nach dem Klimakterium, zumindest der Frau, ebenfalls nicht. Wenn die Sexualität aber nur im Zusammenhang mit Fortpflanzung akzeptiert wird, dann hat sie logischerweise vorher und nachher auch nichts zu suchen. Zufälligerweise gehören die

Künstliche Ausklammerung der Erotik aus Kindheit und Alter – den beiden nicht-produzierenden Lebensabschnitten.

so betroffenen Altersgruppen nun auch noch zu denjenigen Bevölkerungsanteilen, die *noch nicht* oder *nicht mehr* im Produktionsprozeß stehen. Die enorme Streßbelastung, die mit jener unglücklichen Verbannung wichtiger biologischer Funktionen verbunden ist, schlägt daher auch nicht unmittelbar auf eine Arbeitsleistung zurück. Sie erscheint volkswirtschaftlich uninteressant und blieb daher unbeachtet. Auch dies ist verständlich. Denn da uns bis heute die Streßbelastung selbst dort kaum zu denken gibt, wo sie wirtschaftlich unmittelbar spürbar ist – um wieviel weniger kümmerte man sich also um Vorgänge, die vielleicht im Kindesalter den Grundstock zu späteren Verkrampfungen legen, oder um solche, die gar die sowieso schon pensionierten Menschen lediglich noch schneller vergreisen lassen.

Zusammen mit den übrigen, bereits erwähnten Streßfaktoren der älteren Jahrgänge hat nun vor allem diese negative Einstellung der Gesellschaft zur sexuellen Aktivität älterer Menschen einen großen Anteil an deren oft plötzlich nachlassender Vitalität. Der bei uns beobachtete Abbau der sexuellen und anderer Lebensfunktionen mit dem Alter ist jedenfalls unnatürlich und müßte gar nicht sein. Denn hohes Alter allein macht durchaus nicht impotent. Hierfür einige Beispiele.

Zunächst zwei Tierexperimente. Verhaltensforscher in einem kalifornischen Wildreservat haben einen an Rheuma und Arthritis leidenden alten Zirkuslöwen, der in Anlehnung an unsere menschlichen Sitten und Gebräuche bisher isoliert gehalten wurde, zu einem entsprechenden Test herangezogen.

Sie sperrten ihn zu zwölf jungen Löwinnen, die bereits mehrere jüngere Bewerber durch Prankenhiebe verscheucht hatten. Der altersschwache Löwe verwandelte sie, wie es in einem Kurzbericht der ›Naturwissenschaftlichen Rundschau‹ heißt, prompt in schnurrende Kätzchen, die ihn sogar bei seinem täglichen Spaziergang hilfreich stützten, weil er selbst kaum noch laufen konnte. Der Erfolg? Innerhalb von 18 Monaten wurde er 35mal Vater.[214]

In der Tat ist es auch bei Tieren der Streß, der eher impotent macht als das Alter. Auch unsere Tupajas, die wir schon zu Anfang kennenlernten, sind daraufhin untersucht worden. Die linke Abbildung zeigt einen Querschnitt durch den Hoden beim normalen Tier. Die Hodenkanälchen sind mit vielen Samenzellen gefüllt. Schon wenige Tage Streß genügen zu den in der rechten Abbildung sichtbaren Veränderungen. Die Kanälchen sind leer. Das Tier ist steril. Erholt sich das Tier genügend rasch vom Streß, so bilden sich wieder neue Samenfäden, und die Impotenz kann noch einmal überwunden werden.

Temporäre Impotenz durch Streß.
Querschnitt durch die Hodenkanälchen eines gesunden Tupaja. Die Kanälchen sind mit Samenzellen gefüllt (links).
Das gleiche bei einem gestreßten Tier. Die Kanälchen sind leer, das Tier ist vorübergehend steril (rechts).

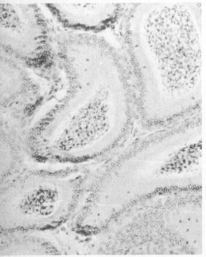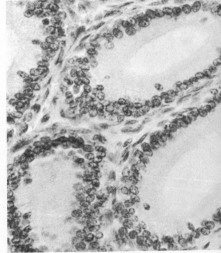

Hier die in unserer Filmserie mit Plüschtieren nachgestellte Story des altersschwachen Zirkuslöwen, der 12 kopulationsunwillige Löwinnen eines Wildreservats in schnurrende Kätzchen verwandelte und mit ihnen innerhalb von 18 Monaten 35 Nachkommen zeugte.

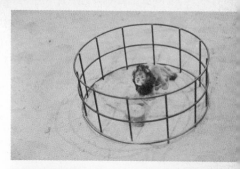

Ähnliches kennen wir auch beim Menschen. Sexuelle Funktionsstörungen oder ein Nachlassen der Libido sind für die meisten älteren Männer und Frauen in der Tat nur die Folge vielfältiger psychischer Spannungen und Probleme, die oft in Schlüsselereignissen früherer Jahre zu suchen sind. Weil diese Probleme sich im Laufe des Lebens häufen, ihre Folgeprobleme sich miteinander verstricken und die steigende Streßbelastung einseitige Verschiebungen des vegetativen Nervensystems und eine Überbetonung der Hormongruppe der Nebennieren bedeutet, während die Hormone des mit Freude, Entspannung und Erfolgserlebnis verknüpften Sexualbereichs stark gedämpft werden, beginnt dann mit fortschreitendem Alter ein Nachlassen der Potenz – wie gesagt nicht etwa aus biologischer Notwendigkeit, sondern aufgrund des gesellschaftlich bedingten Verhaltens.

Hierzu der Bericht über einen typischen Fall aus der Sexualmedizin, der deutlich zeigt, wie Streß nicht nur emotional, sondern auch physiologisch in das Sexualleben eingreift: Ein Ehemann war auf der beruflichen Leiter aufgestiegen. Schon nach kurzer Zeit fühlte er sich im Gegensatz zu vorher stark überfordert, weil er nun plötzlich mitverantwortlich war für den Verkaufserfolg eines neu eröffneten Geschäftshauses. Dort entsprachen die Resultate zunächst nicht den Erwartungen, und es gab laufende Spannungen mit der Geschäftsleitung (Peter-Prinzip). Die Situation führte zu einer Dauerbelastung, der Ehemann fühlte sich als Versager und begann an Depressionen zu leiden. Trotz Kinderwunsch erfolgte in dieser Zeit keine Befruchtung der Frau. Er ging zum Arzt. Ein Spermienbefund des Mannes, also die Untersuchung seiner Samenzellen zeigte in der Tat ein völlig anormales Bild. Die Anzahl beweglicher Samenzellen war auf einem Minimum. Dann gab es eine Wende. Mehrere berufliche Erfolge führten zu einer Aufwertung seiner Position, sein Ansehen stieg wieder, und mit den Erfolgserlebnissen besserte sich der psychische Zustand des Mannes. Die typischen Reaktionen des Konfliktstreß und des Versagensstreß verschwanden, und auch der Spermienbefund zeigte ab diesem Zeitpunkt wieder normale Werte. Seine Frau war einen Monat danach bereits schwanger.[215] Soweit ein weiteres Beispiel für die direkte und meßbare Beziehung von Streß und Sexualleben.

Wenn wir dieses eigenartige Wechselspiel einmal unter dem Gesichtspunkt der Evolution sehen, so finden wir auch hier natürlich durchaus wieder das Prinzip der Auslese angedeutet: Versager im Lebenskampf sollen sich offenbar nicht fortpflanzen. Diese Lähmung der Sexualfunktionen, für viele Menschen eine der unangenehmsten Wirkungen der Streßbelastung, hat also ursächlich durchaus einen hohen biologischen Sinn.

Umgekehrt hindert dort, wo jene Stressoren beim Mann nicht vorliegen, auch höchstes Alter keineswegs die Fortpflanzungsfähigkeit – etwa im Fall von Mennat-Ali aus Persien, dem menschlichen Gegenstück zu unserem Zirkuslöwen. Auf dem Foto unten ist er 130 Jahre alt. Sechs Jahre zuvor, also mit 124, zeugte der persische Bauer seinen bislang letzten Sohn. (Bei dem strengen Sittenkodex in den dortigen Gemeinden sicher eine verbriefte Vaterschaft.) Neben ihm seine jüngste Frau von 22 und seine älteste von 60 Jahren, von seinen übrigen Kindern, Enkeln, Ur- und Ur-Ur-Enkeln in einer Gesamtzahl von 359 Nachkommen ganz zu schweigen.[216]

Nach Untersuchungen des Hamburger Sexualforschers Sigusch scheint nicht nur die Aufklärung der Bevölkerung, sondern vor allem auch diejenige der Ärzteschaft in sexualmedizinischer Hinsicht katastrophal veraltet und unsachlich zu sein.[217] Nicht zuletzt natürlich auch in den beiden hier angesprochenen Bereichen, also in der wichtigen Bedeutung der Sexualität einmal in der frühen Kindheit, wo erotische Empfindungen sogar weit stärker sind

Mennat Ali (130) mit zwei seiner Frauen (22 und 60) und jüngstem Sohn (6).

als in der Pubertät (in der man der sexuellen Aktivität sozusagen erstmals offiziell aufzutreten gestattet), als auch im Alter, das heißt nach dem sogenannten Klimakterium, welches nicht nur beim Mann, sondern in bezug auf die sexuelle Aktivität auch bei der Frau eine reine Erfindung unserer Verhaltenszwänge zu sein scheint.[217]

Unbiologische Fortpflanzungsideologie

Das hartnäckige Festhalten an jenen falschen Vorstellungen wird nicht zuletzt durch den Effekt einer verstärkenden Rückkoppelung genährt: Ähnlich wie beim Mann spielt auch bei der Frau nach dem Ausbleiben der Menstruation bei jenem immer wieder berichteten Nachlassen des sexuellen Verlangens sehr häufig akuter und chronischer Streß eine Rolle. Die anerzogene Meinung, daß zu jener Zeit jegliches sexuelle Verlangen aufhören wird, erzeugt natürlich Frustration – ja, daß es trotz vielleicht gegenteiliger Gefühle aufzuhören *hat,* eventuell sogar Schuldgefühle –, wodurch dann auch tatsächlich die hormonelle Aktivität entsprechend zurückgeht. Es ist sogar möglich, daß gerade bei der Frau in den Vierziger Jahren der sich summierende akute und chronische Streß in seiner Wechselwirkung mit dem Hypothalamus das biologische Klimakterium *vor*verlegt und zum frühzeitigen Ausbleiben der Menstruation führt. Die Folge ist erneute Frustration und das Gefühl, nunmehr endgültig zum alten Eisen zu gehören.

Wir haben hier eine biologische Auswirkung von anfänglich rein geistig-psychischen Prozessen, und die Frage liegt nahe, ob durch eine entspannende Psychotherapie eine solche Entwicklung nicht auch wieder rückgängig gemacht werden kann. Amerikanische Forschungsberichte zeigen in der Tat, daß in manchen Fällen allein schon der Hinweis darauf, daß Sexualität außer einer Fortpflanzungsfunktion auch eine Lustfunktion hat und daß diese Funktion für die geistig-körperliche Gesundheit und die Beziehung zu den Mitmenschen extrem wichtig ist, den Anstoß zu einer Änderung geben kann.[218] Leider wird gerade diese Tatsache von der Schulmedizin mit ihrer im höchsten Maße unmenschlichen Fortpflanzungsideologie vielfach bis heute ignoriert. Eine entsprechende Studie an Ärzten des amerikanischen Staates Oregon zeigte noch 1971, daß immerhin noch 70 Prozent dieser Ärzte bei medizinischen Entschlüssen von rein religiösen Vorstellungen mitbestimmt werden. In der gleichen Untersuchung urteilten 35 Prozent aller Ärzte über sich selbst, daß sie nur zögernd und sehr ungern mit ihren Patienten sexuelle Probleme besprechen würden. Nur 44 Prozent nahmen routinemäßig auch ein sexuelles Befundbild auf, und 48 Prozent gaben zu, bei der Behandlung von Patienten, die nicht der sexuellen Norm entsprechen, befangen zu sein.[219]

All dies sind Zeichen einer streßerzeugenden Befangenheit in veralteten, wirklichkeitsfremden Vorstellungen. Die Entwicklung in Richtung auf ein weniger durch Spannungen und Krankheiten verzerrtes Gruppenleben wird erschwert. Die Abkehr von einer dumpfen, zwanghaften, kaum bewußten und damit tierischen Verhaltensweise im Bereich von Erotik und Zärtlichkeit regelrecht blockiert.

Künstliche Verknüpfungen mit Streßfaktoren

Für unsere Gesellschaft bedeutet das, daß sie sich dazu durchringen muß, die Sexualität von einer biologisch völlig unsinnigen Verknüpfung mit Verboten, Strafe, Sünde, Kriminalität und Gewalt und damit von den Symbolen der hormonalen Gegenseite, nämlich den streßerzeugenden Faktoren zu befreien. So würde das gesamte sexuelle Verhalten weit weniger zum Selbstzweck gemacht werden als heute, sondern könnte in seiner positiven Funktion, als Quelle der Freude, des friedlichen Zusammenlebens, der Aggressionsdämpfung, als mächtiger Antistressor und somit als eine der reichsten und vitalsten Lebensäußerungen angesehen werden. Die Tatsache, daß im Gegensatz dazu die Sexualität vielfach selbst zum Stressor wird, liegt an einer der teuflischsten Assoziationen unserer Kultur. Aufgrund der automatischen Verknüpfung von Sexualität mit Stressoren wie Angst, schlechtem Gewissen, Frustration und Verhaltensunsicherheiten kommt gerade deren Gegengewicht nicht zum Zuge, als welches die Sexualität – mit Hilfe von Zärtlichkeit – innerhalb unserer biologischen Struktur vorgesehen ist.

Das Tabu vom Kinder- und Altensex

Dieser pervertierende Mechanismus beginnt bereits im Kindesalter. Auch hier herrscht eine an den biologischen Tatsachen vorbeigehende allgemeine Unwissenheit. Nach sexualwissenschaftlichen Beobachtungen ist es zum Beispiel eine Tatsache, daß männliche und weibliche Säuglinge spätestens vom vierten bis fünften Lebensmonat an von Natur aus orgasmusfähig sind. Die dabei stattfindenden meßbaren physiologischen Veränderungen unterscheiden sich in nichts von denen bei Erwachsenen. Viele statistische Berichte zeigen, daß bereits im ersten Lebensjahr 30 Prozent, bis zum fünften Lebensjahr 60 Prozent und bis zur Pubertät 80 Prozent aller Kinder nachgewiesenermaßen sexuelle Höhepunkte hatten. Wie schon erwähnt, ist die sexuelle Potenz dabei vor der Pubertät noch weit höher als später. Der ständige Versuch, diese infantilen sexuellen Äußerungen zu beseitigen – auch für die Ärzte ist Kindersexualität längst nicht entproblematisiert –, wirkt sich natürlich nicht nur während der Kindheit, sondern bis ins hohe Alter als ein Faktor aus, der die Gesamtaktivität frustiert und das vegetative Gleichgewicht stört.[220]

So sind auch die ersten Lustgefühle durch Selbstberührung und später Selbstbefriedigung meist die ersten sexuellen Erlebnisse überhaupt und damit die Grundlage zur späteren ungestörten Sozialisierung, d. h. partnerschaftlichen Entwicklung des Sexuallebens. Die Verknüpfung dieser ersten sexuellen Regungen mit Strafe oder Scham bedeutet daher für das Kind eine grundlegende Diffamierung seiner Sexualwelt und damit eine ständige Belastung auch seiner späteren Entwicklung zu einem gesunden Sexualleben.

Ein ähnlich sorgfältiges Hineinführen des Kindes in soziale Kontakte, wie wir es an Tinbergens Beispiel vom Autismus gesehen haben, sollte sich daher ebenso natürlich auf das sexuelle Verhalten des Menschen erstrecken, und zwar was seine über das reine Fortpflanzungs- und Paarungsverhalten hinausgehende Bedeutung betrifft. Diese Aufgaben des Sexualverhaltens sind zwar ähnlich wie die Fortpflanzung auch solche der Arterhaltung, sie gehen jedoch über den einzelnen hinaus und betreffen vor allem die Gruppe und ihr friedliches Zusammenleben und Kooperieren. Diese »sexuelle Sozialisation« ist vielleicht sogar einer der sträflichst vernachlässigsten Aspekte der Sexualwissenschaft.

Selbst die Jugend, die so lautstark die Aufhebung aller sexuellen Unterdrückung fordert, ist bei dem Gedanken an eine sexuelle Aktivität des alten Menschen verlegen. Aber diese Jugendlichen gehören noch zu einer Generation, der bereits als Kinder sexuelle Beziehungen zwischen ihren Eltern unvorstellbar waren. Die streßbeladene Rollenverteilung bei der Erziehung, die dadurch entstandenen affektgeladenen Konflikte zwischen Kindern und Eltern, über die wir im vorigen Kapitel gesprochen haben, und nicht zuletzt die seinerzeitige Aburteilung ihrer eigenen unschuldigen Sexualität erzeugen hier fast ein Tabu. Sie erzeugen Scheu, Scham und Gewissenskonflikte, durch die ausgerechnet die wunderbar große Erinnerungsspanne, die von den Kindheitserlebnissen bis zum Alter reicht, und die hier eine der wesentlichsten Antistreß-Hilfen für unser ganzes Leben sein könnte, verdrängt und vergiftet wird.[220, 221]

»Produziertes« Klimakterium

Der Schweizer Sexualforscher Abraham erklärt den Ablauf dann so, daß die Verleugnung des sexuellen Lebens in der Kindheit im Erwachsenenalter auf die Alten übertragen wird. Und auch sie selbst seien dann alles andere als frei von Vorurteilen im Hinblick auf eine sexuelle Aktivität, sondern belastet von Schuldgefühlen und Ängsten. Sie seien davon überzeugt, daß ihre letzten Kräfte nachlassen, daß Impotenz in ihrem Alter normal ist, daß erotische Wünsche oder Gedanken jetzt fehl am Platze sind und sogar daß ein Orgasmus den Tod bringen kann. So versuchen sie schließlich sexuelle Wünsche zu verleugnen und wagen nicht mehr, jemandem anzuvertrauen, daß sie darunter leiden.[221]

In Wirklichkeit ist es biologisch und medizinisch längst nachgewiesen (und durch die oben beschriebenen, bis ins höchste Alter gesunden und mobilen Bevölkerungsgruppen in verschiedenen Teilen der Welt auch in der Praxis bestätigt), daß eine regelmäßige sexuelle Aktivität auch im Alter keine Gefahr für die Gesundheit ist, sondern daß sie sich auf die körperliche und seelische Lage vielmehr äußerst positiv auswirkt. Jeder alternde Mensch sollte daher über die zwei wichtigsten Punkte informiert werden: Erstens, daß sexuelle Aktivität auch außerhalb der Fortpflanzung ihren Sinn hat. Zweitens, daß Impotenz keine biologische Folge des Alterns ist.

Gesundheitspolitik: Blüten des Mittelalters

Offenbar kommt diese Information nur schwer an. Es fragt sich, was hier die staatliche Gesundheitserziehung tut? Sie spiegelt nichts anderes als die allgemeine Verkrampftheit wider und ist ebenso unaufgeklärt und hilflos wie die Betroffenen selbst. Nach einem kritischen Bericht der Zeitschrift ›Sexualmedizin‹ wagte man selbst noch 1973 auf einer Gesundheitstagung in Rheinland-Pfalz das Problem der Altenssexualität nicht anzugehen. »Solange unseren Alten nur mit Babysitting und Botengängen zu einem neuen Selbstwertgefühl verholfen werden soll und solange man die ältere Generation in eine Sphäre von jenseits von Gut und Böse schiebt und von ihr verlangt, in totaler Vergessenheit jeglicher Art von Sexualität zu leben, solange wird auch die Geriatrie noch im Dunkeln tappen.«[222] Ebensowenig war auf dieser Tagung, die übrigens gemeinsam mit der Bundesvereinigung für Gesundheitserziehung abgehalten wurde, von einer bejahenden Einstellung zur Sexualität im Hinblick auf eine gesunde Entwicklung des Kindes zu hören, um so mehr jedoch vom Gegenteil: Als Grund für die Konzentrationsschwäche zahlreicher Schulkinder wurden beispielsweise nicht etwa das abendliche Fernsehen oder die stark stressenden physikalischen oder emotionalen Reize unserer hektischen Zivilisationsgesellschaft angeführt, sondern die Irritierung durch die morgendlich hin und her eilenden nackten Eltern! Dieser Enthemmung müsse ein Ende bereitet werden. Denn wegen der begrenzten Blickhöhe böten diese Eltern den Kindern einen Aspekt, der zu einer gewissen Blickscheu erziehe, die dann in Konzentrationsschwäche, in einem Nicht-Hinschauen-Können auch in der Schule resultiere. Man vergaß offenbar, daß Kinder in diesem frühen

Alter noch gar nicht genug Zeit hatten, so verkrampft zu werden wie jene Gesundheitserzieher. Inwieweit nun gerade diese Tagungsberichte typisch sind, sei dahingestellt. Jedenfalls begegnen uns auf Schritt und Tritt ähnliche »offizielle Ansichten«, die immer eines gemeinsam haben, den beiden außerhalb der wirtschaftlichen Produktion stehenden Bereichen, Kindheit und Alter, das Recht auf ihre psycho-biologische Entfaltung abzusprechen.

Unser gestörtes Verhältnis zum Genuß

Das sexuelle Leben des Kindes wie auch des alten Menschen bleibt dennoch eine Realität. Je konfliktreicher jene Gefühle von früher Kindheit an erlebt und je mehr sie von der entsprechenden Umwelt akzeptiert werden, desto besser und unverkrampfter wird der Mensch später auf sexuelle Kontakte und Reize ansprechen. In diesem Fall werden in der Erfahrung des Menschen erotische Gefühle mit Befriedigung, Lust, Entspannung, aber auch mit Zuwendung, Zuneigung, Geborgenheit, Erfolgserlebnissen und Wertschätzung verbunden. Wer mein Buch ›Denken, Lernen, Vergessen‹ kennt, wird sich erinnern, daß wir hier nichts anderes haben als eine Liste der typischen Lernmotivationen, die eine gehirnphysiologisch positive Einstellung zum Lernen schaffen und uns somit zur zwangslosen Anpassung, zur Kommunikation und letztlich zur Optimierung des Lebens verhelfen.[223]

Die biologisch falsche Anschauung, daß sexuelle Lustgefühle weder im frühen Kindesalter noch im späten Alter des Menschen existieren, hat daher auch im Bereich von Schule und Lernen viele der hier angesprochenen Überlegungen gar nicht erst aufkommen lassen. Und auch weiterhin bildet unser gestörtes Verhältnis zum Genuß ein starkes Hemmnis, die damit zusammenhängenden Stressoren wirksam abzubauen. Die Lage an unseren Schulen ist hier in der Tat besonders beklagenswert. Der Grundunterricht über die Entwicklung des Menschen, die Sexualität und die Ehe läuft häufig sowohl dem gesunden Menschenverstand zuwider als auch den medizinischen und biologischen Erkenntnissen.

Eine amerikanische Wissenschaftlerin, Dr. L. Myers, sagt dazu: »Hier sind offensichtlich mächtige Kräfte am Werk, um die Ausbreitung anerkannten medizinischen Wissens zu verhindern. Auf jeder Ebene des Erziehungswesens, von der Mittelschule bis hin zum Medizinstudium herrscht, was die Geburtenbeschränkung angeht und damit die Befreiung des Sexualverhaltens von der ausschließlichen Bindung an die Fortpflanzung eine puritanische Atmosphäre zugunsten des Kinderkriegens vor.

Diese weitergebende kulturelle Tradition wurde uns mittels eines vorherrschenden, uns selbst unbewußten Systems von Gehirnwäsche durch alle bestehenden Einrichtungen der Gesellschaft eingepflanzt. Diese im Grunde unmenschlichen Anschauungen sind so eingewurzelt, daß sie auch durch die aufgeklärteren Ärzte zumindest passiv geduldet werden. Am entgegengesetzten Ende des Spektrums weitet sich diese Einstellung politisch bis zur Hysterie der Rechtsradikalen aus, welche jede sexuelle Erziehung als kommunistisches Komplott verdammen« (obgleich in totalitären kommunistischen Staaten sich die gleiche Sexualfeindlichkeit mit dem Hinweis auf westliche Dekadenz behauptet). Weiter heißt es in dem Bericht:

»Biologen und Ärzte sollten daher an der Erziehung der Öffentlichkeit mitwirken, daß endlich in der Sexualerziehung, im Unterricht über Hygiene, Familienleben, Schwangerschaftsverhütung und so weiter radikal aufgeklärt wird. Das heißt aber, daß die Sexualität ein für allemal als lustvolle Entspannung, als eine Realität des Lebens akzeptiert und öffentlich diskutiert werden muß.«[224]

Da sich nun der Mensch unseres Kulturkreises auch sonst nur schwerlich zum Genuß bekennt, ja ihn selbst *während* des Genießens als minderwertig abwertet, findet er ihn natürlich auch nicht da, wo er außerhalb der Sexualität noch überall versteckt ist. Etwa in alltäglichen Situationen, während des Arbeitens, des Schaffens und selbst während größerer Anstrengungen oder beim Schenken und Freudebereiten. Gern sieht man diese Dinge als Opfer an, um sie fälschlicherweise als »wertvoller« hinzustellen. Kein Wunder, wenn wir daran denken, welche Anstrengungen unsere Eltern und nun auch wir selbst wieder unternehmen, um, wie Abraham es ausdrückt, unsere Kinder dazu zu erziehen, Schmerzen und Leiden zu ertragen, sie jedoch nicht darauf vorbereiten, sich in richtiger Weise Vergnügungen hinzugeben.[221] Die Folgen zeigen sich heute in immer stärkeren Abirrungen und machen das zunehmende Ausweichen in die Welt der Drogen verständlich.

Nichtsexuelle Hautkontakte

Das Schlimme ist, daß auf diese Weise mit der ganzen Tabuisierung des Sexualbereichs noch weitere wichtige Arten der menschlichen Kommunikation gleich mit verbannt wurden. Auf eine von diesen soll hier wegen ihrer engen Beziehung zum Streßgeschehen besonders eingegangen werden: Es ist das einfache »Sich-Berühren«, die nichtsexuellen Körperkontakte, die wir mit anderen Menschen haben – oder haben möchten. Während man sich im Orient zur Begrüßung noch in den Arm nimmt, gibt man sich in den angelsächsischen Ländern nicht einmal mehr die Hand. Die zwischenmenschliche Kommunikation wird immer mehr zur Tele-Kommunikation, das »Sich-Berühren« zum Tabu. Wie durch ein Fernrohr ist man sich nah und doch nicht nah. Die Tatsache, daß bestimmte Behandlungen, etwa das Sensitivity-Training, bei dem sich kontaktscheue Patienten berühren und streicheln lernen (wobei ein ungeheurer Abbau von Spannungen stattfindet), einen so großen psychotherapeutischen Erfolg haben, zeigt ja nur, daß in unserer Gesellschaft eine tiefgehende Fehlentwicklung unseres Kommunikationsverhaltens vorliegt. Die Resultate dieser Fehlentwicklung sind jederzeit zu beobachten. Wer hätte nicht schon erlebt, daß einer Berührung, einem Streicheln, einem In-den-Arm-Nehmen nur allzuleicht harte sexuelle Absichten unterstellt werden.

Das gilt für die Beziehungen zwischen Eltern und Kindern, wo gleich der Ödipuskomplex heraufbeschworen wird: Müllers haben Gäste. Gegen Abend kommt der 20jährige Sohn nach Hause und umarmt zärtlich seine Mutter. Ein Gast runzelt die Augenbrauen, blickt vielsagend und erstaunt seinen Nachbarn an.

– Oder zwischen Geschwistern, wo man Inzest vermutet: Der Bruder holt seine Schwester von der Schule ab und umarmt sie. Eine Klassenkameradin tuschelt leicht entsetzt mit der Freundin hinter vorgehaltener Hand.

– Oder zwischen Freunden, wo gleich der Verdacht der Homosexualität aufkommt: Zwei Studienkollegen haben sich monatelang nicht gesehen, begegnen sich nun auf der Straße. Strahlend umarmen sie sich und klopfen sich auf die Schultern. Zwei Mädchen gehen vorbei, die eine lacht vielsagend und wippt mit »Schwulengang« davon.

– Oder zwischen Freund und Freundin, wo man gleich an Ehebruch denkt: Eine Frau, 50 Jahre alt, ist beim Einkaufen in der Stadt und wird von einem alten Freund erkannt. Sie fallen sich unter großem Hallo in die Arme. Doch gleich lösen sie sich voneinander. Die Frau schaut sich um, mit verlegenem Gesicht. Sie gehen miteinander weiter. Die Frau, in dem Gefühl, sich in der Freude des Wiedersehens vergessen zu haben, lächelt etwas verkrampft und blickt, während beide weitergehen, nochmals um sich, ob es wohl auch kein Bekannter gesehen hat.

Durch diese Einstellung gibt es sehr viele kontaktscheue Erwachsene, die sich jedoch unbewußt gleichzeitig nach Hautkontakten sehnen. Konfliktstreß entsteht. Die Langzeitfolge ist wie immer eine verstärkte Tendenz zum Krankwerden und – durch das Bedürfnis nach körperlichem Kontakt – auch ein verstärktes Kranksein*wollen,* weil dieses Bedürfnis während der Krankheit ja oft gestillt wird. Der Verhaltensforscher Desmond Morris sagt in seinem Buch ›Liebe geht durch die Haut‹, daß in der Tat einer der unverfänglichsten Wege, in den Genuß von Hautkontakten und Zärtlichkeit zu kommen, das Kranksein bietet: Man wird ein Baby auf Zeit und bekommt mütterliche Pflege. Der zusätzliche Berührungsreiz, das Anfassen durch die ärztliche Untersuchung tun ein weiteres. Das Bedürfnis nach körperlichem Kontakt, wie es auch oft Haustiere und Kuschelgegenstände erfüllen müssen, wird gestillt.[225]

Betrachten wir zum Schluß noch einmal den großen Reigen der von der Kindheit über den Beruf und die Familie bis zum Alter sich erstreckenden Streßreize – seien sie nun emotioneller Art, intellektueller Art oder seien sie gar physikalischer Art wie Lärm, Luftverschmutzung, häßliche Umgebung, optische Überreizung, dann brechen wir vielfach nur deshalb unter dem gewaltigen Gewicht dieser sich summierenden Alarmreaktionen zusammen, weil die mit der Aktivität der Sexualhormone eng einhergehende körpereigene Abwehr vermindert ist. Die Krankheitsabwehr als Hauptleistung unseres Immunsystems wird im selben Atemzug vermindert, wie die an jenen Hormonbereich gebundenen Emotionen oder Erlebnisse vermindert werden: Mit dem Nachlassen und Seltenerwerden von Freude, Lust, Erfolg, Spaß, Vertrauen, Freundlichkeit, Hilfsbereitschaft und Liebe läßt, ganz abgesehen von der Fehlsteuerung unseres vegetativen Nervensystems, auch der Widerstand gegen Viren und Bakterien nach – und nicht zuletzt der Widerstand gegen Krebs.

Gerade dieser Zusammenhang wurde in den letzten Jahren immer deutlicher, als man zum Beispiel die gegenseitige Kontrolle zwischen der Cortison produzierenden *Nebennierenrinde* und der *Thymusdrüse* feststellte. Störungen zwischen dem Thymus (dem unter dem Brustbein gelegenen zentralen Steuerorgan der Immunabwehr) und unserem Hormonhaushalt, wie sie durch die übermäßige Streßsituation in vielen Bereichen unserer Gesellschaft auftreten, konnten im Tierversuch mit Mäusen künstlich erzeugt werden. Sie führten zu Krankheits- und Ausfallserscheinungen und zu frühzeitigem Altern der Tiere.[226] Andererseits wissen wir auch mit Sicherheit – obwohl dies von alteingesessenen Krebsforschungsinstituten und »-Päpsten« wie K. H. Bauer lange geleugnet wurde –, daß jede Verminderung der körpereigenen Immunabwehr automatisch auch die Krebsanfälligkeit ansteigen läßt. Denn dort, wo aus medizinischen Gründen, etwa für eine Transplantation, die Immunabwehr künstlich zerstört werden mußte, (es gibt bis heute allein über 20 000 Fälle von Nierentransplantationen, die nur auf diese Weise durchzuführen waren), springt die Anfälligkeit für Krebs auf das Hundert- bis Viertausendfache(!). Einen ähnlichen Effekt hat die chirurgische Entfernung der Thymusdrüse, sowohl im Tierversuch als auch beim Menschen.[227]

Aus einem zunächst kompliziert anmutenden System von verflochtenen Regelkreisen schälen sich immer wieder – so auch hier – äußerst einfache Beziehungen heraus, die manche Widersprüche klären und dadurch auf wieder recht einfache Weise zeigen, wo wir vieles besser machen können.

Das Menschenleben im Regelkreis

Die interne Versicherung

Die vielen Hinweise aus der Biologie für eine mit aktivem Leben erfüllte Alterszeit betreffen selbstverständlich nicht nur das Alter selbst, sondern vielfach das, was wir *bis* zu diesem Alter mit unserem Körper, unserer Seele und unserem Geist getan haben – und zwar von frühester Kindheit an. Überfliegen wir diese Zusammenhänge noch einmal anhand einiger Cartoons von Uli Hofmann:

So zeigen sich im späteren Alter die unterschiedlichsten Folgen schon des frühesten Zusammenhangs zwischen innerer Einstellung und Verhaltensweise …

…Verhaltensweise und Streß,

…Streß und körperlicher Bewegung, Ernährung und Übergewicht. Dann wieder zwischen Streß und Bluthochdruck, Ablagerung der mobilisierten Energiereserven in Form von Fetten und Cholesterin.

All dies verstärkt durch die Veränderungen in Kreislauf und Stoffwechsel durch Umweltgifte, Lärmstreß und Zigarettenrauch.

So sorgen wir zwar in jungen Jahren durch Rentenabschlüsse, Sparbücher und Versicherungen äußerlich für die späteren Jahre vor, vergessen aber ganz, daß die beste Versicherung in uns selbst liegt.

In einer Lebensweise, die – ohne nun gleich wieder durch fanatische Askese zu verkrampfen – den unnötigen Streß vermeidet,

ihn umwandelt, abbaut und so die Regulation zwischen Körper, Seele und Geist auf der einen Seite und mit unserer Umwelt auf der anderen Seite entkrampft und sie in ein gesundes Gleichgewicht bringt.

Drei Punkte, die hier, vom Körper ausgehend, eine wesentliche Rolle spielen, will ich noch einmal aus den vielen angeführten Ergebnissen herausgreifen: die spätere Gefährdung durch den Bluthochdruck bei Jugendlichen, die spätere Gefährdung durch das Übergewicht bei Jugendlichen und die Gefährdung durch eine lebenslange, viel zu reichliche Ernährung, die unserer bewegungsarmen Lebensweise nicht im mindesten entspricht.

Jugend, Übergewicht und Bluthochdruck

Etwa die Hälfte der Jugendlichen, die schon unter zwanzig Jahren zu einem erhöhten Blutdruck neigen, kehren nicht mehr zu einem normalen Blutdruck zurück, sondern werden nicht zuletzt unter der mit dem Alter steigenden Streßbelastung zu echten Hochdruckkranken, von denen ein großer Teil schon bis zum 30. Lebensjahr mit schweren Herz- und Kreislaufkomplikationen zu tun hat. Das heißt aber nichts anderes, als daß Vorbeugung und Behandlung, selbst von Fällen leicht erhöhten Blutdrucks, bereits beim Jugendlichen einsetzen müssen, um solche frühen Katastrophen zu vermeiden.

Genau das gleich gilt – wie wir sahen – für das Übergewicht. Die wichtigste Hilfsmaßnahme, von der der Mensch das ganze Leben profitieren wird, ist die Reduzierung auf das Normalgewicht bereits im jugendlichen Alter. Ein Blick auf unsere Badestrände zeigt in erschreckender Weise eine Häufung feister, fettleibiger Twens, die aus ihren Nähten zu platzen drohen und denen man jetzt schon zum großen Teil bleibende Schäden und ein kurzes Leben prophezeien darf. Die bekannten, der Körpergröße zugeordneten Durchschnittsgewichte anzustreben, ist natürlich Unsinn, da jene Zahlen für den einzelnen ganz falsch liegen können. Der meist gut funktionierende Ausgleich unserer Körpertätigkeit bis zum 20. Lebensjahr macht es empfehlenswert, dasjenige Gewicht als Normalgewicht anzustreben, das man gerade mit zwanzig Jahren hatte, das heißt bevor der erste Fettansatz begann. Ein einfaches Rezept hierzu – und damit sind wir beim dritten Punkt: Ein Fastentag pro Woche unter Einnahme eines B-vitaminhaltigen Hefepräparates und kalorienarmer Flüssigkeiten. Mehrere Wochen lang eine Beschränkung der Salzzufuhr, wenig gemischte Kost, gerade so viel, daß man nie ganz satt wird. Dabei tägliche Gewichtskontrolle, nicht zuletzt, um auch von dem Erfolgserlebnis des Abnehmens zu profitieren. Die übliche Kalorienrechnung mit Eiweiß und Kohlenhydraten darf man getrost vergessen. Denn Eiweiß und Fleisch sind entgegen der allgemeinen Vorstellung genauso kalorienreich wie Zucker im Kaffee oder wie Kartoffeln und Brot. Im Gegenteil, etwas weniger konzentrierte, dafür aber schlackenreiche Nahrung mobilisiert den Verdauungsvorgang und wirkt im Gegensatz zu teueren Nahrungskonzentraten, die bei Schlankheitskuren so beliebt sind, weitaus rascher in Richtung Gewichtsabnahme als diese.

Weitere positive Folgen des Schlankwerdens: gleichzeitig verringern sich die Blutzuckerwerte und damit die Diabetesgefahr – viele Diabetiker bräuchten überhaupt kein Insulin, wenn sie ihr Gewicht entsprechend reduzieren würden –, ebenso sinkt der Harnsäurespiegel und verringert sich die Anlage zu Gicht- und Gelenkschmerzen. Auch der Cholesterinspiegel geht allein mit der Gewichtsabnahme rapide herunter. Viel Joghurt unterstützt diesen Vorgang, beziehungsweise bewirkt eine weitere Senkung. Eine Ausnahme bilden dabei Fälle mit bereits gestörtem Stoffwechsel, wo unter anderem die Zufuhr mehrfach ungesättigter Fettsäuren, etwa durch Umsteigen auf mehr Pflanzenöle, für die Normalisierung nötig zu sein scheint. Daß eine anstrengende körperliche Tätigkeit, wenn nicht im Beruf, so in der Freizeit jedes Abnehmen begleiten muß, sei hier noch einmal betont.[69] Nur ein gewisser Grad körperlicher Aktivität – vielleicht noch unterstützt durch wöchentlichen Saunabesuch – garantiert einen harmonischen Stoffumsatz und kann uns über eine gesunde Aktivierung von Kreislaufsystem, Hautdurchblutung, Verdauung, Atmungstätigkeit und so weiter wirksam von den verbreitetsten Streßkrankheiten schützen.[228]

Aber selbst die Gesamtheit dieser körperlichen Antistreß-Hilfen, also all jene Diät- und Trimm-dich-fit-Bemühungen, werden, für sich allein genommen, umsonst sein, wenn wir nicht auch die Möglichkeiten von der oft noch stärker wiegenden psychischen Seite für Streßvermeidung, Streßumwandlung und Streßabbau heranziehen, die ja mit der körperlichen Seite so eng verflochten sind.

Erkenntnis ist besser als Rezepte

Was in dieser Beziehung nötig ist, dürfte durch alle Seiten dieses Buches geklungen sein: ein Bewußtseinswandel im Verständnis von uns selbst, von unserer menschlichen Natur. Eine sich festigende Erkenntnis von unserer den biologischen Tatsachen entsprechenden Einheit von Körper, Psyche und Geist. In ihrem Verstehen liegt die ergiebigste Quelle, wie wir unsere Lebensweise sinnvoller gestalten können. Von einer weiter ins Detail gehenden und notgedrungen aus dem Zusammenhang gerissenen Rezeptsammlung für eine »bessere« Lebensweise des einzelnen soll daher gerade hier Abstand genommen werden. Erstens gibt es solche Sammlungen zu Dutzenden – darunter sehr gut[239] –, und zweitens ist auch das eigentliche Anliegen dieses Buches weniger, ein Antistreß-Programm aufzustellen, als ein Verständnis für die größeren Zusammenhänge und damit eine andere Einstellung zu Körper, Seele und Geist zu wecken. Nur selten kann ja durch bloßes Befolgen von Rezepten, also von außen nach innen, eine wirkliche Änderung erreicht werden. So etwas läuft für eine kurze Zeit, solange es neu und interessant ist. Dann bleibt das erhoffte Wunder aus, und man gerät wieder in seinen alten

Trott, bis einem das nächste – garantiert wirkende – Rezept in die Hände fällt; eine Schlankheitskur, morgendliche Gymnastik, »Wie behandle ich meinen Mann« – und was auch immer. Die Wende muß also von innen kommen, durch tieferes Verstehen dessen, was in uns vorgeht. Dann findet man seine Rezepte selbst und hält sich auch an sie, weil man von ihrem Sinn überzeugt ist, weil sie einem selber und dem, was man im Leben will, entsprechen.

Leider ist es nicht mehr damit getan, daß wir uns die alte Weisheit vor Augen halten: In einem gesunden Körper wohne auch ein gesunder Geist. Denn unsere technisch-zivilisatorische Umwelt hat uns zunehmend über das verunsichert und irritiert, was nun eigentlich gesund und zuträglich ist. Eine ungesund geheizte Luft, eine Anstrengungen sparende Bequemlichkeit, eine ungesunde Eß- und Trinkweise werden als erstrebenswert und gesunderhaltend hingestellt. »Tätigkeiten«, wie Autofahren am Wochenende, Fernsehkrimis sehen und Zigaretten rauchen, gelten als Entspannung. Der Besitz von Wohlstandsgütern gilt als Sicherheit; Mechanisierung und Automatisierung unseres täglichen Lebens als körperliche Erleichterung. Umgekehrt wird oft wirklich gesunde körperliche Tätigkeit als Anstrengung hingestellt, die man vermeiden sollte, wirklich entspannende Zärtlichkeit und Erotik als Nervenbelastung, echte körperliche Erleichterung wie zum Beispiel rhythmisches Tanzen als unwichtiges Vergnügen.

Wir sollten daher unser Sprichwort ein wenig ausdehnen: In einem gestreßten Körper wohnt ein gestreßter Geist, in einem müden Körper ein müder Geist, in einem entspannten Körper ein entspannter Geist, in einem aktiven Körper ein aktiver Geist. Vielleicht kommen wir den tatsächlichen Beziehungen damit näher. Daß solche Parallelen nicht nur hübsche Wortspiele sind, sondern auch ganz plausiblen, biologischen Wechselwirkungen unserer Körperzellen entsprechen, unter denen die unsere *geistige* Aktivität tragenden Gehirnzellen nur eine, wenn auch besondere Sorte sind, hoffe ich zur Genüge aufgezeigt zu haben.

Einheit von Körper und Geist

Ich sagte soeben, es geht zuallererst darum, daß in unserem Bewußtsein Körper und Geist wieder zusammenfinden. Beide, der einzelne und die Gesellschaft, werden Gewinn daraus ziehen. Für den einzelnen, dessen Glück ja mit seinem subjektiven seelischen Empfinden parallel geht, bedeutet dies, daß er dieses »Empfinden« nicht mehr ausschließlich als eine Angelegenheit des *Geistes* betrachtet. Für ihn wird die Beachtung und Vorbeugung seiner körperlichen Gesundheit von einer neuen Seite her interessant. Er wird sich aus neuen Motiven heraus aufraffen, auch sein *körperliches* Wohlbefinden besser zu steuern und beispielsweise Ernährung, Bewegung, Gewicht und die Belastung des Organismus mit Medikamenten und Giftstoffen besser zu kontrollieren. Für die gesellschaftlichen Einrichtungen wie Staat, Behörden, Versicherungen, Krankenkassen, medizinische Versorgung und Forschung, die bislang hauptsächlich die materielle *körperliche* Seite der menschlichen Existenz einkalkulierten, wird durch das Wissen um die Einheit von Körper und Geist andererseits auf einmal auch das subjektive Empfinden des einzelnen Bürgers, sein seelisches Wohlbefinden, seine *geistigen Eindrücke,* die er aus der Umwelt erfährt, interessant. Man wird erkennen, daß durch Vermeidung von subjektivem Streß und Umweltbelastung, durch Änderung eines falschen Schulsystems, durch Harmonisierung am Arbeitsplatz und mehr Erfüllung im Beruf auch Gesundheit und Leistungsfähigkeit einer Population sich bessern könnten, woduch nicht zuletzt die Soziallasten, die immer rascher in schwindelnde Höhen steigen, wieder erträglich würden.

Wenn es wirklich so ist, daß die enorme Zunahme der Streßerkrankungen das erste Alarmzeichen für den beginnenden Zusammenbruch gesetzt hat, dann sollten wir dieses Zeichen aufmerksam registrieren, und jeder einzelne sollte mithelfen, die allgemeine Pervertierung des im Grund lebensrettenden Streßmechanismus zu beseitigen. Er sollte mithelfen, Verhaltensweisen zu ändern, die durch eingerissene, mißverstandene, zur Gewohnheit gewordene Reaktionen entstanden sind und die sich an meist völlig unbiologischen Kriterien orientieren.

So wenig sinnvoll es, wie gesagt, wäre, hier einen Rezeptkatalog für den *einzelnen* aufzustellen, – ist doch das beste Rezept dasjenige, den Streß und seine Hintergründe zu verstehen – so nützlich finde ich es, am Schluß ein paar Punkte von dem herauszugreifen, was für unsere öffentlichen Einrichtungen, für Politik, Wirtschaft, Entscheidungsträger und Medien, also für die *Gesamtgesellschaft* wichtig ist, wenn sie die Wechselbeziehungen des einzelnen mit seiner Umwelt nicht mehr zur Qual, sondern, wie doch offenbar in der Evolution des Gruppenwesens Mensch vorgesehen, zur Hilfe machen wollen:

Zehn Punkte für Staat und Wirtschaft

1. Abbau zu großer Dichte

Die räumliche Enge, das Gedränge vieler Menschen kann durchaus durch bevölkerungspolitische und raumordnerische Maßnahmen gemildert werden. In der Bundesrepublik Deutschland sollte vor allem der Tendenz zu immer größeren Bevölkerungsballungen durch die Schaffung von Unterzentren entgegengewirkt werden. Zu große Dichte, wenn man ihr nicht wenigstens zeitweise entfliehen kann, belastet nicht nur, sondern macht auch aggressiv, erzeugt sekundären Streß bei sich und anderen.

2. Auflösung der Isolation

Das Umgekehrte, nämlich totale Isolation, scheint ebenfalls ein städte- und wohnungsbauliches Problem zu sein, an welches unsere Planer denken sollten. Diese Planer sollten sich in Zukunft, wie schon an einigen Beispielen beschrieben, nicht nur aus Architekten und Verkehrsspezialisten, sondern auch aus Biologen, Ökologen, Medizinern und Verhaltensforschern zusammensetzen. Wenn es auch nicht immer gelingt, bereits fertige Planungen oder bewilligte Projekte von im Grunde menschenfeindlichen Bauvorhaben wieder umzuwerfen, die oft nur monumentale Selbstdarstellungen dümmlicher Architekten oder Behörden sind, so sollte man doch in Zukunft mehr und mehr solchen Entwürfen den Zuschlag geben, die zu wirklich modernen, biologisch sinnvollen menschlichen Behausungen führen: einer Architektur und Städteplanung, die mit allen Möglichkeiten einer entstressenden Atmosphäre dazu beiträgt, den psychobiologischen Organismus des Menschen auf eine neue und dauerhafte Weise zu stabilisieren. Das betrifft sowohl die Räumlichkeiten selbst als auch deren Einbettung in die Landschaft und das daraus resultierende Wechselspiel.

3. Konsumverhalten

Eine entsprechende Aufklärung könnte durchaus viele Faktoren, die die Eile und das Gehetztsein des modernen Menschen bedingen, verändern: zum Beispiel durch einen Vergleich der allgemeinen und individuellen Wertvorstellungen und Prioritäten mit den geistig-biologischen Grundgegebenheiten des Menschen. Das bedeutete eine radikale Überprüfung unserer gesamten Konsum- und Wohlstandsgewohnheiten, wie sie ja allein schon erfolgen muß, um eine drohende Umwelt- und Energiekatastrophe zu vermeiden.[229]

4. Optischer Streß

Als nächsten Punkt könnten wir die unerwünschte optische Überreizung durch gleißende Lichter, überdimensionale Reklame, durch den vermischten Fahrzeug- und Fußgängerverkehr (statt Fußgängerzonen) und auch wieder durch eine bedrohliche, ungekonnte Architektur gesetzmäßig einschränken. Damit würde gleichzeitig ein Teil der Scheinbewegungen abgebaut, die unseren natürlichen Bewegungsdrang stillen und die sowieso reduzierte körperliche Tätigkeit noch mehr eindämmen.

5. Akustischer Streß

Der gewaltige Anteil, den die oft nicht recht ernstgenommene akustische Belastung mit der ganzen Skala unserer modernen Lärmquellen ausmacht, dürfte ebenfalls ohne weiteres reduzierbar sein; angefangen von einem entsprechenden Design und entsprechenden Produktionsverfahren bis zum wirksamen Lärmschutz. Vielleicht schlägt sich das zunehmende Wissen um die mit Lärmstreß verbundenen direkten und indirekten Soziallasten gerade unter dem Druck der Krankenkassen, die sich schon immer als gute Rechner erwiesen haben, mehr und mehr in entsprechenden Verordnungen nieder.

6. Umweltstreß

Dieser Punkt rührt an die ungenutzten Möglichkeiten, die zunehmende Denaturierung unseres Lebensraums in eine feindliche Umwelt rückgängig zu machen. Mit geringen Mitteln kann jede abfallverseuchte, deprimierende und häßliche Umgebung durch Anpflanzung, harmonische Farbgebung (schon bei der Wahl der Baustoffe), durch Recycling von organischen Abfällen zur Bodenverbesserung (und damit weiterer Begrünung) im Prinzip in eine Erholungslandschaft verwandelt werden. Mit ganz ähnlichen Mitteln, nämlich Recycling-Prozessen, Energie (und damit Luftverschmutzung) sparenden Verfahren und ihrer Begünstigung durch die öffentliche Hand, kann die gewaltige, die Streßwirkung noch potenzierende Belastung durch eine veraltete energieintensive industrielle Produktionsweise, die auch wirtschaftlich nicht mehr zukunftsträchtig ist, zum Wohle jedes Bürgers verringert werden.[229]

7. Psychotraining und Kreativität

Hier wäre der Abbau von Frustrationen und Verhaltensstörungen zu nennen, der schon durch etwas künstlerische, kreativ spielende oder gestalterische Tätigkeit krankheitsvorbeugend (und nicht erst durch kostspielige Heilverfahren und Kuren heilend) wirkt. Diese Möglichkeit auch demjenigen zu bieten, der privat hierzu nicht in der Lage ist, würde ebenfalls über einen profitablen Abbau von Soziallasten zurückfließen. Bei gezielt werbender Aufklärung und Anregung und einer entsprechend klugen Anleitung dürften sich die Aufwendungen dafür geschaffener öffentlicher Einrichtungen, etwa in der Art von Gesundheitsparks, in der volkswirtschaftlichen Bilanz mehr als bezahlt machen.

8. Praxisnahe Schulen

Ein weiterer wirksamer Weg zum Streßabbau im einzelnen Menschen findet sich in einer Umgestaltung oder Ergänzung unserer schulischen Erziehung. Denn diese bereitet ja keinesfalls den Menschen auf seine Aufgaben vor, sondern prägt ihm vielfach nur ein akademisch verbrämtes Pseudo-Weltbild ein, ein Sammelsurium von kaum umsetzbarem Detailwissen. Unsere individuellen und gesellschaftspolitischen Konflikte und damit eine bedeutende Portion krankmachender Streß könnten durch eine wirklichkeitsnahe schulische Vorbereitung der Menschen auf die sie erwartenden Anforderungen erheblich vermindert werden.[94]

9. Daseinshilfe durch Erwachsenenbildung

Solange unsere Schulen und Universitäten ihre praxisfremde Einstellung weiterhin demonstrieren wollen, bietet sich als wirksames Instrument für eine echte Daseinshilfe die Erwachsenenbildung an und hier insbesondere die unabhängige Volkshochschule. Mit ihren, an kein administratives Reglement gebundenen demokratischen Aufklärungsmöglichkeiten kann sie in der Lage sein, den Menschen zu einem neuen, biologisch sinnvollen Lernen in seiner ganzen Bedeutung hinzuführen.[230]

10. Abbau hierarchischer Strukturen

Innerhalb der Wirtschaft werden sich Zwangssituationen durch auferlegte Verhaltens- und Leistungsnormen nur teilweise vermeiden lassen. Grundsätzlich sollte man aber nicht länger von einer Anpassung des Menschen an fixierte technische und gesellschaftliche Größen (man denke nur an die oft unsinnige Computerisierung!), sondern umgekehrt von einer Anpassung dieser Größen an den Menschen als biologisches Wesen ausgehen.[232] Im gesellschaftlichen Bereich gilt das besonders für die Problematik der Angst, die in starkem Maße mit bestehenden Herrschafts- und Besitzstrukturen zusammenhängt. Ein Abbau dieser vielfach mit einer lähmenden Bürokratie verknüpften hierarchischen Strukturen sollte daher ständiges politisches Ziel sein.

Dieser Katalog von mehr oder weniger willkürlich herausgegriffenen Forderungen an die Allgemeinheit könnte – wie das in der Vergangenheit sicher oft geschehen ist – schon allein finanziell als unerfüllbar abgetan werden, zumal solche Forderungen – so könnte man annehmen – der Wirtschaft, den Gemeinden oder dem in der heutigen Krisensituation mit ganz anderen Sorgen belasteten Staat doch wohl kaum mehr als ein müdes Lächeln abringen dürften. Doch die Szene hat sich entschieden gewandelt.[240]

Soziallasten und Antistreß

Unser ganzer Wohlstandsboom hat nicht verhindern können, daß Krankheitskosten und Soziallasten in ihrem rasanten Anstieg von jährlich rund 27 Prozent (die Altersversorgung mit eingeschlossen) alle anderen Kostenexplosionen weit hinter sich lassen. Nach einer Kalkulation des Heidelberger Sozialmediziners Schaefer würden allein die Kosten des Gesundheitswesens, selbst bei gleichbleibendem Trend, in 50 Jahren das ganze Bruttosozialprodukt der Bundesrepublik Deutschland auffressen. Ein großer Teil des Gesamtbündels der an dieser Entwicklung beteiligten Zivilisationskrankheiten ist nachweislich durch Streß bedingt. Darüber hinaus hat dieser Streß durch die Minderung von Kreativität und Arbeitsleistung und dadurch, daß er uns hindert, unsere Probleme zu bewältigen und uns im Lebenskampf zu behaupten, ein weiteres gewaltiges Paket von Soziallasten auf dem Gewissen. Es dürfte keine Frage mehr sein, daß sich die Bemühungen in Richtung des obigen Forderungskatalogs und vieler anderer notwendiger Entwicklungen, ja im Grunde alle Maßnahmen zum Abbau von Stressoren im Endeffekt nicht nur selbst finanzieren, sondern einen gewaltigen – auch materiellen – Gewinn für die Gesellschaft abwerfen.

Unabhängig von der materiellen Seite sollte es aber auch das humanitäre Ziel eines jeden einzelnen und einer jeden Regierung sein, die in so großer Zahl und überall vorhandenen Streß bewirkenden Faktoren, wie sie in diesen sechs Kapiteln aufgezeigt und behandelt wurden, zu verringern, wo immer es geht. Dafür ist es allerdings auch notwendig, daß sich Naturwissenschaft, Medizin, Psychologie und Volkswirtschaft stärker als bisher mit dem Thema Streß und ganz allgemein mit dem Bereich psychosomatischer Vorgänge befassen.

Anhang

Anmerkungen und Literaturhinweise

Für den näher interessierten Leser soll im folgenden neben dem Nachweis der zitierten Quellen und Fakten auch der Zugang zu den biologischen Aussagen dieses Buches etwas erleichtert werden. Da viele der angeführten Forschungsarbeiten aus dem englischen Sprachbereich stammen, wird, wo immer möglich, auf Referate (ref.) in interdisziplinären Übersichtszeitschriften wie Scientific American (Sci. Am.), New Scientist (N. Sci.), Science (Sci.) und ähnlichen verwiesen, die auch in deutschen Bibliotheken fast immer greifbar sind. Die Abkürzungen entsprechen den bibliographisch üblichen Bezeichnungen.

1 H. Selye: Streß, Bewältigung und Lebensgewinn, Piper Verlag, München 1974.
2 G. Kurth: Der Weg des Menschen in die technische Zivilisation, in: Technische Zivilisation – Möglichkeiten und Grenzen, G. Fischer Verlag, Stuttgart 1969.
3 Nach Angaben von H. F. Dorn in: Science, *135*, 283 (1962). Vgl. A. S. Boughey: Ecology of Populations, Macmillan Co., New York 1973, S. 168.
4 P. Cloud: Hilfsquellen, Bevölkerungszahl und Lebensinhalt, Umschau *70*, 591, (1970).
5 H. Gruhl: Ein Planet wird geplündert, S. Fischer Verlag, Frankfurt 1975.
6 E. F. Schumacher: Es geht auch anders – Jenseits des Wachstums, Kurt Desch Verlag, München 1974.
7 W. McQuade u. A. Aikman: Stress, E. P. Dutton & Co., New York 1974.
8 Zeitungsnachricht vom 16. 9. 1975.
9 H. Autrum: Streß, TR-Verlagsunion, München 1973. D. v. Holst: Zeitschr. f. vgl. Physiol. *63*, 1 (1969). D. L. Ely u. P. M. Stephens: Role of the Anatomic System in Social Adaptation and Stress, Proc. 25 intern. Congr. of Physiol. Sci, S. 50 (1970).
10 J. Linser: Unser Auto – eine geplante Fehlkonstruktion!, Fischer Taschenbuch, Frankfurt 1977.
11 A. Wilde u. W. Hager: Erfahrungen mit einem tragbaren Bandspeicher-EKG-Gerät in der klinischen Kardiologie, in: Die Med. Welt, S. 50, (1970), *26*, 810, (1975).
12 P. Taggart u. D. Gibbons: Der Gesunde und der Herzkranke als Autofahrer, Triangel *10*, 2, S. 63 (1971).
13 Nach Untersuchungen der Reifenfirma Uniroyal, ref. in Die Zeit vom 22. 12. 1972, S. 56.
14 K. D. Hüllemann u. M. List: Fortlaufende EKG-Aufzeichnungen bei Auto-Rennfahrern, Die Med. Welt *24*, Heft 36 (1973).
15 Cardiovascular Diseases, Stress and Cardiac Pathology. Vgl. Society, Stress and Disease, WHO-Chronicle *25*, 125 (1971).
16 H. Feldmann, Univ. Klin. f. HNO, Heidelberg, auf der 43. Jahresvers. d. Dt. Ges. f. HNO-Heilkunde, Kopf- und Hals-Chirurgie, Wiesbaden, Juni 1972. G. Jansen: Die Beeinflussung des räumlichen Sehens durch den Innenlärm des Kraftfahrzeuges, in: Österr. Ärztezeitung *23*, 1535 (1968).
17 Nach Untersuchungen von O. Koenig, Inst. f. Vgl. Verhaltensforschung d. Österr. Akad. d. Wiss., Wien, starben Versuchstiere infolge der durch Geräusche hervorgerufenen Vibrationen.
18 R. Kemmler: Kolonnenkoller? Wutanfall? Nein – Psychotraining für Autofahrer!, ADAC-Motorwelt Juli 1974.
19 F. Vester, s. Anm. 41, Kap. 11, Raumordnung, S. 197.

20 F. Vester u. J. Nienhaus, Experientia *26*, 524 (1970). H. Klug, Experientia *24*, 461 (1968). H. F. Oettgen (Sloan Kettering Institute, New York) auf dem 11. Deutschen Krebsforschungskongreß, Hannover 1971. F. Vester u. G. Henschel: Krebs – Fehlgesteuertes Leben, dtv, München 1977.

21 V. Riley: Mouse Mammary Tumors: Alteration of Incidence as Apparent Function of Stress, Science *189*, 465 (1975).

22 H. Siedeck: Über die zeitlichen Verhältnisse der phasenförmigen Reizbeantwortung nach Pyrogeninjektion, Acta neurovegetativa *11*, 94 (1955).

23 S. I. Hayakawa: Sprache im Denken und Handeln, Verlag Darmstädter Blätter, Darmstadt 1970, S. 9

24 W. Schäfer: Der kritische Raum, Kleine Senckenberg Reihe *4*, Frankfurt 1971, S. 10f. u. S. 32f.

25 S. Anm. 24, S. 29f.

26 C. A. Doxiades: Die antihumane Stadt, in: R. Jungk u. H. J. Mundt (Hrsg.): Weltgesundheitsreport, Desch-Verlag, München 1971.

27 Ist das Großraumbüro ein Fortschritt?, ref. Med. Trib. *9, Nr. 9a*, 24 (1974).

28 L. Levi u. L. Andersson: Population Increase, Environment and the Quality of Life, Beitrag zur UNO-Bevölkerungs-Konferenz 1974.
Noch typischer für Angststreß scheint die Leningrader Bloacke-Hypertonie zu sein, vgl. J. Bacarov, München med. Wschr. *113*, 1418 (1971).

29 H. H. Swanson: Familienplanung unter Hamstern, Sexualmed. *3*, 127 (1974).

30 Nach Untersuchungen von Albricht, Purdue-Univ. USA, ref. Med. Trib. *9, 36*, (1974).

31 J. B. Calhoun: A Behavioural Sink, in: Roots of Behaviour, E. L. Bliss (Hrsg.), Hoeber, New York 1962. Ders.: Space and the Strategy of Life, in: Behaviour and Environment, A. J. Esser (Hrsg.), Plenum Press, New York 1971.

32 F. Vester: Hormone und die Umwelt des Menschen, Die Kapsel (R. P. Scherer) *31*, 1343 (1973).

33 S. Anm. 2, S. 1, sowie F. Vester: Mensch und Biosphäre, in: Das Überlebensprogramm, Anm. 41.

34 B. Glass: The Effect of Changes in the Physical Environment on Genetic Change, in: J. D. Roslansky (Hrsg.): Genetics and the Future of Man, North Holland, Amsterdam 1966.

35 H. Schaefer u. M. Blohmke: Sozialmedizin, Thieme Verlag, Stuttgart 1972. Vgl. S. 44: Physiologische Mechanismen sozialen Verhaltens.

36 R. Jungk: Leben und Wohnen in neuen Zeit- und Raumdimensionen, in: E. Heimendahl (Hrsg.): Zukunft im Kreuzverhör, Bertelsmann Verlag, Gütersloh 1970.

37 F. W. Hürlimann: Läßt sich der Autofahrer noch erziehen? Hexagon (Roche) *1*, 14, (1974).

38 A. M. Nicholi: The Motocycle Syndrome, Am. J. Psychiatry *126*, 1588 (1970).

39 D. Carter, Surrey University, auf der Konferenz: Psychology and the Built Environment, ref. in N. Sci. *59*, 645 (1973). Vgl. auch Anm. 212, 213.

40 G. Kaminski: Umweltschutz aus der Sicht der Psychologie, Umschau *73*, 240 (1973).

41 F. Vester: Das Überlebensprogramm, Fischer Taschenbuch 6274, Frankfurt 1975.

42 Mortality Trends and Prospects, WHO-Chronicle *28*, 529, (1974); H. Schaefer u. M. Blohmke: Mortalitätsstatistik, s. Anm. 35, S. 128f.

43 Herzinfarkt selbst verschuldet, Interview mit U. Gottstein, Umschau *72*, 747 (1972).

44 T. Theorell: Psychosocial Stressors and Cardiovascular Disease, Vortrag auf der Tagung Psychologische Aspekte der Rehabilitation von Herzpatienten, München, Nov. 1974.

45 s. Anm. 35, S. 50.

46 K. Mazzucco: Veränderungen des Kollagen-Kollagenesesystems während der Karzinogenese, Österr. Ärztezeitg. *29*, 1376 (1974).

47 McChandler u. C. Brooks: Reflex Response of the Automatic System and the Support of Somatic Reactions, Proc. 25. Intern. Congr. Physiol. Sci., München 1971, S. 23.

48 S. Anm. 1, S. 11.

49 Stress and Social Change, Anm. 89, S. 170.

50 J. F. Weiss: Psychological Factors in Stress and Disease, Sci. Am. *226*, 104 (Juni 1972).

51 Wie direkte Messungen über eine Magensonde beim lebenden Tier, z. B. auch bei Affen, schon früher zeigten, wird unter Streßbedingungen besonders die Magensekretion stark erhöht. Vgl.

J. v. Brady: Uecers in Executive Monkeys, Sci. Am. *199* (Oktober 1958). G. Pelisch u. a.: Gastric Contents, Gastroenterology *43*, 193 (1962).

52 Nach einer Untersuchung von J. Prochaska, (Psychology Dept. der Univ. of Rhode Island, Providence [USA]), 1971.

53 P. C. Ellsworth u. a.: J. of Personality and Soc. Psychol., ref. Sci. Am. *226*, 52 (Mai 1972).

54 W. Mayer: Gruppenverhalten von Totenkopfaffen unter besonderer Berücksichtigung der Kommunikationstheorie, Kybernetik *8*, 59 (1971).

55 H. Schaefer: Gesellschaftliche Auslösereize emotionalen Verhaltens, S. Anm. 35, S. 51 f.

56 S. I. Hayakawa: Die Revision der Gruppengewohnheiten, s. Anm. 23, S. 318.

57 L. Levi, Karolinska-Institutet, Stockholm: Preventing Stress in Working Life: Views about Research and Social Policy (Aufsatz, 1974). L. Levi (Hrsg.): Stress and Distress in Response to Psychosocial Stimuli, Almquist u. Wiksell, Stockholm 1972.

58 W. Langosch: Psychische Aspekte des Herzinfarktes, Sexualmed. *2*, 192 (1973).

59 H. Siedeck: Streß und Koronarerkrankungen, Wiener Med. Wschr. *42*, 599 (1972).

60 L. J. Peter u. R. Hull: Das Peter-Prinzip – oder die Hierarchie der Unfähigen, rororo-TB 6793, Hamburg 1972.

61 R. H. Rosemann u. a. (The Western Collaborative Group Study): A Predictive Study of Coronary Heart Disease, vgl. auch Anm. 7, S. 219 ff.

62 R. A. Mackenzie: Die Zeitfalle – sinnvolle Zeiteinteilung und Zeitnutzung, Sauer Verlag, Heidelberg 1974.

63 M. Frankenhaeuser: Biochemische Indikatoren der Aktiviertheit: die Ausscheidung von Katecholaminen, in: W. Schönpflug (Hrsg.): Methoden der Aktivierungsforschung, Bern 1969. L. Levi: The Urinary Output of Adrenaline and Noradrenaline during Pleasant and Unpleasant Emotional States, Psychosom. Med. *27*, 80 (1965). S. Schachter u. E. Singer: Cognitive, Social and Physiological Determinants of Emotional State, Psychol. Rev. *69*, 379 (1962).

64 H. Schaefer: Risikofaktoren einiger sonstiger Krankheiten, s. Anm. 35, S. 195 f.

65 Nach Untersuchungen von M. S. Work u. H. Rogers, Psychol. Dept., California State University.

66 A. A. Bühlmann: Herzinfarkt: Ursache und Risikofaktoren, Umschau *69*, 809 (1969).

67 Vgl. z. B. die Übersicht von M. Urban: Das Schicksal Herzinfarkt ist vermeidbar – Ergebnisse einer öffentlichen Diskussion (SZ-Gesundheitsforum), Südd. Zeitg. v. 5. 3. 1971.

68 J. H. Holtmeier: Was macht Appetit und Hunger – Kohlehydrate oder Fett?, Med. Trib. *9*, Nr. *13*, 25 (1974).

69 Arbeit zur Gewichtsreduktion besser als Diät, Kongreßbericht Med. Trib. *9*, Nr. *3*, 43 (1974).

70 DFG-Schwerpunktprogramm: Landwirtschaftliche Nutztiere in modernen Haltungsverfahren. Vgl. Streßgeschädigte Haustiere, ref. FAZ v. 9. 6. 1971.

71 S. Anm. 7, S. 127.

72 H. Lindemann: Überleben im Streß – Autogenes Training, Bertelsmann Ratgeberverlag, München 1973.

73 Vgl. C. Holden: Maharishi International University: Science of Creative Intelligence, Science *187*, 1176 (1975).

74 R. K. Wallace u. H. Benson: The Physiology of Meditation, Sci. Am *226*, 85 (Febr. 1972).

75 D. Orme-Johnson: Meditation Can be Scientific, ref. N. Sci., *58*, 501 (1973).

76 Vgl. R. Ornstein: Die Psychologie des Bewußtseins, Kiepenheuer & Witsch, Köln 1974, S. 253 f.

77 B. B. Braun: The Anatomy of a Phenomenon: Me and BFT, Psychol. Today *8*, Nr. *3*, 48 (1974).

78 Vgl. F. Abel: Biotraining gegen Angst und Asthma, in: Die Zeit, Nr. 21, v. 21. 5. 1971, S. 60.

79 J. Risberg u. H. Ingvar: Increases of Blood Flow in Cortical Association Areas during Memorization and Abstract Thinking (Proc. 5. Int. Symp. on Cerebral Blood Flow and Intercranial Pressure, Roma-Siena 1971), Europ. Neurol. *6*, 236 (1971/72).

80 H. G. Wolff in S. Wolf (Hrsg.): Stress and Disease, C. C. Thomas, Springfield 1953.

81 S. Anm. 7, S. 39 f.

82 A. P. Friedmann: The Migraine Syndrome, Bull. N. Y. Acad. Med., (Jan. 1968).

83 P. Kempe u. C. Closs: Biofeedback in neuer Sicht, Med. Trib. *9*, Nr. *28*, 13 (1974).

84 Vgl. C. Heide: Suchtgefahr – Pillen für Pennäler, Stern v. 15.5. 1975, S. 184f. D. Ladewig, u.a.: 60000 Schweizer nehmen regelmäßig Analgetika, Med. Trib. 9, Nr. 8, 54 (1974).

85 N. Sartorius (Office of Mental Health, WHO): 100 Millionen sind depressiv, Kongreßbericht Med. Trib. 10, Nr. 6, 1 (1975).

86 Grenzen der Medizin, Interview mit F. Cramer, Umschau 75, 260 (1975).

87 F. Vester: Unsere Welt – ein vernetztes System. Begleitbuch zu einer Wanderausstellung, Klett-Cotta, Stuttgart 1978.

88 F. Vester: Ballungsgebiete in der Krise. (Dt./Engl.) dva, Stuttgart 1976.

89 Society, Stress and Disease, WHO-Chronicle 25, 168 (1971).

90 F. Hartmann: Medizin heute und morgen, S. 25, Schriftenreihe Med. Hochsch. Hannover Nr. 4 (1968).

91 S.I. Hayakawa: Kulturelle Rückständigkeit, s. Anm. 23, S. 314f.

92 S. I. Hayakawa: Die Angst vor der Veränderung, s. Anm. 23, S. 315f.

93 F. Vester: Das kybernetische Zeitalter, S. Fischer-Verlag, Frankfurt 1974. Vgl. auch F. Vester Anm. 41, 87, 88.

94 F. Vester: Denken, Lernen, Vergessen, dtv, München 1978.

95 H. Angster: Herzinfarkt und adäquater Arbeitsplatz, ein wichtiges Nachsorgeproblem, Münch. Med. Wschr. 116, 2007 (1974).

96 H. Weichardt: Krankheitsvorbeugung – eine Forderung unserer Zeit, Umschau 71, 196 (1971).

97 Nebel am Po, Der Spiegel Nr. 53 v. 25. 12. 1972, S. 70.

98 L. E. Björk: An Experiment in Work Satisfaction, Sci. Am. 232, 17, (März 1975).

99 Gastrointestinal Diseases, s. Anm. 89, S. 173.

100 H. Schaefer: Soziale Risikofaktoren der Arteriosklerose, s. Anm. 35, S. 179.

101 J. Lang: Der Lärm in Kraftfahrzeugen als Beitrag zur Gesamtlärmbelästigung des Menschen, Österr. Ärztezeitg. 23, 1533 (1968). H. E. Toffert: Das Lärmproblem, Vitalst. Ziv. Krankh. 13, 187 (1968). W. Klosterkötter: Gesundheitliche Bedeutung des Lärms, Zentralbl. Bakt. Inf.-Krankh. Hyg. 212, 336 (1970).

102 M. Fuhrmeister u. E. Wiesenhütter: Metamusik, Lehmann Verlag, München 1973.

103 Entwicklungsarbeiten am Ames-Research-Center der NASA, USA.

104 Nach dem ophtalmo-dynamischen Prinzip von Hager.

105 N. K. Humphrey u. G. R. Keeble: Interactive Effects of Unpleasant Light and Unpleasant Sound, Nature 253, 346 (1975).

106 K. Klein: Untersuchungen zur Prophylaxe der Gefäß- und Kreislauferkrankungen, Österr. Ärztezeitg. 28, 545 (1973).

107 H. Meurers: Lärmmessung – Die Lästigkeit muß mitbewertet werden, Umwelt 5, Nr. 4, 22 (1975).

108 G. Jansen: Zur physiologischen Beurteilung des Lärms, in: Lärm, Documenta Geigy, Basel 1967.

109 More speed less sleep, ref. N. Sci. 56, 150 (1972).

110 F. Waldow: Grundlage und Bedeutung des biologischen Lebensrhythmus, Die Kapsel (R. P. Scherer) 7, 151 (1960).

111 K. Oatley: Clock Mechanisms of Sleep, N. Sci. 66, 371 (1975).

112 W. Bormann: Medizinischer Aspekt des Fernsehens – Verursacht der Fernsehempfang bei Kindern gesundheitliche Schäden?, Semesterarbeit für die Adolf-Reichwein-Hochschule, Osnabrück 1965.

113 Nach einem Verfahren von C. Bovill (Allen International Inc.). Das Prinzip wird schon seit längerem auch von der US Air Force auf Anwendungsmöglichkeiten untersucht: Anticrowd Weapons Work by Causing Fits, ref. N. Sci. 57, 726 (1973). Wegen der gesundheitsbeeinträchtigenden Wirkungen hat schon 1972 der Londoner Stadtrat die Frequenz von Stroboskop-Lichtern in Diskotheken auf 1 bis 8 Hertz beschränkt. Vgl. auch Anm. 116.

114 U. Conrads: Architektur – Spielraum für Leben, Bertelsmann, Gütersloh 1974. R. Keller: Bauen als Umweltzerstörung, Artemis-Verlag, Zürich 1974. V. Gerkan: Schnörkel gegen Raster – Plädoyer für eine einfallsreichere Architektur. Vgl. Die Zeit v. 29. 8. 1975.

115 A. Hope: Does Loud Music Make You Deaf?, N. Sci. 65, 254 (1975).

116 D. R. Hanson u. R. W. Fearn: Hearing Acuity in Young People Exposed to Pop Music and Other Noise, The Lancet Nr. 7927, 203 (1975).

117 J. S. Weiner u. K. J. Collins: Long-term Adaptation of Man to Environmental Temperatures, Proc. 25. Intern. Congr. Physiol. Sci., München (1971).

118 Nach Arbeiten von P. Weinberger im Canad. J. of Botany (1968).

119 Zwischen Technik und Politik – Der Einfluß von Lärm und Aspekte der Abwehr, Kongreßbericht (23. Dt. Kongreß f. ärztl. Fortbildg., Berlin, Aug. 1974), Med. Trib. *9*, Nr. *34*, 14 (1974).

120 Vgl. den Bericht über Bürotraining »Heißer Stuhl«, Der Spiegel Nr. *17*, 153 (1971). In Japan überrascht den westlichen Besucher die in vielen Fällen schlagartig auf ein Signal einsetzende etwa 5minütige Trimm-dich-Übung, die vom Chef bis zum Hilfsarbeiter nach fast militärischem Drill unter Ausstoßen lauter Schreie mehrmals täglich durchgeführt wird.

121 H. Roskamm: Die Grundlagen des körperlichen Trainings, Umschau *8*, 281 (1971).

122 In China ist Prävention oberstes Gebot. Interview über die chinesischen Barfußtänze mit dem WHO-Generaldirektor H. Mahler, Med. Trib. *9*, Nr. *19*, 20 (1974).

123 Nach Analysen und Untersuchungen von R. Ullrich und R. Ullrich de Muynck, München 1973.

124 C. G. Hames: Evons Countys Cardiovascular and Crebrovascular Epidemiologic Study, Introduction), Arch. of Intern. Med. *128*, 883 (1971), sowie weitere Publikationen zu diesem Großprojekt im gleichen Heft dieser Zeitschrift.

125 F. Vester, s. Anm. 41, S. 70.

126 Vgl. auch die Diskussion zu F. Vester: Streß in den Medien und durch die Medien, in: M. J. Halhuber (Hrsg.): Psychosozialer Streß und koronare Herzkrankheit, Springer Verlag, Heidelberg 1977.

127 G. Jansen: Lärm im Arbeitsraum, in: A. Mayer u. B. Herwig (Hrsg.): Betriebspsychologie, Göttingen (1970). Vgl. W. Langosch: Psychische Aspekte des Herzinfarktes, Sexualmed. 2, 198 (1973).

128 Bei Ratten sank die Fruchtbarkeitsrate durch Lärm von 80% auf 10% ab, obwohl die Kopulation unvermindert stattfand. Vgl. B. Zondek, Ärztl. Fortbildg. *8*, 336 (1967). K. Immelmann: Programmierung des Verhaltens, Bild d. Wiss. *9*, 1285 (1972).

129 F.Leboyer: Der sanfte Weg ins Leben, Desch Verlag, München 1974. M. Klaus u.a.: Maternal sensitive period, New England J. of Med. *286*, 460 (1972); ref. N. Sci. *54*, 54 (1972). M. Odent: Die sanfte Geburt – die Leboyer-Methode in der Praxis, Kösel Verlag, München 1978.

130 W. Wickler: Sind wir Sünder? – Naturgesetze der Ehe, Droemer-Knaur, München 1969. W. Wickler u. U. Seibt: Wie Tiere Streß vermeiden, Bild d. Wiss. *12*, 28 (Juli 1975).

131 F. Vester, s. Anm. 93. Vgl. auch Anm. 41.

132 G. J. Noel u.a.: Stimulation of Prolactin Release by Stress in Humans, Clin. Res. *19*, 718 (1971). E. Stearns u.a.: The Effect of Coitus on Gonadotropin, Prolactin and Sex Steroid Levels in Man, Clin. Res. *20*, 923 (1972).

133 H. Asperger: Intimbeziehung Ehe, Sexualmed. *6*, 303 (1974).

134 N. Tinbergen: Ethology and Stress Diseases, Science *185*, 20 (1974).

135 A. Alland: Aggression und Kultur, S. Fischer Verlag, Frankfurt 1974.

136 H. F. Harlow u. M. K. Harlow: Love in Infant Monkeys, Sci. Am. *200*, 1 (Juni 1959).

137 H. F. Harlow: The Heterosexual Affectional System in Monkeys, Am. Psychologist *17*, 1 (1962).

138 J. Kagan: Do Infants Think?, Sci. Am. *226*, 74 (März 1972).

139 S. Anm. 23, S. 8f.

140 Vgl. S. I. Hayakawa: Die Sprache des sozialen Zusammenhalts, s. Anm. 23, S. 72f.

141 Vgl. S. I. Hayakawa, »Die zweiwertige Einstellung« sowie »Die mehrwertige Einstellung«, s. Anm. 23, S. 242f. u. S. 262f.

142 S. Anm. 23, S. 344.

143 Vgl. E. Fromm: Lieber fliehen als kämpfen, Bild d. Wiss. *11*, 52 (Okt. 1974) sowie die Kontroverse: Antworten auf Fromm, Bild d. Wiss. *11*, 98 (Nov. 1974).

144 Vgl. Steinzeitparadies auf Mindanao, Bild d. Wiss. *10*, Akzent *1*, Nr. *3*, 3 (1973). J. Nance: The Gentle Tasaday – a Stone Age People in the Philippine Rain Forest, Harcourt Brace Jovanovich Inc., New York 1975.

145 W. Schmidbauer: Archaische Psychotherapie, in: Jäger und Sammler, Selecta-Verlag, München 1972, S. 70.

146 I. Eibl-Eibesfeld: Krieg und Frieden aus der Sicht der Verhaltensforscher, Piper-Verlag, München 1975.

147 S. Anm. 145, S. 73.

148 F. Gotthelf, F. Vester, H. Kükelhaus u.a.: Exempla – Entfaltung der Sinne, Deutsche Verlags-Anstalt, Stuttgart 1975.

149 S. Levine: Stress and Behavior, Sci. Am. *224*, 26 (Jan. 1971). Vgl. auch S. I. Hayakawa, Anm. 23, S. 321.

150 Vgl. M. Hochrein u. I. Schleicher, Arbeitsmed. Sozialmed. Arbeitshyg. *5*, 324 (1970).

151 E. Bornemann: Das Patriarchat – Ursprung und Zukunft, Frankfurt 1975.

152 Cardiovascular Diseases, s. Anm. 89, S. 174.

153 Vgl. Schnelles Leben, Der Spiegel Nr. *18*, v. 30. 4. 1973.

154 Vgl. Bronchial Asthma, Anm. 15, S. 172.

155 Vgl. W. Schmidt: Asthma bronchiale: Krank ist nicht die Psyche – krank ist das Bronchialsystem, Med. Trib. *9*, Nr. *1*, 21 (1974).

156 H. E. Richter: Patient Familie, Rowohlt Verlag, Hamburg 1970. Vgl. auch die Ergebnisse von H. Stierlin, Klinik f. Familientherapie der Univ. Heidelberg.

157 C. B. Bahnson u. M. B. Bahnson: Role of the Ego Defenses: Denial and Repression in the Etiology of Malignant Neoplasm, Anm. of the N. Y. Acad. of Sci. *125*, 827 (1966). A. Greene: The Psychosocial Setting of the Development of Leukemia and Lymphoma, ibid. *125*, 794 (1966). Vgl. auch Anm. 29.

158 Stress and the Kidneys, s. Anm. 89, S. 173.

159 Bauchschmerzen bei Kindern häufig psychosomatisch bedingt. Kongreßbericht (14. Int. Congress of Pediatrics, Buenos Aires) Med. Trib. *10*, Nr. *14* (1975).

160 K. D. Hüllemann u.a.: Kreislaufüberwachung und testpsychologische Untersuchung bei Fernsehzuschauern, Münch. Med. Wschr. *115*, 1716 (1973). K. D. Hüllemann u.a., Spiroergometric and Telemetric Investigations, Paraplegia *13*, 109 (1975).

161 Vgl. die Beispiele in Anm. 148 und Anm. 36, S. 69f.

162 Nach Gollancz. Vgl. auch Anm. 134.

163 H. v. Hentig: Arbeit, Bildung und Freizeit, in: E. Heimendahl (Hrsg.): Zukunft im Kreuzverhör, Bertelsmann Verlag, Gütersloh 1970, S. 201.

164 H. P. Bahrdt: Sicherheit und Unsicherheit des Verhaltens im Milieu der Industriegesellschaft, s. Anm. 2, S. 174f.

165 Ergebnisse und Forschungen über das Freizeitverhalten, Forschungsbericht des Bayer. Staatsmin. f. Landesentw. u. Umweltfragen, München, November 1973.

166 H. Schaefer: Bemerkungen zur medizinischen Soziologie des Urlaubs und des Erholungswesens, s. Anm. 35, S. 302f.

167 M. Hencke: Gesundheit, Arbeit und Produktivität, Broschüre des Bundesaussch. f. gesundh. Volksbelehrung, Bad. Godesberg 1969.

168 A. M. Hittmair: Wann ist man urlaubsreif, Die Kapsel (R. P. Scherer) *19*, 616 (1966).

169 When no Behavior is Good Behavior. Kongreßbericht (Assoc. for the Study of Animal Behavior, London 1973), ref. N. Sci. *60*, 830 (1973).

170 Vgl. Bericht über M. Jouvet (Univ. Lyon) von D. Cohen, The Purpose of Dreaming, N. Sci, *57*, 602 (1973).

171 J. H. Holcombe: Modification of the Growth Hormone Release Pattern During Sleep in Children, Clin. Res. *20*, 94 (1972).

172 L. J. Gardner: Deprivation dwarfism, Sci. Am. *227*, 76 (Juli 1972).

173 Vgl. den Bericht über W. C. Dement und die 1970 von ihm gegründete Klinik für Schlafstörungen in Stanford/Calif. und deren wichtigste Ergebnisse: J. Giraud: Autopsie du sommeil, l'Express (Paris) v. 22. 1. 1973, S. 38f.

174 H. Schaefer: Die vorbeugende Medizin, s. Anm. 35, S. 286f., sowie: Die rehabilitierende Medizin, S. 292.

175 N. Tinbergen: Die Evolution des Verhaltens, in: Tiere und ihr Verhalten, Time-Life International 1966, S. 171f. B. Clarke: The Causes of Biological Diversity, Sci. Am. *233*, 50 (Aug. 1975). V. B. Dröscher: Tötet den Außenseiter (über die Untersuchungen von R. Bilz, u. N. Petrilowitsch: Beiträge zur Verhaltensforschung, Verlag S. Karger, Basel 1971), Die Zeit v. 9. 7. 1971, S. 48.

176 Vgl. die Berichte über die Arbeitstagung der Forschungsgruppe Psychophysiologie in Freiburg, Med. Trib. *8,* Nr. *12* sowie Nr. *13,* 12 (1973).

177 H. Bauer u.a.: Zur Erfassung vegetativer Reaktionen mit medizinischen und psychophysiologischen Testmethoden, J. Neuro-Visc. Rel. *32,* 298 (1972).

178 S. Anm. 168, S. 621 f.

179 Nach Arbeiten von J. Herberg (1967) sowie von J. Pye (1971) am Institute of Neurology in London. Vgl.: A Woman's Hormones Make her Hoard, ref. N. Sci. *53,* 526 (1972). Vgl. a. S. Levine: Sex Differences in the Brain, Sci. Am. *214,* 84 (April 1966).

180 A. Krüger: Are negative ions good for you?, N. Sci. *58,* 668 (1973). R. Hübner: Möglichkeiten der Klimaverbesserung in Hochhäusern und Eisenbetonbauten, Der Architekt *23,* 502 (1974). Ebenso u.a. B. Maczynski, Int. J. of Biometeorology *15,* 11 (1971). J. C. Beckett, J. of Am. Soc. Heating, Refrig. and Air Cond. *1,* 47 (1972). Übersichten wie T. v. Randow: Erregende Ionen, Die Zeit v. 6. 7. 1973, S. 50 und Firmenschriften wie W. Stark, Marah-Information über »Heine-Vitalion«, Magliaso/Schweiz 1973. R. Rabe: Raumionisation in Praxis-, Wohn- und Schlafräumen, Der deutsche Badebetr. *62,* 1 (1971).

181 Jahreszeitenrhythmus beeinflußt Regulation in der Klimatherapie, Interview mit L. Klinker (Forschungsinst. f. Bioklimatologie, Berlin-Ost), Med. Trib. *7,* Nr. *11,* 6 (1972).

182 R. Wurtmann: Hormonphysiology of Pineal Gland, Proc. 25. Int. Congr. Physiol. Sci. München (1971).

183 F. Hollwich: Lichtperzeption und Wirkung auf hormonelle Regelkreise, Med. Trib. *8,* Nr. *5,* 6 (1973).

184 S. I. Hayakawa: Kunst und Spannung, s. Anm. 23, S. 153 f.

185 Diseases Provoked by Psychosocial Stress. (Pleasant Experiences and Stress), s. Anm. 89, S. 171.

186 K. Franke: Verfremdung der Sexualität, Sexualmed, *2,* 514 (1973).

187 M. Roach, Proc. Nat. Acad. Sci. US *56,* 566 (1966).

188 Starke Raucherinnen sterben 19 Jahre eher, Kongreßbericht (45. Sci. Meeting of the Am. Heart Assoc., Dallas), Med. Trib. *8,* Nr. *1,* 1973. J. Tinker: Should Public Smoking be Banned?, N. Sci. 59, 313 (1972). Vgl. die Raucherberichte von W. N. Taylor, Community Medicine v. 21. 4. 1972 sowie von P. Cameron, J. of Allergy *43,* 336 (1972).

189 F. Vester u. G. Henschel: Krebs – Fehlgesteuertes Leben, dtv, München 1977.

190 H. Schaefer: Rauchen als Risikofaktor, s. Anm. 35, S. 191.

191 L. Gould u.a.: Cardiac Effects of Two Cigarettes, Clin. Res. *20,* 374 (1972). J. R. Tucci u. J. Sode: Effect of Smoking on Sympathoadrenomedullary and Adrenocortical Function, Clin. Res. *19,* 678 (1970). Zigarettenrauchen – eigenständiger und entscheidender Faktor der Herzinfarkt-Genese, Kongreßbericht (1. Europ. Kongr. Rauchen u. Gesundheit, Bad Homburg 1971), Med. Trib. *6,* Nr. *44 a,* 1 u. 2 (1971).

192 Verhütung des Herzinfarktes nur durch Umerziehung einer ganzen Generation, Kommentar der Med. Trib. *8,* Nr. *B 4,* 11 (1973). C. Halhuber: Vom Raucher zum Nichtraucher, Gräfe & Unzer Verlag, München 1975. C. u. M. J. Halhuber: Sprechstunde Herzinfarkt – früherkennen, überwinden, Re-Infarkt verhindern, Gräfe & Unzer Verlag, München 1977.

193 Vgl. z.B.: Noch 20 Meilen bis Dawson City – Abenteuer-Tourismus hat Konjunktur, Der Spiegel Nr. *43,* 187 (1975).

194 Diseases Provoked by Psychosocial Stress. (Prevalence of Different Diseases in Different Cultures), s. Anm. 89, S. 171.

195 Vgl. den Bericht ›Krieg und Frieden‹, Der Spiegel Nr. *16,* 198 (1970).

196 S. Anm. 102. Vgl. J. Reichardt: Music in Medicine u.: Music as Preventive Medicine, N. Sci. *60,* 724 (1973). Interview mit H. v. Karajan: Mit dem Tempo sank der Puls, Med. Trib. *10,* Nr. *32,* sowie Nr. *31,* 22 (1975). Weitere Arbeiten (u. a. von C. W. Simon) auf den Symposien über die psycho-physiologischen Grundlagen des Musikerlebnisses der Karajan-Stiftung in Salzburg.

197 R. Schubert: Schwerpunkte in der Geriatrie, Werk-Verlag, München-Gräfelfing 1972.

198 Vgl. den statistischen Bericht von M. Urban: Die Babys kommen nicht mehr nach, Südd. Zeitg. Nr. *283,* S. 12 v. 8. 12. 1972.

199 W. Schmidbauer: Genetische Mechanismen, s. Anm. 145, S. 102 f.

200 W. Schmidbauer: Der Schamane als Psychotherapeut, s. Anm. 145, S. 79 f.

201 S. Heyden: Angewandte Epidemiologie der Herz- und Hirngefäßkrankheiten, Umschau *14*, 511 (1971).

202 J. F. Richardson (Inst. of Director's Med. Center, London), Brit. J. of Nutrition *27*, 449 (1972); ref. N. Sci. *55*, 230 (1972).

203 A. Leaf u. J. Launois: Search for the Oldest People, J. of the Nat. Geogr. Soc. *143*, 93 (Jan. 1973).

204 D. Davies: The Centenarians of the Andes, Barrie & Jenkins, London 1975. D. Davies, N. Sci. *57*, 237 (1973).

205 I. Gore: Centenarians in Ecuador, N. Sci. *57*, 447 (1973).

206 R. E. Smith u. a.: J. of Personality and Soc. Psychol. *19*, 243 (1972).

207 Nach Arbeiten von J. M. Ordy, Cleveland Psychiatric Institute, Cleveland, Ohio.

208 F. Wilkie u. C. Eisdorfer: Intelligence and Blood Pressure in the Aged, Science *172*, 959 (1971).

209 Nach einer Problemstudie zur Situation der alten Menschen, Sozialreferat der Stadt München (1974).

210 The Prevention of Disease by Social Action. (Society and the Aged), s. Anm. 89, S. 177.

211 Nach Arbeiten von F. De Freudis, Indiana State University, School of Medicine, USA.

212 S. Anm. 40 u. Anm.114. Über Gesundheit und Baumaterial: J. Möse, G. Fischer u. S. Schuy (laufende Arbeiten am Hygiene-Inst. bzw. Inst. f. Biomedizin der Univ. Graz). Eine besonders zukunftsträchtige Bauweise dürfte sich durch die bereits mit Erfolg erprobte kybernetische Klimatisierung ergeben. Vgl. Anm. 93, S. 260 sowie R. Ayoub: Glasforum *1*, 2 (1966). Vgl. auch Anm. 87, Kap. 20 ›Das Kybernetische Haus‹.

213 Wohnkultur hat viel Schaden angerichtet. Medizinische Aspekte mehr beachten, Kongreßbericht (10. Fachtagung: Wohnung und Gesundheit, Köln 1974), Med. Trib. *9*, Nr. *16a*, 35 (1974). H. Erb u. F. Vester (Hrsg.): Unsere Städte sollen leben, Deutsche Verlags-Anstalt, Stuttgart 1972. H. Kükelhaus: Unmenschliche Architektur, Gaia Verlag, Köln 1973.

214 Ref. Nat. Wiss. Rdsch. *26*, 260 (1973).

215 Stiefkind Psychosomatik. Vgl. a. Tierversuche über Sterilität bei Ratten durch Lärmstreß, Kongreßbericht (3. Europ. Sterilitätskongr., Athen 1973) über Arbeiten von M. Stauber, Berlin, ref. Sexualmed. *2*, 155 (1973).

216 A. L. Finkle: Kleine Psychologie der Altersimpotenz, Sexualmed. *2*, 77 (1973).

217 V. Sigusch: Ergebnisse zur Sexualmedizin, Wissenschaftsverlag, Köln (1972).

218 J. V. Reniak: Psychopharmaka für die Frau, Sexualmed. *12*, 544 (1973).

219 W. J. Gadpaille: Arzt und Sexualberatung, Med. Trib. *6*, Nr. 35, 17 (1971).

220 Kleinkinder haben eine befriedigende Vita sexualis, ref. Sexualmed. *3*, 277 (1974). T. Schönfelder: Säuglingsorgasmus – Masturbation im Kindesalter, Sexualmed. *3*, 30 (1974).

221 G. Abraham: Lebensalter und Sexualität, Sexualmed. *2*, 450 (1973).

222 Gesundheit ohne Sex, Kongreßbericht (Tagung d. Bundesvereinig. f. Gesundheitserziehung und d. Landeszentr. f. Gesundheitserziehung Rheinland/Pfalz 1973), ref. in Sexualmed. *2*, 558 (1973).

223 G. Schmidt: Sexualle Motivation und Kontrolle, Sexualmed. *3*, 60 (1974).

224 L. Myers: Ungewünschte Kinder und ärztliche Ethik, Sexualmed. *3*, 16 (1974).

225 D. Morris: Liebe geht durch die Haut, Droemer-Knaur, Zürich 1972.

226 W. Pierpaoli u. E. Sorkin: A Thymus Dependent Function of the Adrenal Cortex and its Relation to Immunity, Experientia *28*, 851 (1972).

227 F. Vester: Die Thymusdrüse eine graue Eminenz, sowie Krebs und Psyche, s. Anm. 32, S. 1386 bzw. 1390; vgl. auch Anm. 89.

228 Angesichts der vielen verwirrenden Ernährungsbroschüren, deren Weisheit oft aus Forschungsaufträgen und Gutachten von Nahrungsmittelkonzernen, Herstellern von Speiseöl und Margarine oder andererseits von der Milchverwertung stammt, ist es bezeichnend, daß in der Geschichte der Medizin zum erstenmal 1970 ein nationales Ärztegremium (National Institute of Heart and Lung Diseases) die Durchsetzungskraft hatte, ein in bezug auf die Ernährung unabhängiges Gutachten herauszugeben, dem auch die hier angegebenen, im Grunde lapidaren Richtlinien entnommen sind.

229 F. Vester: Mobilisierung des Unternehmertums zum kybernetischen Denken, 3. Symp. für wirtsch.-rechtl. Fragen des Umweltschutzes, Wirtschaftshochschule St. Gallen (Nov. 1975). F. Vester: Kostspielige Scheinhilfen?, Zivilverteidigung Nr. 2, 6 (1975). Vgl. auch Anm. 88,

Anm. 93 sowie Anm. 41, S. 213 f. u. S. 227 f. F. Vester: Kritik der Wachstumspolitik – das System vernichtet sich selbst, Manager Magazin Nr. 10, 180 (1978).

230 F. Vester: Unabhängig von Interessengruppen – zur Neuorientierung der Erwachsenenbildung, Weißblaue Rdsch., Aug. 1974, S. 12. Vgl. auch F. Vester: Die Gesetze eines überlebensfähigen Systems, Das Forum *14*, Nr. *2*, 27 (1974).

231 Nach den Lärmschutzdaten aus den UdSSR kostet im kritischen Lärmbereich ab 60 dB (A) eine Erhöhung der Lärmbelastungen um jedes weitere 1 dB (A) jeweils 1% der Arbeitsaktivität, ref. Münch. Wochr., Beilage zu Nr. 7, v. 14. 2. 1969. Vgl. auch Humanitas *8*, Nr. *21*, 5 (1968).

232 F. Seitlberger: Gehirn und Umwelt, Österr. Ärztezeitg. *30*, 1185 (1975) sowie Anm. 94.

233 Nach Unterlagen der Deutschen Hauptstelle für Suchtgefahren, 47 Hamm/Westf.

234 M. J. Kluger, D. H. Ringler u. M. R. Anver: Fever and survival, Science *188*, 166 (175).

235 Vgl. Anm. 20 u. 227 sowie z. B. E. Krokowski (Kassel) Vortrag 58. Dt. Röntgenkongress, ref. Der Spiegel Nr. *23*, 204 f. (1977).

236 In manchen Industrie- und Stadtgebieten wurden z. B. statt der natürlichen Sauerstoffkonzentration von 21% nur noch 17% gemessen.

237 S. Anm. 148.

238 R. Jungk: Der Jahrtausendmensch, Bertelsmann Verlag, München 1973.

239 S. z. B. Anm. 1 sowie A. Thorwarth: Stop dem Streß, Seewald Verlag, Stuttgart 1970. H. Fresenius: Sauna, Gräfe & Unzer Verlag, München o. J. J. v. Scheidt: Yoga für Europäer, Kindler Verlag, München 1976. A. v. Lysebeth: Die große Kraft des Atems, Barth Verlag, München 1975².

240 S. z. B. die Rede des Bundespräsidenten Walter Scheel zum 75-jährigen Jubiläum des Deutschen Museums in München am 7. Mai 1978: Chancen des Umdenkens in Wissenschaft und Technik, in: Zeitschr. der Gesamthochschule Kassel (GhK) Nr. 17, *2* (1978).

Bildquellen

Deutsches Museum, München: 148 oben. Deutsche Verlags-Anstalt, Stuttgart: 148 unten, 149. Eikon-Film, München: 42, 91, 164 rechts, 177 unten links, 212, 253, 303, 325, 326. H. Golancz, London: 240 oben. H. Hess, München: 45. D. v. Holst, München: 26, 27, 28 unten, 29, 55 oben, 333. Institut für Biologie und Anthropologie, TU Berlin: 152 links. F. Leboyer, Paris: 200 unten. F. Miller, München: 151 links. J. Launois, Washington: 319. G. Oettingen, München: 232 links, 294. Piper Verlag, München: 87. H. Reinert, Unteruhldingen: 146. C. Schmelzer: 163 (3). R. A. Steinbrecht, Seewiesen: 152 rechts. Verlag Medical Tribune, Wiesbaden: 335. F. Vester, München: 56, 143, 145, 163 unten links, 214, 221 oben links, 274, 306, 307, 308. Volkshochschule, München: 187 links. Volvo AB, Calmar: 157. Aus der Filmserie ›Phänomen Streß‹ stammen: 20 (2), 21 (1), 22 (1), 31, 32, 33, 36, 233 links, 234 links.

Alle übrigen Aufnahmen stellte die Studiengruppe für Biologie und Umwelt, München, zur Verfügung.

Register

Medizin und Psychologie

Band 1

dtv-Atlas der Anatomie
von Werner Kahle,
Helmut Leonhardt und
Werner Platzer
Tafeln und Texte
Originalausgabe
3 Bände
dtv/Thieme 3017/3018/3019

Zetkin/Schaldach:
Wörterbuch der Medizin
Hrsg. von Herbert Schaldach
2 Bände
dtv/Thieme 3028/3029

Werner D. Fröhlich und
James Drever:
dtv-Wörterbuch zur
Psychologie
dtv 3031

**dtv-Atlas
der
Physiologie**
Tafeln und Texte
zu den Funktionen
des menschlichen Körpers

Robert E. Rothenberg:
Medizin für jedermann
Ärztlicher Rat in Frage
und Antwort
2 Bände
dtv/Thieme 3129/3130

dtv-Atlas der Physiologie
von Stefan Silbernagl und
Agamemnon Despopoulos
Tafeln und Texte
Originalausgabe
dtv-Thieme 3182

Naturwissenschaften

dtv-Lexikon der Physik

**Band 1
A–B**

dtv-Lexikon der Physik
Hrsg. von Hermann Franke
In zehn Bänden
Ein Standard-Nachschlagewerk mit über 12000 Stichwörtern der theoretischen und angewandten Physik: Definitionen und Erläuterungen von Begriffen, ein Überblick über den gegenwärtigen Stand der Forschung und Entwicklung. Die Stichwörter, die in ihrer Klarheit und Ausführlichkeit den Charakter von Kurzmonographien haben, werden ergänzt durch 1700 technische Zeichnungen, Skizzen und 200 Fotos sowie durch rund 7000 Literaturverweisungen auf die Fachliteratur. Verweisungen innerhalb der Stichwörter zeigen Zusammenhänge, auch zu Neben- und Randgebieten. Alle Zahlenangaben nach dem internationalen Einheitssystem.
dtv 3041–3050

dtv-Atlas zur Atomphysik

Tafeln und Texte

**Bernhard Bröcker:
dtv-Atlas zur Atomphysik**
Tafeln und Texte
Originalausgabe
Aus dem Inhalt:
Entdeckungen. Quantentheorie. Atomhülle und Molekül. Meßmethoden. Kernphysik. Kernmodelle. Elementarteilchen. Wechselwirkung. Detektoren. Quellen. Reaktoren. Atombomben. Strahlenschutz. Nuklidkarte. Kerntabelle. Konstanten.
dtv 3009

Walter Theimer: Handbuch naturwissenschaftlicher Grundbegriffe

**dtv
Wissenschaftliche Reihe**

**Walter Theimer:
Handbuch naturwissenschaftlicher Grundbegriffe**
Originalausgabe
Aus dem Inhalt:
Atom. Chemische Bindung. Elektromagnetismus. Energie. Evolution. Festkörperphysik. Halbleiter. Hormone. Informationstheorie. Kybernetik. Kolloide. Licht. Magnetismus. Metalle. Molekularbiologie. Naturwissenschaftliche Methode. Periodensystem. Quantentheorie. Radioaktivität. Relativitätstheorie. Supraleitung. Thermodynamik. Vererbung. Wellen. Zellen.
dtv 4292

dtv-Atlas der Physiologie

**Tafeln und Texte
zu den Funktionen
des menschlichen Körpers**

Atlas zur Physiologie

dtv-Atlas der Physiologie
von Stefan Silbernagl und
Agamemnon Despopoulos
Tafeln und Texte

Aus dem Inhalt:
Grundlagen. Nerv und Muskel.
Vegetatives Nervensystem. Blut.
Atmung. Säure-Basen-Haushalt.
Niere, Salz- und Wasserhaushalt.
Herz und Kreislauf. Wärmehaus-
halt und Temperaturregulation.
Ernährung und Verdauung.
Endokrines System und
Hormone. Zentralnervensystem
und Sinnesorgane.

dtv/Thieme 3182

Mensch und Kosmos

Werner Heisenberg:
Der Teil und das Ganze
Gespräche im Umkreis
der Atomphysik
dtv 903

Jost Herbig:
Kettenreaktion
Das Drama
der Atomphysiker
dtv 1436

Steven Weinberg:
Die ersten drei Minuten
Der Ursprung
des Universums
dtv 1556

Otto Heckmann:
Sterne, Kosmos,
Weltmodelle
Erlebte Astronomie
dtv 1600

Hoimar v. Ditfurth:
Im Anfang war
der Wasserstoff
dtv 1657

P. Teilhard de Chardin:
Der Mensch im Kosmos
dtv 1732

Frederic Vester

**Frederic Vester:
Denken, Lernen,
Vergessen**

Was geht in unserem Kopf vor,
wie lernt das Gehirn,
und wann läßt es uns im Stich?

dtv

**Frederic Vester:
Phänomen Streß**

Wo liegt sein Ursprung, warum ist er
lebenswichtig, wodurch ist er entartet?

dtv

**Frederic Vester:
Unsere Welt
– ein vernetztes
System**

Mit zahlreichen Abbildungen
Überarbeitete Neuausgabe

dtv
Sachbuch

**Frederic Vester:
Ballungsgebiete
in der Krise**

Vom Verstehen und Planen menschlicher
Lebensräume

dtv
Sachbuch

**Frederic Vester
Gerhard Henschel:
Krebs -
fehlgesteuertes
Leben**

dtv